미국 교회에는 어떤 교단이 있는가?

미국 교회에는 어떤 교단이 있는가?

발행   2021년 4월 15일

지은이   서춘웅
발행인   윤상문
디자인   박진경, 이보람
발행처   킹덤북스
등록   제2009-29호(2009년 10월 19일)
주소   경기도 용인시 기흥구 동백동 622-2
문의   전화 031-275-0196 팩스 031-275-0296

ISBN 979-11-5886-204-6 03230

Copyright ⓒ 2021 서춘웅
이 책은 저작권법에 따라 보호받는 저작물이므로 무단전재와 복제를 금지하며,
이 책의 내용의 전부 또는 일부를 이용하려면 반드시 저작권자와 킹덤북스의
서면 동의를 받아야 합니다.

※ 잘못된 책은 구입한 곳에서 교환하여 드립니다.
※ 책 가격은 표지 뒷면에 있습니다.

킹덤북스
Kingdom Books

킹덤북스(Kingdom Books)는 문서사역을 통해 하나님의 나라를 확장하고,
한국 교회와 세계 교회를 섬기고자 설립된 출판사입니다.

American Church

미국 교회에는
어떤 교단이 있는가?

서춘웅 지음

킹덤북스
KINGDOM BOOKS

추천사

금번에 절친한 친구 서춘웅 목사께서 모든 성도들에게 큰 유익이 될 책을 출판하였다. 성도들은 신앙생활을 하면서 자신이 참석하고 있는 교회가 어느 교단에 속해 있는지, 또 무슨 특징을 가지고 있는 교단인지에 대해 전혀 알지 못하는 경우가 많다. 그런데 서춘웅 목사께서 금번에 『미국 교회에는 어떤 교단이 있는가』를 일목요연하게 정리해 주셔서 한국 교회에 복음을 전해준 교단들이 어떤 교단이며 또 그 교단의 신학적 입장이 어떤 것인지를 알 수 있게 되었다.

성도들은 한 분 하나님을 경배하고, 같은 성경을 가지고 신앙생활을 하는데 왜 이렇게 교단이 많고 교파가 많은가라고 질문을 할 수 있다. 당연한 질문이다. 물론 하나님을 바로 믿는 성도들은 한 가족이요 그리스도의 피로 값주고 산 교회의 회원이라고 할 수 있다. 하나님 편에서 볼 때는 예수를 구주로 믿는 모든 성도들은 하나님의 백성들이다. 그러면 왜 이 지구상에 있는 성도들이 파벌을 형성하고 다른 교단을 만들어 살고 있는가? 그 이유는 먼저 인간이 죄인이라는 사실 때문이요, 또한 성경을 해석함에 있어서 어떤 관점으로 접근하느냐가 다르기 때문이다.

서춘웅 목사의 『미국 교회에는 어떤 교단이 있는가?』는 이와 같은 궁금증을 어느 정도 풀어줄 수 있는 책이다. 성도들은 우선 미국 내에 어떤 종류의 교단과 교파가 있는지 알게 될 것이요, 그리고 각 교단과 교파가 어떤 신학적 입장에 서 있는지를 파악할 수 있을 것이다. 성도들은 자신이 신앙생활을 하고 있는 교회가 미국의 어떤 교단과 연관을 가지고 있는지 분별할 수 있게 될 것이다. 더 나아가 성도들은 자신이 속해 있는 교단의 정체성을 바로 이해할 수 있게 될 것이다.

  본서는 성도들의 신앙생활의 폭을 넓히는 역할을 할 수 있을 것이며, 교회와 교단에 대한 우리의 이해를 넓히는 데 크게 기여하리라 믿어 적극 추천하는 바이다.

2021년 3월

박형용 박사

합동신학대학원대학교 명예 교수

서언

 필자는 개척한 교회를 25년 섬기고 은퇴했다. 그러나 교회와 필자는 어느 교단에도 가입하지 않았다. 그 이유는 필자가 속했던 한국의 교단이 1980년부터 기하급수적으로 분열하는 것을 보면서 크게 실망했기 때문이다. 또 80년대 초 미국에 있는 한인 교단들은 교단의 역할보다는 목회자들의 만남과 교제가 주목적이었던 것도 그 한 원인이 되었을 것이다.

 그런데 어느 교단에 가입을 하고 있지 않은 필자도 나도 모르게 실망한 한국의 교단이 그래도 신학(교리)과 신앙에서는 제일 성경적이고 정통적이라는 자부심으로 다른 교단을 폄하하고 비판하는 경향이 없지 않았다. 이런 성향은 아마도 모든 교파에 속한 목회자나 신자와도 무관하지는 않을 것이다.

 필자가 교파와 교단에 대해 관심을 갖게 되고 그 시야가 조금 넓어지게 된 것은 목회를 은퇴하고 나서부터였다. 따라서 본서는 그동안 지녀왔던 필자의 편견에 대한 반성이요 성찰의 산물이라고 해야 할 것 같다.

 그러나 교단에 대한 책을 꼭 써야 하는가?라는 의문이 생겼다. 오늘은 그 어느 때보다도 관용과 연합이 대세요 교파의 의식이 사라지고 있지 않은가? 과연 교파나 교단에 대한 책(미국 교회의 경우는 예외)을 내는 것이 필요한가? 그 책을 사서 볼 사람은 얼마나 될까? 고민하고 주저하기를 수년간 지속해왔다. 그러나 엄연히 다양한 교파나 교단들이 존재할 뿐 아니라 교파 의식과 상관이 없이 교단은 더 증가하고 있는 것도 현실이 아닌가? 그렇다면 본서도 목회자나 교인들에게 다른 교단에 대한 객관적인 정보를 제공해줌으로써 서로를 바로 알고 이해할 수 있지 않을까? 또 주 안에서 한 형제요 자매임을 깨닫게 하는 데 도움이 될 수 있을 것이라는 긍정적인 안목으로 용기를 내게 되었다.

교파와 교단은 교회를 전제로 한다. 교회는 내가 이 반석 위에 내 교회를 세운다(마 16:18)고 하신 예수님의 말씀처럼 그리스도의 것이다.[1] 따라서 교회의 사명은 하나님을 예배하고 성경이 가르치는 대로 예수 그리스도를 믿고 그분이 세상에 오신 목적을 따라 세상을 섬기고 구원하는 것이다(막 10:45). 이는 주님의 지상 명령에서도 강조된 것이다(마 28:18-20). 그러나 성경대로 예수님을 구주로 믿고 복음(십자가와 부활)을 전하는 데서 그 강조점의 차이가 있을 수 있다. 그 다름에 동의하는 신자들과 교회들이 그 믿음을 지키고 효과적으로 복음을 전하기 위해 모인 것이 교회요 교단이요 교파가 아니겠는가?

---

1 George Thomas Kurian, Ed., *Nelson's Dictionary of Christianity*(Nelson, 2005), 159.

물론 교회가 그 사명을 다하는 데는 많은 교단으로 분리되기보다는 하나로 연합되어야 한다는 주장도 없지 않다. 그러나 중세의 로마 가톨릭 교회는 초대 교회 이래로 아직까지 하나로 존속되어 왔음에도 교회의 사명을 온전히 다했다고 하기는 힘들다. 하나의 연합된 힘이 오히려 교회의 세속화와 타락의 적지 않은 요인으로 작용하였음을 부인할 수 없다. 속권과의 권력 다툼, 계급의 성직제, 신앙과 생활의 유일한 권위인 성경을 교회가 대신하고 성경의 번역과 평신도의 성경 읽기를 허용하지 않았다. 그 결과 교인들이 말씀대로 성장할 수 없었을 뿐 아니라 성경보다 교회와 전통을 더 중시하면서 성경적인 믿음에 의한 구원이 아닌 공로의 행위 구원의 신앙을 따라가게 되고 말았다. 마침내 신부였던 마틴 루터의 종교 개혁으로 성경적인 개신교회가 탄생하게 되었다. 그런데 루터의 종교 개혁으로 형성된 개신교는 연합체가 아니라 루터교회, 개혁교회, 재세례자교회 그리고 영국의 성공회 네 파로 출발하였다. 개혁자들은 모두 루터의 오직 성경, 오직 믿음, 오직 은혜의 개혁 사상에 동조하면서도 루터교회로 하나가 되지는 않았다. 그 이유는 개혁자 루터는 로마 교회의 신부였고 주로 성경에서 벗어난 로마 교회의 교리와 제도의 개혁을 원했기 때문이다. 그리고 그 개혁을 이루기 위해서 독일이라는 국가와 협력해야만 했기 때문이다. 그러나 교회와 국가는 철저하게 분리되어야 한다고 본 재세례자들은 교회의 개혁을 국가에 맡겨서는 안 된다는 입장이었다. 루터는 성경에서 금하지 않는 관행은 로마 교회의 것을 그대로 받아들였다. 그러나 개혁주의 신앙의 소유자 칼빈은 성경에서 명령하지 않은 로마 교회의 관행은 모두 제거되어야 한다는 입장이었다. 따라서 성경을 영감된 하나님의 말씀으로 믿고 성경 해석의 방법이 같았음에도 그 해석과 적용의 다름은 교파 형성의 근거가 될 수 있었다.

또 개혁자들이 속한 나라의 정치, 경제, 사회 및 문화와 전통이 서로 달랐으므로 개혁자들의 교회 개혁은 그 다름의 영향을 받지 않을 수 없었다. 그 결과 신자들은 그들이 속한 국가 안에서 그들이 선호하는 자국 개혁자의 성경 해석과 신앙 및 관행을 따르는 경향이 생길 수밖에 없었다. 이렇게 성경 해석과 신앙 선택의 자유는 교파 형성의 길을 열어 놓았다. 따라서 다양한 교파는 종교 개혁의 산물이었다. 그 이래로 근래에 이르기까지 교파 증식의 경향은 개신교의 특성이 되어 왔다.[2]

종교 개혁으로 개혁된 개신교 교파들 안에서도 시간이 흐르면서 더 개혁이 필요하게 되었다. 개혁된 교회도 교리와 신앙에서 변할 수 있고 도덕적으로 타락하고 세속화될 수 있었다. 그러나 이를 인정하지 않고 교파나 교단에서 개혁을 시도하지 않게 되면서 이를 우려한 교회들이 교단을 떠나 다른 교단을 형성하게 되었다. 그 밖에 본질적이지 않고 비본질적인 문제들 - 교권, 지방색, 대물림, 지도자의 탈선, 이단적인 사상 등 - 때문에도 분열되는 경우도 적지 않게 되었다. 교단들 중에는 의견의 불일치로 분쟁과 법정 고소로 세상의 빛과 소금이 되는 대신 부끄러움과 비판의 대상이 되어 전도의 길을 막기도 하였다.

이에 대한 반작용으로 교회의 연합이 강조되고 있으며 그 방식은 르네상스 이후로 지속되고 있는 관용과 연합이다. 그러나 관용과 연합은 다른 종교에 대한 관용의 선을 넘어서 또 다른 연합으로 나가는 길이 될 수 있다는 우려를 낳고 있다. 기독교의 대표적인 연합체인 W.C.C.는 세계 선교를 위한 목적으로 시작되었다. 그러나 오늘날 W.C.C.는 세계 선교는 더 이상 우선순위가 아니어서 타 종교인에 대한 전도나 개종은 할

---

2 G. Davis, "Denomination", In Baker's Dictionary of Theology(Grand Rapids: Baker, 1969), 163-164.

수 없다는 선언을 하기에 이르렀다. 물론 신앙이 하나라면 연합만큼 좋은 것은 없을 것이다. 그러나 서로 다른 교단이 하나가 되려면 피차 양보하는 것이 있어야 한다. 그 양보에 불만하는 소수는 연합에 대해 동의하지 않고 그대로 있든지 다른 교단을 형성하게 되었다. 그러므로 연합 운동은 교단의 수를 줄이지도 못하였을 뿐 아니라 복음 증거에서도 효과적이지 못하게 되었다. 북미에서 연합을 이룬 주류 교단들-연합감리교회, 미국 장로교회(U.S.A.), 그리고 캐나다연합교회-은 연합의 감격이 사라지기도 전에 교단의 운영권이 진보적이고 연합에 앞장 섰던 자유주의 성향의 지도자들에게 넘어가고 말았다. 그 결과는 신학교의 자유주의화와 전도와 선교의 교회의 우선순위도 구제와 사회 개혁으로 변질되게 되고 말았다. 오늘날 큰 기대와 관심 속에 연합한 주류 교단들은 하나같이 교세의 감소로 고민하게 되고 말았다.

따라서 우리는 교단이나 교파도 하나님의 섭리 중에 발생했으며 나름대로 하나님의 뜻을 이루면서 복음을 효과적으로 전해 왔음을 부인해서는 안 될 것이다. 실제로 교회가 가장 부흥했던 때는 차라리 교파 의식이 강해서 영혼 구원을 위해 복음 전도 사명을 위해 경쟁적으로 전도와 선교를 했던 때였다고 할 수 있다. 이렇게 본다면 땅끝까지 복음을 전하라고 명령하신 주님은 복음 증거의 효과적인 도구로 교파나 교단을 지속적으로 쓰실 것이다.

이것이 사실이라면 우리는 우리와 다른 교파와 교단들을 주 안에서 진정한 형제, 자매로 인식하고 존중하면서 교회의 사명인 세계의 복음화를 위해서 최대한 협력을 아끼지 말아야 할 것이다. 만일 지금까지 다른 교파나 교단에 대한 바른 지식도 없이 폄하하고 비판하는 입장이었다면 회개와 반성이 있어야 할 것이다. 다른 교단이나 교파가 우리와 다른 점은 틀린 것이 아니고 온전한 교회가 되기 위해 우리 교단에 필요한 것을 채워주는 요인임을 깨닫고 서로 기쁘게 받아들이고 배워가면서 성경적인 온전한 교회를 지향해 나가야 할 것이다.

필자가 교파나 교단에 대한 특별한 관심을 갖게 되면서 깨달은 것은 나와 다른 교파나 교단도 그 핵심적인 신앙과 교리는 같다는 것이다. 또 다른 교단에 내가 속한 교파나 교단에 부족한 것 그래서 내 교단이 배우고 본받을 훌륭한 신앙의 전통과 관행이 있다는 것이다.

필자가 속한 개혁주의 장로교 교단에서는 칼빈주의 신학을 따라 하나님의 주권을 강조하지만, 감리교 계통의 교단들에서는 요한 웨슬리의 알미니안 신학을 따라서 인간의 책임을 강조한다. 사실 둘 다 필요한 것으로 우선순위의 차이가 있을 뿐이다. 장로교회는 교리와 말씀을 강조하지만, 오순절 계통의 교회들은 성령과 은사들을 강조한다. 장로교회가 일반적으로 이성과 머리에 호소하는 설교를 하는 데 비해 오순절파에서는 주로 감정과 가슴에 호소하는 설교를 한다. 장로교회의 예배의 분위기는 가능한 감정을 억제하는 것을 경건한 것으로 간주하지만 오순절파의 예배는 감정 표출이 두드러진 자유로운 형식을 추구한다. 감리교회와 오순절파 교회들은 즉각적인 완전 성화를 강조하지만 장로교회와 다른 교파들에서는 점진적인 성화를 주장한다. 전도에 있어서도 개혁주의에서는 하나님의 주권을 강조하는 데 비해 감리교와 성결교 계열의 교회는 인간의 책임을 강조한다. 그러나 세상을 구원해야 하는 교회로서는 그 모두가 다 필요할 것이다.

하나님께서 사람마다 서로 다르게 창조하셨다. 그는 성품과 기질이 다른 모든 사람들이 다 구원받기를 원하신다. 그들의 성품과 기질에 걸맞는 교파나 교단에서 예배하고 말씀을 배우며 성도의 교제와 섬김으로 영적으로 성숙하기를 원하신다. 이것이 하나님의 뜻이라면 교파나 교단도 필요하며 나와 다른 교단의 신앙과 전통은 내가 속한 교파나 교단의 신앙을 더 풍성하게 하고 온전하게 할 수 있는 방편이 될 수 있음을 잊어서는 안 될 것이다. 다시 말하면 다른 교파나 교단은 주 안에서 형제이고 자매이며 서로를 필요로 하는 존재라는 말이다.

우리 모두가 교파 간에 형제의 사랑으로 서로를 격려하고 위로하며 용기를 주면서 세상에 빛이요 소금된 소임을 다한다면 복음의 문은 활짝 열리게 될 것이며 구원의 방주 역할도 훨씬 더 잘 해낼 수 있을 것이다. 이는 종교 다원주의가 대세가 되어가는 이 혼란한 세대에서 우리가 유념하고 반드시 지켜 나가야 할 과제라고 생각한다.

이를 위해 우선적으로 필요한 것은 교파나 교단에 대한 객관적인 자료나 정보 제공일 것이다. 필자는 이런 목적을 이루는 데 조금이나마 도움을 주기 위해 본서를 집필하였다.

이 미숙한 책이 나와 다른 교단에 대한 이해에 조금이라도 도움이 되고 서로 협력하여 교회의 사명을 이루는 데 도움이 되기를 소원한다.

원래 이 책은 크게 3부로 되어 있었다. 서론격인 1부에서는 교회와 교파의 이해를 돕기 위해 교회의 성장과 교파의 발생과 그 원인 및 신앙과 신학을 다뤘고, 이를 뒷받침할 자료들을 제시하였다. 2부에서는 개신교만 아니라 정교회와 가톨릭교회, 그리고 북미의 교파와 교단(미국과 캐나다) 및 한국 교회의 교파와 교단들을 다뤘고, 3부에서는 현재 활동 중인 이단들을 다뤘다. 그러다 보니 천 페이지가 넘는 책이 될 수밖에 없어 우선 미국 교회 편만을 분리하여 내기로 하였다. 실제로 미국 교회의 교파나 교단은 한국 교회는 물론이고 캐나다 교회도 이해할 수 있는 원천적인 자료가 될 수 있기 때문이다. 본서는 교파와 교단을 이해하는 중요한 요인을 교리와 신학의 다름에서 찾으려고 하였으며 교단의 소개는 일반적으로 교회의 연혁, 교회의 정치, 선교와 교육, 교리와 신앙, 그리고 쟁점에 대한 입장의 형식을 따라 보다 쉽게 이해할 수 있게 하였다. 또 개신교 신자들에게 잘 알려지지 않은 가톨릭교회나 동방교회는 보다 더 자세하게 소개하려고 노력하였다. 미숙한 본서에 추천서를 써준 친구 박형용 목사에게 감사한다. 본서의 출판을 기꺼이 허락해 주시고 원고 교정에까지 헌신적으로 도움을 주신 킹덤북스(Kingdom Books) 대표 윤상문 목사와 직원 여러분의 문서 선교의 열정과 수고에 감사를 드린다. 무엇보다도 이 모든 것을 가능케 해주신 하나님의 크신 은혜와 섭리에 영광과 존귀를 올려 드린다.

서춘웅

 American Church 미국 교회에는
어떤 교단이 있는가?

추천사 4
서언 6

제1부 서론

1. 교파란 무엇인가?　　20

2. 교회란 무엇인가?　　20

3. 교회의 시작과 복음의 확산　　21
　　루터의 종교 개혁 / 교회의 분열과 교파의 발생 / 1054년 동서교회의 분열
　　1517년 루터의 종교 개혁

4. 개신교의 분립과 그 분열의 원인　　37

5. 교회 연합 운동: 교회 연합의 필요성　　40

6. 미국 교회의 상황　　47
　　미국 교회의 성장 둔화와 교세 감소의 문제 / 미국의 대형 교회들과 그 특성
　　북미 교회 교단의 성장과 감소 원인과 대책

7. 교파 간 다른 정치, 신학 및 관행　　61

8. 개신교회와 그 신학:　　71
　　근본주의(Fundamentalism)
　　복음주의(Evangelicalism)
　　세대주의(Dispensationalism)
　　신정통주의 신학(Neo-Orthodoxy)
　　알미니안주의(Arminianism)
　　자유주의 신학(Liberalism)
　　칼빈주의(Calvinism)

9. 주류 교단의 신학교　　111

10. 미국인의 종교관　　125

제2부 미국 교회의 교단 소개

1. 정교회   132

(1) 개요 및 역사   132
(2) 정교회의 교리와 신앙   142
(3) 정교회 교단   152

동방 사도 가톨릭 아시리아인 교회 동북 미주교 관구 / 미국 루마니아인 정교회 주교 관구 / 미국과 캐나다 세르비아인 정교회 / 미국 알바니아인 정교회 대주교 관구 / 미국 우크라이나인 정교회 / 미국 정교회 / 북미 안디옥인 정교회 기독교 대주교 관구 / 불가리아인 동방정교회 / 북미 헬라 정교회 대주교 관구 / 사도 감독 교회 / 아프리칸 정교회

2. 동방정교회   166

(1) 개요 및 역사   166
(2) 동방정교회 교단   167

콥틱 정교회 / 마란카라 정통시리안교회와 말토마 정통시리안교회 / 미국 동방안디옥 대주교 관구의 시리아인정교회 / 미국 아르메니아인사도교회 아르메니안 사도, 미국 교구 / 미국 칼파도-러시아 정통헬라 가톨릭교회 / 북미 성동방정교회와 사도교회법인

3. 가톨릭교회   176

(1) 개요 및 역사   176
(2) 가톨릭교회의 가르침   181
(3) 미국에서 로마 가톨릭교회의 시작   186
(4) 사회적인 쟁점에 대한 입장   189
(5) 주요 인물   191
(6) 가톨릭교회 교단   193

개혁 가톨릭교회 / 구가톨릭교회 / 동방 의식 가톨릭교회 / 로마 가톨릭교회 / 마리아비트 구가톨릭교회 북미 지방 / 미국 가톨릭교회 / 미국 폴란드 가톨릭교회 / 에큐메니컬 가톨릭교제 / 에큐메니컬 가톨릭교회

4. 감독교회와 성공회   207

(1) 개요 및 역사   207
(2) 미국에서의 앵글리칸과 성공회   212
(3) 성공회 교단   214

미국 성공회 / 미국 개혁성공회 / 남부성공회 / 미국 성공회 정통 기독교 대주교 관구 / 은사 성공회 교회 국제 친교 / 북미 새사도교회 전국 조직 / 성공회 가톨릭교회

5. 감리교회   232

(1) 개요 및 역사   232

(2) 감리교회 교단   241

기독교 감리교 감독교회 / 남감리교회 / 북미 복음주의교회 / 북미 자유감리교회 / 복음주의 감리교회 / 연합감리교회 / 흑인 감리교 감독교회 / 흑인 감리교 감독 시온교회 / 복음주의 회중교회 / 회중감리교회 / 한인 감리교회

6. 구세군   266

(1) 개요 및 역사   266

(2) 구세군의 신학적 입장   268

(3) 구세군 교단   270

구세군 / 미국 자원봉사자 법인 / 미국 구제전도단 / 구원 구제교회 / 쉬벤크펠더교회

7. 근본주의자와 성경교회   282

(1) 개요 및 역사   282

(2) 주요 인물   283

(3) 근본주의자와 성경교회 교단   286

미국 복음주의 기독교회 / 국제 침례교 성경 펠로우십 / 국제 침례교 선교사 협회 / 기독교 선교사 연맹 / 미국 보수침례교 연합 / 미국 국제 독립 근본주의 교회 연합 / 플리머스 형제교회

8. 개혁교회   302

(1) 개요 및 역사   302

(2) 개혁교회 교단   305

미국 개혁교회 / 미국 개신교 개혁교회 / 북미 기독교 개혁교회 / 북미 네덜란드 개혁교회 / 북미 연합 개혁교회

9. 장로교회   315

(1) 개요 및 역사   315

(2) 미국의 장로교회   318

(3) 장로교회 교단   324

미국 장로교회 / 복음주의 장로교회 / 장로교회 / 정통장로교회 / 컴벌랜드 장로교회 / 협동개혁 장로교회 / 미주 한인 예수교 장로교회 / 미주 한인 장로교회

10. 회중교회　342

(1) 개요 및 역사　342

(2) 회중교회 교단　349

보수 회중 기독교 협회 / 회중 기독교회: 전국협의회 / 그리스도의 연합교회

11. 루터교회　356

(1) 개요 및 역사　356

(2) 교리와 신앙　363

(3) 루터교회의 주요 인물　366

(4) 미국의 루터교　368

(5) 루터교회 교단　369

루터교회 미국인 연합회 / 미국 루터교 형제교회 / 미국 복음주의 루터교회 / 루터교회-미주리 대회 / 복음주의 루터교 대회 / 위스콘신 복음주의 루터교 대회

12. 성결교회와 오순절 운동　388

(1) 개요 및 역사　388

(2) 성결교회 교단　394

기독교 연합 안에 있는 그리스도의 교회 / 미국 그리스도의 교회 / 나사렛교회 / 미국 사도기독교회 / 웨슬리안 교회 / 하나님의 교회(성결)

(3) 오순절교회 교단　409

국제교회와 목사들의 순복음 교제 / 국제 독립 하나님의 성회 / 국제 빈야드 교회 / 국제 연합 오순절교회 / 국제 하나님의 성회 / 국제 오순절 성결교회 / 그리스도 안에 있는 하나님의 교회 / 기독교성회 국제교제 / 미국 연합성교회, 법인 / 사도 세계 기독교 교제 / 사중복음 국제교회 / 살아계신 하나님의 교회(교제를 위한 기독교 일꾼들) / 오순절 자유 의지 침례교 협의회 / 오순절 하나님의 교회 / 열린성경 표준교회 법인 / 예언 하나님의 교회 / 엘림 교제 / 우리 주 예수 그리스도의 성경길 교회, 세계 법인 / 주 예수 그리스도의 성회 / 하나님의 교회(테네시 클리블랜드) / 하나님의 불세례 성결교회 / 하나님의 사도 신앙선교교회 / 하나님의 사도 정복성교회, 법인 / 회중 성결교회

13. 재림론자와 안식일 엄수주의자 교회　439

(1) 개요 및 역사　439

(2) 재림론자와 안식일 엄수주의자 교회 교단　443

국제 은혜 교제 / 제7일 재림교회(안식교회) / 하나님의교회, 제7일 / 재림기독교회총회 / 하나님의 교회와 그리스도의 성도교회 / 하나님의 교회 총회 / 하나님의 필라델피아 교회

14. 프랜드(퀘이커) 교회　　454

(1) 개요 및 역사　　454

(2) 프랜드파의 신앙과 관행　　456

(3) 미국에서 퀘이커파 설립　　457

(4) 프랜드(퀘이커) 교회 교단　　461

프랜드 총회 / 프랜드 연합회 / 프랜드 종교 협회 / 국제 복음주의 프랜드 교회

15. 메노나이트교회와 재세례자교회　　470

(1) 개요 및 역사　　470

(2) 미국의 메노파　　474

(3) 메노파의 주요 인물　　475

(4) 메노나이트교회 교단　　478

구질서 아미시 교회 / 국제교회 공동체 / 그리스도 안에 있는 하나님의 교회, 메노파 / 미국 메노나이트교회 / 메노나이트 형제교회 총회 / 보수 메노나이트협회 / 복음주의 교회 펠로우십 / 비치아미시 메노나이트교회 / 선교사 교회 / 후테리안 형제교회

16. 형제파와 경건주의파 교회들　　496

(1) 개요 및 역사　　496

(2) 미국의 형제파와 경건주의파　　497

(3) 형제파와 경건주의파 교단　　499

그리스도 교회 안에 있는 형제들 / 그리스도 안에 있는 연합형제교회 / 구독일 침례교 형제교회 / 모라비안 교회 / 미국 복음주의 자유교회 / 복음주의 언약교회 / 복음주의 회중교회 / 은혜 형제교회의 교제 / 형제교회 / 형제교회, 오하이오

17. 기독교와 회복주의자 교회들　　514

(1) 개요 및 역사　　514

(2) 기독교회의 주요 인물　　518

(3) 기독교회 교단　　519

기독교회와 회복주의 교회들(스톤-캠벨 전통) 국제 그리스도의 교회 / 그리스도의 교회 / 기독교회: 그리스도의 제자 / 기독교회와 그리스도교회 / 기독교 회중, 법인

제1부

서론

1. 교파란 무엇인가?

교파란 교회적으로 특별한 특성을 지닌 분파나 교회들을 가리킨다. 기본적으로 같은 교리와 예배 의식을 보유한 교회들의 모임이다.[1] 좀 더 자세히 말하면 같은 신조에 서명하고 공동체의 권위를 인정하는 지역 회중으로 구성된 공동 신앙의 종교적인 그룹이나 분파라고 할 수 있다. 이런 교파들은 유사한 관행을 시행하며 나눔 사역을 서로 발전시키고 유지하도록 함께 협력한다. 그런데 교파나 교단은 교회를 전제로 한다. 따라서 교파나 교단을 바로 이해하려면 교회와 그 역사를 아는 것이 필요하다. 특별히 교파는 교회의 부흥과 성장 중에 발생하는 경향이 있으므로 교회의 성장과 부흥의 역사를 추적해 보아야 할 것이다.

2. 교회란 무엇인가?

일반적으로 교회는 그리스도인들의 모임을 가리킨다. 성경에는 그리스도인이라는 말이 세 곳에서만 나온다(행 11:26; 26:28; 벧전 4:16). 그 중에서 사도행전 11:26이 가장 중요한데 제자들이 안디옥에서 처음으로 그리스도인들로 일컬음을 받게 되었기 때문이다. 이 사건 전에는 주로 제자(행 9:26), 신자(행 5:12), 성도(롬 8:27), 그리고 형제(행 15:1, 23)로 불렸다. 그리스도인이라는 말은 그리스도에게 속했으며 그에게 충성하는 사람들을 뜻한다. 그들이 그리스도를 믿고 은혜로 구원받았기 때문이다. 또한 누가 구원받은 참된 신자인지는 구원자이신 하나님만 아시는데 그들이 자주 교회의 회원으로 묘사되고 있기 때문이다.[2] 따라서 초대

---

1 George Thomas Kurian, Ed., *Nelson's Dictionary of Christianity*(Nelson, 2005), 211.
2 Samuel A. Cartledge, *"Christian" In Baker's Dictionary of Theology*(Grand Rapids: Baker Book House, 1969), 114.

교회 때 그리스도인이란 말은 그리스도를 따르는 그룹으로 인식되었다. 이는 유대주의와 구별됨은 물론 다른 모든 종교에서도 구별되었음을 가리켰다. 교회라는 헬라어 에클레시아(ekklesia)는 '-에서 불러냈다'는 뜻이다. 따라서 교회는 하나님의 불러냄을 받은 자들을 가리킨다. 에클레시아는 세속적인 의미로는 법률과 공직자의 임명, 그리고 공공 정책 같은 문제들을 결정하기 위해서 모인 시민의 집회였다. 그러나 신약에서는 전령에 의해 소집된 공적인 모임에 사용되었다(행 19:32, 39, 40). 이 말은 구약을 헬라어로 번역한 칠십인역(LXX)에서 특별히 종교적인 목적을 위해서 하나님 앞에 모인 이스라엘 총회나 회중을 가리켰다. 그리고 점차 회당에서 하나님의 공동체의 모임으로 발전하였다.[3] 신약에서 회중은 그의 메시아이신 예수님 주변에 모인 살아있는 하나님의 총회이다. 따라서 교회는 하나님의 영적 가족이며 그리스도 예수 안에 있는 하나님의 능력에 대한 증거를 통해서 성령으로 창조된 그리스도인의 교제이다(Leon Morris). 결국 교파는 이런 교회들이 그들 특유의 신앙을 지키고 복음을 효과적으로 전하기 위해 함께 연합된 단체를 말한다고 하겠다.

3. 교회의 시작과 복음의 확산

교회가 종교적인 목적을 위해 하나님 앞에 모였던 회중이었다면 교회의 시작은 신약이 아니라 이미 구약에서 시작되었다. 다만 교회를 예수 그리스도를 믿는 신자들의 모임이라고 본다면 그 시작은 신약 시대이며 그것도 예수님이 공생애를 시작하시면서 제자들을 부르신 때라고

---

3 William D. Mounce, *Complete Expository Dictionary of Old & New Testament Words*(Grand Rapids: Zondervan, 2000), 110.

볼 수 있다. 이렇게 보는 것은 그 제자들이 처음으로 예수님이 그리스도 시요 하나님의 아들이심을 믿고 그를 따르며 그에게서 배웠기 때문이다 (마 16:18-19; 막 1:16-20). 그런데 타락한 인간은 그 누구도 스스로 예수님을 그리스도로 알고 믿을 수 없다(고전 12:3). 이는 성령님만 하실 수 있는데 오순절에 성령님이 임하셨으므로 오순절이야말로 신약 교회의 시작이라고 할 수 있다. 그리고 그때 각 지방에서 모였던 사람들이 베드로의 설교로 복음-십자가와 부활-을 듣고 예수를 믿음으로 구원을 받았다. 그들은 고향으로 돌아갔고 전해들은 복음을 전파함으로 교회가 확산되기 시작하였다. 그 기록이 바로 사도행전인데 이는 사도들의 행전이요 성령의 행전이며 초대 교회의 역사이다(행 2장). 베드로에서 시작된 유대인의 전도는 바울로 이어지면서 이방인과 팔레스틴을 벗어나 세계로 확산되기 시작하였는데 이는 주님의 지상 명령을 순종한 결과였다(행1:8). 복음은 유대인의 장벽을 넘어 북지중해 주변 지역 사마리아 (행 8:5-25), 페니키아, 구브로, 안디옥(9:32; 12:25), 베르기아와 갈라디아 (13:1; 15:35), 마게도니아(15:36; 21:16), 그리고 로마(21:17-22:39)까지 크게 확산되었다.[4] 복음의 증거는 순탄하지만은 않았다. 유대인의 반대와 로마의 황제나 그 정부로부터 무려 250년 이상을 극심한 박해를 받았고 수많은 순교자를 내기도 했다. 그럼에도 성령님의 역사와 그 능력을 힘입은 전도자들의 수고와 희생으로 복음은 불길처럼 번졌다. 특별히 바울의 선교는 초인간적이었다. 그는 개종한 후 핍박자에서 복음의 전도자로 돌변하여 그의 남은 생을 온전히 세 번의 선교 여행에 헌신하였다(행 13:1-14,28; 15:36-18:23-28:31). 그는 박해에도 불구하고 안디옥, 버가, 이

---

4 Ron Rhodes, *The Complete Guide to Christian Denominations*(Eugene: Harvest House, 2005), 11-12.

고니온, 루스드라, 더베, 드로아, 빌립보, 데살로니가, 베뢰아, 아덴, 고린도, 에베소, 갈라디아, 밀레도 같은 전략적인 큰 도시에 복음을 전했다.[5] 박해 속에 복음의 확산은 서머나 교회의 감독이며 순교자였던 폴리갑의 말처럼 순교자의 피가 곧 교회의 씨앗이 되었음을 증거해 준다. 복음의 장애는 교회 밖에서 오는 박해만 아니었다. 사탄은 복음의 확산을 막기 위해 교회 안으로부터 유대주의적 이단, 철학적 이단, 신비주의적인 이단들을 발생케 하거나 신학적인 논쟁을 불붙임으로 복음 증거의 능력을 상실케 하였다. 또 박해가 지나간 후에는 박해 때 황제를 숭배했거나 성경을 포기한 자들을 교회가 받아들이는 문제로 분쟁과 분열을 일으키게도 하였다. 그러나 하나님께서는 이런 이단의 발생과 논쟁들까지도 정경의 확립과 정통적인 신앙 및 교리의 발전을 위한 계기가 되게 하셨다. 마침내 로마 황제 콘스탄틴이 기독교를 공인하게 되면서 그 정치적인 힘과 이점으로 교회는 로마 제국 안에서 크게 성장하였다. 제4세기와 5세기 초에는 선교사들의 노력으로 교세가 크게 확장될 수 있었다. 시리아의 사도 도마에 의해 파송 받은 아다이(Addai)는 에데사의 왕 오셀혼의 아브가(Abgar of Osrhoen)를 개종시킴으로써 에데사가 기독교의 중심지가 될 수 있었다. 페르시아는 오랫 동안 교회를 핍박함으로 16,000명 이상의 순교자를 냈음에도 410년에는 교회 자체의 감독을 갖게 되었고 아르메니아는 세례자 그레고리의 노력으로 왕 트리디아티스 3세가 개종함으로써 왕에서부터 귀족으로 하향식의 개종이 이루어졌다. 조지아는 노예 소녀 니노(Nino 330년)의 기적과 덕성으로 복음화되었으며 에디오피

---

5 John Mark Terry, *Evangelism*(Nashville: Broadman Holman Publishers, 1994) 테리는 여기서 큰 도시에서 주변 도시로 나가는 바울의 선교 전략을 소개하고 있다.

아는 두 젊은이 후루멘티우스와 에데시우스의 노력으로 복음이 크게 확산되었다.[6] 그러나 복음의 확산과 교회의 성장은 어느 시대나 지속적으로 이루어지지는 않았다. 성장은 시대마다 영적인 침체와 위기, 그리고 부흥의 양식을 통하여 왔다. 신앙의 영적인 침체는 영적이고 도덕적이었다. 따라서 이에 대한 적절한 반응으로 기도와 성경 공부, 그리고 하나님께서 위임하신 신실한 영적 지도자의 말씀에 입각한 설교와 성령의 초자연적인 역사가 어우러져 큰 부흥을 경험할 수 있었다. 이는 초기 한국 교회의 평양 대부흥의 경우도 예외가 아니었으며 구약에서도 다르지 않았다. 이스라엘의 영적인 실패는 하나님의 경고의 말씀을 잊고 불순종하는 죄에서 비롯되었으며 이를 지도자가 깨닫고 하나님의 말씀을 찾고 선포하며 참된 회개와 경건의 회복으로 영적인 부흥과 갱신을 경험할 수 있었다. 그리고 이런 부흥과 갱신은 교회의 생존과 성장의 원동력이 되어 왔다. 따라서 타락과 부흥과 갱신의 반복은 성경의 역사이며 교회의 역사였다. 그러나 중세가 깊어지면서 교회는 점차 정치와 밀착하게 되었으며 로마 교회의 감독이 교황이 되는 철저한 계급 성직제가 되고 말았다. 지상에서 그리스도의 대리자로 높아진 지위의 교황은 로마의 황제와 세력 다툼을 벌이게 되고 마침내 속권까지 장악하려는 지경에 이르게 되고 말았다. 교회의 신앙은 성경과 동등하게 인간의 전통을 높이게 되고 믿음에 의한 칭의의 신앙은 공로의 신앙으로 변질되고 말았다. 그럼에도 이 시대까지도 부흥과 갱신의 역사가 멈춘 것은 아니어서 수도원을 통한 개혁과 수도사나 감독들, 그리고 선교사들을 통한 선교는 지

---

6 Everett Ferguson, *Church History*, Vol.One(Grand Rapids: Zondervan, 2005), 234-237에서 요약하였다.

속되었다. 콘스탄틴 황제가 수도를 로마에서 비잔틴(콘스탄티노플)으로 옮기면서 제국의 중심이 서에서 동으로 이동하였다. 서방에서는 황제가 없는 동안 유능한 교황 그레고리 1세가 정치적인 수완과 신앙의 권위로 서방의 황제와도 같은 권위를 갖게 되었다. 그는 게르만족들의 침입을 막고 복음화함은 물론 영국의 개종을 위해 수도사 어거스틴과 12명의 동료들을 파송하여 앵글로색슨족 7왕국을 기독교권의 일부가 되게 할 수 있었다. 이런 선교의 열정은 중세에서도 지속되어 옛 로마 지역의 경계를 넘어 현재의 벨기에, 네델란드와 북해의 독일 해안 지방에까지 복음을 전할 수 있었다. 과연 중세는 교회의 영적인 침체요 어두운 때였지만 그때까지도 복음 확산의 사역은 그치지 않고 지속되고 있었다. 그 후에도 중세의 부흥은 제12세기 왈도파(Waldenses)를 통해서 왔는데 이는 피터 왈도(Peter Waldo)의 지도 아래 성경 연구와 성경의 설교로 이루어졌다. 프랜시스(Francis)와 도미니크(Dominic)는 제13세기 두 개의 구별된 탁발 수도회를 조직하였다. 그들은 초기에 영적인 활력과 도덕적 성실성으로 이름이 나 있었는데 탁발 수도사들로 하여금 능력 있는 설교를 하게 하였다. 네델란드에서는 평신도 공동생활형제단, 영국에서는 위클리프(Wicliffe)와 롤라드(Lollards)파, 그리고 보헤미아에서는 허스(Huss)와 그의 제자들이 모두 신앙과 도덕을 위한 권위로서 하나님의 말씀을 선포했으며 하나님의 능력은 회개하는 죄인들을 의롭게 하신다고 선포하였다. 이들이 14세기에 복음을 크게 확산시켰다. 15세기에는 수도사 사보나롤라(Savonarola)가 플로렌스에서 죄를 꾸짖고 성경적인 의의 설교자로 개혁과 부흥을 꾀하였다. 그러나 그럼에도 중세의 교회는 교권이 세속권과 경쟁하면서 세속화로 크게 타락하였고, 믿음보다는 인간의 공로를 앞세우는 신앙으로 변질되면서 죄의 용서를 위해 속죄권을 팔고

사는 지경에 이르게 되었다.

루터의 종교 개혁

16세기는 마틴 루터에 의한 대변혁의 교회 개혁이 일어났다. 루터는 성경이 신앙과 생활의 유일한 권위임을 발견하였고 행위 대신 믿음에 의한 칭의를 설교하였다. 개혁자 츠빙글리와 칼빈 같은 지도자들은 모두 종교 개혁의 기본 원리인 성경적 구원의 진리를 설교하였다.

영국에서 개신교는 왕의 정치적인 목적으로 발생했으므로 그 신앙과 관행의 상당 부분이 로마 교회의 것이어서 더 철저한 개혁을 원했던 청교도들은(1560-1660) 교회의 성화를 외쳤으며 영적인 열정과 도덕적인 진실함으로 영국의 교회와 사람들의 삶에 지대한 영향을 주었다. 영국 교회의 철저한 개혁이 불가능해지자 청교도들의 상당수가 미국의 신대륙으로 이민하여 미국의 건국에 근거를 예비하게 되었다. 그 후 영국 교회 안에서 감리교회와 구세군이 발생하여 영국만 아니라 신대륙과 유럽 등 세계 개신교에 지대한 영향을 주었다.

로마 가톨릭에서도 청교도에 걸맞는 얀센파 사상이 코넬리우스 얀센(Cornelius Jansen, 1585-1638)에 의해 시작되었는데 그는 어거스틴의 신학을 부흥시키려 하였다. 얀센파 교회는 독일, 오스트리아, 그리고 스위스에 개척되었다. 그 후 경건주의 운동이 1600년대 후반과 1700년대에 루터교회 안에서 발생하였는데 성경 읽기, 거룩한 삶, 그리고 열정적인 설교로 냉랭한 정통주의를 일깨웠다. 필립 슈페너(Philip Jakob Spener)와 어거스트 프랑케(August Francke) 등에 의해 성경적인 설교, 성경 공부, 그리고 선행으로 독일의 루터교회는 갱신을 경험할 수 있었다. 앵글로색슨(Anglo-Saxon)과 대서양을 가로지른 개신교 부흥은 현대 교회사에서 영국, 미국, 독일, 그리고 스칸디나비아 반도 교회들의 특성이 되었다.

북미에서 일어난 대각성 운동은 1726년과 1756년 사이에 아일랜드계 영국인과 13개 식민지에 있는 대부분의 목사들에 의해 인도되었는데 특별히 독일 경건주의와 모라비안 운동과 연계되었을 것으로 본다. 그리고 1776년에서 1810년까지 지속된 제2차 각성 운동은 자렛(Devereux Jarratt)과 애스버리(Francis Asbury)에 의해 감리교의 정착과 부흥을 가져왔다. 대각성 운동은 햄든 시드니(Hampden Sydney) 대학과 같은 대학들의 부흥과 켄터키에서 야영 천막집회의 부흥으로 이어졌다. 그 밖에 독일, 스위스, 프랑스와, 로버트 할덴(Robert Haldane)에 의한 홀랜드의 부흥이 있었으며 미국에서는 비처(Beecher)와 피니(Finney)에 의한 부흥이 있었다.

1875년부터 1895년에는 평신도 국제 기도의 부흥이 수많은 사람들을 개종케 했으며 위대한 기독교 단체들, 케직(Keswick), 구세군, 그리고 빌리 선디(Billy Sunday)가 대형 집회를 지속하였다. 세계 제2차 대전 전후에는 미국, 캐나다, 그리고 에디오피아에서 부흥이 있었는데 이는 세계적 이기보다는 그 지역에 국한된 것이었다. 라디오와 텔레비전이 찰스 풀러(Chales Fuller)와 빌리 그래함 같은 부흥사들에 의해 활용되었다.

초대 교회 이래로 중세 교회와 근세 교회, 그리고 오늘에 이르기까지 하나님의 성령의 역사로 개인과 단체를 통한 부흥과 갱신 운동은 현재 세계 모든 나라 민족과 부족에게까지 복음이 전파될 수 있게 하였다.[7]

따라서 20세기에 범세계적인 종교는 기독교이다. 기독교는 모든 대륙과 거의 모든 나라에 정착하였다. 물론 무슬림 국가들에서 선교를 할 수

---

7 Earke E. Cairns, *An Endless Line of Splandors*(Tyandale, 1986), 19-27.

없는 것이 현실이기는 하지만 그래도 그런 곳에서도 소수이긴 하지만 죽음을 두려워하지 않는 정예 그리스도인들이 있다. 기독교의 본 고장인 유럽에서는 숫자으로 쇠락하고 있으나 그 대신 아프리카와 아시아 중남미가 그 역할을 대신하고 있어서 기독교의 확장세의 통계는 엄청나다. 그 원인은 부분적으로는 출생률의 증가탓이기도 한데 아직도 기독교는 인구 증가가 빠른 나라들 중에서 가장 잘 확장되고 있다. 예를 들면, 아프리카와 라틴아메리카, 그리고 남아시아의 어떤 지역들이다.[8] 최근 중국에서는 종교의 자유가 허용되면서 적어도 1억 명 이상의 기독교 신자들이 있을 것으로 추산되기도 한다.

인구 백만 명당 기독교의 확장을 소개하면 아래와 같다.

시대	100	300	500	800	1000	1500	1650	1800	1900	2000
아프리카 인구	17.2	18.4	20.0	25.2	33.0	46.0	58.0	70.0	107.9	813.4
기독교인	0.4	6.0	8.0	8.0	5.0	1.3	3.0	1.0	9.9	393.3
기독교인%	2.4	32.6	40.0	32.0	15.2	2.8	5.2	1.4	9.2	48.4
남아시아 인구	62.7	71.0	79.5	97.0	113.1	145.7	198.4	351.0	413.4	2,268.6
기독교인	0.3	6.5	21.2	23.0	14.8	3.0	5.0	8.0	16.9	192.3
기독교인%	0.5	9.2	26.7	23.7	12.1	2.1	2.5	3.2	4.1	8.5
동아시아 인구	59.3	59.9	54.9	56.5	75.5	131.6	170.6	366.1	532.7	1,373.2
기독교인	0.0	0.0	0.0	0.3	2.0	0.2	0.4	0.3	2.2	32.3
기독교인%	0.0	0.0	0.0	0.3	2.7	0.3	0.2	0.1	0.4	2.4
오세아니아 인구	1.0	1.1	1.2	1.4	1.5	2.0	2.5	2.5	6.2	32.7

---

8 Stephen A. Neill, *A History of Christian Mission*(Penguin Books, 1986), 475.

기독교인	0,0	0,0	0,0	0,0	0,0	0,0	0,1	0,1	4,8	27,7
기독교인%	0,0	0,0	0,0	0,0	0,0	0,0	4,0	4,0	77,6	84,8
라틴아메리카 인구	4,6	5,5	6,4	7,6	8,5	13,0	10,9	17,5	65,2	619,9
기독교인	0,0	0,0	0,0	0,0	0,0	0,2	6,5	14,9	62,0	571,2
기독교인%	0,0	0,0	0,0	0,0	0,0	1,5	60,0	85,0	95,1	92,1
북아메리카 인구	0,3	0,4	0,5	0,5	0,5	1,0	1,1	6,5	81,6	296,2
기독교인	0,0	0,0	0,0	0,0	0,0	0,0	0,0	9,1	89,2	85,6
유럽 인구	31,8	30,7	25,5	25,5	32,0	69,0	88,0	144,0		539,8
기독교인	0,3	7,3	14,0	17,9	28,2	67,8	86,9	142,1		431,4
기독교인%	0,9	23,7	55,0	70,0	88,1	98,2	98,8	96,9		80,0
러시아 인구	4,3	5,0	5,5	6,4	7,1	17,0	23,0	45,0	125,7	315,0
기독교인	0,0	0,1	0,2	0,3	0,4	8,5	15,0	36,0	105,0	118,1
기독교인%	0,0	1,0	3,0	4,7	5,4	50,0	65,5	80,0	83,6	37,3
세계 인구	18,15	192,0	193,4	219,9	269,2	425,2	552,2	902,6	1.619,9	6.259,6
기독교인	1,0	19,9	43,4	49,5	50,4	116,9	116,9	208,2	558,1	2.019,9
기독교인%	0,6	10,4	22,4	22,4	18,7	21,2	21,2	23,1	34,4	32,3

[9]

1985년 각 대륙의 중요한 정통 기독교인의 인구

교단	정교회	개신교	로마 가톨릭	비로마 가톨릭	제3세계 토착교회	최소한의 개신교
아프리카	25,762,353	56,190,635	7,559,168	964,544	29,143,347	1,755,084
남아시아	4,050,476	31,274,677	76,343,764	52,230	20,346,442	404,685
동아시아	47,299	7,432,639	3,696,949	1,300	7,863,484	291,432
오세아니아	458,816	9,644,842	6,352,762	12,136	113,077	336,398
라틴아메리카	566,906	22,756,669	389,454,862	172,679	14,949,030	1,673,211

9 David B. Barret, Ed., *World Christian Encyclopedia*(Nairobi: Oxford University Press, 1982), 796.

북아메리카	8,578,973	84,675,508	61,533,080	702,086	22,290,529	9,101,912
유럽	44,379,711	108,658,508	272,224,061	1,965,715	116,081	2,193,401
구소련연방	88,803,928	8,409,491	4,940,000	0	0	14,500

교회의 분열과 교파의 발생

오순절에 시작된 초대 교회는 590년 그레고리 1세가 로마의 감독이 되면서 계급 성직의 교황제가 시작되었으며 그때부터 초대 교회는 중세 시대의 교회로 진입하였다. 루터의 종교 개혁의 시대까지 중세의 교회는 분파나 이단 운동이 없지 않았으나 로마 가톨릭교회의 울타리를 벗어난 것은 아니었다. 그러나 이 시대에 중세 교회는 크게 두 번의 분열을 경험하였다. 그 첫째는 로마 가톨릭교회 안에서의 분열이었는데 1309-1377년까지 교황 좌가 로마가 아니라 남프랑스의 한 도시인 아비뇽에 있게 되면서 프랑스 왕의 지배를 받게 되었다. 소위 바벨론 포로로 부르는 시기가 되었는데 이때 프랑스 찬성파와 반대파로 교회가 분열하게 되었다. 이 시기에 프랑스 아비뇽에는 클레멘트 7세와 베네딕트 13세가 1373-1417년까지 교황 좌에 있었고 로마에서는 우르반 6세와 보니페이스 9세, 이노센트 7세, 그리고 그레고리 12세가 1378-1415년까지 교황 좌에 있었다.[11]

결국 교황청과 교황이 두 곳에 있게 되면서 국가적으로 교황을 지지하는 나라들이 나뉘게 되었다. 프랑스와 스페인은 아비뇽의 교황을 지지

---

10 David B. Barrett, Ed., Ibid., 791 In Paul R. Spickard, Kevin M. Cragg, *A Global History of Christians*(Grand Rapids: Baker, 2003), 455-456.
11 John D. Woodbridge, Frank A. James III, *Church History*, Vol.II (Zondervan, 2013), 43.

하는 데 반해 대부분 다른 국가들은 로마의 교황을 지지함으로 로마 가톨릭교회는 대분열을 맞게 되었다. 그러나 이 분열은 어디까지나 로마 가톨릭교회 안에서의 분열이었지 다른 교파나 교단을 형성한 것은 아니었다.

가장 분명하고 영구한 분열은 1054년 동방 정통교회와 로마 가톨릭교회로 완전히 나누어진 것이었다. 이 분열은 콘스탄틴 황제가 제국의 수도를 콘스탄티노플(비잔틴)로 옮기면서부터 예상이 되었던 일이다. 동방과 서방은 정치적인 문제에서만 아니라 문화적으로도 차이가 컸다. 데오도시우스(Theodosius)는 395년 분립된 장관의 지도로 동방과 서방의 행정을 분담케 하였으며 제5세기 후반 서방에서 이 분할은 로마 제국의 몰락과 더불어 완전하게 실현되었다. 동방교회는 황제의 재판권 아래 있었으나 로마에 있는 교회는 황제의 통제로 들어오게 하기에는 거리상 너무 멀리 떨어져 있었다.

황제의 통치가 서방에서 원만하지 못할 때 로마에 있는 능력 있는 교황은 위기를 전화위복의 기회로 삼아 영적으로만 아니라 세속적으로도 지도자가 되는 계기가 될 수 있었다. 그 결과 동방에서 황제는 거의 교황과도 같았고 서방에서 교황은 거의 황제와도 같았다. 따라서 두 교회는 세속적인 권력에 대한 조망에서 전혀 달랐다.

지적인 조망에서도 서방은 동방과 달랐다. 라틴 서방은 정치에서 실제적인 문제에 관심이 있었으며 정통적인 교리를 작성하는 데는 관심이 적었다. 동방의 헬라 정신은 철학적 체계를 따라 신학적 문제를 푸는 데 더 관심이 있었다. 따라서 대부분의 교리적 논쟁(325과 451년)은 동방에서 있었고 서방에서는 큰 문제가 되지 않았다.

문화적인 전통에서도 동방과 서방교회는 서로 달랐다. 성직자의 독신에 대해서도 두 교회들 사이에 차이가 있었다. 동방에서는 감독 이하의 교구 신부들은 결혼했으나 서방교회는 결혼을 허용하지 않았다. 서방교회에서는 모든 신부들이 수염을 깎았으나 동방교회에서는 수염을 길렀다. 동방교회에서는 헬라어를 사용했는데 비해 서방교회에서는 라틴어를 강조했다. 이런 언어의 차이는 서로 간에 오해를 낳을 수 있는 소지가 없지 않았다.

서방교회의 머리는 로마 교회의 감독이었고 점차 서방교회에서는 교회의 군주로 간주하게 되었다. 그러나 동방에서는 교황의 수위권을 인정했으나 동방 사람들에게 그는 동등한 감독의 권위 중에 첫째일 뿐이었다. 다시 말하면 로마 교회의 감독은 지휘관이 아니라 콘스탄티노플, 안디옥, 알렉산드리아, 그리고 예루살렘의 다른 주교들과 동료였다.[12]

신학적으로는 사실상 두 교회 사이에 두드러지게 다른 점이 없었다. 그럼에도 두 교회들 사이에는 다른 특성들 때문에 신학적인 문제가 발생하였다. 867년 콘스탄티노플 주교 포티우스(Photius)는 교황 니콜라스 1세(Nicholas I)와 서방교회를 이단으로 고소하였다. 이유는 서방교회가 니케아 신조의 형식에 필리오케(Filioque)의 구절을 삽입했기 때문이었다. 서방교회는 성령은 아들에게서 나옴을 수용했다. 그러나 이것을 동방교회에서는 받아들이지 않았다. 여기에 더해 부활절 축하에 대한 때의 문제도 있었다. 부활절 축하를 언제할 것이냐는 논쟁으로 두 교회는 서로 다른 날을 부활절로 지키게 되었다. 서방교회는 주님의 부활일에 제일 가까운 주일을 주장한 데 비해 동방은 부활일 바로 그날 지켜야 한다고 주장하였다. 이런 차이점 역시 동방과 서방의 특성상 피하기 힘든

---

12 Paul R. Spickard & Kevin M. Craig, *God's People*(Baker, 1994), 110.

문제들이었다.

제8세기 동방교회에서 발생한 성상 논쟁에서도 서방교회는 동방교회와 그 입장이 달랐다. 동방에서는 726년 황제 레오 3세(Leo III)가 화상이나 성상 앞에서 무릎을 꿇는 어떤 행위도 해서는 안 된다고 금했으며 730년에는 교회에서 십자가 이외의 모든 것을 옮겨 파괴시킬 것을 명령했다. 또 수도사의 권한을 제한시키고 우상 숭배에 대한 무슬림의 고발을 논박하였다. 그 결과 동방에서는 평신도의 부흥을 가져왔으며 서방의 교구와 수도원의 성직자들을 반대하게 되었다. 서방에서는 예배에서 화상과 성상을 사용했으며 동방에서는 마침내 화상만 사용하게 되었다. 특별히 예수님의 성화는 존중했으나 예배는 하나님께만 드려야 했으므로 성상에게 경배는 하지 않았다.

1054년 동서교회의 분열

콘스탄티노플의 대주교 마이클 세룰라리우스(Michael Cerularius, 1043-1059)는 성찬에서 무교병을 사용한 것 때문에 서방교회를 정죄하였다. 성찬에서 무교병의 사용은 9세기 이래로 서방교회에서 점증하는 관행이었다. 교황 레오 9세는 논쟁을 종식시키기 위하여 대주교 험버트(Humbert)와 두 사람의 사절을 보냈다. 그러나 두 교회 간에 토의가 진행되면서 의견의 차이는 더 벌어졌고 마침내 1054년 7월 16일 로마 사절들은 성 소피아 성당의 상 제단에 주교와 그의 추종자들에 대한 파문장을 내려 놓았다. 주교는 이에 불응하고 총회에서 교황과 그의 추종자들을 파문하였다. 두 교회 모두 교회 정치, 문화, 그리고 신학적인 차이점을 인정해 주기보다는 다른 점을 정죄하고 배격함으로 빚어진 결과였다. 이렇게 하여 최초로 교회의 분열이 일어났으며 이때부터 로마 가톨릭교회와 헬

라 정교회가 각기 서로 다른 길을 가게되었다.[13]

1054년은 기독교 역사상 최초로 분열로 인한 새 교파가 형성된 사례가 되었다. 그리고 이 사건은 후대에 발생한 수많은 교파와 교단들의 발생 원인과 무관하지 않은 하나의 선례가 되었다. 그럼에도 이 사건은 같은 신앙과 신학 안에서의 분열이었다.

1517년 루터의 종교 개혁

로마 가톨릭과 동방 정교회의 가톨릭교회의 분열보다 더 중요한 분열은 개신교를 생성케 한 루터의 종교 개혁이었다. 동서교회의 분립은 신학적이기보다는 다분히 정치적이고 교회의 관행과 권력 내지는 문화적인 차이에 대한 부적절한 대처의 결과였다. 그러나 루터의 종교 개혁의 원인은 비성경적인 로마 가톨릭교회의 신앙과 신학, 그리고 교황 권력의 남용이 그 첫 번째의 원인이었다. 수도사요 신부였던 루터였지만 그는 죄인이 어떻게 의로워지고 구원받을 수 있는지의 문제로 고민하였다. 그는 로마 교회의 방식대로 수도원에 들어가 철야 기도와 금식과 선행을 힘썼으나 사죄의 확신을 얻을 수 없었다. 마침내 루터는 성경 연구를 통해서 죄를 용서하시는 하나님의 은혜와 충분하고도 완전한 예수 그리스도의 공로를 이해할 수 있게 되었다. 율법은 구원의 수단으로 주신 것이 아니라 죄인들로 하여금 죄를 깨닫고 자신의 의를 부정하기 위함이며 구원은 전적으로 하나님의 선물임을 알게 되었다.[14]

루터는 성경 연구를 통해서 로마 가톨릭 신학에 대조되는 성경적인 신

---

13 Earl E. Cairns, *Christianity Through The Centuries*(Zondervan, 1981), 203-205.
14 오덕교, 『종교 개혁사』(합동신학대학원출판부, 2005), 63-65.

앙과 신학을 갖추게 되면서 그의 사상을 『선행론』, 『독일 귀족에게 고함』, 『교회의 바벨론 포로 시대』라는 소책자들을 써서 로마 가톨릭의 신학과 관행을 비판하였다. 마침내 루터는 교황이나 교회의 전통이 아닌 성경만이 권위이며 고행과 선행이 아닌 믿음에 의한 칭의와 신부만이 아닌 만인제사장직을 주장하면서 로마 교회의 개혁을 촉구하였다. 특별히 루터의 관심은 속죄권의 판매였다. 그는 1517년 10월 30일 95개조의 항의문을 비텐베르크 성문 교회 밖에 게시하였다. 이 항의문에서 두드러진 내용은 속죄권이었다. 루터는 속죄권은 죄를 사할 수 없으며 죄의 벌을 면케 할 수 없고, 회개한 자는 이미 죄 용서를 받았다고 반박하였다. 그러나 루터 개혁의 성공은 그의 신앙과 개혁의 의지만으로 된 것은 아니었다. 1500년대의 급변하는 사회가 개혁을 재촉하였다. 과거 중산층 사회의 기초가 무너지고 새로운 사회는 그 지리적 발견과 정치와 경제, 그리고 지적 및 종교적인 변화로 인해 그 사회적 질서의 범위와 영향력으로 볼 때 가히 혁명적이었다. 그 시대는 과학 문명의 발전과 지리적인 변천, 중세의 보편 국가의 개념에서 새로운 민족 국가의 개념의 길을 열어준 점, 경제적으로 봉건 영주의 사회에서 도시 상업의 중산층 상인의 사회로의 변화, 그리고 1350-1500년 사이에 인문주의 운동의 과거의 원천으로 돌아가려는 욕망은 북유럽의 기독교 인문주의자들로 하여금 성경을 원어로 연구하고 번역할 수 있는 동기를 부여해주었다. 그 결과 성경에 기록된 신약의 교회와 중세 교회의 차이가 명백히 드러나게 되었다. 더 나아가 개인 중심의 르네상스는 구원이 인간의 중보자로서 사제 없이 개인이 직접 하나님과의 관계로 이루어질 수 있음을 깨닫게 하였다.

   종교적인 변화도 중세의 틀인 연합체의 개념에서 16세기 초에는 종교적인 다양성의 길을 제공해 주었다. 특별히 1054년의 동서교회의 분립은 민족적인 개신교의 기초를 제공하였다. 이런 다양한 변화와 맞물려 루터의 종교 개혁은 독일 국민의 전적인 지지와 로마 교황과 황제의 통제에서 독립을 원했던 민족 국가의 지원을 받으면서 로마 가톨릭의 개혁이 아닌 개신교의 탄생을 낳게 하였다. 물론 종교 개혁의 성취는 그 모든 여건과 때를 간섭하신 하나님의 주권적인 섭리이기도 하였다. 루터의 종교 개혁은 성경의 최종 권위에 일치하는 개신교를 낳게는 했으나 하나의 교회, 보편적인 교회로서의 연합체가 아니라 다양한 형태의 개신교였다. 개신교는 성경의 권위와 성경 해석의 자유, 그리고 개혁 신앙을 받아들인 국가의 정치, 사회, 그리고 문화와 종교적인 전통과 개혁 지도자에 따라 다양할 수밖에 없었다. 따라서 종교 개혁 폭발로 개신교회가 탄생하였으나 그 개신교는 네 개의 다른 형태로 발전하였다.

1. 루터교회: 루터의 개혁은 교리적이면서 독일 민족국가적이었다. 루터교는 성경이 금하지 않은 전통은 유지하였다.
2. 개혁교회: 츠빙글리와 칼빈 신학으로 어느 지역에 제한적이지 않았다. 성경에 없는 전통은 부인하였다.
3. 재세례파: 신학적으로 급진적이었으며 전통을 완전히 무시하고 오직 신약 형태의 교회를 추구하였다.
4. 영국 성공회: 교리나 신학 및 개혁의 지도자 대신 민족 국가의 지도자에 의한 정치적인 이유로 로마 교회와 단절하여 개신교가 되었다.

이 개혁은 위로부터 아래로 내려오는 하향식 종교 개혁이었다. 따라서 교리와 신앙에서 더 많은 개혁이 필요하였다. 여기서 종교 개혁으로 발생한 개신교 교파들을 도표로 간략하게 소개하면 아래와 같다.

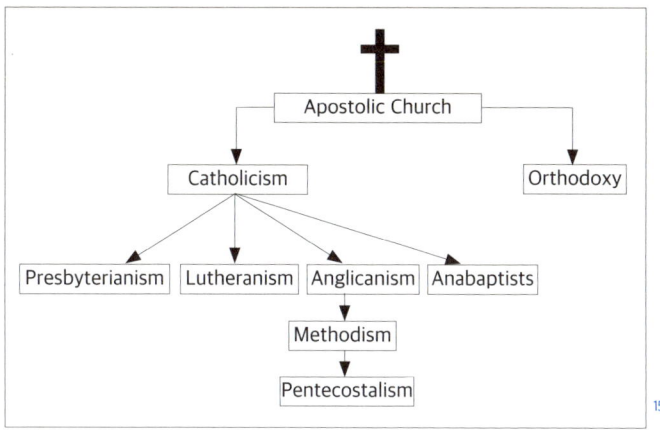

4. 개신교의 분립과 그 분열의 원인

앞에서 동방과 서방교회의 분열과 분립 및 종교 개혁으로 인한 개신교의 다른 형태의 탄생을 살펴 보았다. 여기서는 좀 더 근래에 다양한 개신교의 교파와 교파 내 분파의 발생 원인을 살펴볼 것이다. 교회의 분열과 새로운 교파의 형성은 꼭 바람직한 일이라고 할 수 없겠지만 그렇다고 다 부정적으로만 보아서도 안 될 것이다. 누가 루터의 종교 개혁을 잘못이라고 말할 수 있겠는가? 불가피한 경우가 있을 수 있다.

1. 신학과 신앙의 차이로 인한 분열과 교파의 형성이다. 미국 교회의 경우 19세기 독일을 통해 들어온 자유주의(현대주의 신학)와 근본주의 신학(역사적 정통주의)

---

15 Adam Hamilton, *Christianity's Family Tree*(Nashville: Abingdon Press, 2007), 127교파를 다루는 여러 책에도 유사한 도표들이 있으나 가장 쉽게 한눈에 볼 수 있다고 생각되어 참고하였다. 다만 해밀턴은 영국 국교에서 침례교회가 나온 것으로 표지하고 있지만 필자의 견해는 달라서 재세례자도 로마 교회에서 분립된 것으로 표지하였다. 결국 종교 개혁 때 개신교의 네 파가 발생하였는데 그 중에 하나가 재세례자였다.

의 논쟁으로 20세기 초 장로교회를 비롯해서 침례교회와 다양한 교파들이 분열하여 새로운 교단을 형성하게 되었다. 보수적인 교회와 신학은 성경의 무오, 동정녀 탄생, 십자가의 대속의 죽음, 육체적인 부활, 기적과 재림을 그들의 신앙의 핵심으로 삼았다.

2. 성경에서 가르치는 어느 특정한 주제에 대한 집착으로 생긴 교파나 교단들이 있다. 침례교회의 침례, 안식교회의 안식일, 그리고 성결파 교회의 완전 성화, 오순절파 교회들의 방언과 은사주의이다.

3. 분열이나 새로운 교파의 형성을 원치 않았지만 부득이하게 소속 교파를 떠나서 새로운 교파를 형성할 수밖에 없는 경우이다. 요한 웨슬리의 경우는 그가 파송한 선교사들이 미국에서 감리교 신앙을 전파하고 교회를 개척하게 되면서 본국 영국 교회에 교역자를 파송해 줄 것을 청원했으나 그 뜻이 이루어지지 않자 교역자 파송을 위해 안수가 불가피하게 되었다. 그 결과 영국 교회와 구별된 감리교회가 형성되었다.

4. 신앙생활에서 경건에 대한 이해의 차이로 인한 분열이다. 미국 장로교회(북장로교회)가 현대주의자들의 손에 들어가게 되면서 교단에서 추방된 메이첸은 정통장로교회(Orthodox Presbyterian Church)를 세우게 되었는데 함께 합류했던 매킨타이어와 몇 명의 교수들이 주초의 자유와 역사적 전천년론 대신에 무천년론을 주장한 데 반대하여 웨스트민스터신학교에서 나가 페이스신학교를 설립하고 성경장로교회(Bible Presbyterian Church) 를 창립하였다.

5. 노예 문제와 남북 전쟁으로 인한 지역적인 갈등으로 인한 분열이다. 미국 장로교회는 노예 문제로 북부와 남부로 장로교회가 분열하였으며 이런 분열은 주로 농사를 위해 노예를 고용했던 남부의 거의 모든 교파와 교단들의 문제였다.

6. 부흥 운동에 대한 찬반으로 인한 교단의 분열이다. 장로교회의 경우에 부흥 운

동을 지지하는 파와 반대하는 파 간에 갈등으로 인해 분열하였다. 그뿐만 아니라 장로교회의 부흥 운동가들 중에는 하나님의 주권 강조와 인간의 책임을 덜 강조하고 제한 속죄에 대한 교리가 복음 증거에 걸림돌이 된다는 판단에서 장로교회를 떠나 새로운 기독교회나 그리스도의 제자교회라는 교단을 세우기도 하였다.

7. 성직의 반대나 프로그램된 예배를 반대하여 따로 교회를 형성하였다. 퀘이커 파와 같은 경우이다.

8. 예배 때에 악기의 사용을 금하고 음성으로만 찬양을 해야 한다는 주장 때문에 분열하였다(형제파).

9. 여성을 목회자와 장로로 안수하는 문제로 교단이 분열되었다.

10. 동성애 허용 및 동성애자 안수로 인해 분열하였다.

11. 교역자의 비리와 재산 싸움으로 인해 분열하였다.

12. 한국 교회 대한예수교장로교회(합동)의 분열은 다른 교단들의 분열과 새로운 교단 형성에 근거가 되기도 하였다. 한국의 장로교회는 한 교단을 유지해 오다가 1950년 6.25의 동란이 일던 해에 세 번의 큰 분열을 하였다. 신사 참배의 처리 문제에 대한 갈등으로 고신파의 분립이 있었으며 보수와 진보의 신학적 논쟁으로 인한 기독교 장로교회의 분립, 그리고 1959년 W.C.C.(세계교회연합회)의 참여를 놓고 찬성과 반대로 교단이 분열하여 통합과 합동이 되었다. 교회 연합을 위한 세계 교회협의회는 그 가입 문제의 찬반으로 거의 모든 한국 교회의 교단들이 분열하였다. 한국에서 W.C.C.는 교회의 연합보다 오히려 분열의 원인이 되고 말았다.

13. 가장 불행한 경우는 신앙이나 신학이 동일하고 예배와 관행이 모두 같음에도 교권과 지방색 때문에 분열하고 새로운 교단을 형성한 경우이다. 한국 교회에서 이런 경우는 모든 교파나 교단에 해당되겠지만 대한예수교장로회 합동 측

의 경우가 가장 극심하였다.

5. 교회 연합 운동: 교회 연합의 필요성

교회 연합 운동은 분열과 교파의 문제를 치유하려는 동기에서 시작된 것이 아니었다. 오히려 세계 선교를 보다 더 효과적으로 하려는 의도에서 출발한 운동이었다. 따라서 에큐메니컬 운동은 선교 운동의 산물이라고도 할 수 있다. 19세기는 선교 운동의 세기였다. 다양한 교파에서 앞다투어 선교하게 되면서 교파에 익숙하지 않은 선교지의 상황에서 서로 다른 교파의 선교사들이 경쟁적인 선교는 바람직하지 못함을 깨닫게 되었다. 따라서 선교지의 선교사들이 교파를 초월해서 선교하게 된 것이 교회 연합의 시발점이 되었다.

그 결과 1910년 에딘버러에서 연합적인 세계 선교대회(World Mission Conference)가 열렸고 1920년에는 에큐메니컬 운동의 세 가지 중요한 대회로, 1921년 국제 선교회(International Missional Council)와 1925년 스톡홀름에서 생활과 사업 회의(Universal Christian Conference On Life and Work), 그리고 1927년 로잔에서 신앙과 직제 회의(World Conference on Faith and Order)가 열렸다.[16]

선교에서 선교와 선교사 연합의 필요성은 마침내 교회 연합의 동기가 되면서 교회 연합을 호소하는 복음주의 연맹(Evangelical Alliance)이 결성되었다. 그러나 이 단체는 교회의 연합이기보다는 관심 있는 개인들로 구성된 것이었다. 그 후에 샌포드(Elias B. Sanford, 1843-1932)의 주도로 미국교회연합회(Federal Council of Church of Christian in The United States

---

16 십창섭, 채천석 편저, 『현대교회사』(솔로몬, 1999), 331-15.

of America)가 조직되었다. 교회 연합 운동은 세계교회협의회(W.C.C.)에 국한되지는 않으나 이 단체가 연합의 대표적인 조직이며 원래 공언한 연합의 기초는 우리 주 예수 그리스도를 하나님과 구주로 받아들이는 교회들의 교제였다. 성경에 따라서 주 예수 그리스도를 하나님과 구주로 고백하는 교회들의 교제이므로 함께 한 하나님, 아버지, 아들, 그리고 성령의 영감으로 그들의 공동 소명을 함께 이루기 위해 협력한다는 것이었다.[17]

이는 매우 제한적인 고백이긴 하지만 기독교의 핵심적인 믿음이었다. 그러나 점차 참여한 교파들의 신앙과 신학의 차이가 희소되고 더 많은 교파와 심지어는 다른 종교와의 화합을 이루려는 시도를 하기에 이르게 되었다. 마침내 처음에 지녔던 복음 전도와 선교보다는 사회 정의나 사회 사업을 우선하게 되면서 복음주의 교단들만 아니라 W.C.C.에 가입한 교단들에게서까지도 비판을 받게 되었다.

이에 대해서는 한국 교회에서도 그 입장을 달리하였다. 세계교회협의회를 반대했던 합동 측의 정규오 목사는 "W.C.C.는 로마 가톨릭교회와 신학이나 관습이 거의 일치하는 동방정교회와 삼위일체를 부인하는 유니테리안파를 회원으로 받아들이고 있다. 동방정교회의 가입은 W.C.C. 안에서 가장 큰 신앙고백주의의 그룹이 되기 때문에 신학적으로 문제가 될 수밖에 없다"고 지적하였다.[18]

이에 대해 W.C.C.를 지지하는 입장에 섰던 통합 측의 유호준 목사는 "교회의 세계적인 활동의 사명을 재인식하고 이를 완수하기 위하여 공

---

17 D. F. Wright, "Ecumenical Movement", In Ed., Sinclair Ferguson, David F. Wright, J. I. Packer, *New Dictionary of Theology*(IVP, 1988), 219-220.
18 정규오, 『신학적 입장에서 본 한국장로교회사1』 135-136.

동적인 활동의 태세를 강구하고 실천하는 운동"이라고 주장하였다.[19] 이는 한국의 예수교장로교회가 1958년 분열에 앞서 반대와 찬성 사이에 있었던 견해의 차이였으며 마침내 1959년 9월 28일 주로 세계교회협의회와 에큐메니컬 문제로 한국 장로교 총회가 분열됨으로 한국 장로교회가 세 번째로 겪는 가장 큰 분열을 맞고 말았다.[20] 교회 연합 운동이 분열의 아픔의 원인이 된 것은 정말 아이러니가 아닐 수 없다. 2017년 9월 한국의 부산에서 열린 W.C.C. 대회는 그동안 이 운동이 얼마나 성경적인 신앙에서 멀어졌는지를 확연히 보여주는 실례가 되었다. 우려했던 대로 W.C.C.는 기독교(개신교)의 연합체가 아니라 모든 종교들의 연합체가 되어가고 있었다. W.C.C.의 종교 다원주의 경향과 타 종교에서 개종불가라는 선언은 한국의 복음주의 교회들로부터 W.C.C. 운동의 반대는 물론이고 과거 예수교장로교회(합동)의 주장이 옳았음을 증명하기에 충분하였다.

그 밖에도 한국의 기존 다수의 교단들은 일제와 타협했던 이들과 끝까지 신앙을 지키려고 했던 이들, 교권주의자들과 반교권주의자들, 신앙의 순수성을 지키려는 이들과 일치를 강조하는 자들 사이에 대립과 갈등이 표출되면서 감리교, 성결교, 그리고 침례교까지 재건과 분열의 아픔을 겪게 되었다.[21]

성경은 교회의 순결과 연합 모두를 중요하게 강조하고 있다. 그런데 성경의 원리대로 순결과 연합을 동시에 이루기란 쉽지 않다. 이는 오늘에 이르기까지 교회의 역사가 증거하고 있는 사실이다. 순결과 연합은

---

19 상게서, 137.
20 박용규,『한국기독교회사2』(생명의말씀사, 2004), 1013.
21 이에 대해서는 박용규의『한국 교회사 제2권』1016-1070에 비교적 상세히 언급되어 있다.

교회의 균형이라고 할 수 있는데 그 중에 어느 한편으로 기우는 것을 바로잡는다는 것은 교파의 수가 오늘처럼 많은 때에 기대하기란 힘들 것이다. 순결을 강조하다보면 교회의 분열이 불가피하였고, 연합을 강조하다 보면 순결은 우선순위에서 밀려날 수밖에 없었다. 그러나 연합이 중요하더라도 성경적 교리를 희생하면서까지 연합을 시도하는 것은 옳지 않을 것이다. 반면에 신앙이나 교리와 신학이 같으면서도 그 밖에 본질적이지 않는 비본질적인 문제 때문에 교회가 분열했다면 이는 더 크게 잘못된 것이다. 보수주의 교회에서는 교리와 신학을 중시하는 데 비해 진보적이고 자유주의적인 신학을 견지하는 교회에서는 교리나 신앙보다 관용과 연합을 더 중시한다. 실제로 진보적인 신앙을 선호하는 교회들은 연합에서 강하다. 이것이 사실일진대 연합에 힘써야 할 교회들은 보수적이고 복음적인 교회들이라고 할 수 있다.

이에 대해 존 프레임 교수(John M. Frame)는 그의 책 『복음주의 재연합』에서 교회 연합의 필요성은 성경이 가르치는 진리이며 이스라엘은 약속의 땅에서 중앙 예루살렘에 하나의 제단만을 두었다(신 12:11; 14:23; 15:20)고 말한다. 그 민족이 남북으로 갈라졌을 때까지도 성전은 예루살렘에 있었다. 이는 포로기와 회복의 기간에도 다르지 않았다. 신약 시대에도 하나의 교회였다. 따라서 다음과 같이 생각해볼 수 있다.

1. 구약과 신약 신자들은 중앙 제단에서 예배했다(행 4:12; 고전 1:13).
2. 예수님은 하나의 교회를 세우셨다.
3. 교회의 연합을 가르치는 성경적 증거들이 있다.
4. 신약은 교회란 말을 그리스도의 세계적인 몸만을 가리켰다(행 15:3).
5. 신약의 교회 정치에 교파의 역할은 없다.

6. 신약은 후에 교회 안에서 교파적인 분열을 낳게 될 심성과 관행을 꾸짖었다(고전 1:10-17; 마 20:20-28; 5:23-26; 18:15-26; 25:31-46).
7. 예수님은 그와 아버지가 하나이신 것처럼 교회가 하나 되기를 기도하셨다(요 17:20). [22]

이어서 프레임 교수는 교회 연합을 가르치는 성경적인 증거들을 7가지로 제시하고 있다. 교파주의가 교회와 그 역할에 부정적인 영향을 주는 이유는 다음과 같다.

1. 교파주의는 교회의 권징을 크게 약화시킨다.
2. 교파주의 때문에 교회는 논쟁을 해결하는 공동재판소가 부족하다.
3. 교파주의는 존재하는 분열을 고착시킨다.
4. 교파적 분열은 화해를 더 어렵게 만든다.
5. 교파주의는 거룩하지 않은 동맹을 만든다.
6. 교파주의는 세상에 대한 교회의 증거를 타협한다.

그 밖에도 다른 교파 교인들을 경쟁의 대상으로 보고 그들보다 낫다는 우월감에 빠지기 쉽다. [23]

프레임 교수의 주장에 많은 사람들이 동의할 것이다. 주님은 한 교회를 세우셨고 연합을 유지하기를 바라셨다. 교파주의는 우리를 인간의 조직에 복종해야 하는 짐을 지운다. 좀 더 심하게 말하면 교파적 분열은

---

22 John M. Frame, *Evangelical Reunion*(Baker, 1991), 21-29.
23 상게서, 45-53. 여기서는 저자의 13개 항목 중에서 6개만을 선별하여 소개하였다. 나머지는 교파로 인해 발생하는 것으로 보는 것이 무리라고 생각되었다.

죄의 결과이다.

그러나 이렇게만 본다면 교파의 분열에서 역사의 주인이시고 교회의 주인되신 하나님의 섭리는 없었는가? 루터의 종교 개혁은 어찌 보아야 하는가? 성공회에서 감리교회의 분리나 교회 안에서 자유주의 신학의 우려 때문에 싸우다가 추방되는 경우에 교단의 설립도 죄가 될 수 있는가? 그럼에도 교회의 연합을 힘써야 하는가? 물론 교회의 순결을 강조하는 복음주의 교단들은 신앙과 교리가 다르지 않는 한 연합을 미루거나 주저할 필요가 없을 것이다. 그러나 그럼에도 하나의 교회만이 최선의 교회로 교회의 사명을 다할 수 있는 조건이 되는 것처럼 생각해서는 안 될 것이다. 부패하고 타락하여 개혁이 필요했던 중세의 교회는 하나였다. 따라서 교회는 그 신앙의 순결을 포기함이 없이 연합을 힘쓰면서 무엇보다도 복음 증거의 사명을 다하는 데 총력을 기울여야 할 것이다.

그럼에도 어떤 점에서는 다양한 교파와 교단들은 그 특성과 서로 다른 신앙의 전통 때문에 다양한 나라와 민족의 문화와 전통, 그리고 교육과 생활 및 종교적인 심성이 다른 불신자들에게 복음을 증거하는 데 더 효과적이고 더 유리할 수 있을 것이다. 하나님께서는 많은 교파와 교단의 다름도 복음 증거의 사명을 이루는 데 더 효과적으로 쓰실 수 있다. 그러나 교단이 전도와 선교에서 개교회보다 더 유리하고 효과적일 수 있음도 사실이다.

그것은 1. **교단은 선교의 도구가 된다.** 교회 개척, 권징, 그리고 사역의 다른 형태의 대다수는 교단적인 협력을 통해서 행해진다. 교단의 선교사들은 선교비의 모금이나 머물 곳 등에 신경을 쓰는 대신에 사역에 집중할 수 있다.

2. **시간을 초월하는 방송망.** 최소한 교단들은 선교를 위한 방송망을 펼치

는 협력으로 이해할 수 있다. 그들은 시간을 초월하는 방송망을 편다. 그리고 시간과 세대를 넘어 일하고 있는 그룹들은 한 시대만을 위해 일하고 있는 그룹보다 더 많은 것을 성취할 수 있다. 교단들은 개척과 과거를 배우는 데서와 앞으로 밀고나가는 진보에 대한 영감을 주는 이야기를 전해 줄 수 있다. 교단들은 독립적인 교회들이 할 수 없는 신학적이며 교회적인 유산의 풍부한 지식을 줄 수 있다.

3. 신학적인 변절. 독립적인 회중들이 그들의 신학에서 쉽게 변절하는데 비해 복음적인 교단들은 정통 신앙에 충실하였다. 교단들은 교리적인 부분만을 보호할 뿐 아니라 복음 전도에 도움을 주고 권징과 영적 성장을 위한 도구들이 되어 왔다. [24]

물론 모든 교단들이 전통적인 신앙을 견지해 온 것은 아니며 문제가 없지도 않다. 그러나 중요한 것은 교단이 자유주의화하여 성경에서 멀어지거나 우선순위에서 교회의 복음 전도의 사명을 등한히 하지 않는 한 교단이 문제가 될 수는 없다. 교단이나 교파의 부정적인 요인이나 문제점이 없는 것은 아니다. 그럼에도 교리를 지키고 신자들을 영적으로 성장시키며 복음 전도와 권징의 시행 및 세상을 위한 빛된 사명을 실행하는데 있어서 개교회나 비교단적인 그룹보다는 효과적일 수 있음도 부인할 수 없을 것이다. 지금까지 교회는 교단을 중심으로 한 복음 전파로 성장하고 발전하여 왔다.

---

[24] Edstezer, Life in Those Old Bones, In Christianity Today, July, 2010, 24-29에서 선별 인용하였다.

6. 미국 교회의 상황

미국 교회의 성장 둔화와 교세 감소의 문제

근래에 미국의 전통적인 교단들은 교인 수가 크게 감소하였고 또 감소하는 중에 있다. 미국인 중에서 자신이 기독교인이라고 생각하는 사람은 1990년에 86%였는데 2008년에는 76%로 줄었다. 또 미국의 주류 교단 25개 중에서 23개가 교인 감소세를 경험하였다. 이 교단들은 분열하지 않고 연합한 경우가 다수이다. 여기서 미국의 주요 개신 교단 교세의 어제와 오늘을 비교해 보려고 한다. 우선 1776년 13개 식민지에 교단별 교회의 수를 소개하면 아래와 같았다.

교단이름	교회수
회중교회	668
장로교회	588
침례교회	497
성공회	495
퀘이커	310
독일 개혁교회	159
루터교	150
화란 개혁교회	120
가톨릭	56
모라비안	31
분리주의 독립교회	27
독일계 미국인 침례교(DUNKER)	24
메노파(MENNONITE)교회	16
위그노파교회	7
샌디마니아인(SANDEMANIAN)교회	6
유대교	5
합계	3,228

[25]

---

25 Paullin(1932) In Roger Finke & Rodney Stark, The Churching of America 1776-1990(Rutgers University Press, 1992), 25; Rosnsy Stark, The Triumph of Christianity(Happer, 2011), 356.

여기 제시된 교단별 교회수의 통계를 보면 미국에서 개신교회가 출발할 당시 회중교회와 장로교회가 가장 큰 교세였음을 볼 수 있다. 그러나 현재 회중교회는 25위권 밖으로 밀려나게 되었고 장로교회는 겨우 10위권 안에 들지만 침례교회는 3위에서 1위가 되었으며 감리교회는 장로교회를 앞서고 있다.

---

26 David A. Roozen, C. Kirk Hadaway, Ed., *Church & Denominational Growth*, Appendix.

	1950	1955	1960	1965	1970	1975	1980	1985	1990
자유주의 개신교									
성공회	2,417,464	2,805,455	3,269,325	3,419,905	3,285,826	2,857,513	2,786,004	2,739,422	2,446,050
장로교(U.S.A.)	3,210,635	3,701,635	4,161,860	4,254,460	4,054,408	3,535,825	3,362,086	3,04,235	2,847,437
그리스도의 연합교회	1,977,517	2,11,322	2,241,134	2,070,413	1,960,608	1,818,762	1,736,244	1,683,777	1,500,212
온건한 개신교									
기독교회	1,767,964	1,987,736	1,801,821	1,918,471	1,424,479	1,302,164	1,177,984	1,116,326	1,039,629
그리스도의제자 형제교회	186,201	195,609	199,497	194,815	182,614	173,336	170,839	159,184	148,235
미국복음주의루터교회	3,982,508	4,67,083	5,295,502	5,684,298	5,560,134	5,401,765	5,384,271	5,341,452	5,240,739
미국개혁교회	284,504	319,539	354,621	385,754	367,606	355,052	345,532	342,375	326,850
연합감리	9,653,178	10,029,535	10,641,310	11,067,497	1,509,198	9,861,028	9,519,407	9,191,172	8,904,824
로마 가톨릭교회	28,34,787	33,396,647	42,104,900	46,246,175	48,214,792	50,449,842	52,645,908	58,568,015	
*몰몬교	1,111,314	1,230,021	1,486,887	1,789,175	2,073,146	2,336,715	2,811,000	3,860,000	4,267,000
보수적인 개신교									
침례교일반협의회	45,413	54,000	72,056	86,719	103,955	115, 340	133,385	132,546	137,717
기독교선교연맹	58,347	57,386	59,657	64,580	112,519	145,833	189,710	227,846	279,207
컴벌랜드장로교회	81,806	84,909	88,452	78,917	92,095	94,050	96,553	98,037	91,857
복음주의언약교회	51,850	55,311	60,090	65,780	67,441	71,808	77,739	84,150	89,735
루터교미주리대회	1,674,901	2,004,110	2,391,195	2,692,889	2,788,536	2,763,545	2,625,650	2,628,164	2,602,849
복음침례교 협의회	41,560	47,319	50,646	53,711	55,080	42,629	43,041	42,863	44,939
안식교	237,168	277,162	317,852	364,666	420,419	495,699	571,141	651,954	717,446
남침례교	7,079,889	8,467,439	9,731,591	10,770,573	11,628,032	12,733,124	13,600,126	14,477,364	15,038,409
위스콘신	307,216	328,969	348,184	358,466	381,321	395,440	407,043	415,389	420,039
오순절/성결파 개신교									
하나님의성회	318,478	400,047	508,602	572,123	625,027	785,348	1,064,490	1,235,403	1,298,121
하나님의교회(인디아나엔더슨)	107,094	123,523	142,796	143,231	150,198	166,257	176,429	185,593	205,884
하나님의교회(테네시클리블렌드)	117,025	142,668	170,261	205,465	272,278	343,249	435,012	523,477	620,393
나사렛교회	226,684	270,576	307,629	343,380	383,284	441,093	484,276	522,082	572,153
북미자유감리교회	48,574	51,437	55,388	59,415	64,901	67,043	68,477	72,223	74,313
구세군	290,341	249,641	254,141	287,991	326,934	384,817	417,359	427,825	445,991

제1부 서론 49

여기서 보여주는 것은 교회의 성장은 다분히 그 교단의 신학적 특성에 좌우된다는 것이다. 일반적으로 자유주의 교단과 온건한 개신교 교단은 마이너스 성장을 하고 있다. 이에 비해 로마 가톨릭교회와 몰몬교는 플러스 성장을 하고 있는 데 비해 보수주의 교단으로는 클리블랜드 장로교회와 루터교미주리대회만 마이너스 성장을 하고 있으며 오순절, 성결파는 모두 플러스 성장을 하고 있다.

미국 교회 교단별 교세(교인 수)의 순위를 소개하면 아래와 같다.

1. 로마 가톨릭교회   61,200,000
2. 남침례교대회   15,900,000
3. 미국침례교대회(National Baptist convention, USA)   8,500,000
4. 연합감리교회   8,333,770
5. 미국복음주의루터교회(캐리비안 포함)   5,125,919
6. 미국침례교대회(National Baptist convention of America)   3,500,000
7. 루터교미주리대회   2,582,440
8. 하나님의성회   2,577,560
9. 미국장로교   2,525,330
10. 흑인감리회감독교회   2,500,000
11. 미국에 있는 정교회(러시아정교회)   1,000,000
12. 기독교회(그리스도의제자, 캐나다 포함)   823,018
13. 기독교감리회감독교회   784,114
14. 나사렛교회   643,586
15. 구세군   472,871
16. 미국장로교회(PCA)   303,176

17. 북미기독교개혁교회	300,000
18. 미국개혁교회(캐나다 포함)	300,000
19. 포스퀘어복음국제교회	269,349
20. 자유 의지침례교전국협의회	206,000
21. 빈야드교회	150,433
22. 웨슬리안교회	121,000
23. 미국메노교회	92,002
24. 컴벌랜드장로교회	86,049
25. 회중기독교회전국연합회	70,000
26. 보수회중기독교연합회	66,262
27. 미국모라비안교회	50,000
28. 미국개신교개혁교회	6,730 [27]

여기에 들지 못한 이단파인 여호와의 증인이나 몰몬교를 제외하면 하나님의 성회와 하나님의 교회만이 그 예외였다. 많은 교단 소속의 목회자 중에서는 그들의 교단은 교회의 사명을 돕기보다는 장애가 될 뿐 아니라 교단에 참여하는 것은 시간 낭비라고까지 주장한다. 실제로 교단에 대한 충성심은 그 어느 때보다도 약해졌으며 점차 사라져가고 있는 것도 사실인 것 같다. 이런 사실을 뒷받침하듯 2009년에 미국의 100대 대형 교회 중에서 그 절반이 교단에 가입하지 않았다고 하였다. 따라서 교단의 이름 없이 개교회의 이름만을 사용하는 교회들이 늘어나고 있다.

---

[27] Carmen Renee Berry, *The Unauthorized Guide to Choosing a Church*(Brazos Press, 2003), 349-350.

그러나 모든 문제들이 교단 때문만은 아니다. 교단이 주는 유익도 적지 않다. 문제는 주류 교단들이 신학적으로 진보적인 자유주의가 되면서 교회의 사역이 선교나 전도보다 사회의 참여나 사업들이 우선이 되면서 영혼 구원에 관심이 약화된 것이 그 한 원인이 되었을 것으로 추정해 볼 수 있다. 주류 교단이나 군소 교단 중에서는 선교가 최우선인 경우도 적지 않은데 이런 교단은 교인 수가 줄지 않았다. 거의 모든 대형 교회들은 성경적이며 교리와 신앙에서 보수주의이며 복음주의인데 이는 이들의 복음 전도에 대한 우선순위와 열정에서 진보적이나 자유주의 신앙의 교회보다 앞섰다. 실제로 갤럽 조사에 따르면 미국에서 복음 전도의 대다수는 보수주의와 복음주의 교단에 의해서 행해졌다.[28]

미국의 대형 교회들과 그 특성

미국의 대형 교회들은 커뮤니티 교회와 새로운 범례의 교회들이다. 미국 교회는 1970년까지는 교파주의가 강했다고 할 수 있다. 교파주의는 장 단점을 모두 지니고 있다. 교파주의는 교파 간에 경쟁적인 복음 전파로 복음의 확장에 기여했다고 할 수 있다. 더 나아가 교파의 좋은 전통과 관행은 건강한 신앙생활에 도움이 되었고 성경에 근거한 교리의 확신은 신자들로 하여금 이단이나 타 종교에 대한 영적 분별력을 지니게 해주었다고 할 수 있다. 그러나 80년대가 가까워지면서 다양한 종교들이 이민자들에 의해 미국에 상륙하게 되었고, 종교 다원화 현상이 뚜렷해지게 되었다. 그 결과 타 신앙에 대한 관용주의가 고개를 들게 되면서 교파주의의 퇴색을 가져오게 하였다. 이는 역사적인 정통 기독교 신앙

---

28 Thomas C. Reeves, *The Empty Church* (New York: The Free Press: 1996), 173.

의 약화를 의미하는 것이기도 하다. 이런 부정적인 현상은 전통적인 교파들의 신학적 자유주의화가 한몫을 했다고 할 수 있다. 그러나 다행히도 거의 역사적인 주류 교단들이 활력을 잃고 교인 수의 감소를 경험하고 있지만 그 교단 안에 있는 교회들 중에서와 새로운 범례의 교회들이 1980년대부터 설립되면서 예배 참석자들이 급증하게 되어 주마다 2백만 명 이상이 예배에 참석하고 있다. 이런 교회들은 주일 출석 교인들이 15,000명 이상인 교회들이다.

그러면 이런 대형 교회들이 생기게 된 이유는 무엇인가?

1) 미국의 인구는 시골이나 도시보다 안전하고 환경이 쾌적한 새로운 주거지의 교외로 몰리게 되었다. 이런 곳에 사는 사람들은 교단의 지도나 도움이 없이 지역 교회를 세우면서 그들 자신의 목사를 청빙하여 독자적인 교회의 운영을 하게 되었다. 이 교회들은 베이비부머 시대의 음악과 그들의 사회적 기호에 맞는 교회가 되면서 대형 교회로까지 발전하게 되었다.

2) 교단에 소속은 되어 있으나 교단의 지시나 간섭 없이 독자적으로 운영되는 새로운 범례의 교회들이나 커뮤니티 교회들이 생겨났다. 이들 교회들의 관심은 교단의 전통적인 교리나 사회적인 정의 대신에 개인의 변화와 영성이다. 이런 교회들은 교인들이나 그 지역에 살고 있는 전도의 대상자들의 필요가 무엇인지에 초점을 맞춤으로써 교회의 다양한 사역에 교인들의 관심과 참여만 아니라 불신자들을 보다 쉽게 교회로 인도할 수 있게 되었다.

3) 교단에 소속되어 있거나 전혀 독자적인 교회이거나 대형 교회들은 담임 목사의 목회 철학이 크게 영향력을 미친다. 대형 교회는 많은 부교역자들을 두고 교회의 분야별 사역에 전문화를 꾀하고 있다. 어린이 사

역자, 청소년 사역자, 젊은 결혼자, 가족, 이혼자, 노인 복지 등으로 교회가 교인들의 필요를 보다 더 만족 시킬 수 있게 되었다. 이런 목회자의 사회적 관심의 목회 철학이 교회를 부흥케 하는 동력이 되었다고 할 수 있다.

4) 대형 교회들은 교회에 나오면 사회생활에 필요한 부분도 해결할 수 있게 하고 있다. 하나의 쇼핑몰처럼 공동체의 사회생활의 필요까지 채워주고 있는 것이다. 예를 들면, 상담, 예배, 사립 학교, 지원 그룹, 10대 클럽, 영화관, 건강 센터, 스포츠 팀, 여행사, 그리고 사업연합회 등이다. 이런 교회들은 주 7일을 봉사하는데 예배와 전도, 설교, 세례, 결혼식, 성경 공부, 그리고 교제 등이 포함된다.

5) 대형 교회들은 복음 전도에 남다른 노력을 기울이고 있다. 전도를 위해 전교인을 훈련시키고 전도 폭발을 위한 프로그램을 실시한다. 구도자 예배를 통해 관심이 있는 불신자들에게 복음을 그들의 눈높이에서 전하고 있다.

6) 대형 교회들의 신학과 신앙은 복음적이고 보수적이며 성경을 강조한다.

7) 대형 교회들은 그들의 노하우를 텔레비전 방송이나 라디오 방송 또는 국제적인 세미나를 통하여 세계적인 영향력을 발휘하고 있다. 여기서 그 대표적인 교회들을 소개하면 아래와 같다.

1. Lakewood Church(초교파, 복음주의), Houston, Texas; 평균 예배 참석자 43,000; 목사 Joel Osteen
2. Willow Creek Community Church(커뮤니티), South Varrington, Illinois; 23,500; 목사 Bill Hybels

3. Second Baptist Church(침례교), Houston, Texas; 2,2000; 목사 Edwin Young

4. Saddleback Community Church(커뮤니티), Lake Forest, Californis ; 22,000; 목사 Rick Warren

5. Life Church(복음주의 언약교회), Edmon, Oklahoma; 19,907; 목사 Craig Groecshel

6. SouthEast Christian Church(사우스 이스트 기독교회), Louisville, Kentucky; 18,000; 목사 Dave Stone

7. First Baptist Church(침례교), Hamond, Indiana; 1,8000; 목사 Jack Schaap

8. North Point Community Church(초교파교회), Alpharetta, Georgia ; 17,700; 목사 Andy Stanley

9. Thoms Road Baptist Church(침례교,근본주의), Lyinciburg, Virginia ; 17,450; 목사 Jonathan Falwell

10. Calvary Chapel(갈보리채플); Ft. Lauderdale, Florida ; 17,000; 목사 Robert Coy

11. The Potter's House(오순절, 초교파),Dallas, Texas ; 17,000; 목사 T.D. Jakes

12. Phoenix First Assembly of God(하나님의성회), Phoenix, Arizona; 16,000; 목사 Tommy Barnett

13. Fellowship of the Woodlands(침례교, 초교파); The woodlands, Texas; 15,600; 목사 Kerry Shoo

14. Church of Harvest(초교파), Los Angeles, California; 15,000; 목사 Clarence Mcclendon

15. West Aangeles Church of God in Christ(그리스도 안에 있는 하나님의 교회); Los Angeles, California; 15,000; 목사 Charles

16. New Birth Missionary Baptist(선교사 침례교회), Lithonia, Georgia; 교인: 15,000명; 목사 Eddie Long[29] 대형 교회들을 교파별로 구분해보면 침례교가 5개, 초교파가 5개, 오순절(하나님의 성회) 교회가 3개, 그리고 기독교회가 1개이다.

북미 교회 교단의 성장과 감소 원인과 대책

북미에서 교파의 성장은 국가의 변화의 상황이나 배경에 크게 영향을 받았다. 그러나 같은 변화의 상황에서도 교단마다 그 성장과 감소의 폭은 서로 달랐다. 그런데 그 성장과 감소의 패턴은 동일했다. 1776년에서 1850년까지 북미의 초기 교단별 성장세를 보면 회중교회가 4.0% 성장했으며 성공회는 3.5% 성장했는데 장로교회는 11.6% 성장했다. 이에 비해 침례교회는 20.5%, 감리교회는 34.2%나 성장했고 가톨릭교회는 13.9% 성장했다. 이런 교파 간의 성장세의 차이는 어디서 온 것일까? 1778년부터 1829년 사이에 대학과 대학교가 설립되었는데 장로교 13, 성공회 6, 침례교회 3, 가톨릭 1, 독일 개혁교회 1개 학교가 있었고, 한 개는 장로교회와 회중교회의 공동 노력의 결과였으며 11개는 공립이었다. 1776년에 회중교회에서 목회하는 목사는 1,586명이었으며 그 중에 대학을 졸업한 목사가 1507명으로 95%였다. 성공회는 127명이었고 장로교회는 51명이 대학을 졸업한 목사였다. 이에 비해 침례교 목사 217명 중에서는 단지 25명만 대학을 졸업했다. 1833년 미국 연감에 따르면 회중교회의 신학교 재학생은 234명, 장로교회는 257명, 성공회는 47명, 침례교는

---

29 Frank S. Mead, Samuel S. Hill, Craig D. Atwood, *Handbook of Denominations in The United States*, 289-292.

107명이었다. 감리교회는 이때까지는 신학교를 설립하고 있지 않았다. 그런데 1861년에 등록한 신학생은 회중교회 275명, 장로교회 632명, 성공회 130명, 침례교 210명, 감리교 51명이었다. 따라서 회중교회와 성공회, 그리고 장로교회가 6,000명의 목사들을 졸업시키는 동안에 감리교회는 단 1명도 신학 졸업생을 내지 못하였다. 감리교회의 신학교가 설립된 후에도 목사들의 2/3는 신학교 교육을 반대하였다.[30]

따라서 침례교 목사와 감리교의 목사들은 교육을 제대로 받지 못했으며 사례도 적게 받았으나 저들은 백성의 목사가 되어 가슴으로부터 나오는 설교로 사람들을 감동시켰다. 또 그 후에 대각성 운동 때는 장로교회에서 시작한 천막 야영 집회에서 발생한 지나치게 신비적이고 감정적인 현상들은 장로교회 안에서 많은 비판과 반대에 직면하게 되었다. 그러나 감리교회와 침례교회는 오히려 천막집회를 적극 활용함으로써 부흥에 크게 기여할 수 있었다. 무엇보다도 부흥 운동을 통해서 새롭게 개척되는 교회에 장로교회에서는 교육 받은 교역자를 구하지 못했으나 감리교회와 침례교회는 열심 있는 자원 평신도들을 파송함으로써 새신자의 정착과 교회 부흥을 경험할 수 있었다.

그럼에도 1950년대 초까지는 주류 교단과 보수 교단들은 다 같이 교인 수의 증가를 경험하였다. 그러나 1950년 중반에 이르러서는 교인 수의 퇴보가 시작되었다. 이런 퇴보의 경향은 1972년에 최저의 수준에 이르기까지 지속되었다. 그 후에 조금은 회복의 기미가 보였으나 다시 서서히 떨어지기 시작하였다. 다만 오순절파와 성결파는 예외였다.

전체적으로 미국의 기독교는 1999-2000년에는 성장과 감소가 0%였

---

30 Roger Finke and Rodney Stark, Ibid., 76-77.

는데 2000-2001년에는 0.6%의 성장세를 나타냈다. 그러나 2001-2002년에 와서는 -0.6%의 감소가 있었고 2002-2003년에는 -1.3%, 2003-2004에는 -0.5%, 2004-2005에는 -1.4%, 그리고 2005-2006에는 -1.7%로 점차 그 감소세가 더해졌다. 1990년에서 2005년까지 북동부 지역의 주류 교단 교회들의 예배 참석자 수는 20.3%가 줄었으며 가톨릭의 경우는 30.5%가 줄었다. 1990년 2000년, 그리고 2005년에 감소세의 %는 가톨릭의 경우 11.1%, 9%, 7.6%였고 주류 교단은 3.5%, 3.1%, 2.8%로 감소한 데 비해 복음주의 교회들은 3.9%, 4%, 5.2%로 증가하였다. 이런 수치는 서부 지역에서 더 큰 차이가 나는데 주류 교단이 2.1%, 1.8%, 1.5% 감소한 데 비해 복음주의 교단은 6.7%, 6.7%, 6.6%로 예배 출석률은 거의 변함이 없었고 다만 2005년에만 0.1%가 줄었을 뿐이다.[31]

보수 교단들의 성장은 주류 교단의 퇴보와 병행하였다. 그리고 이런 교인 수의 퇴보는 주로 출산률과 인구의 성장에 따른 것이었다.

1. 교단의 성장은 크게 출산률에 영향을 받았다. 특별히 백인들의 출산률은 교인 수의 변화에 강한 영향을 끼쳤다. 성장은 가능성 있는 교인 증가의 공급에 좌우되었다. 1950년대와 1960년대는 출산률이 낮았는데 결혼하는 부부와 자녀를 갖는 비율이 현저히 저하되었다. 이런 경향은 경제, 맞벌이 부부, 그리고 베이비붐 세대와 연관이 있었다.

2. 교회는 인구 통계나 문화의 변화에 모두 영향을 받았다. 문화의 변화는 곧 교회의 재산의 변화였다. 새로운 교단의 재산 변화는 새로운 사회-경제적 현실 때문에 필연적이었다. 따라서 1970년대에 시작한 새 교회들은 비용이 많이 들

---

[31] David T. Olson, *The American Church in Crisis* (Grand Rapids: Zondervan, 2008), 72-74.

고 어려웠다.

3. 교단적 성장은 교단의 특성에 영향을 받았다. 교인 수의 저성장은 주류 교단과 보수 교단이 병행했으나 보수 교단은 덜 심각했다. 그 갭은 1950년대 존재했는데 오늘날도 지속되고 있다. 보수 교단들은 지금도 교인 수가 성장하고 있으나 주류 교단들은 아직까지도 교인 수의 감소가 지속되고 있다. 이런 현상은 1960년대 중반 이래로 지속되고 있는데 그 경향은 보수 교단이 주류 교단보다 평균적으로 출생률이 높았고 그 결과 젊은이들의 구성비가 더 높았기 때문이다.

보수주의 교단이 더 성장하는 이유는 두 가지인데 1) 복음 전도의 활동에 대한 헌신의 수준이 높고, 2) 세속주의에 대한 거부감이 있기 때문이다. 보수 교단들은 지도자와 교인들 모두가 나라와 민족을 개종시킬 사명이 있다고 생각하기 때문에 잃은 영혼을 추수하려는 사명에 열심이 있다.[32]

4. 주류 교단의 경우에 성장은 교단적인 정책에 영향을 받았다. 주류 교단들은 국가의 배경의 변화로 인해 상처를 받았으며 복음 전도의 기풍이나 조직의 활성화도 없었다. 이것이 1950년대에 주류 교단의 교인 수 감소의 이유였으며 1960년대와 1970년대, 그리고 1980년대에 보수 교단의 성장 원인이 되었다.

그러나 이런 이유가 온전히 교인 수 증감의 원인이라고 보기는 힘들다. 다른 의견도 있는데 말러와 하더웨이(Marler, Hadaway)의 조사에 의하면 주류 교단의 교인 수의 경향은 교단의 우선순위에 연관이 있다. 변화된 교단의 우선순위는 새로운 도전을 낳게 되었다. 미국 침례교회의 경우 교단적인 우선순위는 인종 포함의 정책으로 귀결되어 새로운 아프

---

[32] Mike Regele, Mark Schulz, *Death of the Church* (Grand Rapids: Zondervan, 1995), 104-108.

리칸-아메리칸 교회들이 시작되었다. 따라서 현존하는 아프리칸-아메리칸 교회들은 미국 침례교회에 가입하도록 초청되었다. 그 결과 이 교단은 백인교회들을 상실하였으며 교인 수의 감소를 겪게 되었다. 그리고 미국 침례교회에 남아 있는 백인교회들은 지원할 곳이 더 많아지게 되면서 재정적인 부담이 더 늘어나게 되었다. 따라서 주류 교단의 교인 수는 교단의 우선순위와 상관이 있다. 교회 성장에 높은 우선순위를 둔다면 성장을 경험할 수 있다. 주류 교단의 성장은 문화와 출산률에 영향을 받지만 성장 내지는 교인 수의 감소를 최소화하려면 복음 전도와 교회 개척을 다시 강조해야 한다.

복음 전도와 교회 개척의 계획은 돈과 우선순위를 위해서 경쟁해야 한다. 희생 없이 성장은 없다. 그러나 마이너스 성장을 하고 있는 주류 교단들은 새로운 교회 개척이 턱없이 부족하다. 1950년대만 해도 주류 교단들은 새로운 교회들을 개척하는 사역이 매우 잘 진행되었다.[33]

북미 교단의 성장은 1800년대에 시작된 이민자의 증가와 그들의 신앙이 근래에 그 영향력을 더해가고 있다. 1900년대에 크게 증가한 이민자의 수는 1940년부터 1970년대까지는 감소를 보이다가 1980년부터는 크게 증가하고 있다. 인종적으로는 백인, 아시안, 태평양의 도서 주민들, 히스패닉(라티노), 그리고 아프리카 흑인들이다. 이들 이민자들의 종교는 다양하지만 기독교인의 경우와 이민 후에 기독교로 개종한 이민자들은 그들이 속한 교단의 교인 수의 증가에 적지 않은 영향을 주고 있다. 예를 들면, 1993년의 조사에 의하면 히스패닉 라티노는 모든 교단의 교인 수에 기여하지만 로마 가톨릭에 특별하였으며 아시안은 성공회를 제

---

33 David A. Roozen, C. Kirk Hadaway, Ibid., 44-45.

외한 연합감리교, 복음루터교, 미국 장로교, 남침례 교단에 거의 동등하게 교인 수 증가에 기여하였고 로마 카톨릭에는 그 기여도가 낮은 것으로 나타났다. 그러나 백인 이민자의 경우는 성공회와 로마 가톨릭에 제일 큰 기여를 하고 있다. 또 아프리카 흑인들은 성공회에 크게 기여하였다.[34]

따라서 교단이 성장을 원한다면 이민자들에 대한 선교와 지원을 아끼지 말아야 할 것이다.

7. 교파 간 다른 정치, 신학 및 관행

1. 교회의 정치와 교파(교단) 모든 교단은 아래의 교회 정치 체제를 따른다. 예외적인 것은 하나의 교회 정치 체제를 벗어나서 복합적인 체제를 만든 것이다.

1) **국가교회**: 주나 국가의 지배자가 교회를 다스린다. 국가의 지배자는 교회의 수장이 된다. 영국 교회(성공회), 독일의 루터교회, 스코틀랜드의 장로교회 등이 여기에 속한다.

2) **감독교회**: 계급 성직제에 의해 다스려지는 교회이다. 감독이 중요한 역할을 한다. 여기에 속한 교단으로는 로마 가톨릭교회, 헬라 정교회, 감리교회, 성공회, 일부 오순절교회이다.

3) **장로교회**: 장로들에 의해서 다스려지는 교회로 장로는 회중의 투표

---

34 Mike Regele, Mark Schulz, *Death of the Church* (Grand Rapids: Zondervan, 1995), 104-108.

로 선출한다. 여기에 속하는 교단으로는 장로교, 개혁교회, 성결교회 등이다.

4) **회중주의**: 모든 결정은 회중의 투표로 한다. 개교회 회중을 넘어가는 권위가 따로 없다. 여기에는 다양한 형태가 있는데 단수 장로(목사)제, 다수 장로제, 장로(목사) 한 사람과 집사회로 운영되는 경우, 그리고 오직 성령만이 권위라고 주장하는 교회의 형태들이 있다. 자치적인 교회들이 여기 속하는데 회중교회, 기독교회, 다수의 독립교회들이 여기에 속한다.

2. 안식일과 주일: 구약의 안식일을 그대로 지켜야 한다는 입장의 교회들이 있다. 안식교와 일부 개신교가 여기에 포함된다.

1) **예배는 안식일에 드려져야 한다.** 하나님은 만인을 위해서 창조 때 안식일을 만드셨다(창 2:2-3; 출 20:11). 그리스도는 안식일을 지키셨고 안식일의 주인이시다. 사도 바울은 안식일에 설교했다(행 17:2). 이방인들은 안식일에 예배를 드렸다(행 13:42-43). 마태, 마가, 누가는 부활 후에 안식일 제도가 존재하는 것으로 썼다(마 24:20; 막 16:1; 눅 23:56).

2) **예배는 주일에 드려져야 한다.** 신약의 신자들은 구약의 율법 아래 있지 않다(롬 6:14; 갈 3:24, 25; 골 2:16). 예수님은 주일에 부활하셨고 어떤 제자들에게 나타나셨다(마 28:1). 예수님은 지속적으로 주일에 나타나셨다(요 20:26). 요한은 그의 묵시적 환상을 주일에 보았다(계 1:10). 초대 교회는 주일 예배의 양식이 주어졌으며 이는 규칙적으로 지속되었다(행 20:7; 고

전 16:2).

3. 신학적인 입장: 모든 교파와 교단들은 알미니안주의가 아니면 칼빈주의를 따른다. 그렇지도 않다면 복합적이다. 알미니안주의와 칼빈주의는 무엇이 다른가?

1) 알미니안주의 교리 **예지에 근거한 선택**: 하나님은 신자가 그들 자신의 의지로 그리스도를 믿고 그 신앙에서 견인될 것을 미리 아시고 선택하신다.

무제한 속죄: 그의 속죄에서 그리스도는 모든 인간이 구원받을 수 있도록 만인을 위한 구속을 예비하셨다.

타고난 무능: 인간은 스스로를 구원할 수 없다. 성령이 중생을 효과 있게 하셔야 한다.

선 은혜: 성령으로부터의 선 은혜는 인간으로 하여금 복음에 반응하고 구원에서 하나님과 협력하게 한다.

조건적 견인: 신자들은 승리하며 살도록 능력이 주어졌으나 그들은 은혜에서 돌아서서 구원을 상실할 수 있다.

2) **칼빈주의의 5대 요점** 칼빈주의의 핵심은 **하나님의 주권**이다. 여기서 말하는 5대 요점은 칼빈주의의 수정을 요구했던 알미니우스의 견해를 대응한 내용이다.

전적부패: 인간은 선에 대한 충동이 전혀 없는 것은 아니지만 모든 인간은 죄로 인하여 하나님 앞에서 공로를 얻을 어떤 일도 할 수 없다.

무조건적 선택: 하나님의 구원으로 어떤 사람의 선택은 그들의 편에서 어떤 예지된 덕성에 의존되지 않고 차라리 하나님의 주권에 근거한다.

제한 속죄: 그리스도의 속죄의 죽음은 택자들만을 위한 것이다.

불가항력적인 은혜: 하나님께서 영생을 위해 선택한 자들은 하나님의 불가항력적인 은혜의 결과로 신앙에 이르고 구원에 이른다.

성도의 견인: 진실된 신자들은 그 신앙에서 끝까지 견딘다.

3) 자유주의 신앙

성경: 성경은 유오한 인간의 문서이다.

기적: 기적은 불가능하다.

인간: 인간은 근본적으로 선하다.

예수: 예수님은 하나님이 아니고 도덕적인 스승이다.

예수님의 죽음: 예수님의 죽음은 인간에게 긍정적인 영향을 지녔다.

하나님: 하나님의 속성은 사랑이다.

지옥: 영원한 지옥은 없다.

4) 보수주의 신앙

성경: 하나님에 의해 축자적으로 영감되었으며 무오하다.

기적: 기적은 가능하다.

인간: 인간은 죄로 타락하였으며 구원이 필요하다.

예수: 예수님은 영원하신 하나님이시고 신적 구주이시며 메시아이시다.

예수님의 죽음: 예수님의 죽음은 인간의 죄를 위한 속죄의 희생이었다.

하나님: 하나님의 주된 속성은 거룩이다. 그의 거룩 때문에 타락한 인간은 그와 교제할 수 없다.

지옥: 예수 그리스도를 배척한 모든 사람은 지옥에서 영원히 고통을 당할 것이다.

4. 세례의 방식과 유아 세례와 성인 세례

1) **물을 뿌리거나 붓는 방식**: 헬라어 '밥티조'는 영향의 아래로 이끄는 것을 가리킨다. 따라서 잠기는 것보다는 뿌리거나 붓는 것이 적합하다. 뿌리거나 붓는 세례는 사람에게 성령의 오심을 더 잘 묘사한다. 고대 근동의 신약 시대는 많은 사람들에게 세례를 줄 물이 충분하지 못했거나 세례를 줄 물 웅덩이가 충분하지 못했을 것이다 (행 2:41; 8:38).

2) **물에 잠기는 경우** : 헬라어 '밥티조'의 주된 의미는 잠김이다. 밥티조와 더불어 사용된 전치사(엔, ~안에서)는 잠김을 묘사한다. 침수에 의한 세례는 옛 생명에 대해 죽고 그리스도 안에서 새로운 생명으로 부활을 가장 잘 묘사한다. 고고학자들은 덮지 않은 고대 물 웅덩이들이 예루살렘 전 지역에 있었다고 한다.

3) **유아 세례의 찬성의 경우**: 유아 세례는 남자 유아들에게 했던 구약에서 할례에 대한 연속형이다. 그것은 언약 공동체로 들어가는 관문의 외적 표지였다. 세례는 할례와 병행하며 신약에서 언약 공동체로 들어가는 외적 표지이다. 신약에서 가족 세례들은 유아들도 포함되었음이 분명하다(행 16:33). 루디아의 가족(행 16:15), 빌립보 감옥의 간수 가족(행 16:33), 스데바나의 가족(고전 1:16) 만일 유아들도 죄가 있으며 세례가 죄를 사하는 것이라면 구원의 필수라고 보게 되고 이런 입장에서 보면 유아 세례는 필수가 된다. 가톨릭교회의 경우 유아의 부족한 것은 로마 교회의 신앙으로 대치된다.

4) **신자의 세례의 경우**: 신약의 모형은 개종 경험 후에 세례를 받았다(행 16:29-34). 가족 세례들, 예컨대 사도행전 16장 33절에 묘사된 유아의 출석은 상술하지 말아야 한다. 침례교회의 경우 세례는 내적으로 중생이 발생한 것의 상징이라고 보기에 유아 세례는 없으며 성인 신자의 세례만 행한다.

5. 종말론의 견해: 모든 교파나 교단은 아래 세 가지 종말에 대한 견해에 속한다. 그 입장들을 간략하게 소개하면 아래와 같다.

1) **무천년의 견해**: 장래 종말론 — 교회 시대 — 그리스도의 재림: 영원한 상태 교회 시대는 계 20:1-6의 현재이다. 예수님의 재림 때 신자의 부활과 불신자의 부활이 있으며 심판이 있은 후 새 하늘과 새 땅이 있다. 로마 가톨릭교회와 동방정교회, 그리고 개혁주의 교회들이 여기에 속한다.

2) **후천년의 견해**: 그리스도는 천년 시대 후에 오신다 — 교회 시대: 천년시대 — 그리스도의 재림 — 영원한 상태: 그리스도의 재림 때 신자의 부활과 불신자의 부활이 있고 심판이 있으며 새 하늘과 새 땅이 있다. 현재로는 지지하는 교파나 교단들이 많지 않다.

3) **고전적 전천년 견해**: — 교회 시대 — 그리스도의 공중 재림(신자들이 들림받아 그리스도와 함께함) — 중간 시대(신자들의 부활) — 그리스도와 신자들이 지상으로 내려옴 — 천년 시대 — 영원한 상태: 천년 시대 후에 불신자의 부활이 있고, 심판이 있은 후에 새로워진 땅이 있다(그러나 고전적 전천년론자들은 새로워진 땅이 천년 시대 있을지 혹은 영원한 상태에서 있

을 것인지 그 의견이 갈린다).

 4) 환란 전천년 견해: 그리스도가 천년 전, 환란 전에 오신다. — 교회 시대 — 신자들이 휴거되어 그리스도와 함께함 — 7년 환난 전과 후로 나뉨 — 그리스도(재림)와 신자들이 지상으로 내려와 — 천년 왕국 시대가 있고 — 영원한 상태에 이른다. 천년 시대 마지막에 불신자의 부활과 심판이 있고 새 하늘과 새 땅이 있다. 전천년 견해에는 역사적 전천년론과 세대주의적 전천년론이 있는데 대부분의 전천년론을 따르는 교단들은 세대주의적 전천년론을 따르며 한국의 합동 측의 경우는 역사적 전천년론을 따르나 근래에는 신학교를 중심으로 무천년론의 견해가 확산되고 있다. 종말론에 관해서는 Wayne Grudem, Systematic Theology(Grand Rapids: Zondervan, 1994), 1109-1113에서 그 윤곽을 참고하였다.

6. 성화에 대한 견해: 현생에서 완전 성화가 가능하다는 입장과 불가하다는 입장으로 갈린다.

 1) 완전 성화가 가능하다는 입장: 신자들은 만일 그들이 하나님께 대하여 살았다면 성령에 의해 죄를 지속적으로 지을 수 없다고 할 수 있다(딛 2:11-12). 완전한 성화는 마음이 모든 상속된 죄로부터 깨끗하게 될 수 있다(요일 1:9). 비록 죄 없는 생활의 완전함에는 결코 도달하지는 못할지라도 그럼에도 그런 생활이 하나님의 은혜를 통하여 가능하다고 본다(롬 6:1-18).

 2) 불가하다는 입장: 우리가 죄 없다고 주장한다면 우리는 우리 자신을

속이는 것이다(요일 1:8). 죄성은 우리가 죽을 때까지 우리 안에 머물러 있다(엡 2:3). 성경의 위대한 성도들이 그들의 죄를 지속적으로 인식하였다(사 6:5; 단 9:4-19; 엡 3:8).

7. 여성의 사역(안수): 근래까지 교회의 지도자로 여성의 안수의 문제는 일반적으로 반대였으나 최근 대다수의 교단에서는 안수하는 입장으로 바뀌었다. 따라서 성경에 집착하는 보수적인 교파나 교단만 이를 반대한다(한국의 경우는 합동 측 장로교회와 고려파 교회이다).

1) **지지하는 견해**: 예수님은 남성이나 여성이 동등하다고 생각하셨다(눅 10:38-42). 예수님은 부활 후에 처음으로 여인들에게 나타나셨다(막 16:9). 여성의 종속은 타락의 결과이다. 그리스도는 죄가 초래한 저주를 멸하셨다. 갈라디아서 3:28은 남성과 여성의 동등함을 말씀한다. 에베소서 5:21-24은 남성과 여성이 피차 복종하라고 말씀한다. 여성이 남성을 지배하는 권위가 없다는 말씀은 1세기 문화를 반영하는 것뿐이다.

2) **안수를 반대하는 입장**: 남자와 여자는 가치에서 동등하나 아직도 남자 - 여자 권위 구조이다(고전 11:3). 예수님은 사도로서 남성만을 부르셨다. 바울은 교회에 남성 장로만을 세웠다. 남성의 권위는 창세기 2장에서 구축되었다. 이는 타락 이전이다. 지위적 동등성은 남성 - 여성의 권위 구조를 무효화시키지 않는다. 그 밖에 성경의 구절로는 여성은 아담의 갈비뼈에서 창조되어 그의 돕는 자가 되었다(창 2:23). 아담이 여자라고 이름을 준 것은 그가 그녀를 다스리는 권위가 있음을 보여준다(창 2:23). 하나님이 아담에게만 지시하신 것은 그의 지도자로서의 권위를 보여준다

(창 2:16-17). 사도 바울은 남성 권위를 문화적이 아니라 신학적으로 논증하고 있다. 여성 안수를 지지하는 교단: 미국 침례교, 하나님의 성회, 기독교회(그리스도의 제자), 나사렛 교회, 성공회, 복음주의 루터교, 사중복음의 국제교회, 자유감리교회, 모라비안교회, 장로교회(USA), 구세군, 그리스도의 연합교회, 연합감리교회, 웨슬리안교회, 메노교회와 기독교 개혁교회(CRC)(개교회에 결정권이 있다). 여성 안수를 반대하는 교단: 남침례교, 로마 가톨릭, 루터교회-미주리대회, 미국 장로교회(PCA), 정교회.

8. 성찬에 대한 견해

1) **로마 가톨릭의 견해**: 빵과 포도주는 실제로 신부의 기도로 예수님의 몸과 피로 변한다(화체설). 예수님은 문자적으로 임재하신다. 성례는 받는 자에게 은혜가 부여된다.

2) **루터교의 견해**: 그리스도는 빵과 포도주 안에, 곁에 그리고 아래에 임재하신다(공재설). 그리스도의 임재는 실제이나 그 요소들은 변하지 않는다. 성찬을 통해서 하나님은 은혜를 전달하신다.

3) **개혁교회의 견해**: 그리스도는 영적으로 주의 성찬에 임하시며 성찬은 은혜의 방편이다.

4) **기념의 견해**: 성찬의 요소는 변하지 않고 참여자에게 은혜를 전달하지도 않는다. 떡과 포도주는 상징이며 그의 죽음과 부활에서 예수님을 기억하는 것이며 재림에 대한 우리의 기대를 기억케 하고 그리스도의 몸

으로서 우리의 하나됨을 기억하게 한다.

9. 치유에 대한 견해: 이 견해는 크게 보면 둘로 갈린다. 오순절파에서는 치유가 복음의 필수 부분이며 병에서 치유되는 것은 속죄에서 예비되었다고 한다.

1) **치유는 속죄 안에 있다는 입장:** 이사야 53장에서 우리는 그리스도의 상처를 통하여 치유되었다. 의사에게 가는 것은 믿음의 부족이다. 하나님의 뜻은 아무도 병에 걸리지 않는 것이다. 하나님은 성경 시대에 사람들을 치유하셨다. 육체적 치유는 속죄에서 보장되었다.

2) **치유는 속죄 안에 있지 않다는 견해:** 이사야 53장 5절의 치유는 영적인 치유(죄의 치유)이며 육체적인 치유가 아니다. 예수님은 친히 건강한 자에게는 의사가 필요 없고 병자라야 의사가 필요하다고 하셨다(마 9:12). 때로 하나님은 우리로 고통의 시기를 통과하도록 허락하시는 목적이 있으시다(벧전 4:15-19). 하나님은 에바브로디도(빌 2:25-27), 드로비모(딤후 4:20), 디모데(딤전 5:23), 욥(욥 1-2), 그리고 바울(고후 12:9)에게 질병의 고통을 허용하셨다. 궁극적인 육체적 치유는 부활체에서 보장되었다.

10. 방언에 대한 견해

1) **방언을 찬성하는 견해:** 방언으로 말하는 것은 성령 세례의 증거이다(행 2:4). 방언으로 말하는 것은 오늘날 기독교인 중에서 보편적이다. 방언으로 말하는 것은 성령 충만의 증거이다. 방언으로 말하는 것은 성경

적인 교리이다. 방언으로 말하는 것은 하나님 자녀들의 하나의 상속이다.

2) 방언을 반대하는 입장: 고린도 교인 전부가 방언을 한 것은 아니다(고전 14:5). 그러나 모두 세례는 받았다(12:13). 성령은 영적 은사들을 주신다(고전 12:11). 모든 기독교인들이 모든 은사를 가진 것이 아니다. 성령의 열매(갈 5:22-23)는 방언이 포함되어 있지 않다. 그러므로 그리스도를 닮는 데는 방언으로 말하는 것이 요구되지 않는다. 신약의 저자들의 대부분이 방언에 대해서 침묵한다. 다만 세 책들(마가복음, 사도행전, 그리고 고린도전서)만 방언을 언급한다. 방언보다 중요한 은사들이 있는데 이런 것들이 추구되어야 한다(고전 12:28, 31). 이상의 논쟁적인 혹은 의견을 달리하는 신앙이나 신학의 문제는 쟁점이 되기 때문에 더 깊이 다룰 수 있을 것이다. 그러나 본서는 신학 변증서가 아니다. 다만 이상의 문제들이 교회와 교파나 교단 간에 서로 다른 입장을 취하고 있기 때문에 개관적으로 그 차이점만을 다루고 있는 Ron Rhodes, The Complete Guide To Christian Denominations에서 그 윤곽과 내용을 개략적으로 인용하였다. 물론 어떤 경우는 조직신학 책들을 참고하기도 하고 필자의 견해도 더했다.

8. 개신교회와 그 신학

여기서 개신교의 신학을 소개하는 것은 그것이 개신교의 교단을 이해하는 데 도움이 되기 때문이다. 개신교의 모든 교단들은 그 교단이 지향하고 있는 신학과 신앙 및 전통들이 있다. 물론 교단 중에는 그들이 정확하게 어떤 신학을 따르고 있다고 단언하기가 어려운 경우도 있다. 그러나 그럼에도 그 교단의 특성은 어떤 신학적인 성향을 지니고 있음을 부인하기 어렵다. 또 어떤 경우는 한 교단 안에 신학적인 성향이 하나 이상인 경우도 있다. 이런 경우는 교단을 소개할 때 밝혀질 것이다. 신학은 그 교단의 교리와 신앙과 밀접한 연관이 있을 뿐 아니라 교단의 분쟁과 분열 및 성장에 이르기까지 다양하게 작용을 했거나 하고 있으므로 그 교단을 이해하는 데 적지 않은 도움이 될 수 있다고 생각한다. 여기서 소개하는 거의 모든 교단들은 아래 소개하는 신학 중에 어느 한 신학을 따르고 있다고 할 수 있다. 실재로 대부분의 교단들은 그들의 정체성을 밝히기 위해 우리는 어떤 신학을 따른다고 자랑스럽게 단언하기도 한다. 그렇지 않더라도 우리는 그 교단의 교리와 신앙을 보면 그 교단의 신학적 성향을 짐작할 수 있다. 여기서 소개되는 북미의 교회나 한국의 교회는 모두 20세기에 접어들면서 보수주의와 자유주의의 신학적 논쟁을 겪었으며 그로 인해 분열의 아픔을 경험하기도 하였다. 여기서는 개신교의 신학을 가나다 순으로 소개하려고 한다.

근본주의(Fundamentalism)

근본주의란 신학적으로 현대주의의 반대로 발전한 개신교 안에 있는 보수적인 신학 운동이며 19세기 부흥 운동의 산물로서 자유주의 기독교에 대한 반동이었다.[35]

근본주의란 말은 북침례교 대회에서 반현대주의파를 위해 편집자 커티스 리 로스(Curtis Lee Laws, 1868-1946)가 사용한 명칭으로 1920년 미국에서 시작되었다. 이 말은 현대주의자(자유주의) 신학과 현대 문화의 세

---

35 George Thomas Kurian, *Nelson's Dictionary of Christianity*, 286.

속화에 대한 호전적인 반대를 하는 복음적인 개신교의 폭넓은 연합에 사용되었다. 따라서 근본주의는 하나의 복음적인 개신교이며 전통적이고 초자연적인 성경적 기독교의 근본 교리들을 진술하는 의미로서 반현대주의라고 할 수 있다. 또 반현대주의와 세속화의 어떤 국면을 반대하는 데 호전적인 반현대적인 복음주의이다.[36]

근본주의는 19세기 미국의 부흥 운동의 산물이므로 근본주의자는 곧 부흥주의자였다. 그러나 이 말을 광의로 사용할 때는 성경에 대한 높은 견해와 그 성경이 주장하는 근본적인 교리를 주장하는 복음적인 보수주의를 일컫는 말이기도 하다.

미국에서 근본주의의 원천은 다비(J. N. Darby)의 저작에서 시작한 전천년 예언 운동이었다. 또 다른 기원은 영국에서 전통적인 교회들을 떠난 프리머스 형제단에서 나온 운동이며 미국에서는 주로 19세기 후반에 북쪽에 있던 교단으로 장로교회와 침례교회에서 출현하였다. 또 세대주의 역시 근본주의 운동의 구별된 특징이며 스코필드의 유명한 성경(1909)의 관주에서 가장 잘 정립되었다. 많은 미국의 세대주의자들은 케직 대회(Keswick Convention)에서 양육된 온건한 성결의 교훈을 받아들였다.

북장로교회 안에서 보수주의는 프린스턴 신학교의 지적인 지도력을 힘입어 건강하였다. 보수적인 장로교인들이 처음으로 기본적인 교리들의 목록을 변호하는 전략을 발전시켰으며 세대주의자들 역시 전통적인 교회를 변호하는 근본적인 것들(The Fundamentals)을 1909-1915년에 출판할 것을 계획하였다. 그러나 조직적으로 근본주의가 형태를 갖추

---

36 G. M. Marsden, "Fundamentalism ," In Sinclair B. Fergson, Ed., *New Dictionary of Theology*, 266.

게 된 것은 1919년 5월 필라델피아에서 소집된 기독교 근본주의자들의 세계 회의의 결과였다. 그 이름은 세계기독교근본주의협회(The World's Christian Fundamental Association)였다. 그때까지는 많은 근본주의 그룹들이 교리의 표준이 된 하나의 일관된 목록이 없었으나 그 목록을 갖추게 된 것이다. 따라서 그 조직의 회원이 되려면 교리의 9가지 목록을 굳게 지키는 것이 요구되었다.

그것들은 1. 성경의 영감과 무오 2. 삼위일체 3. 그리스도의 신성과 동정녀 탄생 4. 창조와 인간의 타락 5. 대속적인 속죄 6. 그리스도의 육체적인 부활과 승천 7. 신자의 중생 8. 그리스도의 인격적이고 즉각적인 재림 9. 부활과 영원한 축복, 그리고 영원한 화(woe)였다.[37]

근본주의의 두 원천은 구 프린스턴 신학과 세대주의로 보는 이들이 있다. 구 프린스턴 신학은 칼빈주의의 구학파로 프린스턴 신학교에서 발전하였다. 그 신학은 전통적으로 이해된 성경의 일관된 변호로 발전하였다. 찰스 핫지, A.A. 핫지, 그리고 B.B. 워필드의 저작들과 보다 적은 범위로는 뉴욕의 유니온 신학교의 G.T. 쉐드 및 로체스터 신학교의 A.H. 스트롱의 공통 신앙으로 성경의 완전 영감과 하나님의 말씀의 무오에 대한 신학적 정확성을 확정하여 준 것이었다.

1908년 장로교 총회는 공식적으로 성경적 영감의 성질에 대한 프린스턴의 정의를 받아들이면서 찰스 브릭스 같은 자유주의 교수는 그의 교수직을 잃게 되었다. 1910년 총회는 교단의 모든 목사들이 믿어야 할 기독교 믿음의 5대 요점을 작성하였다. 그것은 1. 성경의 무오 2. 그리스도의 동정녀 탄생 3. 죄를 위한 그리스도의 속죄 4. 죽은 자에서 그의 부활 5.

---

37 Harold B. Kuhn, "Fundamentalism", In Ed., Everett F. Harrison, *Baker's Dictionary of Theology*, 234.

그의 기적이었다.[38]

따라서 근본주의의 9대 교리는 미국의 대표적인 정통 신학교였던 프린스턴 신학교가 정의한 장로교회의 5대 교리를 참고했을 것으로 본다.

또 다른 원천은 세대주의의 영향이었다. 그 대표적인 인물은 메이첸인데 그는 그가 근본주의자로 불리는 것을 좋아하지 않았다. 그러나 자유주의와 투쟁을 위해서 세대주의적인 근본주의자들과도 협력했다. 그는 프린스턴 신학교의 칼빈주의 정통 신학자로 지적인 근본주의를 대표하며 세대주의적인 근본주의의 대중적인 인물은 스코필드였다. 그는 스코필드 관주 성경으로 근본주의의 대중화에 기여하였다.[39]

1920년대 근본주의자들의 현대주의와의 투쟁은 주로 장로 교단과 침례 교단에서 발생했으며 다른 교단들에서는 소규모의 논쟁이 있었다. 그 결과 캐나다의 교회들에서 보수주의자와 자유주의자 사이에 분열이 발생하였다. 근본주의자들은 1차 대전 후에 도덕적인 부패를 공격했으며 브라이언(William Jennings Bryan, 1860-1925)은 공립 학교에서 진화론의 교육을 막으려고 노력하였다. 막스주의, 낭만주의, 술, 춤, 노름과 극장에 가는 것은 근본주의자들의 공격의 목표가 되었다.

1930년대에 접어들면서 근본주의자들은 구별된 교회의 표지를 취하기 시작하였다. 많은 호전적 근본주의자들을 품고 있는 그룹과 독립교회 및 교단들에서 분리할 것을 주장하였다. 이런 대부분의 근본주의자들은 침례교인과 세대주의자들이 되었다. 그리고 분리가 참된 신앙의 시금석이 되었다.

---

38 "Fundamentals," In The Wesminster Dictionary of Church History(The Westminster Press), 346.
39 John D. Woodbridge, Frank A. James III, Church History, Vol.Two(Zondervan, 2013), 797.

1920년대에 폭넓은 반현대주의자 연합에 속해 있던 이들은 1940년에 분열되었다. 미국에서 하나의 중요한 그룹은 그 호전성을 누그러뜨리고 주류 교단과 접촉을 유지하려고 하였다. 그 대변자는 오켄가(H. J. Ockenga), 칼 헨리, 그리고 카넬(E. J. Carnell)이었다. 그들은 처음에 자신들을 신복음주의자로 불렀으나 1950년 후에는 단순히 복음주의자라 하였다. 그들의 협회는 복음 전도자 빌리 그래함과 함께하였다. 근본주의에서 신복음주의로의 변화는 근본주의 안에서 온건한 입장이 근본주의자들의 이동을 가속화시킴으로써 호전적인 근본주의자들에게 영향을 주어 어떤 영역을 정화시키면서 호전성도 중화시키는 긍정적인 역할을 하였다.

그러나 호전적인 근본주의자 라이스(J. R. Rice, 1895-1980), 밥 존스(Bob Jones, 1883-1968), 그리고 칼 매킨타이어(Carl Macintire, 1906-2002)는 그들만이 참된 근본주의자라고 주장하였다. 1960년대 후로 근본주의자들은 근본주의를 떠난 자들과 다양한 전통으로부터 온 성경을 믿는 기독교인들을 포함하는 폭넓은 복음주의에서 분리된 이 하부 그룹을 구별하는 데 사용되고 있다. 분리파 근본주의는 1970년대와 1980년대에 4천만에서 5천만의 복음주의자들에 비해 10% 정도였지만 성장을 지속하였다. 특별히 1980대에 침례교회의 근본주의자 제리 파웰의 도덕적 다수 운동은 근본주의자 안에서 정치적 관심을 갖게 해주었다. 그러나 분리주의 근본주의자인 밥 존스 대학교에 있는 사람들은 정치적 행동주의자들을 파웰처럼 가짜 근본주의자로 부른다. 그럼에도 지금 근본주의자 정치인들은 이스라엘을 강하게 지지하고 있다.[40]

과거와 현재의 근본주의를 회고하고 전망하는 근본주의자는 근본주

---

40 Sinclair B. Ferguson, Ed., *New Dictionary of Theology*, 268.

의는 전 성경을 절대적이고 무오하며 권위 있는 하나님의 말씀으로 옹호하여 왔으며 성결의 교리와 실천에 전념하여 왔다고 자평한다. 1930년 이전에 근본주의자들은 영국의 청교도들처럼 대교단들로부터 비성경적인 요소들을 없애려는 노력으로 교회의 순수성을 달성하려고 분투하였다. 이때에 근본주의자들은 그들이 교단 안에서 영향력이 별로 없거나 전혀 없는 소수파임을 알게 되었고 옛 교단으로부터 분리하여 새로운 단체들을 설립하기 시작하였다. 그 이래로 근본주의는 신학에서는 변한 것이 없으나 다만 거룩을 추구하는 근본주의의 방법에서 거룩은 교회로부터 비성경적인 자들을 분리하든지 아니면 비성경적인 교회로부터 분리하는 것이 교회의 순수성과 밀접한 관계가 있다고 보았다.

미래 근본주의의 전망으로는 무엇보다도 그 뿌리가 미국과 아일랜드에서 1857-1861년에 있었던 대부흥에 근거하고 있듯이 근본주의의 존속도 부흥의 대가를 기꺼이 지불하려는 의지에 달렸다고 본다.[41]

교회의 역사는 어느 신학이나 신앙의 운동도 지속 가능한 기간이 있었음을 보여준다. 그 운동이 지속되려면 변화하는 문화나 시대에 발빠르게 대처해야 했다. 그런데 근본주의는 위대한 인물들이 죽었음에도 지속되고 있다. 그러나 시간이 흐르면서 분열이 생기고 그 근본적인 목적과 핵심적인 신앙은 변하지 않았음에도 그 투쟁의 대상이 달라지면서 그 대처 방식도 다를 수밖에 없게 되었다. 따라서 1970년대에 근본주의자들은 세속적 인본주의, 전통적 가치의 쇠락, 여권 신장론, 낙태와 동성애의 합법화, 그리고 공립 학교로부터 기도 제거와 같은 새로운 적들을 대적하기 위해 조직되었다. 그리고 과거와 다르게 이제는 공립 학교에서

---

41 김효성 역, 『근본주의의 역사』 (기독교문서선교회, 1994), 378, 383; David L. Smith, *Pursuit of Purity*.

진화론과 창조 과학도 함께 가르칠 수 있는 입법을 지원하게 되었다.[42]

최근에 남침례 교단에서 보수주의의 득세와 승리는 보다 온건한 근본주의자들과 보다 보수적인 복음주의자들이 함께 공동 목표를 위해서 협력할 수 있는 기회가 될 수 있을 것으로 기대된다. 이는 근본주의와 복음주의 모두의 상생과 미국 기독교를 정통의 신앙과 전통적인 도덕을 지킬 수 있게 하는 큰 힘이 될 것으로 사료된다.

근본주의에 대한 평가는 부정적이기도 하고 긍정적이기도 하다. 근본주의의 긍정적인 영향으로는 성경을 사랑하고 성경을 읽는 것이 중요함을 깨우쳐 주었고 그리스도를 섬김으로 사회적 봉사를 강조한 점이다. 물론 이점에서는 사회 복음주의자들보다는 차선적이긴 하지만 좋은 영향을 미쳤다고 할 수 있다.[43] 홈리스 피플에 대한 관심이나 구조 선교 혹은 낙태를 반대하는 운동 등을 들을 수도 있다. 그러나 부정적인 영향으로는 교회의 분열을 들지 않을 수 없다. 물론 교리적인 반영이기는 하지만 꼭 그렇지 못한 경우도 적지 않다는 데 문제가 있다. 게다가 복음적인 교단과도 교제를 금하고 있는 것은 성경적이라고 보기 힘들다. 이런 면에서는 보다 더 관대하고 관용하는 태도가 필요할 것이다. 그러나 근본주의가 미국의 역사적인 정통 신앙을 지켜낸 기여는 부인할 수 없을 것이다. 무엇보다도 근본주의자들은 성경에 근거한 기독교의 복음의 역동성과 살아계신 그리스도에게 개인적 헌신을 위한 복음의 소명을 영속케 해 주었음은 누구도 부인하기 힘들 것이다.[44]

---

42 T. P. Weber, "Fundamentalism," In Ed., Daniel G. Reid, Robert D. Lindner, Bruce L. Shelley. Harry S. Stout, *Dictionary of Christianity in America*(Downers Grove, 1990), 465.
43 David L. Smith, *A Handbook of Contemporary Theology*(A Bridge Point Book, 1992), 24-25.
44 Thomas A. Askew, Richard V. Pierard, *The American Church Experience*(Grand Rapids: Baker, 2004), 171.

개신교의 어느 신학이나 전통도 장·단점이 없을 수는 없다. 그런 점에서 근본주의도 예외는 아니다. 다만 그 기여도에서 근본주의는 성경적인 기본 신앙을 지키는 데 큰 역할을 한 것만은 잊혀져서는 안 될 것이다. 근본주의의 장래는 건전한 근본주의 신학과 신앙의 전통을 보존하고 발전시켜 나가기 위해서는 지나친 호전성이나 배타성을 지양하고 겸손하게 복음주의 교단들과 함께 소통하며 피차 장점들을 보완해 가면서 단점들은 제거하기 위해 협력해 게으르지 말아야 할 것이다. 또 비성경적이고 자유주의적인 신학과 세속주의에 대해서는 함께 연합 전선을 펴 나가는 협력이 필요하다고 생각한다.

복음주의(Evangelicalism)

복음주의를 정의하기는 쉽지 않다. 그 말이 다양한 뜻을 내포하고 있기 때문이다. 복음의 혹은 복음주의는 좋은 소식에 혹은 복음에 관계된다는 뜻이다. 그 말의 헬라어 어원은 좋은 메시지 혹은 좋은 소식으로 기독교의 사도들에 의해 사용된 것이며 초기 헬라어를 말하는 기독교 교부들이 복음을 위해서 선포한 것이었다. 이 용어는 로마 가톨릭교회의 문서들에서 사용된 것 또는 주류 개신교회들의 메시지를 가리킨다. 예를 들면, 예수 그리스도 안에서 하나님의 성육신, 그리스도의 죽음과 부활에서 표명된 인간을 위한 하나님의 사랑, 특별히 인간의 성취를 떠나서 하나님의 은혜로만의 구원에 대한 메시지이다.

올슨(George E. Olson)은 그의 책 『복음주의 신학과 역사』에서 복음주의란 말이 복음주의 신학의 역사에서 어떻게 다양하게 사용되었는지를 6가지로 언급하였다.

1. 역사적으로 이 말은 16세기의 종교 개혁으로부터 복음주의란 말이 파생되었다. 루터, 츠빙글리, 칼빈의 개혁의 사역에 그 뿌리를 두고 있다. 따라서 복음주의는 개신교와 동의어이다.
2. 영국의 교회 앵글리칸(성공회)과 연관이 있다. 복음주의자는 영국 교회에서 예배 의식을 최소화하고 구원을 위해서 예수 그리스도와의 개인적 신앙의 필요성을 강조한 경향이었다.
3. 복음주의는 경건주의자의 발생과 부흥주의자의 개혁의 시도, 그리고 18세기 독일과 영국 및 미국에서 개신교의 부흥에서 나온 말로 사용되었다.
4. 복음주의는 19세기와 20세기 초 자유주의 개신교의 발생에 대한 보수주의 개신교의 반작용으로 나온 말이다.
5. 1940년대와 1950년대 근본주의적 복음주의자들은 호전적인 근본주의와 관계를 단절하려고 하였다.
6. 복음주의자들은 교회협의회(NCC)와 세계교회협의회(WCC)와 대응하기 위한 단체로서 복음주의협의회(NAE)를 결성하였다. 이 단체는 "본질적인 면에서는 연합을, 비본질적인 면에서는 자유를, 그리고 모든 것은 사랑으로"라는 표어를 사용하였다. 다만 가입 조건으로 성경의 영감과 권위만을 요구하였으며 성경의 무오나 전천년론을 믿는지에 관해서는 상관하지 않았다.[45]

따라서 복음주의 안에는 다양한 신학과 믿음을 가진 이들이 포함되어 있다. 어떤 복음주의자는 성경의 무오를 강하게 주장하나 다른 이들은 그렇지 않다. 어떤 이들은 성경의 초자연적인 사건들의 기적을 주장하지만 다른 이들은 신비로 남겨둔다. 어떤 이들은 전천년론을 주장하

---

45 George E. Olson, *History of Evangelical Theology*(Inter Varsity Press, 2007), 8-13.

는가 하면 다른 이들은 무천년론을 선호한다. 또 소수는 후천년론자들이다. 어떤 이들은 칼빈주의자이나 다른 이들은 알미니안주의자이며 종말론에서도 서로 같지 않다. 또 은사론에서도 오순절의 은사주의자들이 있는가 하면 은사의 중지를 주장하는 이들도 있다. 더 나아가 교회의 정치에서도 계급제, 감독제를 선호하는 이들이 있는가 하면 개교회의 자치를 주장하는 이들도 있다. 그러나 적어도 복음주의의 원래의 내용은 처음에는 음성으로 다음에는 기록된 형식으로 전한 사도적 설교이다. 따라서 좋은 소식의 요지는 복음서에 의해 드러났으며 전체로서 신약 안에서 계시되었다.

복음주의 신자들은 이렇게 식별될 수 있다. 그들은 성경 말씀의 확신에 헌신하며 신앙과 관행의 신적 규범으로서 영감된 성경에 헌신한다. 그들은 그리스도의 성육신과 동정녀 탄생, 그의 죄 없는 생활, 대속의 속죄, 그리고 죄인에 대한 하나님의 용서의 근거로서 육체의 부활과 예수 그리스도의 구속 사역과 모든 사람의 영적인 중생을 포함하고 있는 복음의 근본적인 교리들을 단언한다.[46]

미국의 복음주의 운동은 2차 대전 후에 전환점을 맞게 되었는데 이는 오켄가(H. J. Ockenga), 칼 헨리(C. F. H. Henry), 버나드 램(Bernard Ramm), 그리고 다른 인물들이 근본주의 운동의 교단적인 분열과 사회와 문화적인 무책임, 그리고 반지성주의를 정당화하는 데 대한 반성과 변화에서 기인된 것이었다. 그리고 그 결과는 1943년 복음주의협의회의 설립과 잡지 『오늘의 기독교(Christianity Today)』를 발간하게 되었고

---

46 Carl F. Henry, "Evangelical," In J. D. Douglas, Ed., *The New International Dictionary of The Christian Church*(Zondervan, 1979), 358-595.

1947년 풀러신학교가 설립되었다. 이런 변화는 학적으로 우수한 신학교(Wheaton College, Gordon College)들의 설립으로 이끌었다. 또 빌리 그래함의 전도 사역은 복음주의에 생동감을 더해주었다. 1960년대에 들어 복음주의는 은사주의 운동으로 미국의 복음주의에 힘을 보탰으며 남침례교 소속의 지미 카터가 대통령에 당선됨으로써 주목을 받게 되었다. 더 나아가 복음주의는 보수적인 기독교의 견해와 교단의 지도력의 가치를 회복하려고 하였으며 주류 교단의 대학이나 신학교에서 보수적인 교수의 채용을 추구하였고 이전에 근본주의 기독교 그룹들(Youth for Christ, Far East Gospel Crudese, Great Europe Mission, Trans- World Radio, World Vision International)을 포섭하였다.[47]

쉘리(B. L. Shelly)는 폭넓게 종교적인 권위로서 성경에 헌신하며 교회의 중심 메시지로서 그리스도의 구원 사역의 복음에 근거하는 연합 안에 있는 신앙의 7개의 복음주의 전통을 언급하고 있다.

1. 주로 루터교회와 개혁주의 기독교인들로 종교 개혁의 후예인 복음주의자들
2. 나사렛교회와 같은 웨슬리안 복음주의자들
3. 하나님의 성회와 같은 오순절이며 은사적인 복음주의자들
4. 복음에 대한 그들 자신의 증거를 지닌 흑인 복음주의자들
5. 복음적인 퀘이커와 메노파와 같은 반문화적인 교회들(소위 평화의 교회로 부름)
6. 남침례교회가 이끄는 몇 개의 전통적인 백인 남부에 있는 교파들
7. 독립교회와 많은 파라 처치 단체들에서 볼 수 있는 근본주의의 영적인 후예들

---

47 David L. Smith, *A Handbook of Contemporary Thought*(Bridge Point Press), 63.

이다.[48]

복음주의 신학은 성경 중심의 신학이며 그 바람직한 목적은 성경이 가르치는 정통 교리와 신앙대로 살아가는 것이다. 이를 위해서 성경을 묵상하며 연구하는 만큼 기도하는 것이다. 신학의 과제는 하나님을 아는 것처럼 너무 많이 신학을 아는 것은 아니며 학적인 자만의 시험은 반드시 극복되어야 한다. 신학은 반드시 사랑의 공동체 안에서와 다른 사람을 위한 사랑에서, 그리고 예수 그리스도의 재림과 그날이 가까움을 헤아리는 의식으로 행해져야 한다.[49]

따라서 아는 만큼 행하는 것이야말로 복음주의의 생명이라고 할 수 있다. 이는 시대에 부응하는 기독교로 이끌어가야 할 복음주의의 사명이라고 할 수 있다.

알리스터 맥그라스는 복음주의의 다양한 신학적, 교단적, 그리고 신앙의 전통을 감안할 때 복음주의는 아래와 같은 기본적인 6가지 확신이 필요하다고 하였다.

1. 하나님에 대한 지식과 기독교인의 생활을 인도하는 지식의 원천으로서 성경의 최고의 권위
2. 성육하신 하나님과 주님으로서, 그리고 죄 많은 인간의 구주로서 예수 그리스도의 엄위하심

---

48 Bruce L. Shelley, "Evamgelicalism," In Robert D. Linder, Daniel G. Reid, Bruce L. Shelley, Harry S. Stout, Ed., *Dictionary of Christianity in America*(Inter Varsity Press, 1990), 416id L. Smith, *A Handbook of Contemporary Theology*(A Bridge Point Book, 1992), 24-25.
49 I. S. Rennie, "Evangelical Theology," In Sinclair B. Ferguson, Ed., *New Dictionary of Theology*, 240.

3. 성령의 주되심

4. 개인의 개종의 필요성

5. 개인 신자들과 전체로서 교회를 위한 복음 전도의 우선성

6. 영적인 양육과 성장을 위한 기독교 공동체의 중요성 [50]

이런 기본적인 확신에서 벗어난다면 건강한 복음주의는 지속하지 못할 수도 있다. 따라서 맥그라스는 복음주의는 다음 세대에도 수적인 성장을 지속할 것이며 위대한 학적, 사회적, 정치적으로 중요한 성취를 이룰 것으로 기대했다. 그럼에도 이 성장과 수용의 증가는 19세기 유럽과 미국 교회들을 지배했던 자유주의 개신교의 다른 형태가 될 위험을 맞게 될 수도 있을 것이라고 경고하고 있다.

복음주의에 대한 비판도 있다. 복음주의는 지나치게 개인주의를 강조함으로써 교회의 충만과 기독교 공동체를 위하는 데 실패할 수 있으며 개종의 경험에서 지나치게 감정에 호소하는 경향이 있다는 것이다. 또 다른 비판은 문자적 성경적 근본주의를 강조한다는 것이다. 여기에 더해 사회적이고 경제적인 구조에 대한 관심의 부족을 들기도 한다. [51] 물론 복음주의가 완전할 수는 없다. 그러나 필자의 견해로는 이런 비판들은 일리가 없지 않으나 복음주의 안에 있는 다양성을 간과하거나 근본주의와 혼동에서 빚어진 것이 아닌가 사료된다.

---

50 Alister McGreth, *Evangelicalism & The Future of Christianity*(Inter Varsity Press, 1995), 556.
51 Jerald C. Brauer, *The Westminster Dictionary of Church History*, 317.

세대주의(Dispensationalism)

세대주의 신학은 한마디로 역사의 세대적인 해석에 근거한 신학이다. 이 신학은 1895년 나이아가라 사경회 때 명확하게 표현된 근본적인 성경의 교리로 모든 미국의 개신교 교단에 영향을 주었다. 세대주의 신학은 사회 복음 운동과 자유주의 신학을 반대하여 투쟁한 보수주의 운동으로 영국의 다비(John Nelson Darby, 1800-1882)의 저작에서 영감을 받았다.[52]

존 다비는 세대주의 신학의 설립자라고 할 수 있는데 그는 교회 시대는 다니엘 9:25-27에 나오는 69주와 70주 사이에 괄호이며 하나님의 진노의 대환란이 악자와 불신자에게 쏟아질 때인 70주 전에 그리스도에 의한 하늘의 교회는 불가견한 교회라는 사상을 발전시켰다.[53] 다비는 교회와 이스라엘 사이는 근본적인 불연속성이 있다고 보아 하나님은 두 분리된 백성들과 두 분리된 프로그램으로 역사를 이루어 가신다고 주장하였다. 또 교회는 어떤 제도나 단체가 아니라 영적인 교제라고 하였다. 이런 다비의 사상은 폭넓게 장로 교인들과 침례 교인들에게 영향을 주었으며 1876년 저명한 장로교와 침례교 설교자 교육가들의 그룹이 예언의 연구를 위한 연례 나이아가라 성경 회의를 조직하였으며 거의 25년 이상을 지속하였다. 그리고 이런 성경 예언 회의와 집회 및 성경 대학 등을 통해서 더 발전되면서 많은 교회들에게 영향을 주는 하나의 신학적인 운동이 되었으며 실제로 세대주의자들은 예외 없이 그리스도의 재림에 대해서 전천년론의 입장을 따르게 되었다. 세대주의 발전에 가장 큰 영향을 준

---

52 Eraid C. Brauer, Ed., *The Westminster Dictionary of Church History*, 270.
53 George Thomas Kurian, Ed., *Nelson's Dictionary of Christianity*, 216.

인물은 다비 외에 달라스 신학교 교장을 오랫동안 지낸 조직신학자 루이스 차퍼(Lewis Sperry Chafer)이다. 두 사람은 유대 백성의 남은 자와 교회와는 완전히 분리된다고 주장하였다. 교회에 관하여 다비는 신약의 바울 서신을 쓸 때까지는 성경에 나타나지 않는 것은 신비라고 하였다. 그리고 결론 짓기를 교회의 교리는 구약의 성도들에게 전적으로 알려지지 않았다고 하였다. 차퍼에 의하면 유대 백성과 교회 사이에 중요한 차이는 교회가 세례와 성례로 기독인의 영구한 내재, 이스라엘에게 지상적인 약속, 교회에 대한 천상의 약속, 유대인을 위한 생활의 규범으로서 율법, 기독인을 위한 은혜, 그리고 그리스도인을 위한 그리스도의 몸으로의 연합을 포함한다고 주장하였다. 더 나아가 차퍼는 교회는 오순절에 시작되었으며 하나님의 구약 백성들을 위해서는 존재하지 않았다고 한다. 그 이유는 교회의 존재는 예수 그리스도의 죽음, 부활, 그리고 승천과 교회의 일부로서 사람들을 중생시키고 세례를 주며 인을 치시기 위해서 성령을 보내심에 의존되었기 때문이다. 그리고 교리, 예배, 사역, 직분과 교회 정치 형태에 대한 가르침을 구약에서는 그 전형을 찾아볼 수가 없다고 하였다.[54]

이렇게 세대주의는 성경적 근거로 세대를 구분하는 성경 구절들을 든다. 예를 들면, 과거 지나간 시대(엡 3:5; 골 1:26), 현 시대(롬 12:2; 갈 1:4)와 오는 시대(엡 2:7; 히 6:5), 그리고 특별히 히브리서 1:2과 11:3이다. 따라서 세대주의는 시대를 구분 짓는데 일반적으로 무죄 시대(아담의 타락 전), 양심 시대(아담에서 노아까지), 약속 시대(아브라함에서 모세까지), 은혜 시대(오순절에서 휴거까지), 그리고 천년 왕국이다. 이는 성경의 해석

---

54 George R. Allison, *Histolical Theology*(Grand Rapids: Zondervan, 2011), 584.

에서 지나치게 문자적으로 해석하려는 경향과 연관이 있는 것처럼 보인다. 세대의 구분과 특성을 언급하는 세대주의에서 성령의 다양한 은사들은 오늘 이 세대에는 사라진 사도 시대나 초대 교회로 한정하는 것은 매우 자연스러운 입장이다. 실제로 세대주의의 특징은 성경에 나오는 상징들이나 언어나 예표의 형태에 예외 없이 그 낱말이 포함하고 있는 문자적인 실제가 결정적이라고 한다. 다시 말하면 성경의 해석에서 다양한 표현에도 불구하고 문자적인 의미가 있으며 문자적인 해석을 해야 한다는 것이다. 따라서 민족으로서 이스라엘에게 약속된 지상의 천년 왕국은 장래에 반드시 이루어진다는 것이다. 그러나 아브라함의 자연적인 후손에게 약속된 지상의 천년 왕국은 그들의 성취를 위해 그의 교회와 더불어 그리스도의 천년 전 재림을 기다린다고 한다.[55]

세대주의 안에서 가장 극단적인 사상가 불링거(E. W. Bullinger, 1837-1913)는 교회 시대는 사도행전 28장 28절 이후에 바울의 사역과 함께 시작되었다고 한다. 바울의 옥중 서신이 유일하게 최초로 교회에 대해 언급한 성경이며 물 세례와 성찬은 이 세대를 위한 것임을 부인한다. 이런 사상은 극단적인 세대주의 입장이다. 그러나 세대주의 안에서도 특별히 종말론의 세부적인 부분에서는 일치하지 않는다.

일반적인 세대주의의 고전으로는 차퍼의 조직신학 8권이 있으며 그의 신학은 그의 제자 월브드(J. F. Walvoord), 펜테코스트(J. D. Pentecost), 그리고 라이리(C. C. Ryrie)에 의해 지속되고 있다. 세대주의의 대중화에 크게 기여한 인물은 스코필드(C. I. Scofield)로 스코필드 관주 성경이 바로

---

55 H. H. Rowdon, "Dispensationalism Theology", In Ed., Sinclair B. Ferguson, *New Dictionary of Theology*, 200-201.

그것이다. 그는 거기서 하나님의 경륜을 7세대로 나누었다. 세대주의는 세대 연관성 안에서 진리의 말씀을 나누는 방식이라고 주장한다. 그리고 세대는 인간이 하나님의 뜻의 어떤 특별한 계시에 대한 순종에 관심이 있는지를 시험하는 기간이라고 한다.

그러나 사실 성경에서 죄인에 대한 하나님의 언약적 목적은 항상 은혜의 언약이었다. 은혜 언약은 이중 계획 즉 두 세대(경륜)로 나타났다. 그 첫째는 모세의 경륜으로 옛 언약이며, 두번째는 기독인의 것으로 새 언약(신약)이다. 엄격하게 말해서 언약은 하나이며 모든 시대를 통하여 같은 은혜의 언약이었으며 적절하게 부른다면 구세대와 신세대에 대해서 말씀하는 것이다.[56]

1950년에서 60년 새 스코필드 성경(1967)과 찰스 라이리의 오늘의 세대주의(1965)를 통하여 발전된 수정 세대주의는 고전적 세대주의의 이 영원한 이원론(이스라엘과 교회)을 포기하였다. 또 1970년대와 80년대에 들어서면서 보다 더 성경의 해석에서 역사적 문법적 해석 방법에 집착하는 진보적 세대주의가 출현하였다. 진보적 세대주의는 교회는 이스라엘과 이방인에게 적용된 구속을 아주 똑같은 계획에 지속적으로 포함되었다고 주장하였다.

세대주의는 12권으로 된 근본주의의 출판으로 현대주의 신학을 반대하여 성경의 진리를 보호하는 데 기여하였으며 성경 학원, 성경 대학, 그리고 신학교를 세움으로써 현대의 미국 복음주의의 발생에 기여하였다. 그러나 이런 기여에도 불구하고 세대주의는 여전히 문제가 있는데 성경

---

56 Ernest Frederick Kevan, "DispensationI," In Everett F. Harrison, Ed., *Bakers's Dictionary of Theology*, 168.

의 문자적 해석, 성경의 무시하는 부분들, 역사의 묵시적 견해, 그리고 제도적인 교회에 대한 초점의 결여이다.[57] 한국 교회는 지금까지 종말론에서는 역사적 전천년론과 세대주의적 전천년론이 주류를 이루고 있으나 실제로는 세대주의적 전천년론이 우세했다고 할 수 있다. 그만큼 세대주의 신앙은 보수적인 한국 교회에서 영향력이 컸다고 할 수 있다.

신정통주의 신학(Neo-Orthodoxy)

신정통주의 신학이란 20세기 신학적 운동으로 새로운 종교 개혁, 위기 혹은 변증법적 신학을 일컫는다. 이 신학은 1차 대전 후에 나온 신학으로 자유주의 신앙을 반대하는 신학이기도 하다. 이 신학의 기원은 칼 바르트(1886-1968)의 로마서 주석(1919)의 재판으로 나타났다. 이 주석은 현대 독자들에게 바울의 종교적인 목적을 설명한 것으로 강조하는 것은 예수 그리스도 안에서 자신을 드러내신 거룩하시고 초월적인 하나님이다.[58]

하나님은 죄인인 인간과는 완전히 다른 절대 타자이시다. 그는 자유주의가 주장하듯이 인간에 내재하시는 분이 아니시다. 인간은 아담의 죄성을 물려받지 않은 선한 존재도 아니다. 그 하나님은 하늘에 계시고 인간은 땅에서 살며 하나님은 절대로 거룩하시나 인간은 죄인으로 하나님의 심판을 면치 못할 존재이다. 따라서 이 신학은 개신교의 종교 개혁 특별히 루터와 19세기 키에르케고르의 실존 철학의 재발견이기도 하였다. 이런 점에서 새로운 종교 개혁으로 부르기도 한다.

신정통주의 신학은 하나님의 초월성만 강조하지 않고 죄의 실재성과

---

57 M. James Sawyer, *The Survivor's Guide to Theology*(Zondervan, 2006), 191-392.
58 Neo-Orthodoxy in the Westminster Dictionary of Church History, Neo-Orthodoxy, 590.

하나님과 인간 사이에 중보자로서 그리스도의 유일성, 그리고 계시의 구속 능력을 강조한다.[59] 이런 주장은 자유주의 근간을 흔드는 정면 도전이었고 이런 점에서 칼 바르트의 신정통주의는 자유주의로부터 정통주의를 변호하는 데 일조했다고 할 수 있다.

바르트는 그의 특징적인 신학적 방법론으로 변증적, 모순, 결정, 그리고 위기를 키에르케고르로부터 얻었다. 그 해석에서도 실존적인 방식을 채택한다. 그러나 실제 스위스의 종교 개혁의 칼빈파에 속했으며 그의 동생 피터는 칼빈 저작의 편집자가 되었다. 실제로 바르트는 괴팅겐대학에서 개혁 신학을 가르쳤다. 그는 베를린 대학에서 자유주의 신학을 배웠으나 목회(1911-21)를 하면서 로마서 주석(1918/22)을 낸 후 1922년에 자유주의와 관계를 끊었다. 그는 그의 은사로 자유주의 신학의 최대 신학자라고 할 수 있는 슐라이어 마허가 신학적인 영역에서는 좋은 교수가 아니라고 하였다.

바르트의 사상을 가장 잘 설명하는 저서는 그의 『교회 교의학』일 것이다. 그는 완성을 하지 못하고 죽었으나 거기서 성경과 교회의 위대한 신학자들에 대한 석의에 집중하였다.[60] 바르트의 공적 사역은 기독교 신앙 주류의 설득력 있는 재언급만 한 것이 아니라 유럽의 지성사에서 중요한 지위를 가지고서 계몽 운동에 대한 중요한 비판적인 반응의 하나를 구성하였다.[61] 따라서 대부분의 신학자들이 칼 바르트가 20세기 최대의 신학자이며 앞서간 신학자 어거스틴과 토마스 아퀴나스, 존 칼빈, 마틴 루터, 그리고 슐라이어 마허와 비교하는 것도 무리는 아닐 것 같다. 바르트 다

---

59 "Neo-Orthodox," in George Thomas Kurian, ed. Nelson's Dictionary of Christianity, 489.
60 Colin Brown, "Neo-Orthodoxy", In the New International Dictionary of the Christian Church, 698.
61 J. B. Webster, Barth, Karl In *New Dictionary of Theology*, 80.

음으로 유명한 신정통주의 신학자는 에밀 부룬너이다. 그는 1889년 취리히에 나서 취리히 대학교와 후에는 베를린 대학교에서 배웠다. 그는 기독론을 최고로 높이는 데서는 바르트와 다르지 않았으나 바르트와 자연 신학과 타락한 인간의 하나님의 형상에 대한 지속성을 믿는 데서는 달랐다. 결국 두 사람은 자연 신학의 가능성에서 서로 달랐으며 서로 다른 길을 가게 되었다.

브룬너의 위대한 기여는 하나님은 개인적인 만남을 통해서 알 수 있다는 것이다. 그리스도에 대한 진리는 그의 본성에 대한 토론이 아니라 그와 더불어 살면서 만남에 있다고 하였다. 여기서 간략하게 신정통주의 신학의 기여한 점과 비판을 소개하기로 한다.

기여한 점:
1. 성경 중심성의 재단언이다.
2. 하나님의 초월성의 재단언이다.
3. 죄의 실재와 깊이의 재단언이다.
4. 그리스도 중심의 재단언이다.

비판:
1. 철저한 초월이다. 자연(일반)계시의 완전한 부정이다.
2. 계시의 생략된 이해이다. 계시에 대한 이해를 실존적으로 해석한다. 계시는 정보보다는 그 자신을 만남을 전제로 하나님은 소통하신다. 인격으로서 계시나 전제론적인 계시를 주장한다. 문제는 철저하게 계시 중심이기는 하나 성경과 하나님의 말씀을 구분하는 점이다. 성경 자체는 하나님의 말씀이 아니다. 성경은 사건을 통하여 하나님의 말씀이 된다고 한다.

3. 철저한 객관성이다. 보편주의에 가깝다.

4. 실존주의를 지나치게 정당화한다.[62]

선택의 교리에서 바르트는 하나님이 인간 역사에 들어오신 최고의 사건은 예수 그리스도의 십자가이며 그 안에서 하나님의 아들은 죄악된 인류가 충분히 받아 마땅한 하나님의 진노와 배척을 짊어지시려고 먼 나라로 들어가셨다. 따라서 예수 그리스도는 유일하게 선택받은 자이자 배척받은 자이고 그 외에 모든 사람들은 그분 안에 포함되며 그분은 대표가 된다. 그러므로 모든 사람은 그 안에서 선민이라고 한다. 이는 보편구원이 가능할 뿐 아니라 필연적이라는 사실이다. 그리고 지나치게 그리스도 중심적이 되면서 아버지와 성령의 사역을 축소시켰다.[63]

미국에서 신정통주의 운동은 자유주의 신학의 잡지『기독교 세기』에서 1939년 자전적인 반성의 시리즈를 출판했다. 주제는 어떻게 나의 마음이 바뀌게 되었는가였는데 34명 중에 32명이 바르트와 브룬너의 위기 신학의 출현이라고 답하였다. 그 결과 많은 자유주의 신학 지지자들이 자유주의 신학에 싫증이 난다, 자유주의는 잘못되었다, 자유주의 신학은 생존할 것인가? 그리고 현대주의를 넘어서 등을 기고하였다. 초기 신정통주의 신학의 옹호자로서는 Walter Lowrie, H. Richard Niebuhr, Wilhelm Pauck, George W. Richards, Edwin Lewis, 그리고 Elmer Homrighausen이었다. 신정통주의 신학은 제2차 대전 후에 주도적이었고 1940년대와 1950년대 다수의 미국의 주류 개신교에서 환영하게 되었

62　M. James Sawyer, *The Survivor's Guide To Theology*, 443-444.
63　스탠리 그렌츠, 로저 올슨 저, 심재구 옮김, 『20세기 신학』 (서울: 한국기독학생회 출판부, 1997), 113-114.

다. 그 중에서도 미국 장로교(U.S.A.)에 특출하였다. 교단의 신학교인 프린스턴 신학교는 존 A. 맥케이의 지도 아래 신정통주의 신학의 중요한 센터가 되었으며 교회의 사역에 영향을 주어 교회 학교 커리큘럼에 적극 적용되었다. 1967년 신앙 고백은 교회의 신앙고백적 표준의 일부로 채택이 되어 신정통주의를 강조하는 몇 가지 내용을 보여주고 있다. 미국의 신학은 1960년대에는 세속화 신학이, 1970년대와 80년대에는 과정신학과 해방 신학이 주류를 이루어 오다가 주요한 신학적 운동은 점차 신정통주의의 영향을 받게 되었다.[64] 칼 바르트의 신학을 따르는 한국 교회로는 기독교 장로교회와 특별히 대한예수교장로회(통합)이다.

알미니안주의(Arminianism)

알미니안주의는 제이콥 헤르만(라틴어로 알미니우스, Jacob Hermann, c.1560-1609)의 신학과 사상 특별히 칼빈주의를 수정하려고 주장했던 -그리스도는 만인을 위해서 죽으셨다 - 그의 구원론 사상을 따르는 개신교의 신학을 일컫는 이름이다. 알미니우스는 엄격한 칼빈주의 교육을 받은 화란의 신학자로 라이덴, 바젤, 그리고 제네바에서 신학을 공부했으며 후에는 베자 밑에서 배웠다. 그는 화란의 암스테르담에서 목회했으며 후에는 라이덴 대학의 교수가 되었다. 그는 구원과 연관된 주제에서 하나님의 주권적 은혜에 대한 칼빈주의의 교리에 의문을 갖게 되면서 그의 신학의 중심은 급진적인 예정의 견해가 되었다. 그는 예정이 하나님의 주권적 자유에 의해서만 아니라 은혜의 수여에 대한 택자의 반응에서

64　D. K. Kim, "Neo-Orthodoxy", In Ed., Daniel G. Reid, Robert D. Linder, Bruce L. Shelley, Harry S. Stout, Ibid., 805.

하나님의 예지에 근거한다고 주장하였다. 따라서 그는 인간의 의지의 자유를 강조하면서 칼빈주의의 무조건적인 선택과 불가항력적인 은혜 모두를 반대하였다. 알미니우스와 그의 교회와의 논쟁의 결과는 엄격한 칼빈주의 신학에서 보다 더 확고하게 그리스도의 속죄가 제한되었음을 강조하게 되었다. 속죄의 효과는 택자에게만 한하며 그 선택은 무조건적이다. 즉 하나님의 선하신 기쁨에서만 연유된다는 것이다.[65]

결국 알미니우스는 그의 견해 때문에 펠라기안주의자로 그의 교회의 신앙 고백에 불충한다는 이유로 고소되었다. 그러나 그는 굽히지 않았으며 화란 교회 두 개의 중요한 신앙 고백인 벨직 신앙 고백과 하이델베르크 신앙고백서를 수정하려고 하였다. 그는 그 목적을 위해서 전국 대회와 타협을 시도하였으나 실패하였다.

알미니우스의 견해는 특별히 구원론에서 하나님의 예정을 강조하는 전통적인 개혁주의 교리와 달랐다. 칼빈주의는 하나님의 은혜가 택자에 근거한다고 보지만 알미니우스는 선택이 은혜에 근거한다고 보았다. 따라서 하나님은 회개하고 믿으며 그 신앙을 지속하는 모든 사람을 구원하신다고 주장하였다. 선택은 인간의 반응에 조건적이며 그의 신앙과 견인에 대한 하나님의 예지에 근거한다. 참 신자도 전적으로 타락할 수 있으며 마침내 은혜에서 떨어질 수 있으므로 성도의 견인은 없으며 구원에 대한 궁극적인 확신은 없다. 다만 하나님은 충분한 은혜를 주심으로 만일 원한다면 사람은 그리스도를 믿을 수 있을 것이다. 그의 의지는 자유이다. 그는 하나님의 은혜를 믿거나 거부할 수 있다. 구속의 은혜는 특

---

65 Richard J. Plantingai, Thoms R. Thompson, Mattew D. Lundderg, *An Introduction to Christian Theology*(Cambridge, 2010), 503.

수하지 않고 보편이며 충분하지만 저항할 수 있다. 인간의 의지는 구속받지 않으며 하나님의 은혜와 협력할 수 있다. 이런 알미니우스의 견해는 펠라기우스의 입장이었으며 헬라 교부들의 사상에 근거한 것이었다.[66]

알미니우스의 사상은 1610년 항의자들에 의해서 15개 항으로 진술되었다.

1. 인간은 자유로운 행위자이며 인간의 사건들은 하나님의 예지에 의해 조정된다.
2. 하나님의 작정은 조건적이지 절대적이지 않다.
3. 하나님은 아담을 무죄하게 창조하셨다.
4. 죄는 의지의 행위로 구성된다.
5. 아담의 죄가 아니라 단지 오염만 그의 후손에게 전가되었다.
6. 인간의 부패는 전적이 아니며 그의 의지는 하나님과 선으로 기우는 경향이 있다.
7. 속죄는 필연적이 아니며 한 번 제공된 것은 모든 사람에게 가능하다.
8. 속죄는 인간의 구원에 실제로 효과를 주지 않으며 단지 그 가능성만 준다.
9. 구원은 회개한 죄인에 의해서 자원적으로 받아들이는 것이 아니다.
10. 중생은 인간의 의지에 의해 결정되는 것이지 하나님의 작정에 의해서 결정되는 것이 아니다.
11. 믿음 자체가 선한 행위이다.
12. 일반 은혜와 특별 은혜 사이에는 구별이 없다.
13. 은혜는 저항할 수 있을 것이다.

---

66 R. W. Letham, "Arminanism," In Sinclair B. N Ferguson, David F. Wright, J. I. Packer, Ed., Ibid., 45, 46.

14. 그리스도의 의는 결코 신자에게 전가되지 않는다.

15. 신자는 이생에서 하나님의 뜻에 완전히 일치하게 될 수 있을 것이나 역시 은혜에서 떨어져 영원히 멸망할 수도 있을 것이다.[67]

이런 알미니우스의 견해는 특별히 그의 죄관에서 연유된 것으로 보인다. 그는 아담의 죄가 후손된 인류에게 영향을 미쳤으나 전적인 타락의 원인이 되지는 않았다고 보았다. 따라서 그는 인간은 아담의 죄 때문에 죄인으로 간주되지 않는다고 가르쳤다. 비록 인간은 아담의 죄 때문에 원의는 소유하지 못했지만 하나님께서 각 개인에게 주시는 성령의 특별한 영향으로 상속된 부패와 효과를 완전히 중화시키기에 충분하다. 또 순종할 수 있고 아직도 행할 수 있는 능력인 인간의 의지를 협력할 수 있게 예비해 준다. 따라서 알미니우스는 아담의 죄의 효과를 인식하지만 전적인 부패의 의미는 아니다. 하나님의 가능케 하시는 능력으로 인간은 올바른 선택을 할 수 있다는 것이다. 따라서 그는 로마서 5장 12절을 아담의 죄와 죽음의 효과로 모든 인류가 고통을 당하는 것이 아니라 각 개인이 아담의 행위에 동의하기 때문에 죄가 개인에게 전가되었다고 이해하였다. 이는 펠라기우스주의와 유사한 죄관이었고 교회는 그의 견해를 반(Semi) 펠라기우스주의 사상으로 정죄한 것은 당연하였다.

알미니우스의 사후에 그의 사상은 그를 따르는 사람들에 의해 원래 알미니우스의 주장과 입장은 전통적인 개혁주의 신앙에서 더 멀어지게 되었다. 화란 교회는 이들의 견해에 대해 상당한 토의 후에 도르트 대회(1618-19)에서 정죄하였다. 일미니우스 견해는 화란에서 알미니안 후

---

67 Roger Nicole, "Arminianism," in Everett F. Harrison, gen. ed. op.cit. 65.

계자 H. Utembogaert(1557-1644), S. Episcopius(1583-1643), Curcellaus (1586-1659), Hugo, Grotius(1583-1645), Ph. A. Limborch(1633-1712)에 의해서 그 사상이 유지되고 발전되면서 마침내 1610년 5개의 항의자의 신앙 조항으로 요약되었다. [68]

그 내용은 아래와 같다.

1. 하나님은 선택이나 유기를 하시는데 신앙이나 불신은 예지에 근거한다.
2. 그리스도는 비록 믿는 자만 구원하실지라도 만인과 모든 사람들을 위해 죽으셨다.
3. 인간은 타락하였으므로 신앙과 어떤 선행을 위해서는 하나님의 은혜가 필요하다.
4. 하나님의 은혜는 저항할 수 있다.
5. 참으로 중생한 자가 신앙에서 지켜지는지에 대해서는 더 조사가 필요한 대목이다.[69]

도르트 회의는 위의 항의자들의 5개항을 정죄하고 그 대답으로 칼빈주의 5개항을 확인하였다. 그것은 전적 타락, 무조건적 선택, 제한 속죄, 불가항력적 은혜, 성도의 견인이다.

알미니안 신학의 핵심은 죄관이고 구원관으로 요약할 수 있다. 그것은 모든 사람은 아담의 죄에 동의함으로써 죄가 전가되었다; 아담이 죄를 지었으며 부분적으로 인류에게 영향을 주었다; 부패(타락)는 전적이

---

68 Roger Nicole, "Arminanism," In Everett F. Harrison, Ed., Ibid., 64-65.
69 Ibid., 64.

아니며 아담으로부터 부패한 본성을 물려 받았으나 죄과나 유죄는 아니다.[70]

위에서 언급한 대로 알미니안주의의 가장 핵심적인 문제의 사상은 아담의 죄의 후손 전가를 부인하는 것이며 인간의 전적인 타락을 부정하는 것이다. 이는 구원론에서 신-인 협동의 사상을 낳았다. 이런 사상은 구원에서 하나님과 인간 모두의 행위를 요구한다. 인간의 역사(행위)가 은혜와 신앙의 주제에 포함되었다. 인간에 대한 구원의 부르심은 하나님에 의해 시작되었으나 인간이 그것을 받아들이거나 거부하는 것은 자유라는 것이다.[71]

알미니안주의는 화란에서 패배했으나 적지 않은 교파나 교단의 신학과 신앙에 영향을 주게 되었다. 알미니안의 사상은 프랑스, 스위스, 독일, 그리고 영국으로 확산되었다. 특별히 영국 교회에서 신앙의 39개 신조가 칼빈주의적이지만 적지 않은 영국 교회의 목사나 신학자들이 알미니안의 신학을 따르게 되었다. 그러나 영국에서 알미니안주의의 한 계열은 유니테리안파로 이끌었으나 점차 그 세력을 상실하였다. 그리고 다른 계열을 감리교회와 침례교회에서 엿볼 수 있는 복음주의로 이끌었다. 알미니안의 반(semi) 펠라기우스적인 사상은 로마 가톨릭 신학에서 주도적인 입장이 되었다.[72]

화란에서 알미니안주의는 소시니안주의(Socinianism), 이성주의, 그리고 보편주의를 포함하는 자유주의 신학과 연계되었다. 그것은 아담의 죄 전가의 부인이나 전적인 부패를 인정하지 않고 인간의 자유 의지를

---

70 Paul Enns, *The Moody Handbook of Theology*(Moody, 2008), 325.
71 M. James Sawyer, Ibid., 350.
72 Jerald C. Brauer, *the Westminster Dictionary of Church History*, 63.

강조하면서 구원에서 하나님과 인간의 협력을 주장하는 경향 때문에 자연히 자유주의 신학으로 기울 수밖에 없었다고 본다. 감리교회의 웨슬리는 알미니안 신학을 받아들였다. 그러나 그는 알미니안의 사상을 모두 수용하지는 않았다. 웨슬리는 인간의 전적 부패를 받아들였다. 즉 타락은 인간 존재의 모든 영역에 영향을 주었다는 것이다. 따라서 하나님의 은혜가 필요하다고 한다. 그러나 구원에서 인간은 하나님과 협력할 수 있는데 이는 하나님의 은혜로 인간은 누구나 원하면 믿고 구원받을 수 있다는 것이다. 역시 참 신자도 은혜에서 떨어질 수 있으며 현재 구원에 대한 확신을 할 수 있는 사람은 없게 된다. 이런 경향은 알미니안의 자유 의지에 대한 영향을 받은 결과로 사료된다. 그러나 웨슬리의 알미니안 신학은 복음주의 알미니안주의라고 할 수 있다. 근래에 알미니안주의는 침례교회와 혼합되었으며 세대주의 사상 특별히 미국의 근본주의와 접촉하면서 다양한 교파에 영향을 주게 되었다. 따라서 알미니안주의는 여러 교파와 교단들이 그 신학을 수용하면서 원래의 사상이 수정되고 변경되었으나 그 근본적인 사상은 예지에 근거한 선택, 부분적인 타락, 보편적 무효과의 속죄, 보편적 저항할 수 있는 은혜, 믿음의 자원적인 견해, 하나님의 은혜에 대한 반펠라기우스주의의 인간의 협력, 그리고 구원의 확신을 저해함과 더불어 은혜로부터 참 신자의 타락의 가능성을 주장하는 데서는 변하지 않았다.[73]

   미국에서 알미니안주의의 죄와 구원, 그리고 인간의 자유 의지의 사상은 제1차와 제2차 대각성의 부흥 운동 기간에 장로교, 침례교, 그리고 감리교회에 적지 않은 영향을 주었다. 알미니안주의는 인간의 자유 의지

---

73 Ed., Sinclair B. Ferguson, David F. Wright, J. I. Paker, Ibid., 46.

와 책임을 강조하는 데 비해 칼빈주의는 하나님의 주권을 강조한다. 따라서 그리스도는 택자가 아니라 모든 사람을 위해 십자가를 지셨으므로 누구든지 믿기만 하면 구원받는다는 메시지는 제한 속죄인 타락과 구원 사상을 강조하는 칼빈주의 신학보다 더 인기가 있었다. 그 기간에 전적인 타락과 제한 속죄와 무조건적 선택의 칼빈주의 교리는 많은 도전을 받게 되었다. 오늘날 알미니안 신학을 따르는 교단으로는 감리교, 웨슬리안, 오순절 및 성결 그룹이다.

자유주의 신학(Liberalism)

자유주의란 말은 19세기 초에 처음으로 사용되기 시작하였다. 이는 정치와 신학에서 자유로운 견해를 취하는 것을 가리킨다. 신학적으로 이 말은 가톨릭, 개신교, 복음주의를 수식하는 말로 쓰인다. 예를 들면, 자유주의 가톨릭이라는 말은 19세기 신학적으로 정통적이었을 때 거기서 구별된 그룹으로 형성되었으나 공통점은 정치적 민주주의와 교회적인 개혁을 선호한다. 자유주의의 공통적인 특징은 일반적으로 자유와 진보를 선호한다는 것이다.[74]

카메론(William J. Cameron)은 종교적 자유주의(때로는 현대주의 혹은 신개신교로 부름)를 독일 신학에서 발전된 후기 계몽주의라 하였다. 종교적 자유주의는 계몽주의의 열렬한 이성주의와 신앙고백적 정통주의를 대항하는 항변으로 발생하였다. 긍정적인 면으로는 기독교의 신학을 소위 새로운 학문의 다양한 요소들과 조화시키려는 것이다. 자유주의는 프랑스, 영국, 그리고 미국으로 확산되었으며 선교 교회들을 통하여 세계로

---

74 F. L. Cross, E. A. Livingstone, *The Oxford Dictionary of the Christian Church*(Oxford University Press, 1990), 821.

확산되었다고 하였다. 자유주의는 4중의 뿌리를 두고 있다.

1. 독일 철학적 관념론의 어떤 형식에 근거하였다. 예를 들면, 낭만주의에서 슐라이어 마허, 신칸트주의의 리츨, 헤겔주의의 비더만이다.
2. 계시와 영감의 역사적 교리들을 부인하는 성경의 새로운 비판적 연구에 대한 제한 없는 신뢰이다.
3. 성경의 많은 부분을 낡은 것으로 만드는 시대의 발전된 과학을 믿는다.
4. 자유주의는 새로운 학문에 뿌리를 두고 있으며 기독교와 새로운 학문과 조화를 믿는다.

자유주의 신학의 주제는 세 가지로 첫째는 신의 내재성이다. 하나님과 자연 혹은 인간과의 관계에서 만신론을 주장하지는 않지만 적어도 하나님의 임재의 지속으로 보는 경향이 있다. 둘째는 교리의 도덕화이다. 예를 들면, 그리스도의 신성은 그의 도덕적 영향의 표현으로 도덕화되었다. 셋째는 인류의 보편적 구원이다.[75]

자유주의는 철학과 종교적인 경험으로 기독교의 용어들을 해석하며 기독교를 그 철학과 종교적인 경험에 맞게 바꾼다. 따라서 전통적인 교리를 부인하게 된다. 예를 들면, 삼위일체는 어떤 기능적인 삼위일체로 대신한다. 하나님의 초월성과 진노는 신적 내재와 사랑으로 대치한다. 칼케돈의 성육하신 예수님의 교리는 예수에 의해 대치되며 하나님의 나라는 더 이상 구세주의 죽음이나 부활에 근거하지 않으며 예수의 생애의 영적이며 윤리적인 질에 근거한다. 구원은 더 이상 진노와 죄에서 자

---

75 Roger E. Olson, *The Story of Christian Theology*(Inter Varsity Press, 1991), 550-551.

유가 아니며 감각적이고 물질적인 혹은 이기적인 윤리에서 자유이다. 하나님의 나라는 그 초월적이며 종말론적인 요인들을 제거하고 종교적이며 윤리적인 사회로 변경했다. 뿐만 아니라 구원받은 자와 구원받지 못한 멸망 자 사이를 구분하지도 않는다. 하나님의 부성과 인류의 형제됨, 그리고 만인 구원을 주장한다. 이 새 개신교의 고전적 해석으로 간주되는 저서로는 슐라이어 마허의 『기독교 신앙』(The Christian Faith), 리츨의 『칭의와 화해의 기독교 교리』(The Christian Doctrine of Justification and Reconsilation), 그리고 하르낙의 『기독교란 무엇인가?』(What is Christianity?) 이다.[76]

하르낙은 자유주의의 중요한 명제를 아래와 같이 진술하였다.

1. 내재하는 하나님의 보편적 부성
2. 인간의 보편적인 형제애와 개인적 인간 영혼의 무한한 가치
3. 최고의 모범으로서 예수 그리스도를 섬김
4. 성경이나 교회 혹은 전통 같은 객관적이 아닌 개인의 영적 경험에 근거한 주관적인 종교적 권위, 인간은 예수 그리스도의 인격으로 구원에 직면하며 그의 교훈과 그의 생활의 모범을 따름으로 그와 교제하게 되는 구원관, 인간의 마음 속에서 하나님이 통치하시는 도덕적인 하나님의 나라이다.[77]

따라서 자유주의의 복음은 은혜의 구원이 아니라 그리스도의 모범을 따라 사는 노력을 통한 윤리적인 구원을 주장한다. 그 밖에도 자유주

---

[76] Bernard Ramm, "Liberalism" In *Baker's Dictionary of Theology*, 323-333.
[77] M. James Sawyer, Ibid., 408-409.

는 몇 가지 특성을 지닌다.

> 1. 자유주의는 현대 과학, 예술, 그리고 인문학을 받아들인다. 자유주의는 어디서나 진리의 발견을 추구한다. 인간의 진리와 기독교의 진리 사이에는 연속성이 있다. 경험과 이성으로 인한 진리는 전통 혹은 권위로 알려진 진리 이상이다.
> 2. 자유주의는 그들의 성경 해석에 사료 편집의 정경을 적용하는 데 찬성하여 왔다. 그들은 성경의 하등 비평과 고등 비평의 옹호자이다. 성경은 주로 하나님의 임재에 마음을 연 인간의 경험을 기록한 것으로 본다. 이들은 성경을 현대 세계관의 빛과 역사적 연구의 빛에서 해석한다.
> 3. 자유주의는 기독교에 관련된 윤리를 강조한다. 기독교는 믿어야 하는 교의가 아니라 삶의 방식과 실천할 도덕적 비전이다. 개인적인 덕성을 중요하게 간주하지만 사회적인 구조적 악인 빈곤과 전쟁과 인종차별에 관심이 많다.[78]

따라서 자유주의 신학은 개인 구원에 관심이 없지 않으나 사회 구원에 더 역점을 둔다. 따라서 구원은 영혼의 구원이기보다는 사회의 악에서의 자유로 기운다. 이에 대해 패커(J. I. Packer)는 여섯 가지로 자유주의 신학의 문제점을 지적하였다.

> 1. 신앙의 요지를 받아들이는 목적은 근래의 자연주의적이며 인간 중심의 견해를 품고서 필요하다면 전통적인 교리를 포기하려는 것이다.
> 2. 성경과 교회가 그것을 확인하였다는 이유만으로 어떤 것을 다루는 것을 꺼려한다. 다시 말해서 과학적 반(ANTI)기독교적인 입장으로 접근한다.

---

[78] Sinclair B. Ferguson, David F. Wright, J. I. Paker, Ed., Ibid., 385.

3. 성경은 진리와 사실의 신적 계시라기보다는 종교적인 사상과 경험에 대한 오류를 면치 못하는 인간의 기록이다. 성경 저자들의 기독교에 기초한 역사적 사실들을 의심하며 교회의 본질에서 비교리화해야 하며 신학의 다양성에 관용해야 하고 교회의 주된 관심사는 개인과 사회의 윤리이다. 기독교인의 주된 관심은 개인을 전도하는 것이 아니라 사회적 갱신을 추구하는 믿음이다.

4. 자유주의는 주로 문화적 발전, 철학적, 사회적 도덕과 미학적인 데서 역사하시는 하나님에 대한 종속적인 삼위일체 사상인 하나의 내재론자이며, 비성육신적인 기독론은 신적인 구주보다는 종교적인 선구자, 모델, 하나님의 지고의 충만한 인간으로서 예수를 생각하고 있다. 또 하나님의 계획을 타락한 자를 구속하심보다 차라리 미숙한 인류를 온전하게 하는 것으로 이해하는 낙관적이고 진화적인 세계관을 가진다.

5. 자유주의는 그 경험의 반영에 대한 반응에 의해 하나님을 인식하며 자연 신학을 형성하는 계발된 인간의 능력에 대한 하나의 낙관적 견해로서 모든 종교들은 하나님에 대한 공통적인 자각에 근거한 믿음이며 다만 상세함에서와 진화의 단계에 대한 각각의 관점에 따라서 강조점이 다를 뿐이다. 기독교 신앙을 위한 어떤 독단적인 요구에 대해서는 적대적이다.

6. 아담과 하와의 타락이 우리 인류에게 죄책, 오염, 그리고 영적인 무능의 전가를 부인하고 연저으로 상향해가는 비전에 찬성하며 속죄에 대한 형벌의 대속을 부인하고 도적적 감화를 위한 그리스도의 죽음을 대표적인 개척자로 설명하며 우리를 용서받게 하는 회개에 근거한 하나님의 용서에 대한 사상을 찬성하므로 칭의의 근거로서 그리스도의 전가된 의를 부인한다. 그리고 보편적 도덕의 진보가 지상에 하나님의 나라를 설립할 것이라는 희망을 선호하면서 그

리스도의 인격적인 재림을 부인한다.[79]

이렇게 기독교의 역사적 정통주의를 거의 다 부인하고 있는 자유주의 신학은 메이첸이 그의 책 『기독교와 자유주의』에서 지적한 것처럼 기독교의 이름을 가진 비기독교라고 해야 할 것이다. 이런 자유주의 신학의 이탈은 무엇보다도 그 성경관의 문제로 보인다. 자유주의는 성경의 영감과 무오를 부인한다. 성경에는 하나님의 말씀도 있지만 인간의 말도 있으며 그 성경의 저자들은 결코 무오할 수 없으므로 그들이 쓴 말씀 역시도 무오할 수 없다는 논리이다. 따라서 성경은 다른 책들처럼 비판을 받아야 마땅하며 고등 비평을 수용해야 한다는 것이다. 종교 개혁 이후에 형성되어 발전해온 복음주의의 정통 신학은 19세기 접어들면서 20세기 초 그 세력을 넓혀온 자유주의 신학의 공격으로 그 세력의 약화를 면치 못했다. 그러나 20세기의 중반에 들어 복음주의 신학은 새로운 부흥과 발전을 할 수 있게 되었는데 이는 주로 영국과 미국의 성경 해석학적인 접근과 조직신학에 대한 복음주의 학자들의 역할이 컸다고 할 수 있다. 자유주의 신학을 따르는 교파나 교단으로는 미국 장로교회(PC USA)와 성공회 및 그리스도의 연합교회가 있다.

칼빈주의(CALVINISM)

프랑스의 개혁자 존 칼빈(John Calvin, 1509-1564)은 종교 개혁을 마무리한 인물로 평가되고 있다. 그는 1536년 『기독교강요』(Christian Religions

---

79 Donald E. Miller, "Liberalism," In Alan Richardson and John Bowen, Ed., *The Westminster Dictionary of Christian Theology*(Philadelphia: The Westminster Press), 324-325.

Institution)를 썼는데 이는 기독교 신앙의 요약이며 종교 개혁의 교의에 대한 해석이었다. 그는 개혁자 파렐(Guillaume Farel)의 강요로 제네 바에 머물면서 그 도시의 개혁을 도왔다. 많은 어려움에 부딪쳐 그 도시에서 추방되기도 했으나 다시 돌아가 제네바의 성시화 개혁을 완수했으며 많은 사역자들을 가르쳐 프랑스 등 유럽의 여러 곳에 파송함으로써 종교 개혁의 확산에 큰 역할을 하였다. 그는 『기독교강요』외에 구약 전체와 요한계시록을 제외한 신약 성경의 주석을 썼으며 그 밖에도 많은 설교와 서신들을 남겼다. 특별히 그의『기독교강요』는 교리의 중요성과 기독교 신학에서 하나님 중심을 강조하는 개혁주의 신학의 기초를 놓았다. 칼빈의 기여는 여기서 그치지 않는다. 그는 유럽과 영국, 그리고 아일랜드 등지에 많은 서신의 왕래를 통해서 종교 개혁자들을 조언하였다. 또 제네바 대학교로 알려진 아카데미를 세워 교육의 삼중 수준의 체계를 확립함으로써 교육의 발전에 크게 기여하였다. 칼빈은 역시 정치와 경제에서 후대의 민주주의와 자본주의의 성장에도 영향을 주었다.

칼빈이 선배 개혁자 루터에게 영향을 받았음은 당연하였다. 그러나 그의 사상은 루터에게로부터 직접 받은 것이기보다는 그의 성경 연구의 결과 성경의 연구로 종교 개혁의 기치를 들었던 루터의 사상과 같을 수 밖에 없었다. 이는 그가 성경을 통해서 어거스틴의 신학을 따른 것과도 다르지 않을 것이다. 따라서 칼빈은 유일한 신앙의 규범으로서 성경, 아담 타락 이후 인간의 자유 의지의 부인, 그리고 행함이 아닌 믿음에 의한 칭의의 교리 등을 루터와 함께 공유하였다. 여기에 칼빈은 불가항력적인 은혜와 구원의 확실성, 절대 예정, 그리고 교회론과 성례론에서는 루

터의 교훈을 변경하였다.[80]

칼빈주의는 칼빈 자신의 가르침을 떠나 역사적으로 사용된 용어에는 두 가지 의미가 있다.

1. 17세기 칼빈주의 학자들에 의해서 특별히 도르트 대회(1618/19)에서 확정된 칼빈주의의 5대 요소에서 강조된 교리를 가리킨다.
2. 칼빈의 영향 아래서 발생된 교회들에게와 사회와 문화에 끼친 영향에 폭넓게 적용되었다.[81]

칼빈주의 신학은 인간의 전적 부패와 인간의 자유 의지의 부인, 그리고 제한 속죄, 행함 없는 칭의 등을 주장하므로 복음 전도와 선교의 노력을 저해한다고 알려지기도 했다. 이는 미국의 제1차와 제2차 대각성 운동 때 개혁주의에서 시작된 부흥 운동이 알미니안주의의 교회들의 부흥으로 이어진데서 어느 정도 사실로 보아야 할 것 같다. 그러나 복음 전도의 역사는 과거의 부흥과 현대 선교 운동에서 중요한 부분을 차지한 인물들은 개혁주의 신앙을 고백하는 사람들이었음을 보여준다.[82]

따라서 복음 전도나 선교에서 칼빈주의 신학과 신앙이 저해 요인이 된다는 생각은 잘못일 수 있다. 인간은 죄와 허물로 죽었으므로 그의 손을 내밀어 구원을 받을 수 없다. 그러나 성경은 지속적으로 인간은 책임 있는 존재임을 가르친다. 그는 신앙과 회개로 부름을 받지만 그 반응은 성

---

80 F. L. Cross and E. A. Livingstone, Ed., *The Oxford Dictionary of The Christian Church*, 223.
81 J. T. McNeill, "Calvinism," Ed., Alan Richardson and John Bowden, *The Westminster Dictionary of Christian Theology*, 81.
82 Earle E. Cairns, *Christianity Through the Centuries*(Zondervan, 1981), 312.

령의 역사이다. 따라서 신앙도 하나님의 선물이다(엡 2:8). 칼빈주의는 복음의 무상 제공을 강조함으로써 참으로 복음주의가 되기를 추구한다. 그러나 이 참된 복음주의는 그것이 하나님의 주권에 연관성을 부인하기 보다는 이행한다.[83]

칼빈주의가 복음 전도나 선교를 축소시킨다는 반대에 대해 패커(J. I. Packer)는 "성공적인 복음 전도는 하나님의 주권에 달려 있기 때문에 우리는 그런 신앙을 통해서 복음 전도를 더욱 강화하고 복음 전도자들을 도와야 한다. 하나님의 주권적 은혜를 믿는 신앙은 전도와 기도를 하나 되게 한다. 이 신앙은 우리를 사람들 앞에서 담대하고 자신있게 만들고 하나님 앞에서는 겸손한 태도로 끈기있게 기도하게 만든다. 따라서 하나님의 주권적 은혜를 믿는 사람은 단연코 복음을 더 잘 전할 수 있으리라고 확신한다"고 하였다.[84]

칼빈주의는 칼빈이 주로 그의 『기독교강요』에서 공식화한 신학 체계를 말하지만 칼빈은 칼빈주의라는 용어를 좋아하지 않았다. 그는 그의 신학을 창안하지 않았는데 이는 그의 신학과 신앙의 원천이 성경이었기 때문이다. 그는 다른 개혁자들처럼 성경은 영감된 하나님의 말씀이며 신앙과 생활의 유일한 규범임을 믿었다. 성경의 권위는 객관적으로 성경의 신적 영감에 있으며 주관적으로는 성경의 내적 증거에 있다. 성경은 예수 그리스도 안에 있는 직접적인 계시를 통하여 오는 하나님의 지식의 유일한 원천이다. 따라서 칼빈주의 교리는 하나님의 주권과 같은 하나의 중요한 원리로부터 선험적인 방법으로 추론한 것이 아니다.

---

83 Cornelius Van Til, "Calvinism," In Baker's Dictionary of Theology, 108.
84 J. I. Packer, *Evangelism & the Sovereignty of God*, 조계광 옮김(생명의말씀사), 181.

칼빈주의 체계를 구성하는 것은 오로지 성경의 가르침에 있다(Cornelius Van Til). 칼빈주의는 택자의 구원만 아니라 개종 후에 택자는 은혜에서와 이 세상의 삶에서 예수 그리스도를 닮음으로 성장하는데 이 사역도 모두 하나님의 것이며 인간의 것이 아니다. 따라서 택자는 결코 망하지 않으며 끝까지 지켜질 것을 믿는다.

성찬에서 칼빈은 루터와 츠빙글리의 중간을 택했다. 루터는 성찬에서 공재설을 주장하고 츠빙글리는 상징설을 주장했으나 칼빈은 영적인 임재를 주장했다. 루터는 율법과 복음 사이를 날카롭게 구분했으나 칼빈은 신자를 위한 도덕적 안내로서 율법을 보유하면서 구약과 신약의 연속성을 강조하였다. 하나님의 주권의 입장에 서서 칼빈주의자 윤리는 당연한 결과로서 인간의 책임을 강조한다. 인간은 창조의 청지기이며 하나님을 섬기고 예배할 책임이 있다.

칼빈의 사후에 칼빈주의는 몇몇 칼빈주의 신학자들과 회의들을 통하여 발전되고 정교하게 정의되었다. 칼빈주의의 교리에서 가장 중요한 권위 있는 문서는 1566년 제2 헬베틱 신앙고백서로 이는 도르트 대회(1618)에서 요약되었다. 그 5대 요점(TULIP)은 1. 인간 본성의 전적 부패 2. 무조건적인 선택 3. 제한 속죄 4. 불가항력적인 은혜 5. 성도의 견인이다. 이는 역시 알미니우스를 따른 항의파가 제시한 5개항에 대한 답변이기도 하다. 따라서 칼빈주의나 개혁주의 신학은 위의 5대 요점으로는 다 말할 수 없다. 칼빈주의나 개혁주의 신학의 원리가 되는 특징을 들자면 하나님 중심이요 그리스도 중심이라고 할 수 있다. 개혁주의 신학의 궁극적이고 직접적인 초점으로는 예수 그리스도와 삼위일체이다. 이는 인간의 자기 지식은 하나님의 지식의 빛에서만 얻을 수 있으며 구원은 전적으로 하나님의 역사이고 전인격과 협력하는 삶은 하나님께 복종하는 것이다. 그리스도 중심적이라는 것은 우리의 하나님에 대한 지식의 근거로 예수 그리스도에 초점을 맞추고 있다는 것이다.[85]

칼빈주의는 17세기와 18세기에 개신교 세계로 확산되었다. 낙스를 통해서 영국과 스코틀랜드에서 칼빈주의는 청교도 사상의 핵심을 형성했으며 웨스트민스터 신앙고백서(1648)의 기초가 되었다. 그리고 서부 유럽의 다른 지역에서 개혁주의 교회들의 기본 교리가 되었다. 칼빈주의는 네델란드에서 국교가 되었다. 칼빈주의의 위대한 학자는 베자, 오웬, 보스톤(Boston), 에드워드, 카이퍼, 워필드, 그리고 메이첸이다. 칼빈주의는 신학을 넘어 교육, 과학, 정치, 시, 예술, 그리고 자본주의 등 다양한 분야에 영향을 주었다.[86]

미국에서 칼빈주의는 장로교회의 구 프린스턴 신학교와 화란 개혁교회의 칼빈 신학교가 그 대표적인 역할을 하였다.

개혁주의 신학의 중요한 주제로 프린스턴 신학교에서 강조된 내용은 다음과 같다.

1. 선하신 하나님에 의한 선한 창조
2. 타락의 실재성, 이로 인해서 인류는 거룩하신 하나님의 진노 아래 있게 되었다.
3. 아담의 죄가 전 인류에게 전가되었으며 그 결과로 타락하였고 어떤 영적인 선도 성취하기는 불가능하다.
4. 죄 때문에 인류에 대한 정당한 정죄
5. 하나님의 사랑이 은혜와 구속의 언약에서 나타났으며 이는 택자에게 구원을

---

85 Sinclair Ferguson, Davin F. Wright, J. I. Packer Ed., Ibid., 569-570.
86 George Thomas Kurian, Ed., *Nelson's Dictionary of Christianity*, 123-124.

가져왔다.

6. 구속받은 자에게까지도 죄의 효력이 지속되지만 타락의 결과에도 불구하고 하나님의 나라의 증진을 위해 일할 수 있는 능력이 있다.[87]

칼빈주의는 루터교회가 아닌 개혁주의 교회들에 의해서 그대로나 혹은 약간 변경하여 수납되었다. 칼빈주의를 따르는 교파나 교단으로는 장로교회, 개혁교회, 그리고 청교도이지만 침례교회와 감리교회, 그리고 독립 교단들에 이르기까지 칼빈주의와 알미니안주의 신학이 뒤섞여 있어서 그 수나 영향력을 가늠하기는 쉽지 않다.

9. 주류 교단의 신학교(여기서는 미국의 중요한 각 교단의 신학교를 영어의 알파벳 순으로 소개한다)

감리교회 신학교(Methodists): 연합감리교회가 직접지원하는 신학교: Boston School of Theology, Boston, Massachusetts; Candler School of Theology, Atlanta, Georgia; Drew University, the Theological School, Madison, New Jersey; Duke University, the Divinity School, Durham, North Carolina; Gammon Theological Seminary, Atlanta, Georgia; Garrett Evangelical Theological Seminary, Evanston, Illinois: Life School of Theology, Dallas, Texas; Saint Paul School of Theology, Kansas City, Missouri; School of Theology at Claremont, California; United Theological Seminary, Dayton, Ohia; Wesley Theological Seminary, Washington, D.C. 그 밖에 연합감리교회가 돕는 신학교들

---

87 M. James Sawyer, *The Survior's to Theology*, 326.

은 Andover Newton Theological School을 비롯해서 48개교이다. 아프리칸 아메리칸 감리교 신학교: African Methodist Episcopal Chruch's Payne Theological Seminary, Wilberforce, Ohio; African Methodist Episcopal Zion Church's Hood Theological Seminary, Salisbury, North Carolina; Turner Theological Seminary in Atlanta, Georgia.

개혁교회 신학교(Feformed Churches): 북미기독교개혁교회: Calvin Theological Seminary in Grand Rapids, MI 49546, 미국 개혁교회: New Brunswick Theological Seminary in New Brunswick, NJ 08901-1107; Western Theological Seminary in Holland, MI 49423-3622: 북미자유개혁교회: Puritan Reformed Theological Seminary in Grand Rapids, MI 49525: 미국 개신교 개혁교회: Theological School of the Protestant Reformed Churches in Grandville, MI 49418

구세군 신학교(Salvation Army): Salvation Army College for Officer Training in Chicago, IL 60657; Salvation Army College for Officer Training at Crestmont in Rancho Palos Verdes, CA 90275; School for Officer Training in Suffern, PA 28505; Southern Territorial Salvation Army College for Officer Training in Atlanta, GA 30310

기독교회와 그리스도의교회 신학교: Cincinnati Christian University, Cincinnati, Ohio; Emmanuel School of Religion, Johnson City, Tennessee; Hope International University, Fullerton, California; Lincoln Christian Seminary, Lincoln, Illinois

기독교 선교사 연맹(Christian and Missionary Alliance): Alliance Theological Seminary in Nyack, NY 10960-1416

그리스도의교회 신학교: David Lipscom University, Nashville, Tennessee; Graduate School of Theology, Avilene,Texas; Harding Graduate School of Religion, Harding University, Memphis, Tenessee; Turner School of Theology, Southern Christian University, Montgomery, Alabama.

그리스도의 제자교회 신학교(Disciples of Christ): Brite Divinity School in Fort Worth, TX 76129; Christian Theological Seminary in Indinapolis IN 46208; Disciples Divinity House of the University of Chicago in Shicago, IL 60637; Disciples Divinity House at Vanderbilt University Divinity School in Nashville, TN 37212; Disciples Seminary Foundation in Claremont, CA91711-2709; Lexington Theological Seminary in Lexington, KY 40508; Phillips Theological Seminary in Tulsa, OK 74116

독립 신학교(Independent Fundamental Seminary): 근본주의 신학교: Bob Jones University & Graduate School of Religion in Greenville, SC 29614; Chafer Theological Seminary in Orange, CA 92866; Dallas Theological Seminary in Dallas, TX 75204; The Master's Seminary in Sun Valley, CA 91352-3798; Southwest Bible College & Seminary in Jennings, LA 70546; Tyndale Theological Seminary and Biblical

Institute in Fort Worth, TX 76112-33251

독립자유주의 신학교(Independent Liberal Seminary): Ecumenical Theological Seminary in Detroit, MI 48201; Graduate Theological Union in Berkeley, CA 94709; School of Theology and Ministry in Seattle, WA 98122-1090; University of Chicago Divinity School in Chicago, IL 60637; Vanderbilt University Divinity School in Nashville, TN 37240-1121

메노나이트교회 신학교(북미메노형제교회): Mennonite Brethren Biblical Seminary in Fresno, CA 93727

복음주의 교단 신학교(Evangelical Denomination): Asbury Theological Seminary(Kentucky)in Wilmore, KY 40390; City Seminary of Sacramento in Sacramento, CA 95822; Covenant Theological Seminary in St. Louis, MO 63142; Dallas Theological Seminary in Dallas, TX 75204; Denver Seminary in Littleton, CO 80120; Fuller Theological Seminary in Pasadena, CA 91182; Gordon-Conwell Theological Theological Seminary in South Hamilton, MA 01982; Midwestern Baptist Theological Seminary in Cansas City, MO 64118; Moody Bible Institute in Chicago, IL 60610; New Orleans Baptist Theological Seminary in New Orleans, IA70126; Reformed Theological Seminary in Jackson, MS 39209-3099; Southeastern Baptist Theological Seminary in Wake Forest, NC 27587/Southern Baptist Theological Seminary The

Billy Graham school in Louisville, KY 40280; Southwestern Baptist Theological Seminary Harvard School for Theological Studies The College at Southwestern in Fort Worth, TX 76115;Talbot Theological Seminary in La Mirada, CA 90639; Trinity Evangelical Divinity School in Deerfield, IL 60015

루터교 신학교(Lutherans): 미국 복음주의 루터교회: Luther Seminary, St. Paul, Minnesota; Lutheran School of Theology at Chicago, Chicago, Illinois; Lutheran Seminary Program in the Southwest, Austin, Texas;Lutheran Theological Center, Atlanta, Georgia; Lutheran Theological Seminary, Gettysburg, Pennsylvania; Lutheran Theological Seminary at Philadelphia, Pennsylvania; Lutheran Theological Southern Seminary, Columbia, South Carolina; Pacific Luthran Theological Seminary, Berkeley, California; Trinity Lutheran Seminary, Columbus, Ohio; Wartburg Theological Seminary, Dubuque, Iowa

루터교회-미주리대회: Concordia Seminary, ST. Louis, Missouri; Concordia Theological Seminary, Ft. Wayne, Indiana

성공회 신학교(Episcopal Church): Berkeley Divinity School at Yake in New Haven, CT; Bexley Hall Episcopal Seminary in Columbus, OH 43209-2325; The Church Divinity School of the Pacific, in Berkeley, Ca 94709-1217; Episcopal Divinity School in Cambridge, MA 02138; Episcopal Theological Seminary of the Southwest, Austin, TX 78768; The General Theological Seminary in New York, NY 10011; Nashotah

House Theological Seminary in Nashotah, WI 53058; Seabury-Western Theological Seminary in Evanston, IL 60201; School of Theology at The University of the South in Sewane, TN 37308; Trinity Episcopal School for Ministry in Ambridge, PA 15003; Virginia Theological Seminary in Alexandria, VA 22304

성결교회 신학교(Holiness): Asbury Theological Seminary in Wilmore, KY 4039(독립, 성결파); Nazarene Theological Seminary in Kansas City, MO 64131(나사렛교회)

오순절교회 신학교(Pentecostals): 오순절파 교회에서 신학 교육을 시작한 교단은 그리스도 안에 있는 하나님의 교회였다. 오순절파에서는 신학교들을 꾸준히 격상시킨 결과 타 교단의 신학교에 버금가는 수준까지 이르고 있다. Assemblies of God Theological Seminary, Springfield, Missouri; School of Graduate Studies, Southwestern University, Waxahachie, Texas; Vanguard University, Costa Mesa, California; 테네시 클리블랜드에 있는 하나님의 교회가 지원하는 신학교: Church of God Theological Seminary, Cleveland, Tennessee; 세계오순절성회협회: Aenon Bible College, Indianapolis, Indiana; 국제연합오순절교회: Urshan Graduate School of Theology, Hazelwood, Missouri: 독립오순절파: World Evangelism Bible College and Seminary in Baton Rouge, LA 7081

장로교회, 미국 장로교(Presbyterians:PCUSA) 신학교: Austin Presbyterian

Theological Seminary, Austin, Texas; Columbia Theological Seminary, Decatur, Georgia; Johnson C. Smith Theological Seminary, Atlanta, Georgia; Louisville Presbyterian Theological Seminary, Louisville, Kentucky; McCormick Theological Seminary, Pittsburgh, Pennsylvania; Princeton Theological Seminary, Princeton, New Jersey; San Francisco Theological Seminary, San Anselmo, California; Union Theological Seminary and Presbyterian School of Christian Education, Richmond, Virginia; University of Dubuque Theological Seminary, Dubuque, Iowa

미국장로교회(PCA): Covenant Theological Seminary in St.Louis, Missouri

컴벌랜드장로교회 신학교: Memphis Theological Seminary in Memphis, Tennesse

정통장로교회: Westminster Theological Seminary in Philadelphia, Pennsylvania; Westminster Seminary in California

성경장로교회: Western Reformed Seminary in Tacoma, Washington: Faith Theological Seminary in Baltimore, MD 21212-2624

북미개혁장로교회: Reformed Presbyterian Theological Seminary in Pittsburgh, Pennsylvania

북미자유장로교회: Geneva Reformed Seminary in Greenville, CS 29615

협동개혁장로교회: Erskine Theological Seminary in Due West, South Carolina

그 밖에 교단에 가입되어 있지 않는 장로교 신학교: Greenville Presbyterian Theologicl Seminary in South California; Mid-America Reformed Seminary in Indiana; New Geneva Theological Seminary in Colorado Spring, Colorado; Northwest Theological Seminary in Lynnwood, Washington; Screiner University in Texas; University of Tulsa in Oklahoma; Whitefield Theological Seminary in Florida.

침례교 신학교(Southern BAPIST): Golden Gate Baptist Theological Seminary, Mill Valley, Ca 94941; Midwestern Baptist Theological Seminary, Kansas City, Mo 64118; New Orleans Baptist Theological Seminary, New Orleans, LA 70126; Southeastern Baptist Theological Seminary, Wake Forest, NC 27588; Southern Baptist Theological Seminary, Louisville, KY 40280; Southwestern Baptist Theological Seminary, Fort Worth, TX 76122 ; Campbell University Divinity School, Buies Creek, NC 2750

침례교 신학교(Baptist Seminaries): Western Seminary Portland, OR 97251; McAfee School of Theology at Mercer University, Macon,

GA 30341-0001; Baptist Theologicl Seminary, Richmond, VA 23227; The Divinity School at Wake Forest, Winston-Salem, NC 27106; Duke Divinity School, Durham, NC 27708; Truett Seminary at Baylor University, Waco, TX 76798; Gardiner-Webb School of Divinity at Gardiner-Webb University, Boiling Springs, NC 28017; Baptist Seminary of Kentucky, Lexington, KY 40508; Palmer Theological Seminary, Wynnewood, PA 19096

프랜드교회 신학교(Friends): George Fox Evangelical Seminary in Newburg, OR 97132; Houston Graduate School of Theology in Houston, TX 77092; Carolina Evangelical Divinity School in High Point, NC 27265; Earlham School of Religion in Richmond, IN 47374(프랜드 연합 모임)

형제교회 신학교(Brethren Churches): Grace Theological Seminary in Winona Lake, IN 46590(그레이스 형제교회 교제); Huntington University Graduate School in Christian Ministries in Huntington, IN 46750

회복주의전통 신학교(Restoration Tradition): 기독교회(그리스도의제자): Brite Divinity School, Fort Worth, Texas; Christian Theological Seminary, Indianapolis, Indiana; Lexington Theological Seminary, Lexington, Kentucky; Phillips Theological Seminary, Tulsa, Oklahoma.

회중교회 신학교(Congregational Church): Andover Newton Theological

School in Mewton Center, Massachusetts; Bangor Theological Seminary in Bagor, Maine; Chicgo Theological Seminary in Chicago, Illinois; Eden Theological Seminary in St. Louis, Missouri; Lancaster Theological Seminary in Lancaster Pennsylvania; Pacific School of Religion in Berkeley, California; United Theological Seminary of the Twin Cities in New Brighton, Minnesota.

역사적으로 그리스도의 연합교회와 연관된 신학교: Harvard University Divinity School in Cambridge, Massachuestts; Howard University School of Divinity in Washington, DC; Interdenominational Theological Center in Atlanta, Georgia; Seminario Evangelico de Puerto Rico in San Juan, Puerto Rico; Union Theological Seminary in New York, New York; Vanderbilt University Divinity School in Nashville, Tennesee; Yale University Divinity School in New Heaven, Connecticut.

로마 가톨릭교회 신학교: 로마 가톨릭교회의 신학교는 미국에 50개가 있으며 대학교와 대학이 13개이다. 동방정교회의 신학교는 10개가 있다(여기서는 생략하기로 한다).

파라 처치 조직들(Para Church Organizations): 파라 처치 조직들은 대형 교단들이 잘 할 수 없는 부분에서 효과적으로 사역함으로 교회와 교단들의 사역을 도와 하나님 나라의 확장에 크게 기여하였다. 다양한 조직들이 있는데 그 중에서 중요한 것들을 소개하기로 한다.

성경 번역과 출판: Audio Scripture Ministries, New York, NY 10023; Bible League, Holland, MI 49423; Bibles for the World, Colorado Springs, CO 80949-9759; Braille Bibles International, Liberty, MO 64069-0378; Christian Literature International, Canby, OR 97013; Evangel Bible Translators, Rockwall, TX 75087-0669; The Gideons International, Nashville, TN 37214-0800; International Bible Society, Colorado Springs, CO 80921; Pioneer Bible Translators, Dallas, TX 75236; Rocket Testament League, Lititz, PA 17543-7026; World Bible Translation Center, Fort Worth, TX 76182; Wycliffe Bible Translators, Orlando, FL 32862-8200.

세계 사역 조직: 주로 세계 선교 사역의 조직들이다. American Leprosy Missions, Greenville, SC 29601; Baptist Missions to forgotten Peoples, Jacksonville, GL 32236-7043; Blessings International, Tulsa, OK 74146; Caleb Project, Littleton, CO 80120; Children's Mecical Ministries, Crofton, MD 21114; Christian Dental Society, Sumner, IA 50674; Christian Mission for the Deaf, Detroit, MI 48228-0005; Deaf Ministries International, Hilton Head, SC 29926-2500; Emmanuel International, York, SC 29745; Engineering Ministires International, Colorado Springs, CO 80903; Farms International, Knif River, MN 55609-0270; Global Mapping International, Colorado Springs, CO 80921; Heifer Preject International, Little Rock, AR 72203; International Foreign Mission Association, Wheaton, IL 60189-0398; Internaternational Partnerships Associates, Edomonds, WA 98020; International Medical Assistance,

New Windsor, MD 21776; Joshua Project, Colorado Springs, CO 80962; Medical Assistance Programs International, Brunswick, GA 31525-6800; Medical Ambassadors International, Modesto, CA 95357-6645; Mission America Coalition, Palm Desert, CA 92255; Mission India, Grand Rapids, MI 49514-1321; Mission Safety Internatonal, Elizabethton, TN 37643; Samarritan's Purse, Boone, NC 28607; U.S. Center for World Mission, Pasadena, CA 91104-2721; World Emergency Relief, Carldbad, CA 92013; World Relief, Baltimore, MD 21202; World Vision International, Monrovia, CA 91016-3198; Youth with a Mission, Kealakekua, HI 96750

교육 조직: American Theological Library Association, Chicago, IL 60606-6702; Association of Christian Librarians, Cedarville, OH 45314; The Association of Theological Schools in the United States and Canada, Pittsburgh, PA 15275-1103; Council for Christian Colleges and Universities, Washington, DC 20002; Faith Teck Ministries, Lansing, MI 4891

복음 전도(Evangelism): Association of Gospel Rescue Missions in Cansas City, MO 64116-4127; Bible Believers Fellowship, Inc. in Baldwin, NY 11510-0065; Billy Graham Evangelistic Association in Charlotte, NC 28201; Campus Crusade for Christ in Orlando, FL 32832; Christian Military Fellowship in Englewood, CO 81050-1207; Fellowship of Christian Athletes in Kansas City, MO 64129; Youth for

Christ in Englewood, CO 80155

기독교 양육(Christian Nurture): Awana Club International in Streanwood, IL60107-6658; Christian Medical & Dental Associations in Bristol, TN 37621; Healthcare Chaplains Ministry Association in Placentia, CA 92870-5094; InterVarsity Christian Fellowship/USA in Madison, WI 53707-7895; Life Action Ministry in Buchanan, MI 49107-0031; Navigators in Colorado Springs, CO 80934; Pure Life Ministries in Dry Ridge, KY 41035

종교 방송(Religious Broadcasting): The Christian Broadcasting Network in Virginia, VA 23463; Christian Internet Radio and Television Network in Miami, FL 33176-2900; Eternal Word Television Network in Irondale, AL 35210; Faith & Values in NewYork, NY10006; Far East Broadcasting La Mirada, CA 90637-0001; National Association of Broadcasters in Washinton, DC 20036; Sky Angel in Naples, FL 34101; Trinity Broadcasting Network in Santa Ana, CA 92711; World Association for Christian Communications in Houston, TX 77006 그 밖에 성, 인권, 과학과 종교, 전통적 가치, 퍼블릭 포럼 등이 있으나 지면 관계로 생략한다.

기독교 협력 조직(Christian Cooperative Organizations): 다양한 전통의 조직들: American Council of Christian Churches in Bethlehem, PA 18015; Bible Sabbath Association in Gillette, WY 82718; Christian Churches

Together in USA in Grand Rapids, MI 49512; Churches Uniting in Christ in Cleveland, OH 44115-1100; Interantional Council of Christian Churches(ICCC) in Collins, MS 39428-2453; Love in the Name of Christ in Menneapolis, MN 55405; National Association of Evangelicals in Colorado Springs, CO 80921; National Black Evangelical Association in Chicago, IL 60680-4311; National Council of Churches of Christ in the USA in New York, NY 10015-0050; World Council of Biblical Churches in Bhthlehem, PA 18015; World Council of Chruches in New York, NY 10015-0050; World Evangelical Fellowship in Seattle, WA 98188

교회연합 단체 중에서 가장 중요한 두 개의 단체에 가입된 교단

복음주의연합회(National Association of Evangelical): Advent Christian General Conference, Assemblies of God, Baptist General Conference, The Brethren Church, Christian Catholic Church(복음주의 개신교, 49개 교단 및 기관), The Christian Missionary Alliance, Christian Church of North America, Christian Reformend Church in North America, Christian Union, Church of God, Mountain Assembly, Inc., Church of the Nazarenee 등 41개 교단과 단체)

교회연합회(The National Council of the Churches of Christ in the U.S.A. 36개 교단 및 기관): American Baptist Churches, USA, American Bible Society, Antiochian Orthodox Christian Archdiocese, Armenial Orthodox Chruch in America, Christian Church(Disciples of Christ), Christian Reformed Church in NA, Evangelical Lutheran Church in America,

Greek Orthodox Archdiocese, National Baptist Convention, USA, Presbyterian Church in USA, Salvation Army, United Methodist Church, United Church of Christ 등이다(기독교 연합회에는 동방정교회와 정교회 계열의 교회들이 모두 가입하고 있는 것이 돋보인다).

10. 미국인의 종교관

종교는 얼마나 중요한가? 매우 중요하다: 55%, 중요하다: 28%, 매우 중요하지 않다: 16% 미국은 기독교 국가인가? 이 질문에 대한 대답은 2005년에 71%가 "그렇다"였는데 그 이래로 감소 추세이다. 아래의 %는 18세 이상 성년을 대상으로 미 전국적으로 전화 상담으로 조사한 결과이다. 실제로 복음주의의 입장에서 본다면 미국이 기독교 국가라고 보기는 점점 더 힘들어지는 것이 사실이다. 미국인들의 기관에 대한 신뢰도에서도 군대, 경찰 다음으로 교회와 종교 기관을 신뢰하고 있고 "유대인, 기독교인, 무슬림이 모두 같은 하나님을 예배하는가?"의 질문에서도 "그렇다"가 53%이고 "아니다"가 32%였다. 따라서 미국은 기독교 국가에서 점차 종교 다원주의 경향으로 가고 있음을 알 수 있다. 다만 기독교인은 34%만이 "그렇다"라고 답했다.

미국인의 종교적인 성향
어느 정도 종교적이다: 1/3
어느 정도 세속적이다: 1/3
세속적이다. 모르겠다: 1/3

미국은 기독교 국가인가?

	1996년 6월	2002년 3월	2005년 3월	2006년 7월
그렇다	60%	67%	71%	67%
아니다	34%	25%	26%	28%
모르겠다	6%	8%	3%	5%
100%	100%	100%	100%	100%

독립선언서에 서명한 기독교인들의 소속 교단

소속 교단	서명자의 수	서명자의 %
성공회	32명	57.1%
회중교회	13명	23.2%
장로교회	12명	21.4%
퀘이커	2명	3.6%
유니테리안	2명	3.6%
가톨릭	1명	1.8%
전체	56명	100%

정당에 대한 교파의 선호도

교파	공화당	민주당	그 밖의 독립적인 정당들
전체 인구	28%	43%	28%
개신교 교단	33	39	26
침례교	21	52	25
성공회	44	32	23
루터교	40	31	27
감리교	35	36	26
장로교	43	28	25
로마 가톨릭	19	52	27
유대인	6	63	29

(Leo Rosen, A New Guide and Almanac Relgions of America, 598, 민주당과 공화당의 종교에 대한 우호적인 입장에서는 민주당이 2007년 30%였고 공화당이 50%였다. 따라서 공화당이 더 종교적이라고 할 수 있을 것이다(2007 Pew Research Center in Harold Rabinowitz and Greg Tobin, Ed., Religion in Americca, 954).

성서에 대한 공중(公衆)의 자세

구약: 대부분 하나님 말씀이다: 53%, 어떤 것은 아니다: 29%, 가톨릭: 55%, 개신교: 74%, 중생한 신자: 88%; 신약: 52, 30%, 가톨릭: 54%, 개신교: 73%, 중생한 신자: 86%; 토라(유대교에서 사용하는 본문): 23%, 36% ; 가톨릭: 26%, 개신교: 28%, 중생한 신자: 33% ; 코란(무슬림이 사용하는 본문) 8%, 50%, 가톨릭: 8%, 개신교: 8%, 중생한 신자: 9%; 몰몬서(몰몬교인이 사용하는 본문): 6%, 51%, 가톨릭: 6%, 개신교: 6%, 중생한 신자: 5% 이다.

미국인의 종교 가입 현황

가톨릭: 21.2%; 흑인 개신교: 5.0%; 복음주의 개신교: 33.6%; 주요 개신교단: 22.1%; 유대교: 2.5%; 다른 종교: 4.9%; 가입하지 않은 자: 10.8% 이다.

미국 교회의 크기(주중 예배 참석 교인 수)

1-100명의 교회: 거의 절반이며; 101-350명이 그 보다 조금 못하며; 351-1,000명: 가장 적음; 1,000명 이상이 다음으로 적다. 301-1,000명 이상인 교회가 1/7 정도이다.

지역에 따른 회중의 퍼센트

소도시와 시골 지역: 62%; 50,000명 이상의 도시: 22%; 교외 지역: 16%이다. 도덕적이기 위해서는 하나님을 믿는 것이 필수인가? 인종과 종교: 백인: 그렇다: 43%, 아니다: 50%, 모른다: 3%; 복음주의: 62%, 36%, 2%; 주요 교단: 39%, 57%, 4%; 가톨릭: 42%, 55%, 3%; 흑인: 43%, 54%, 3%;히스패닉: 43%, 54%, 3%이다(이상은 HAROLD RABINOWITZ

AND GREG TOBIN, ED., RELIGION IN AMERICA의 '종교와 수' 편에서 자유롭게 선별 인용하였다).

미국의 대통령과 그 소속 교단(Presidential Affiliations)

성공회(Epscopalian): George Washington; Thomas Jefferso James Madison; James Monroe; William Henry Harrison; John Tyler; Zachary Taylor; Franklin Pierce; Chester A. Arthur; Theodore Roosevelt; Franklin Delano Roosvelt; Gerald Ford; Ceorge H. W. Bush: 전체: 11명으로 대통령의 %는 26.2%

장로교회(Presbyterian): Andrew Jackson; James Knox Polk; Ulysses S. Grant; Rutherford B. Hayes; James Buchanan; Grover Cleveland; Benjamin Harrison; Woodrow Wilson; Dwight D. Eisenhower; Ronald Reagan 전체: 10명이며 전체 대통령의 %는 23.8%

감리교회(Methodist): James Knox Polk; Ulysses S. Grant; Rutherford B. Hayes; William Mckinley; George W. Bush: 전체: 5명이며 대통령의 %는 11.9%

침례교회(Baptis): Warren G. Harding; Jarry S. Truman; Jimmy Carter; William Jefferson Clinton: 전체: 4명이며 대통령의 %는 9.5%

유니테리안(Unitarian): John Adams; John Quincy Adams; Millard Fillmore; William Howard Taft : 전체: 4명이며 대통령의 %는 9.5%

그리스도의 제자교회(Disciples of Christ): James A. Garfield; Lyndon B. Johnson; Ronald Regan: 전체: 3명이며 대통령의 %는 7.1%

특별한 교단에 소속되지 않은 대통령: Thomas Jefferson; Abraham Lincoln; Andrew Johnson

화란개혁교회(Dutch Reformed): Martin Van Buren; Theodore Reesevelt: 전체: 2명이며 대통령의 %는 4.8%

퀘이커파(Quaker): Herbert Hoover; Richard M. Nixon: 전체: 2명이며 대통령의 %는 4.8%

회중교회(Congregationalist): John Adams; Calvin Coolidge; Barack Obama: 전체: 2명이며 대통령의 %는 2.4%

가톨릭교회(Catholic): John F. Kennedy: 전체: 1명이며 대통령의 %는 2.4%

여호와의 증인(Jehovah's Witnesses): Dwight D. Eisenhower: 전체: 1명이며 대통령의 %는 2.4%

형제교회(River Brethren): Dwight D. Eisenhower 중복되는 경우는 성장한 교단과 가입 교단의 차이가 있으므로 두 곳에 모두 소속된 것으로 하였다(Harold Rabinowitz and Greg Tobin, Ed., Religion in America, 874-875).

제2부

미국 교회의 교단 소개

1. 정교회(ORTHODOX CHURCHES)

(1) 개요 및 역사

정교회는 로마 가톨릭교회, 개신교회와 함께 세 개의 중요한 기독교 교파 중의 하나이다. 전 세계에 2억 명 이상의 신자가 있으며 미국만 해도 400만 명이 넘는 신자가 있지만 정교회에 대해서 아는 사람들은 그리 많지 않다.

정교회에서 정통교회라고 할 때 그 말은 동방, 그리스 혹은 그리스-러시안 교회를 가리키는데 그 그룹의 교회들은 주로 동유럽에 위치하고 있으며 내적 경영은 독립적이나 모두 같은 신앙을 공유하며 서로 콘스탄티노플의 주교에 대한 명예를 첫째로 인식하는 교제이다. 현재 정교회 교제는 자치 혹은 자립된 교회들로 구성된다.[1]

대부분의 교회와 신앙은 비슷하지만 정교회는 로마 가톨릭교회와는 다르게 하나의 보편적인 계급 성직제를 가지고 있지 않다. 정교회 안에는 다양한 민족적인 교회들이 있으며 각 교회들은 예배에서 모국어를 사용한다.[2] 정치에서는 그 자체의 독립적인 계급 성직제를 가지고 있다. 따라서 각 정교회들은 예배 의식에서 민족적인 유산과 민족적인 관습을 지

---

[1] Ed., F. L. Cross and E. A. Livingstone, *The Oxford Dictionary of The Christian Church*(Oxford University Press, 1983), 1012.

[2] George Yphantis, Eastern Orthodoxy in Ed., Howard F. Vos, *Religions In A Changing Word*(Chicago: Moody Press, 1971), 353. 정교회는 그 자체의 민족적인 유산과 그 예배 의식에서 인종적인 관행을 가지고 있다. 그러므로 ① 정교회는 대략 12개의 교회들이 한 몸을 구성하며 공동 신앙과 정치, 그리고 예배를 통해서 서로 간에 교제하고 있다. 그 교회들을 분류하면 다음과 같다. (1)그리스: ①콘스탄티노플(주교) ②알렉산드리아(주교) ③그리스 ④시내 ⑤사이프러스 (2)슬라브족: ①러시아 ②불가리아 ③유고슬라비아 (3)루마니아인 (4)아라비아: ①안디옥(주교) ②예루살렘(주교) (5)조지아의 교회: 현재는 러시아의 일부이다. ② 이단적 혹은 분리된 그룹: (1)아르메니안교회 (2)시리안 정교회 (3)아시리안 혹은 네스토리안교회 (4)콥틱교회 (5)에디오피아교회 ③ 합동 그룹: 로마의 교황과 연합되어 있지만 동방 의식을 지키는 것이 허용된 교회들이다.

닌다. 정교회는 고대 기독교의 신조에 근거한 신학을 지닌 다른 정교회들과 교제하고 있으며 어떤 교회들은 로마 가톨릭교회와 교제하고 있다.

정교회에서 정통이란 말은 두 가지 의미를 지닌다. 첫째로 그 말은 참된 영광이란 뜻이다. 정교회 회원들은 삶의 주된 목적이 경건한 자세를 포함해서 하나님께 영광을 돌리는 것이라고 믿는다. 둘째로 정통의 의미는 참된 교리 혹은 옳고 일관된 순수한 가르침이라는 뜻이다. 정교회 신자들은 제1세기 교회와 원사도들의 가르침을 지속적으로 따라 산다고 주장한다. 그들은 그들이 성령에 의해 유일하게 인도되었으므로 인간이 만든 것을 더하고 왜곡시키고 혁신하는데서 자유로운 건전한 기독교 신앙을 보존하고 있다고 믿는다.[3]

정통교회라는 의미를 좀 더 자세히 설명하자면 정교회는 하나의 거룩하고 보편적이며 사도적인 교회로 주후 33년 그의 죽으신 해에 예수 그리스도에 의해 세워진 교회이다. 이를 설명하면 정교회는 설립자 되신 예수 그리스도께서 거룩하시기 때문에 거룩하다는 뜻이다. 정교회가 보편적인 것은 온 세상이 그 교회의 교구이기 때문이며 정교회는 시간과 장소에서 보편적이기 때문이다. 정교회가 사도적인 것은 그리스도의 사도들에 의해 지상에 설립되었기 때문이다.[4]

초대 교회는 처음에는 유대교로부터, 그리고 그 후에는 당시 팔레스틴을 지배했던 로마에 의해 극심한 박해를 받았다. 그러나 박해는 교회를 사멸시키는 대신 더 순수하고 강한 교회를 만들었다. 교회는 복음 전

---

3 Ron Rhodes, *The Complete Guide to Christian Denominations*, 291.
4 Arthur Douropulos, What is a Greek Orthodox? In Leo Rosten, A New Guide and Almanac Religions of of America(New York: Simon and Schuster, 1983), 112.

파를 위해서는 순교까지 두려워하지 않았기 때문에 순교자의 피는 교회의 씨앗이 될 수 있었다. 마침내 313년 로마의 황제 콘스탄틴은 기독교를 공인하기에 이른다. 그 결과 복음은 예루살렘의 경계를 훨씬 넘어서 헬라, 시리아, 애굽, 소아시아를 포함하는 헬라화 한 이방 문화 속으로 들어 갈 수 있었고, 제2세기 중엽에는 콥틱과 시리아까지 복음이 확산될 수 있었다. 초대 기독교회는 590년 그레고리 1세가 로마 감독(교황)이 되고 유능한 교황들이 뒤를 이어 선교에 대한 적극적인 지원 및 수도사들의 열정과 헌신으로 기독교의 영역을 크게 확장시키는 계기가 되었다. 초대 교회는 중세 교회로 이어지면서 중단 없이 거의 1000년 이상을 한 교회로 발전을 거듭했지만 황제 콘스탄틴이 330년 수도를 서방의 로마에서 동방의 비잔틴(콘스탄티노플, 현재의 이스탄불)으로 옮기면서 서서히 동방과 서방교회로 분열의 조짐을 보이기 시작하였다. 수도가 로마에서 콘스탄티노플로 옮겨 가면서 정치, 사회, 그리고 지적인 중심이 서에서 동으로 옮겨지게 되었고 교회는 새로운 국면을 맞이하게 되었다. 정치는 콘스탄티노플이 중심이 되었지만 기독교의 중심은 아직도 로마에 머물러 있었다. 제국의 수도가 멀리 동방으로 옮겨지면서 만족들의 서방 로마에 대한 침공이 잦아지게 되었으나 능력 있는 교황들이 나서서 정치적 역량을 발휘함으로써 로마를 잘 지켜낼 수 있었다. 그 결과 백성들은 교황을 영적인 지도자로서만 아니라 세속의 지도자로서도 신뢰하게 되었다. 서방 로마 교회의 감독은 수도가 옮겨지면서 황제의 감독과 관할권 아래서 자유할 수 있는 환경만 아니라 그런 능력도 있었다. 이에 비해 동방의 감독은 황제의 통제 아래 있을 수밖에 없었다. 따라서 이런 정치적 상황의 변화는 두 교회 사이에 세속 지도자에 대한 조망이 서로 다르게 되었다. 서방 로마 교황의 권위가 확고해지면서 새로운 제국의 수도

콘스탄티노플의 대주교 사이에는 수위에 대한 다툼을 피할 수 없게 되었다. 그 밖에도 동방과 서방은 문화적인 차이도 있었다. 동방교회는 헬라어를 사용했으며 서방교회는 라틴어를 사용했다. 서방교회는 교회의 정치적이고 실제적인 내용에 관심을 둔 데 비해 동방교회는 사변적이고 철학적 전통에 더 관심이 있었으므로 교리에 관심이 컸다.

이런 경향은 콘스탄틴 황제가 제국의 통일을 위해 우선 분열된 교회의 통일을 원하게 되면서 전체 교회의 회의를 주도한 데서도 잘 드러나고 있다. 콘스탄틴 황제는 교회의 통일을 위해서는 교리의 통일이 우선이라고 보고 교회 전체 회의를 통해서 이를 실현하려고 하였다. 이는 동방교회의 전통에도 잘 부합되는 것이어서 전체 교회의 회의는 주로 동방에서 열렸으며 그 참석자들도 주로 동방교회에서 온 감독들이었다. 교리의 통일에 대한 콘스탄틴의 바람은 그가 죽은 후에도 동방의 황제들을 통하여 지속되었다. 그리고 그 가능성은 황제들만 아니라 동방교회의 감독들도 논쟁 중인 교리의 확정이나 이단의 척결을 위해서 보편 교회 회의가 필요함을 잘 인식하고 있었기 때문이다. 그리고 보편 교회 회의는 대체로 동방교회 안에서 논쟁거리였던 교리를 확정짓기 위함이었다. 따라서 교회 회의에서 헬라 교부들은 정교회의 교리와 관행에 기초적인 역할을 할 수 있었다. 동방정교회는 보편 교회 회의 중에서 초기 7개의 회의만을 인정한다.

첫 번째 니케아 회의는 325년 콘스탄틴 황제에 의해 소집되었다. 여기서는 아리우스의 견해가 정죄되었다. 그는 아들, 예수님은 아버지 하나님보다 열등한 피조물이라고 하였다. 이 회의에서는 아들의 아버지와 유사 본질 대신에 동일 본질이라는 아타나시우스(Athanasius)의 주장이 관철되었다.

두 번째 보편 회의는 381년 콘스탄티노플에서 열렸다. 이 회의에서는 니케아 신조를 재확인했으며 성령은 삼위의 다른 인격과 동등하다고 주장함으로써 성령의 동등성을 변호하였다. 제3차 보편 회의는 431년 에베소에서 열렸는데 네스토리우스에 반대하여 데오토코스를 지지함으로 마리아는 참으로 출생을 준 자, 하나님의 참 어머니로 확언되었다.

제4차 회의는 451년 칼케돈에서 모였는데 단성론(예수님의 인성은 하나님의 신성으로 흡수되었다)에 반대하여 예수님은 두 성품의 섞임이나 혼동이 없이 한 인격 안에 두 성품으로 완전히 하나님이시고 온전한 인간이심이 확언되었다. 역시 이 회의에서는 공식적인 기독교의 5개 중심지를 확정지었다. 그 곳은 로마, 콘스탄티노플, 알렉산드리아, 안디옥, 그리고 예루살렘으로 각각 한 주교나 감독에 의해 다스려졌다. 서방에서는 로마의 주교가 동등한 주교 중에서 수위로 간주되었으며, 정교회를 위해서는 콘스탄티노플의 주교가 동등한 주교 중에서 두 번째 지위를 얻었다. 제5차 보편 회의-콘스탄티노플의 제2 회의(553)-는 온건한 단성론을 포함한 논쟁들을 해결하기 위해 유스티니안(Justinian)에 의해 소집되었다. 이 회의에서는 칼케돈 회의의 신조를 재해석했으며 예수님의 두 본성의 관계를 퇴고하였다. 그리고 오리겐의 영혼의 선재 이론을 정죄하였다. 제6차 보편 회의-콘스탄티노플 제3차 회의(680)-는 단의론(그리스도는 하나의 의지만 가지셨다)을 다루기 위해서 콘스탄틴 4세에 의해 소집되었다. 그 회의에서 예수님은 두 의지가 있으신데 인간의 의지가 신적 의지에 복종한다고 확정하였다.

제7차 보편 회의-니케아 제2 회의(787)-는 예배에서 성상 사용을 금한 성상 파괴를 반박하기 위해 비잔틴 여황 아이린(Irene)에 의해 소집되었다. 성상은 만들고 존경할 수 있으나 성상에 대한 예배는 금했다. 결국 후에 동방교회는 황제의 강력한 성상 파괴의 의지와 회의 소집에도 불구하고 마침내 성상은 제외되었지만 화상을 사용할 수 있게 되었는데 그것도 예수님의 화상이며 존경은 하되 예배는 하나님께만 해야 한다고 하였다. 동방에서 황제들이 성상 파괴를 원했던 것은 무슬림의 비판과 무관하지 않았다. 이에 비해 무슬림의 영향이나 황제의 영향을 거의 받지 않았던 서방교회는 성상과 화상을 모두 예배에서 사용하였다.

이상의 보편 회의에서 확정된 교리들은 동방의 모든 교회나 신학자들이 일치하게 동의하지는 않았다. 그들은 회의에서 정죄당할지라도 그들의 의견을 포기하지 않았는데 칼케돈 회의에서 의결된 예수 그리스도 안에 두 성품으로 신성과 인성의 교리를 배격했다. 따라서 정교회 안에는 비칼케돈 교회들이 생기게 되었다. 비칼케돈 교회로는 알마니안교회, 콥틱교회, 에디오피아교회, 이리트리안교회, 안디옥의 시리안교회, 그리고 남인도의 시리안 인도인교회이다. 그러나 일반적으로 보편 교회의 회의를 존중하며 거기서 결정된 교리를 권위로 받아들였고 정교회의 교리가 되었다.

동서방교회의 다른 점은 수도의 옮김과 다른 언어의 사용 및 관심의 차이만 아니라 그 이상의 차이가 있었다. 제2세기 중반에 발생한 부활절 축하일을 어느 날 지킬 것인가의 논쟁으로 두 교회 사이가 벌어지게 되었다(서방에서는 부활일 전주일을 축일로 본데 비해 동방교회는 부활일을 고집하였다). 또 신부의 결혼에서도 달랐다. 서방에서는 모든 신부는 독신이 요구되었으나 동방은 감독만 독신이 요구되었고 일반 신부는 결혼이 허용되었다. 서방의 신부들은 수염을 잘랐으나 동방은 수염을 길렀다. 그 밖에 두 교회는 신학적인 차이도 있었다. 따라서 두 교회의 분열은 피하기 힘들었다.

동방교회와 서방교회의 분리(1054년)

앞서 언급한 바와 같이 동방과 서방교회 사이에는 다양한 차이가 존재했다. 문화적인 차이로 동방은 말과 자세에서 헬라적이었고, 서방은 언어와 자세에서 라틴어를 쓰는 로마인이었다. 정치적인 차이나 교리적인 불일치 역시 점차 깊어져갔다. 서방신학은 동방신학이 헬라 교부들에 의해 영향을 받는 동안 히포의 어거스틴(354-430)에게 크게 영향을 받았다. 다른 논쟁의 골자는 신학적인 것으로 소위 필리오케(Filioque) 구절과 연관된 것이었다. 요한복음 15:26에서 예수님이 하신 말씀 "내가 아버지께로부터 너희에게 보낼 보혜사 곧 아버지에게서 나오시는 진리의 성령이 오실 때에 그가 나를 증거하실 것이요"에서 암시된 것이다. 그러나 서방교회는 원문에 필리오케의 구절을 더했다. 필리오케는 라틴어의 의미로 '그리고 아들'로부터이다. 그러므로 니케아 신조에 대한 서방교회의 설명은 성령은 아버지와 아들에게서 나오신다는 것이었다. 동방교회는 이 삽입을 배격했다. 왜냐하면 요한복음 15:26은 그것을 위해서 정당한 근거를 예비해주지 않기 때문이다. 이 문제는 로마 교황 레오 9세(1049-1054)와 콘스탄티노플 대주교 마이클 세룰라리우스(Michael Ceurularius, 1043-1058) 사이에 균열의 원인이 되었다. 게다가 1045년에서 1058년까지 콘스탄티노플의 대주교로 봉직한 세룰라리우스는 성찬에서 무교병을 사용하는 것 때문에 서방교회를 정죄하였다. 서방교회에서는 9세기 이래로 성찬에서 무교병 사용하는 것이 보편화 되어가고 있었다.

교황 레오 9세는 이런 차이점들을 해소하기 위해 주교 험버트(Humbert)와 두 명의 교황 사절을 동방에 보내 이 문제를 해결하려고 하였다. 하지만 두 교회의 대표들은 토론을 할수록 서로 간에 견해 차이만 벌어지게 되었다. 마침내 1054년 6월 16일 로마 교회의 교황 사절은 소피아 성당의 상제단에 대주교와 그의 수하 성직자들에 대한 파문장을 내려 놓았다. 이에 맞서 콘스탄티노플 대주교는 로마 교황과 그의 추종자들을 파문하였다. 그 결과 가톨릭교회는 동과 서로 영구히 분리되고 말았다.

두 교회의 분열 후에 동로마 제국은 무슬림의 침략으로 사람과 상당 부분의 땅을 상실하면서 그 세력이 크게 약화되었다. 다만 시릴(Cyril, 826-869)과 메도디우스(Methodius, 815-885)의 선교적인 노력으로 남슬라브족에 복음이 전해졌을 뿐이다. 이들은 정치에서는 동방교회를 따라 인종적이며 민족적인 교회를 세우게 되었다. 이 교회들은 교리에서는 하나지만 예배의 형식이나 관행은 그들 고유의 문화로 인해 서로 달랐으며 정치에서는 자치제를 택했다. 그러나 교황의 지원으로 시릴과 메도디우스의 선교가 안전했으므로 슬라브인 지역은 로마 교회의 재판권 아래 있게 되었다. 하지만 당분간 슬라브인들에게는 그들의 예배 의식을 허용했다. 이로 인해 불가리아인들이 개종하게 되었으며 마침내 소련에서도 환영을 받게되었다. 두 교회의 분열로 선교의 결과도 갈리게 되었는데 폴란드, 보헤미아, 헝가리와 크로티아인들은 서방교회에 속하게 되었고, 세루비아, 불가리아, 러시아는 동방교회에 속하게 되었다.

두 교회는 분열 후에 합동을 위한 노력을 지속했으나 효과는 미미했으며 십자군 전쟁도 서방이 동방과 화해의 기회로 생각했으나 1204년 제4차 십자군들의 무분별한 콘스탄니노플의 약탈로 오히려 그 관계가 악화되는 결과를 가져오고 말았다.

정교회의 가장 큰 손실은 제7세기에 이슬람의 확산으로 고대 주교 관구였던 안디옥, 알렉산드리아, 그리고 예루살렘이 이슬람에 점령 당한 것이었다. 그리고 마침내 1453년 터키 무슬림에 의해 콘스탄티노플이 포획됨으로써 비잔틴 제국은 종말을 맞게 되었다. 소피아 성당은 무슬림의 사원으로 변했으며 에큐메니컬 교구는 무슬림 통치자에게 충성할 수 밖에 없게 되었다. 무슬림의 통치 안에 있던 교회들은 극심한 통제와 박해를 받지 않을 수 없었다.

이 기간에 러시아 정교회는 세력과 특권을 갖는 기회가 되어 모스코는 제3의 로마로 인식될 정도가 되었다. 그러나 1917년 러시아의 혁명과 공산화에 이어 제2차 세계 대전은 폴란드, 핀란드, 에스토니아, 그리고 라티비아 같은 나라들은 그들의 독립을 주장하게 되었다. 두 교회의 재연합에 대한 시도는 지속되었으나 1453년 콘스탄티노플이 무슬림에 정복되고 오트만 제국의 수도가 되면서 중단되고 말았다.

20세기에 로마 가톨릭교회는 동방정교회를 선교의 대상으로 삼아 정교회 신자들을 로마 교회로 영입하기를 힘썼으며 그 결과 동방 의식 가톨릭교회가 형성되었다. 이 교회들은 동방 의식을 조금 바꿨으며 조직에서는 교황청을 최고의 권위로 인식하고 있다. 그러나 근래에 두 교회는 화해의 전기를 마련하게 되었는데 이는 분열 이후 1000년이 흐른 뒤이다. 1965년 12월 7일 교황 바울 6세와 대주교 아데나고라스는 공식적으로 1054년 서로 간의 파문을 철회하였다. 2004년 교황 요한 바울 2세는 800년 전에 십자군의 콘스탄티노플에 대한 약탈을 공적으로 사과했고 콘스탄티노플의 대주교 바돌로메는 공식적으로 사과를 받아들였다.[5]

---

5 Earle E. Cairns, *Christian Through The Centuries, Revised*(Grand Rapids: Zondervan, 1981), 203-206; Carmen Renee Berry, The Unauthorized Guide to Choosing a Church, 90-110; Barvara I. Faulkner, Eastern "Orthodix Church", in Gen. Ed., J. D. Douglas, The New International Dictionary of the Christian Church(Grand Rapids: Zondervan, 1974), 322-324.

정교회의 미국 기원

첫 공적인 정교회 선교가 미국에 도달한 곳은 1794년 알라스카 코디악(Kodiak)이었다. 그 선교 - 1786년 그레고리 쉘리코프(Gregory Shelikov)에 의해 러시아로 추방된 8명의 수도승과 두 명의 새 신자와 10명의 알라스카 본토인 - 는 코디악 섬에서 정교회 신앙의 기초를 배우고 평신도에게 세례를 받은 수백 명이 있었다. 후에 러시아인 - 미국인 회사로 알려진 회사의 설립자 쉘리코프는 자신이 코디악 섬에 있는 200여 명의 알류트 사람들에게 세례를 주었다. 첫 감독의 교구가 알래스카의 성 이노센트에 설립되었다. 1794년 선교는 많은 원주민들을 정교회 기독교인으로 개종시키는 도구가 되었다. 첫 교회가 폴하버(Paul's Harbor)에서 1794년 봉헌되었으며 1840년에는 신학교가 설립되었다. 1860년 창설된 교구는 1872년 샌프란시스코로 옮겼다.

미국에서 정교회 그룹들은 러시아 정교회 주교 교구 안에 민족적인 교구를 형성하게 되었다. 1800년대에는 정교회가 주도적인 그리스, 러시아, 발칸 반도, 소아시아로부터 미국으로의 이민으로 그 수가 크게 증가하였으며 이는 1920년 이민법의 개혁 때까지 지속되었다. 이 기간에 다양한 국적의 정교회들이 미국에 개척되었다. 이런 교회들은 이민자들로 하여금 그들이 새로운 환경에 적응하는 동안 그들의 고국과 언어, 그리고 습관까지 지킬 수 있게 해주었다. 1970년 러시아인들은 러시아에서의 사건들 때문에 형성된 다른 몇 개의 분리파를 통합했으며 미국에 정교회를 창출하였다. 모스크바에 있는 러시아인 교회의 총대주교는 미국 교회에 자치적인 지위를 부여해 주었다. 그러나 연합을 원했음에도 미국 내에 있는 정교회들은 연합을 실현하지는 못했다. 따라서 미국에는 에큐메니컬 교구에 소속된 교회와 자치적인 정교회가 공존하고 있다.

지속적인 이민의 영향으로 미국의 정교회는 자연적인 증가를 경험하였으며 북미의 기독교 역사에서 중요한 부분을 차지하게 되었다. 1980년에 이르러 미국과 캐나다에 있는 다양한 정교회 그룹을 합하면 약 350만 명 이상이다. 이는 장로교회, 성공회, 그리고 회중교회보다 더 많은 숫자이다.

미국에 있는 정교회는 알바니아인, 불가리아인, 그리스인, 루마니아인, 러시아인, 세르비아인, 우크라이나인, 칼파토러시아인, 그리고 시리아인 교회들이다. 그 밖에도 북미에는 50여 개의 정교회의 작은 교단들이 산재해 있다.[6]

원래 정교회는 교회 연합 운동에 보류적인 입장에 있었으나 근래에는 사실상 그들 모두가 세계교회협의회에 가입하고 있다. 근년 특별히 1961년 이래로는 비칼케돈 교회들과 밀접하고 친밀하게 접촉하고 있다.[7]

(2) 정교회의 교리와 신앙

정교회의 교리와 신앙은 앞에서 살핀 대로 초기의 7개의 보편 교회 회의를 통한 교리의 결정을 따른다. 특별히 정교회는 니케아 신조를 교회의 핵심으로 삼고 있다. 따라서 그 신조는 예배 때마다 암송함으로 기억하고 축하한다. 정교회는 교리나 신조, 그리고 신앙과 관행에서 로마 가톨릭교회와 크게 다르지 않다. 그러나 다음 몇 가지 점에서 로마 교회와

---

6 Mark A. Noll, *A History of Christianity in the United States and Canada*(Grand Rapids: Eerdmans, 1992), 343-45, 다양한 정교회의 역사에 관해서는 각 정교회들을 소개할 때 더 자세히 언급하였다.
7 "Orthodox Church", in Ed., F. L. Cross, The Oxford Dictionary of the Christian Church, Revised, 1013-1014.

일치하지 않는다. 로마 가톨릭교회의 지상의 유일한 그리스도의 대리자로서 교황을 배격하며, 교황의 무오, 마리아의 무흠 수태나 육체적 승천, 속죄권, 그리고 성자의 공로의 보고 및 연옥의 교리도 배격한다. 그러나 예수님의 어머니 동정녀 마리아는 예수님을 낳은 자나 출생을 준 자로 생각한다. 요셉과 마리아는 예수님을 낳은 후에도 부부의 관계를 갖지 않았으며 그녀의 순종의 덕으로 하나님께 가까이 한 증거로 온전히 거룩하다. 마리아는 예수님을 낳기 전이나 그 기간에나 후에 항상 처녀라고 믿는다. 그리고 죽은 자를 위한 기도를 하는데 이는 죽은 자도 지상에 있는 자를 위해 기도할 수 있고 기도한다고 믿는다는 뜻이다. 역시 존경하는 인물이나 사건에 대한 화상이나 그림은 헌신의 대상이 된다. 십자가와 성자, 그리고 천사들의 9계급에는 존경심을 갖는다. 성찬에서 빵과 포도주도 모두 참여자에게 허락하며 세례는 물을 뿌리는 대신 세 번 침수로 한다. 성령은 오직 아버지로부터만 나오신다.

권위: 정교회의 권위는 전통에 있다. 그 전통은 사도 시대부터 현재까지 전해지고 주어진 것으로 변함이 없다. 그리고 여기에는 성경, 초기 7개의 보편 회의의 결정, 헬라 교부들의 저작과 11세기 이전의 교부들의 작품과 신적인 의식들이 포함된다. 신구약 성경을 정경으로 믿지만 그 해석권은 로마 교회처럼 교회에 있다고 한다.

성경: 정교회는 신약은 27권의 정경을 믿는다. 그러나 구약은 로마 가톨릭처럼 외경도 정경의 신뢰할 만한 부분으로 믿는다. 정경으로 받는 외경은 다음과 같다. First Esdras, Second Esdras, Tobit, Judity, Additions to Esther, The Wisdom of Solomon, Ecclesiastions or The Wisdom of Jesus, The son of Sirach, Baruch, The Letter of Jeremiah, Additions to Daniel, Song of the Three Youth, Susanna, Daniel Bel and the Dragon, The Prayer of Manasseh, First Maccabees, Second Maccbees, Third Maccbees, Fourth Maccbees(러시아 교회는 받아들이지 않는다).

하나님: 아버지 하나님은 거룩한 삼위일체의 뿌리시다. 하나님은 삼위일체이시다. 한 신격 안에 세 위격이신 성부, 성자, 성령을 믿는다. 하나님은 전능하시고 신실하시며 참되시고 절대적으로 거룩하시다. 하나님은 신비하시며 전적으로 초월해 계시기 때문에 인간의 이성으로 이해할 수 있는 분이 아니시다. 그러나 역사적 상황들을 구체화하심으로 알려주시는 분이시다. 아들은 아버지로부터 나오셨으며 아버지로부터 성령은 영원히 나오신다.

창조: 하나님은 하늘과 땅을 창조하셨으나 성경이 창조에 대한 교재가 된다고 믿지는 않는다. 정교회는 과학적 조사가 신앙에 용기를 주는 역할을 한다고 믿는다.

예수 그리스도: 예수 그리스도는 인간이 되신 하나님이시다. 예수는 세 신적 인격의 한 분이시며 아버지, 아들, 성령이 하나님의 한 본질을 이룬다. 예수는 삼위일체의 제2위이시며 아버지 하나님에게서 나오셨다. 그는 인간이 되셨고 동시에 완전히 하나님이시고 인간이시다. 선지자들은 구약에서 그가 지상에 오실 것을 예언했다. 그는 우리를 위해서 십자가에 죽으셨고 장사되셨으며 성경을 따라서 제삼일에 살아나셨고 하나님 우편에 앉으셨다. 그는 영광 중에 다시 오셔서 산 자와 죽은 자를 심판하신다. 그의 나라는 끝이 없을 것이다.

성령: 삼위일체의 마지막 위격이신 성령은 아버지 하나님과 하나이시다. 그는 아버지에게서 나오시며 생명의 수여자시다. 그는 아버지와 아들과 함께 예배를 받으시며 영광을 받으실 분이시다. 그는 예수님을 드

러내시며 신자들을 그리스도에게 연합시키시고 신성에 참여할 수 있도록 능력을 주신다.

교회: 정교회는 지상에 있는 하나님의 유일한 참된 교회이다. 정교회는 초대로부터 순수함을 지닌 교회로 이단에게 더럽힘을 받지 않은 교회이다. 정교회는 올바른 교리와 바른 예배로 하나님을 영화롭게 하는 지상에 있는 하나님의 나라다. 교회의 정치는 성직 계급제이지만 하나의 보편적인 계급제가 아니라 각 나라의 자치 독립 성직제이다. 교회의 직분은 셋으로 집사, 사제, 그리고 감독이다. 집사는 교구에서 신부들을 도우며 성례를 주관한다. 신부들은 지역의 교구에서 목회 사역을 담당한다. 그들은 안수 전에는 결혼이 허용되나 안수 후에는 허용되지 않으며 감독은 독신이 요구된다. 감독들은 수도원 공동체 중에서 선출되며 평생 빈곤, 순결, 그리고 순종의 서약 아래 산다.

예배와 성례: 정교회의 예배 의식은 정교회 신학과 신비주의의 중심이다. 정교회는 예배에서 그리스도의 성육신과 십자가에 달리심, 그리고 부활을 축하한다. 예배는 하나님과의 교통이며 하나님과 그 길을 배움이고 하나님을 닮는 길이다. 예배 의식은 신비하며 화려하다. 그것은 예배에서 독특한 건축 양식, 성상, 음악, 향(기도를 설명함), 촛불, 조각품, 시 등 다양한 예술적 표현을 사용함으로써 예배자가 쉽게 하나님을 경험하며 지상에 있는 하나님의 나라를 경험케 할 뿐 아니라 물질 세계의 외적 영역에서 영적 신비의 내적 세계로 나간다.

성례: 성례는 로마 교회와 같이 7성례이다. 세례, 성유식, 성찬, 결혼, 병자 성사, 고해 성사, 그리고 성품 성사가 있다. 세례는 그리스도의 죽음과 부활을 축하하며 참여자가 중생한다. 성유식은 견진 성사와 같은 것으로 참여자는 성령의 은사를 받는다. 성찬(성체 성사)은 신비이며 기

도에 의해 성령께서 빵과 포도주의 요소에 내려 오신다고 믿는다. 신부를 통해서 성령에 의한 봉헌 때 그 요소들은 신비적으로 예수님의 몸과 피로 변한다. 하나님과 신비적인 연합으로 그리스도의 몸과 피에 참여한다고 믿는다. 성찬은 성유식을 통해 정교회에서 그리스도에게 헌신된 자만 참여할 수 있다. 혼배 성사에서 사랑은 신적인 사랑으로 변하며 사랑의 연합은 성화되고 영원하게 된다. 고해 성사로 신자들은 회개하며 용서 받는다. 성품 성사의 연속성은 제1세기에서 현재까지 교회의 감독들의 섬김으로 교회 안에서 유지되었다고 믿는다.

죄와 구원: 정교회는 아담의 타락이 후손에게 전가되지 않았다고 본다. 원죄는 부정적으로 의의 상실로 보며, 긍정적으로는 사람의 영적, 윤리적 본성에 대한 손상으로 본다. 따라서 상속받은 죄는 없다. 인간의 자연적인 본성은 선을 행할 수 있으며 전적인 타락을 부인한다. 이런 경향은 어린 아이들은 그들이 개별적으로 죄를 짓기까지는 무죄하다고 한다. 성인이 되면서 사람은 반드시 만족되어야 하는 식욕과 육체적 필요를 갖게 되었고 결국은 이런 갈망이 죄를 짓게 만들며 범죄한 결과 인간은 죽게 되었다. 이런 죄는 하나님과 사람 사이에 장벽을 만들었으며 죄인은 스스로의 능력으로 그 장벽을 넘을 수 없으므로 하나님께서 예수님의 성육신을 통해서 인간에게 가는 길을 만드셨다. 성육신이 인간으로 하나님께 가는 길을 연 것이다. 이 은혜, 신적인 힘이 교회에 주어졌으며 성령을 통해서 분배 받으면 그리스도 안에 있는 생명을 배양할 수 있으며 영생을 위해 자신을 준비할 수 있다고 한다. 구원은 죄의 용서로 의로워질 뿐 아니라 하나님의 신성을 나누는 것이다. 이는 타락으로 잃어버린 하나님의 형상을 회복하는 것이며, 그리스도인의 덕성을 통해 하나님께 동화된다. 그러나 이것은 도덕적 선택의 책임을 무시하지 않는다. 이

렇게 정교회에서 구원은 하나님을 닮는 것이며 그것이 인간의 지속적인 목표가 되어야 하는 것이다. 따라서 정교회의 구원의 서정은 개종, 중생, 칭의, 성화, 그리고 신비적 연합이라고 할 수 있다.

종말: 그리스도는 어느 날 산 자와 죽은 자를 심판하시기 위해 다시 오시며 생명의 은혜를 배척한 자들은 그들의 선택의 열매로 마귀와 그의 악한 천사들과 함께 영원히 살게 될 것이다. 주를 사랑한 자들은 주님의 임재가 무한한 기쁨, 천국, 그리고 영원한 생명이 될 것이다.[8]

여기에 더해 죽음과 심판 사이 중간 상태에서 하나님과 같아짐(형상)을 이루지 못한 신자들은 지속적으로 완전하게 되어야 한다. 예수님의 어머니 마리아에 대한 동방교회의 가르침은 그리스도의 어머니로서 하나님의 어머니이며 그녀는 죽은 후에 몸으로 천국에 들어갔다고 한다. 동방정교회는 신비를 많이 말하는데 그 신비는 하나님께서 인간에게 주시는 내적인 영적 능력의 외적인 형태라고 한다. 화상과 성상에 대한 가르침은 옳게 공경하라고 하나 그리스도의 형상이나 마리아의 형상, 그리고 성자나 천사의 물질적인 형상들은 예배하지 않는다. 이런 물질적인 형상들은 영적인 것들의 실제를 전달해 준다고 한다.[9]

독특한 관행

예배: 동방정교회는 항상 교회의 뒷편에 초들이 준비되어 있어서 불을 붙여 성상 앞에 둔다.

금식: 정교회 회원들은 연중 수요일과 금요일 금식한다. 그러나 금식

---

[8] Frandk S. Mead, Samuel S. Hill, Craig D. Atwood, *Handbook of Denominations in the United States*, 49-50, Ron Rhodes, Ibid., 295-300, Harold Rabinowitz and Greg Tobin, Ibid., 82-86.
[9] Ted A. Capbell, Ed., Ibid., 52-58.

이 없는 특별한 주간은 예외인데 크리스마스, 이방인과 바리새인의 주일, 유월절, 그리고 오순절이다. 수요일 금식은 가룟 유다의 그리스도의 배반을 상기하기 위함이며 금요일 금식은 예수님의 십자가에 달리심을 기념하기 위함이다. 금식일은 육류나 물고기 모두 금지된다. 그리고 이런 동물의 부산물인 우유, 치즈 혹은 계란도 금지되며 올리브유는 역시 금식일에는 금지된다. 그러나 금식일에 새우, 조개, 랍스터 등과 악어, 거북, 그리고 개구리 다리는 허용된다. 결혼한 커플은 금식일에는 동침이 금지되며 성찬을 준비할 때도 마찬가지다.

성인 세례: 세례식은 세 가지 요인들로 구성된다. 귀신 축출, 세례와 성유이다.

유아 세례: 출생 40일 만에 베푸는데 이 세례의 목적은 세례자의 새로워짐과 아담과 이브의 원죄의 오점을 제거하기 위함이다.

결혼: 결혼은 약혼식과 결혼식으로 구성된다. 초기에는 약혼식과 결혼식을 분리해서 했으나 오늘날은 함께 한다. 결혼식은 정교회 결혼식의 중심 행사이다. 정교회에서 신랑과 신부의 역할은 그들의 가정에서 왕과 왕비를 상징하며 가정은 하나님의 작은 왕국이다. 연중에 결혼식을 할 수 없는 요일은 주일, 수요일, 그리고 금요일이다.

이혼과 재혼: 정교회는 이혼과 이혼한 사람의 재혼을 허락한다. 다만 영적인 법정이나 감독의 판단으로 특별한 상황인 경우인데 예를 들면, 부정이나 배교 등이다.

죽음과 장사: 사람이 죽었을 때 몸에서 영혼의 떠난 자를 위해 기도를 낭독하도록 신부를 불러야 한다. 시신은 방부처리하지 않는다. 죽은 후에 시신은 장사한다. 동방정교회에서 시신의 검시나 해부는 성령의 전인 몸의 거룩함을 훼손하는 것이다. 추도식은 죽은 후 셋째, 아홉째, 열

넷째 날 행한다.

성직자

감독: 감독은 동방정교회에서 지도력을 구축한다. 감독의 전통적인 역할은 교구의 목사와 같다. 대도시의 감독은 대주교이며 교회의 지방이나 교구의 그룹을 책임지며 다른 교구를 감독한다.

신부: 동방정교회의 신부는 가장 중요한 예배 의식으로 성례를 담당하는데 미사 혹은 신적 예배, 성찬, 그리고 화해의 성례, 고백을 촉구하는 의식과 안수식을 담당한다.

집사: 집사는 복음서를 읽고 성찬의 집례를 도우며 사람들을 기도로 부르며 성찬식 문답을 책임진다. 집사들은 안수 받은 후에 결혼할 수 없으나 결혼한 사람은 집사로 안수 받을 수 있다. 정교회는 결혼한 사제와 집사를 허용하며 안수 전에 결혼을 하게 한다.

종교회의 주요 인물

대레오(Leo the Great, ?- 461): 교황 레오 1세 혹은 성 대레오는 440-461년까지 로마의 교황으로 있었으며 귀족 출신의 신학자였다. 그는 실제로 교황으로 인식된 인물이며 452년 훈제국의 아틸라에 의한 이태리의 침공을 저지시켰다. 그는 제4회 에큐메니컬 회의가 451년 칼케돈에서 개최되었을 때 그리스도의 단성론을 주장한 이단을 정죄하였고 칼케돈 회의에서 콘스탄티노플의 죽은 총주교 성 플라비안에게 보낸 레오의 서신이 낭독되었는데 이는 그리스도의 양성에 대한 정교회의 가르침을 설명하는 것이었다.

히포의 어거스틴(Augustine of Hippo, 354-430): 제4세기에 가장 뛰어난 신학자이며 서방 사상사에서 중심 인물이다. 그는 헬라 사상을 분석하고 서방 기독교의 지적 전통으로 소개하였다. 제5회 에큐메니컬 회의가 553년 콘스탄티노플에서 개회되었을 때 어거스틴은 교회의 교부들의 명단에 들어 있었다. 그가 서방교회의 신학을 주도하였으므로 동방정교회가 그를 좋아하지 않았으나 중요한 교부로 인식한다.

세라빔 로스(Seraphim Rose, 1934-1982): 그는 러시아 밖에 있는 미국에서 러시아 정교회의 성직자 수도사로 그의 저작들은 현재 미국과 서방에 정교회를 확산시키는 데 크게 도움을 주었다. 그의 책『정통과 미래의 종교』(Orthodox and The Religion of The Future)에서 그는 세속과 교회의 세계에서 그가 본바 위험스러운 경향은 주로 현대주의와 에큐메니즘이라고 지적하였다.

미국 내의 신학교

Saint Herman's Orthodox Seminary, The Patriarch Athenagoras Institute, Hellenic College Orthodox Theological Seminary, Saint Vladimir's Orthodox Theological Seminary, Holy Trinity Orthodox Seminary, Christ the Saviour Carptho- Russian Seminary, First The Saviour Carpto Russian Seminary, Saint Tikon's Theological Seminary, Saint Nersess Armenian Seminary, Pope Shenouda III Coptic Orthodox Theological Seminary, Saint Athanasius Theological Seminary[10]

쟁점에 대한 입장

성모 마리아: 정교회는 마리아를 모든 성자 중에서 가장 존경하지만 그

---

10 Harold Rabinowitz and Greg Tobin, Ibid., 88-98.

녀의 신성은 인정하지 않는다. 그녀는 원죄에서 예외자가 아니지만 예수님을 잉태할 때 정결케 되었으며 하나님의 은혜로 실제적인 죄를 범하지 않았다.

화상이나 성자의 유품: 거룩한 화상이나 순교자의 유물을 존경하는 것은 정교회의 전통이다. 화상을 지지하는 논증은 1. 구약에서 우상을 만들지 말라는 말씀을 부인할 수 없으나 이는 성육신 이전의 명령이다. 그리고 성전 건물을 지을 때의 지시로 스랍들을 포함해서 몇 개의 형상들이 포함되었다. 2. 하나님은 무한하시기에 그리는 것이 불가능하지만 성육신의 결과는 성화를 가능하게 한다. 하나님께서 육신으로 나타나시어 우리 가운데서 사셨기에 가능한 일이다. 3. 예배는 그 화상에 묘사된 주체에 하는 것이지 화상 자체에 하는 것이 아니다. 따라서 만일 그리스도의 화상이 그리스도의 이름이 주어졌다면 실재의 그리스도로 인식되며 그것은 그리스도를 대표하며 그리스도와 동일하다고 생각하였다.[11] 하지만 너무 사실적인 표현으로 성상처럼 되지 않도록 매우 조심하였으며 화상을 그리는 사람은 엄격한 규제를 따라야 했다.

타 교단의 배우자와 결혼: 정교회의 교인과 타 교단의 교인이 결혼에 동의하는 경우 그가 삼위 하나님의 이름으로 세례를 받았다면 허락하나 자녀는 반드시 정교회의 세례를 받아야 한다. 타 교단의 세례자에 대해서 결혼이나 성찬에 참여는 허용하지 않는다.

여성의 안수: 정교회에서 여성은 다양한 직책을 가지고 섬길 수 있다. 주일 학교에서 가르치고 성가대를 지휘하고 기금을 모금하는 등에서 적

---

11 John Binns, *An Introduction to the Christian Orthodox Churhes*(Cambridge University Press, 2002), 101-102.

극적으로 활동할 수 있다. 그러나 성직에 여성은 허용되지 않으며 성직으로 안수되지 않는다.

이혼과 재혼: 정교회는 결혼의 유대는 본질적으로 나눌 수 없는 것이다. 그러나 성직자의 화해를 위한 모든 노력이 실패한 경우는 이혼한다. 정교회가 이혼의 사유로 제시하는 것은 간음 등 부도덕한 죄, 배우자의 믿을 수 없는 배역의 행위, 남편의 허락 없는 낙태, 2년 이상 아내나 남편을 유기한 경우, 배교하여 이단에 빠진 경우, 결혼 후 4년 동안 불치의 정신병인 경우 등이다. 무죄한 편의 재혼은 허락된다. 그러나 세 번 이상은 허락되지 않는다.

산아 제한: 정교회는 언급하지 않는다. 다만 의학적으로 어머니의 건강이 위험한 경우는 예외이다.

동성애: 정교회는 동성애를 엄격하게 반대한다. 그러나 그로 인한 질병의 경우는 사제나 의학적 조언으로 적극적으로 돕는다. 게이나 레즈비언 운동은 관용하지 않는다.

크리스마스의 축하: 정교회는 성 그레고리안의 달력에 의해 1월 7일에 축하한다. [12]

(3) 정교회 교단

동방 사도 가톨릭 아시리아인 교회 동북 미주교 관구(APOSTOLIC CATHOLIC ASSYRIAN CHURCH OF THE EAST, NORTH AMERICAN DIOCESE)

설립: 주후 35년경

교인: 35,118,19

---

12 Leo Rosten, Ed., *A New Guide and Almanac Religious of America*, 121-123.

교구: 2000

연혁: 사도적 전통에 의하면 아시리아인교회는 예수님의 부활 직후에 사도 도마에 의해 설립되었으며 사도 베드로, 다대오, 바돌로매와 밀접한 연관이 있다고 한다. 페르시아 제국에서 교회 설립의 주역은 성 마리(Mari)와 아다이(Addai)였고 최대의 신학자는 제4세기에 안디옥 학파의 수장이었던 맙스에스티아(Mapsestia)의 데오도레(Theodore)였다.

19세기와 20세기에 이 교단은 주교들 간에 분열로 어려움을 겪었으며 두 번의 세계 전쟁 기간에 영국을 지원함으로 박해를 받기도했다. 현재 주교 마딘카(Mardinkha) 4세는 이라크의 바그다드에 있다. 근래에 미국의 이라크 침공으로 수천 명의 이라크 기독교인들이 미국으로 도피하였으며 그 중에는 상당수가 이 교단 교인들로 추정된다. 예배는 정교회의 것과 유사하나 예배 의식은 성 마리와 아다이의 고대 예배 의식에 근거한다.

교회의 정치와 교리 및 신앙은 위의 정교회란을 보라.

선교와 교육: 교단은 첫 기독교 선교사를 인도에 파송하였으며 7-8세기에 중국에 기독교를 설립한 첫 교회로 당나라 때 시안에 교회를 세웠으나 13세기 몽골족의 침입으로 그 교회는 사라지고 말았다. 교단은 네팔에 교육 증진 센터가 있고 교육의 질적 향상과 학문적인 우수성에 힘을 쏟고 있다. 십자가는 아시리아교회에 특별하게 중요하며 성례에서 십자가의 표시를 한다. 다른 교회들과는 성찬을 함께 하지 않는다.

본부: 7201 N. Ashlands, Chicago, IL 60626

미국 루마니아인 정교회 주교 관구(ROMANIAN ORTHODOX EPISCOPATE OF AMERCIA)

설립: 1929

교인: 64교구(2006)에 10,350

연혁: 루마니아에 기독교가 들어간 것은 제4세기였으며 원래 기원은 서방 라틴 기독교였으나 점차 콘스탄티노플의 권위를 받아들이게 되어 헬라의 예배 의식과 관행을 채택하게 되었다. 미국에서 이 교회는 1928년 1월 3일 미국과 캐나다에 있는 루마니아인정교회 교구들의 목사와 평신도 대표에 의해 미시간의 디트로이트에서 소집된 회의에서 조직되었다. 교단은 부카레스트에 있는 루마니아인정교회 대주교 관구의 관할권 아래 있었다. 1960년 이래로 교단은 하나의 민족적인 주교 관구로 미국에 있는 자치정교회의 관할권 아래 있게 되었다. 대주교는 미국에 있는 정교회의 최고회의 회원이며 주교 관구는 행정적으로 자치구로 인식된다. 이 교단의 정기 간행물로는 〈Solia-The Herald; Good News-Buna Westire(캐나다)〉가 있다.

본부: 2535 Gery Tower RoadREY, Jackson, MI 49201-9120

미국과 캐나다 세르비아인 정교회(SERBIAN ORTHODOX CHURCH IN THE USA AND CANADA)

설립: 1921

교인: 65,000

교회: 68교구(140교회, 2005)

연혁: 비잔틴의 황제 마이클 3세(Michael III)는 라스티라브 모라비아에 있는 슬라브족 왕의 요청에 부응하여 864년에 시릴(SYRIL, 826-869)과 메도디우스(Methodius, 815-884) 형제를 모라비아에 선교사로 파송하였다.

시릴과 메도디우스는 교회를 인종과 민족의 혈통을 따라 관습이 다른 자치적 교회의 연맹으로 조직하였으나 한 교리와 정신으로 하였다. 이런 정책은 동방교회 정책의 모범이 되었다. 시릴과 메도디우스는 그들의 선교를 위해 교황의 지원을 받았으므로 그 지역은 로마의 관할권에 속하게 하였으나 한 때는 슬라브족 예배 의식이 허용될 수 있었다. 이들은 첫 슬라브족 알파벳을 창시하여 정교회의 예배 의식과 복음을 구 슬라브족 언어로 번역하였고 제9세기에는 세르비아에 기독교를 설립하게 되었다. 세르비아 교회는 7세기부터 13세기 초까지 콘스탄티노플 대주교의 통제를 받아왔으나 14세기 무슬림의 통치로 박해의 고통을 받기도 했다. 1890년 다수의 세르비아인들이 정치적인 이유로 미국으로 이민하였는데 1892년 감독자 퍼밀리안(Archimandrite Firmilian)이 도착하여 세르비아 정교회 조직을 시작하였으며 모든 교구들은 러시아 정교회의 감독 아래 있었다.

1921년 미국과 캐나다 세르비아 정교회 주교 관구는 러시아 정교회에서 분리되어 유고스라 세르비아 대주교의 허락을 받아 공식적으로 조직되었으나 1983년 캐나다 주교 관구가 분립하였다. 세르비아 교회는 현재 벨그리드에 있는 세르비아 정교회 대주교에게 성직만 아니라 영적으로도 예속되어 있다. 교단의 정기 간행물로는 〈The Path of Orthodoxy〉가 있다.

본부: St. Sava Monastery, P. O. BOX 519, Libertyville, IL 60048, Phone; (847) 367-0698

미국 알바니아인 정교회 대주교 관구(ALBANIAN ORTHODOX ARCHDIOCESE IN

AMERICA)

설립: 1919

교인: 4,000(1999)

연혁: 알바니아 정교회는 터키가 1478-79년 알바니아를 점령하면서 국민의 절반이 무슬림이 되고 소수만 남게 되었다. 정치적인 불안으로 생존이 힘들었던 알바니아인들은 미국으로 이민하게 되었고 1886년 그 이민자들로 교회가 시작되어 본국에서 힘들었던 종교, 문화, 그리고 경제적 자유를 추구할 수 있게 되었다. 그 후 1908년 보스턴에서 판 스틸리안 노리 신부(후에 대주교가 됨)가 첫 알바니아어로 예배를 드렸으며 1971년부터 미국 정교회의 일부가 되었다. 미국 알바니아인교회의 다른 지체는 콘스탄티노플의 에큐메니컬 대주교의 권위 아래 1950년에 설립되었다.

알바니아인정교회는 두 개의 교구에 2,510명의 회원이 있었으나 1971년 알바니아인 대주교 관구는 효과적인 정교회 신앙의 확장과 고유의 특성을 전하기 위해 연합하였다.

본부: 523 East Broadway, South Boton, MA 02127.

미국 우크라이나인 정교회(UKRAINIAN ORTHODOX CHURCH OF THE USA)

설립: 1924

교인: 50,000

교회: 118교구(115교회, 2006)

연혁: 우크라이나 정교회의 공식적인 출발은 주후 875년 키에프를 다스린 기독교의 지도자 공주 올가(Olga)가 정교회의 신앙으로 세례

설립: 1975(1895)

교인: 70,000

교구: 256

연혁: 시리아의 안디옥은 이방인 선교의 전략지로 바울과 바나바에 의해 처음으로 복음화된 도시였다. 초대 교회로부터 로마, 알렉산드리아, 예루살렘, 그리고 콘스탄티노플과 더불어 주교가 다스리던 5대 도시 중의 하나였다. 그때까지 예수 믿는 사람들은 자신들을 형제(행 15:1, 23), 제자(행 9:26), 믿는 자(행 2:44), 그리고 성도(롬 8:27)라고 불렀으나 안디옥에서 비로소 그리스도인(행 11:26)으로 불려지게 되었다.

동방에는 다양한 정교회들이 존재하고 있었으나 무슬림의 지배를 받게 되면서 교회는 예배 의식에 이르기까지 그 문화의 영향으로 아랍어를 채택할 정도가 되었다. 그러나 오토만 제국이 붕괴되면서 신앙의 완전한 자유를 원했던 신자들 중 수천 명의 안디옥 정교인들이 19세기 말 북미로 이민하게 되었다. 1895년에 첫 회장으로 섬긴 저명한 다마스커스인 의사 이브라힘 알비리(Ibrahim Arbeely)와 뉴욕시에 안디옥인 이민자들은 시리아인정교회 자선 협회를 조직하였다.

알비리는 목사요 러시아에서 아랍어 교수였던 라파엘 하와위니(Raphael Hawaweeny)가 뉴욕으로 와서 아랍어를 말하는 정교회를 세우라고 설득하였다. 뉴욕으로 온 그는 1904년 정교회의 감독으로 헌신하면서 미국과 캐나다를 여행하면서 흩어진 이민자들을 정교회 교구로 모아들였다. 역시 그는 1905년 〈알-카리마트〉(Al-Kalimat, 그 말씀) 잡지를 시작했으며 중동에 있는 그의 교구들과 세계에 산재한 이민자 공동체들 안에서 사용할 수 있는 아랍어 예배서를 출간했다.

교단은 1975년 뉴욕 안디옥 대교구의 주교 필립 살리바(Philip Saliba)

를 받으면서 시작되었다. 정교회에 대한 그녀의 헌신과 열정으로 정교회가 우크라이나 전역에 널리 확산되었다. 그녀의 손자 대블라디미르(Vladimir) 역시 정교회 기독교를 받아들였고(988) 그의 왕국 모두가 같은 신앙을 갖도록 명령하였다.

미국의 우크라이나인정교회는 1920년 초 우크라이나인 이민자들을 통해서 시작되었다. 1924년 요한 데오도로비치(Teodorovych)가 1924년 미국 정교회의 첫 감독이 되었으며 그는 키에프에서 1921년에 감독으로 봉직된 후 1971년 그가 죽을 때까지 미국의 우크라이나인정교회를 목회하였다. 그가 별세한 이후 1950년에 미국으로 이민한 대주교 미스티스라브(Mstyslav)가 1993년까지 그 교회를 목회하였다.

현재 미국 우크라이나 정교회는 미국의 25개주에 교회들이 있으며 뉴욕-뉴저지-펜실베이니아 지역에서 강세다. 교단의 구별된 점은 교회의 음악은 엄격하게 악기가 아닌 성악으로 해야 함을 강조하는 것이다. 정기 간행물로는 〈Ukrinnian Orthodox Word; Vira〉가 있다.

본부: 135 Davidson Ave., Somerset, NJ 08873

미국 정교회(ORTHODOX CHURCH IN AMERICA)

설립: 1979

교인: 1,000,000

교회: 725(교구)

연혁: 미국 정교회는 1794년 8명의 러시아 정교회 선교사들이 알래스카를 여행하면서 알래스카 원주민들에게 정교회 신앙을 전하면서 시작되었다. 알래스카 원주민들이 정교회 신앙을 갖게 되면서 그 지역에 러

시아 감독이 임명되었다. 미국은 1867년 러시아로부터 알래스카를 샀으며 5년 후인 1872년 이곳 정교회의 본부는 샌프란시스코로 이전했다가 1905년 다시 뉴욕시로 옮겼다. 감독 틱혼(Tikhon)은 후에 러시아 교회의 주교가 되었는데 1905년 미네소타의 미네아폴리스에 러시아 정교회 신학교를 세웠다. 1901년에는 뉴욕에 성 니콜라스 성당을 건축하였다. 미국의 정교회는 1917년 러시아 공산당이 정부를 장악하면서 그 관계가 소원해졌으나 소련 연방이 무너지면서 미국과 러시아의 정교회의 관계는 증진되었다.

1970년 4월 10일 모스코 총대주교가 미국에 있는 러시아인정교회에 독립적인 토착 단체로 활동할 수 있게 한 이래로 교단은 그 이름을 미국정교회로 개명하였다. 이 교단은 지금 루마니아인, 알바니아인, 그리고 불가리아인정교회 주교 관구를 포함하고 있으며 미국에서 두 번째로 큰 정교회 관할권이다.

교육과 선교: 러시아 정교회는 1989년 67주교 관구에서 128개의 주교 관구로, 1988년 6,893 교구에서 19,000 교구로 확장되었다. 그리고 1980년 18개의 수도원은 현재 480개로 부흥 발전하였다. 교단은 펜실바니아 성 티콘스(St. Tikhon), 뉴욕에 있는 성 발디미르(St. Valdimir), 알래스카의 성 헤르만(St. Herman) 신학교가 있다.

본부: P.O. Box 675, Syosset NY 11791-0675; Phone; (516)922-0550; Fax: (516)922-0954.

북미 안디옥인 정교회 기독교 대주교 관구(ANTIOKIAN- ORTHODOX CHRISTIAN ARCHDIOCESE OF NORTH AMERICA)

와 오하이오 톨레도의 안디옥 대주교 관구의 주교가 재연합 조문에 서명함으로써 미국과 캐나다에 있는 안디옥인정교회 신자들의 연합을 회복시켰다. 미국의 정교회에서 영어의 사용은 1930년부터 예배 의식과 신앙 서적을 영어로 번역하여 출판하면서 시작되었다. 현재 대주교 관구에는 245개의 교구와 선교구가 있으며 정기 간행물로는 〈The Word; Again Magazine〉이 있다.

본부: P.O. Box 5238, Englewood, NJ 07631

불가리아인 동방정교회(BULGARIAN EASTERN ORTHODOX CHURCH)

설립: 1938

교인: 70,000

교구: 23(1990)

연혁: 사도 바울과 안드레는 발칸 반도의 불가리아인 땅과 발칸의 나머지 지역에서 선교 사역을 시작하였다고 전해진다. 제4세기 초에는 이 지역에서 기독교는 주도적인 종교가 되었고 불가리아 정교회는 초기에 세계화 한 교회 중 하나가 되었다. 미국에서 이 교회의 시작은 1903년 마케도니아 혁명이 일어나기 전 아주 작은 수의 불가리아인들이 미국으로 이민한 결과였다. 첫 불가리아 정교회는 1907년 일리노이의 메디슨(Madison)에 설립되었다. 1922년 불가리아 성대회의 정교회 선교가 불가리아인들을 조직하기 시작하여 1938년에는 주교 관구를 세울 수 있었다. 현재 불가리아인 정교회는 불가리아 공화국에 약 650만 명의 회원과 유럽과 미국 및 오스트레일리아에 약 150만 명의 회원이 있다.

본부: Diocese of the USA, Canada and Australia, 550-A West 50th

Street, New York, NY 10019

북미 헬라 정교회 대주교 관구(GREEK ORTHODOX ARCHDIOCESE OF NORTH AMERICA)

설립: 1922

교인: 1,500,000

교회: 560교구(2006)

연혁: 오늘날 헬라 정교회는 세계에서 약 2억5천만 명의 회원을 가진 자치 공동체이며 교회의 정치는 자치적이나 같은 신앙과 영성으로 연합되어 있다. 교단은 미국에서 가장 큰 정교회 교단 중의 하나다. 헬라 정교회는 1768년 6월 26일 플로리다의 성 어거스틴 근처에 작은 헬라 정교회 거류지가 세워지면서 북미에 들어왔다. 대략 1세기 후인 1864년 소수의 희랍 상인들이 성삼위일체교회(헬라 정교회)를 뉴 올리언스에 세웠다. 미미하게 시작된 정교회는 1800년에서 1920년 사이에 그리스와 소아시아로부터 이민의 폭발적인 유입을 경험하였으며 이것이 미국에서 헬라 정교회 교구들의 중요한 확장 원인이 되었다. 그 교구들의 수는 1910년 35에서 1920년 150개로 급성장했다. 이런 교구들의 감독은 콘스탄티노플의 대주교가 아니면 헬라 교회의 대주교의 승인으로 미국에 온 신부들이었다.

1921년 북남미의 헬라 정교회 대주교 관구가 합동하였으며 공적으로 1922년 아텐에서 온 대주교 멜레티오스(Meletios)의 방문 기간에 뉴욕시에서 조직되었다. 같은 해 헬라 정교회의 관할권을 회복시켰다.

정기 간행물로는 〈The Orthodox Observer〉가 있으며 텔레비전 사역으로는 Greek Orthodox Telecomunication이 있다.

본부: 8-10 East 79th St., New York, NY 10021

사도 감독교회(APOSTOLIC EPISCOPAL CHURCH)

설립: 1980(1925)

교인: 12,000

교구: 200(목사 255)

연혁: 동방교회의 일부이며 그 신앙의 상징은 사도적, 동방 신앙고백적 보편 교회의 일부다. 그리고 감독의 승계를 통한 직제는 동방의 초기 교회와 사도와 주 예수 그리스도에게로 돌아가는 고대 동방 감독제에서 연유하였다. 사도 감독교회는 1928년 공동기도서의 변경과 여성의 목회 사역의 허용 때문에 성공회에서 분리된 교회들 중의 하나이다. 미국에서 사도 감독교회는 1925년 성공회 목사였던 아더 브룩스(Arther Wolfort Brooks)에 의해 시작되었다. 그 성향은 로마 가톨릭교회보다는 동방정교회 이념이 더 강하다.

그럼에도 교단은 1928년 공동기도서를 사용하는데 그것은 1906년 대주교 틱톤 벨리빈(후에 모스크 대주교)의 지도 아래 성 피터스버그 성대회에서 서방 의식 정교회 기독교인들에게 영국 교회 예배 의식의 사용을 허락했다. 오늘날 그 사용은 성 틱톤의 의식으로 부르며 서방 의식 관할 구역의 많은 정교회들 안에서 사용하고 있다.

본부: 8046 234 St., Queens, NY 11427-2116

아프리칸 정교회(AFRICAN ORTHODOX CHURCH)

설립: 1921

교인: 5,000

연혁: 원래 교단은 독립감독교회였으나 감독들의 모임에서 1924년 9월 10일 공식적으로 아프리칸 정교회로 조직하였다. 교단은 안디옥 서부 시리안교회를 통해서 사도적 승계를 주장하지만 정교회들과 성찬을 함께 하지는 않는다. 교회는 안티아구에서 미국으로 이민한 조지 알렉산더 맥과이어(George Alexander McGurire, 1866-1934)에 의해 설립되었는데 그는 개신교 성공회의 신부였으나 그 교회의 인종 차별 때문에 교회를 떠났다. 그의 평등의 문제는 그를 마쿠수 갈베이(1877-1940)의 보편흑인증진협회로 이끌어 주었다. 마크스 갈베이는 그의 정기 간행물 〈니그로 세계〉(The Negro World)를 이용해서 이 교단의 소식을 아프리카 전역에 전파하여 선교에 활용하였다. 따라서 흑인들 가운데서 설득력을 갖게 되면서 1924년 남아프리카에 아프리칸 정교회가 설립되었다. 맥과이어가 별세할 당시(1934) 회원은 약 3,000명이었으며 그의 아내 아다 로버트 맥과이어가 뒤를 이었다. 50명의 목사와 30교회들이 국외 여러 지역에 산재해 있다.

쟁점에 대한 입장: 이 교단은 성직자는 이혼한 죄 있는 배우자의 결혼을 주례할 수 없으며 죄 없는 배우자는 감독의 특별한 허가로만 재혼할 수 있다.

본부: 122 West 129th Street, New York City, New York 1002

헬라 정교회 참고 자료: (저자와 책만을 소개한 것들은 교단 사전이나 핸드북 같은 책들로 거의 모든 교단의 참고 자료로 참고 되었음을 밝혀둔다. 모든 책들이 영어로 된 관계로 한글의 가나다 순으로 교단을 배열하다 보니 그 페이지가 앞뒤로 뒤바뀌게 되어 그 혼란을 피하고 지면을 줄이기 위해 페이지는 생략하기로 하였다. 앞으로 소개되는 동양정교회, 로마 가톨릭교회, 그리고 개신교의 모든 교단들도 이 방식을 따라 저자와 책만 언급하고 여러 번 참고한 것도 단 한 번만 그 책을 언급하였다).

www.Cired.org, en.wikipedia.org/wiki/ Apostolic Catholic Asurian Church of the East, North of American Diocese, Frank S. Mead, Samuel S. Hill, Craig E. Atwood, Ed., Handbook of Denominations in the United States (Nashville: Abingdon Press), Eileen W. Lindner,Ed., Yearbook of American & Canadian Churches 2007(Nashville:Abingdon Press,2007), thearda.com/demons, www. Assyrian church.org, orthodox wiki/ Romanian Orthodox Episcopate of America, www.servian church.net, Everett Ferguson, Church History, Vol. One (Grand Rapids: Zondervan, 2005), 348-349, Ron Rhodes, The Complete Guide to Christian Denominations(Eugene: Harvest House Publishers 2005), www.orthodoxalbania.org, wiki.org/ Albanian Orthodox Church in America, www.uocofusa.org, https//en.wikipedia/wiki/Ukrainian Orthodox Church of the USA. www.oca.org. Carmen Renee Berry, The Unauththorized Guide to Chooin a Church(Grand Rapids: Brazos Press, 2003), 110, en.wikipedia.org/wiki/Orthodox Church in America, Drew Blank man & Todd Augustine, Ed., Pocket Dictionary North American Denominations(IVP, 2004).

보다 자세한 내용은 위의 동방정교회를 참고하라. www.cired.org/ace,en.sikipedia.org/wiki/ Antiochian Orthodox Chrustian

Archdiocese of North America. www.bulgariandiocese.org, wiki/ Bulgarian Orthodox Church, www.goarch.org, T. Fitz Gerald, Greek Orthodox Archdiocese of North and South America in Daniel G. Robert, Ed., Dictionary of Christianity in America(I V P,1990), 499, http:// bertilpersson.com, https:// apostolicepiscopalchurch.org. https // Wikipedia.org/wiki/ Apostolic Episcopal Churdh, Netministries. org/ see/churches.exe/ch26904, https://len,wikipedia.org/wiki/ African Orthodox Church.

2. 동방정교회(ORTHODOX AND ORIENTAL ORTHODOX CHURCHES)

(1) 개요 및 역사

동방정교회는 동양정교회와 다르다. 동양정교회는 교회 역사상 제일 먼저 분열하였다. 동양정교회는 네스토리우스(Nestorius, 351-451)의 교리 - 그리스도는 신성과 인성을 지니셨지만 양성 간을 엄격하게 구별하여 별개의 성품으로 만들었다 - 를 받아들였는데 그 교리는 에베소 회의 (431)에서 이단으로 정죄되고 네스토리우스는 면직되었다. 역시 동양정교회는 콘스탄티노플 수도원장 유티케스(Eutyches)의 주장 즉, 성육신 이후 인성과 신성의 두 본질이 한 본질로 융합되었다는 단성론(그리스도는 하나의 신성을 지니셨다)을 주장했는데 이 교리 역시 칼케돈 회의에서 정죄된 것으로 저들은 그리스도는 오직 신성만 지니셨다고 주장하였다. 네스토리우스의 교리와 단성론을 따른 교회들은 알메리아, 애굽, 시리아, 에디오피아, 그리고 인도였으며 이들이 동양정교회를 구성하였다.[13]

동양정교회도 동방정교회들처럼 교황과 같은 교회의 수장은 없다. 이 교회들은 여러 개의 민족적인 지체들이다. 또 자체의 독립적인 계급제를 갖고 있으며 예배에서 모국어를 사용하고 있다. 따라서 로마 가톨릭 교회와 다르다. 동양정교회는 정교회와 그 교리(기독론은 제외)와 예배 및 관행이 같으며 크게 보면 정교회의 큰 울타리 안에 있다고 할 수 있다. 그리고 그 그룹별로 분류를 한다면 동방정교회의 그룹 중에서 이단적 혹은 분리된 그룹에 속한다.[14] 따라서 교리와 신앙 및 관행은 여기서

---

13 Earle E. Cairns, Revised, Ed., *Christianity Through the Centuries*(Zondervan, 1981), 136.
14 George Yphantis, "Eastern Orthodoxy", In Ed.,Howard F. Vos, *Religions In A Changing World* (Chacago: Moody Press, 1971), 353. 동양정교회에 속하는 분리된 교회들은 아르메니안교회, 시리안정교

생략하기로 한다.

(2) 동방정교회 교단

콥틱 정교회(COPTIC ORTHODOX CHURCH)

설립: 주후 60년경, 1993: 첫 미국 주교 관구의 설립

교구: 100(2002)

교인: 300,000

연혁: 사도 마가에 의해 1세기 중반 주후 42년 경에 시작된 세계에서 가장 오랜 교회 중의 하나로 평가된다. 콥틱이란 말은 제7세기에 아랍이 애굽을 정복하기 전 애굽의 본토인과 애굽의 언어를 사용한 사람들을 가리킨다. 애굽의 알렉산드리아는 원래 대주교 관구의 하나였으며 초대 기독교의 중요한 신학자들과 감독들을 배출하였다. 오랜 세월이 흘렀지만 오리겐, 클레멘트, 아타나시우스, 그리고 시릴의 작품은 지금도 정교회, 가톨릭, 그리고 개신교 신학자들에 의해 연구되고 있다. 알렉산드리아 신학은 기독교 세계에서 주일마다 반복하여 암송하는 니케아 신조 형성의 도구였다. 알렉산드리아에 있는 애굽인 교회의 고위 성직자는 주로 헬라인이지만 주후 500년에 기독교는 나일강에 이르기까지 토착인들에게 전파되었다. 콥틱 교회의 신학은 성화, 예배의 유물의 존숭은 다른 정교회의 것과 매우 유사하다. 다만 콥틱 교회는 하나님이시며 인간이신 예수 그리스도의 연합을 강조한다. 이는 동방과 서방교회가 주장한 그리스도의 양성을 인정하지 않는다는 것이다. 이로 인해서 칼케돈 회의 때 동방정교회와 서방 로마 가톨릭교회에서 구별되는 동양정교회에

회, 아사리안 혹은 네스토리안교회, 콥틱교회, 그리고 에디오피아교회이다.

속하게 되었다.

알렉산드리아의 콥틱 정교회는 애굽에서만 아니라 중동 전역에서 가장 큰 기독교 교단이다. 헬라 고위 성직자와 제국의 박해 때문에 7세기 콘스탄티노플의 멍에를 깨뜨린 무슬림을 지원하기도 하였으나 결국은 그들의 박해로 더 큰 고통을 받게 되었다. 이런 순탄치 못한 교회였음에도 모든 것을 팔아 가난한 자들에게 주고 나를 따르라는(마 19:21) 명령을 실천한 성 안토니로 시작된 수도원 운동으로 동방과 서방교회 모두에 지대한 영향을 주었다. 오늘날 전 세계에는 약 2천7백만 명의 교인이 있다.

교리와 신앙: 기독론을 제외하고 헬라 정교회와 다르지 않다. 교단의 정기 간행물로는 〈Agape Magazine〉, 〈El Keraza〉가 있다.

본부: P.O. BOX 384 Cedar Grove, NJ 07009

마란카라 정통시리안교회와 말토마 정통시리안교회(MALANKARA ORTHODOX SYRIAN CHURCH AND MARTHOMA ORTHODOX SYRIAN CHURCH)

설립: 미국에서 1978, 1988

교인: 42,000

교구: 125(1997)

연혁: 주후 52년 예수님의 제자 도마의 선교로 시작되었다고 한다. 교회의 예배와 신앙의 관행은 성 도마가 세운 인도 케라라에 있는 교회와 동부 시리아와 페르시아 교회들 사이의 관계에 근거하는데 이런 신앙과 관행은 제3세기에 시작해서 16세기까지 지속되었다. 17세기에 와서 성 도마의 말라바(Malabar)교회는 포르투갈에 의한 라틴화의 저항으로 안디옥의 대주교 관구와 새로운 관계를 맺게 되었다. 그 과정은 케라라 감독

제도의 발전으로 이끌었고 거기에 첫 인도인 감독 말토마 1세(Marthoma)가 봉직하게 되었다. 말토마교회는 동방정교회의 예배 형식과 의식을 따르며 페르시아에 있는 네스토리안 교회와 밀접하게 결합되어 있다(4-5세기의 신학자 네스토리우스[Nestorius]는 그리스도의 신성과 인성의 엄격한 구별을 주장함). 따라서 네스토리안으로 불렸으나 1599년 포르투갈 선교사들의 영향으로 대부분의 마란카라 기독교인들(남서부 인도에 거주)은 네스토리안주의를 배격했다.

이 교회는 그 정체성에 관하여 기원에서 사도적이며 본질에서 보편적이고 신앙에서 성경적이며 원리에서는 복음주의이고 조망에서는 에큐메니컬하며 기능에서는 민족적이고 특성에서는 감독제라고 정의한다. 교단의 미국 교구는 이민 공동체 안에 있는 신자들을 섬기기 위해 1988년에 조직되었으며 80개의 교구에 약 30,000명의 회원이 있다. 교회는 독립된 교단이며 1954년부터 영국 교회와 교류하고 있다. 미국에서의 시작은 1972년 뉴욕의 퀸스에 있는 작은 기도 모임이었으며 1976년 처음으로 교구로 인허 받았다.

교리와 신앙 및 정치: 정교회와 같다. 교단의 정기 간행물로는 〈Diocesan Voice:〉 계간지 〈Diocese; Family Youth Conference Souvnir〉가 있고 말토마 시리안 교회는 정기 간행물로 〈Mar Thoma Messenger〉가 있다.

본부: Malankara Diosese Center, 80-34 Commonwealth Boulevard, Bellerose, NY 11426; Sinai Mar Thoma Center, 2320 S. Merrick Ave., Merrick, NY 11566

미국 동방안디옥 대주교 관구의 시리아인정교회(SYRIAN ORTHODOX CHURCH OF ANTIOCK ARCHDIOCESE OF THE EASTERN UNITED STATES)

설립: 1957

교인: 32,500

교구: 22(1999)

연혁: 베드로가 안디옥에 첫 정교회를 세웠다고 하며 시리아의 기독교는 네스토리안 논쟁 기간에 분열했다. 성육신하신 그리스도에게는 두 별개의 엄격하게 구별된 인격, 한 인성과 한 신성이 있다는 가르침을 따른 네스토리우스의 추종자들은 박해를 받아 페르시아로 도피했다.

안디옥 시리아정교회는 니케아(325), 콘스탄티노플(381), 그리고 에베소(431) 회의의 가르침을 받아들이나 칼케돈 회의(451)의 용어는 배격했다. 이에 반하여 로마 가톨릭, 동방정교회, 그리고 개신교회들은 예수 그리스도는 두 본성(신성과 인성)을 지니셨다고 믿는다.

미국에서 시리아 정교회는 비단을 짜는 기술자들이 터키의 디야르바키르(Diyaarbarkir)에서 뉴저지에 정착하면서부터 시작되었다. 첫 신부로 하나 쿠리(Hana Koorie)가 1907년 미국에 도착했고 그들의 첫 주교이며 대주교인 사무엘(Maratjamasis Y. Samuel)이 1949년에 임명되었다. 1957년 11월 15일 주교 이그마티우스 야곱 3세(Igmatius Yacoub III)가 미국과 캐나다에 러시아 정교회의 대주교 관구 설립을 위한 공식적인 문서에 서명했다.

1995년 교단은 세 개의 대주교 관구로 나뉘었다: 카리암(Mor Cyril Aphrem Kariam)의 관리 아래 있는 동부 연합주들을 위한 대주교 관구, 카플랜(Morcleemis Eugene Kaplan)의 관리 아래 있는 로스앤젤레스와 엔비론즈(Environs) 시리아 정교회 대주교 관구, 그리고 아부디(Morrimr

Rimotheos Aphrem Avoodi)의 관리 아래 있는 캐나다의 시리아 정교회 대주교 관구이다. 미국에는 28개의 공식적인 대주교 관구가 있으며 캐나다에는 6개의 공식적인 대주교 관구가 있다. 이 교단은 세계교회협의회(WCC)와 미국 교회협의회(NCC)의 회원이다.

교리와 신앙: 시리아 정교회는 믿고 고백하기를 그리스도는 한 성품이시며 보이지 않게 섞임이나 혼동이 없이 유일하신 한 분으로 완전한 하나님이시고 완전한 한 분 인간으로 분리되신 분이라고 한다. 시리아정교회는 예배에서 성 마가의 고대 예배 의식을 사용한다. 시리아 성경은 성경의 가장 오랜 번역 중의 하나이며 시리아 기독교를 위해 매우 중요하다.

본부: 동부 미국의 대주교 관구: 260 Elm Avenue, Teaneck, NJ 07666, Phone; (201)801-0660

미국 아르메니아인사도교회 아르메니아인 사도, 미국 교구(ARMENIAN APOSTOLIC CHURCH OF AMERICA ARMENIAN APOSTOLIC, DIOCESE OF AMERICA)

설립: 301; 미국(1887)

회원: 1,01,000

교구: 108

연혁: 아르메니안사도교회는 아르메니아 땅 아라랏산 밑에 세워졌는데 거기서 그리스도의 사도 성 다대오와 바돌로매가 기독교를 전했다고 한다. 교회는 동양정교회에 소속되었으며 아르메니아인들의 민족교회이다. 이 교회는 301년 기독교를 국교로 한 첫 국가로 성 조지(St. George)가 314년 국교의 첫 관리자가 되어 모든 아르메니아인들의 총대

주교의 명칭이 주어졌다.

성 사학(St. Sahag)과 성 메스롭(St. Mesrob) 및 그의 제자들이 5세기 초에 아르메니아어의 알파벳을 창안하고 성경을 아르메니안 말로 번역하면서 발전하게 되었다. 이 교회는 터키의 무슬림에게 극심한 박해를 받았으며 1915년에는 민족이 몰살당하는 수난을 겪었다. 제1차 대전 전에 수천 명과 대전 후에 더 많은 아르메니아인들이 미국으로 이민하였으며 미국에서 아르메니안교회는 1891년 매사추세츠의 월체스터에 설립되었고 교구는 1898년에 조직되었다. 미국의 아르메니안교회는 1933년 소련에 있는 아르메니안교회와 연관된 문제로 분열하였다. 그 한 그룹은 미국의 아르메니안사도교회로 1957년까지 독립된 교회로 있었으며 안테리아스에 있는 실리시아의 재판권 아래 있었다. 다른 그룹은 미국 아르메니안교회로 에크미아드진의 재판권 아래 있다. 1972년 교회들과 교구들이 캘리포니아에 설립되면서 서부 교구들이 되었으며 1984년 캐나다에 그들의 교구가 설립되었다. 미국의 아르메니안 교회는 72개가 있고 분리된 사도교회는 36개이다.

교육: 성직자는 에크미아드진, 예루살렘과 앤틸리아스에서 교육과 훈련을 받는다.

정치와 교리 및 신앙은 동양정교회를 따라 단성론(그리스도의 한 성품)을 따르기 때문에 주후 451년에 칼케돈 회의에서 채택된 것은 교리로 인식하지 않는다. 이들 교회들은 첫 세 번의 교회 전체 회의의 결정을 받아들인다. 교단의 정기 간행물로는 〈The Armenian Church; The Mother Church〉가 있다.

본부: 138 E. 39th street, New York, NY 10016-4885

미국 칼파도-러시아 정통헬라 가톨릭교회(AMERICAM CARPATHO-RUSIAN ORTHODOX GREEK CATHOLIC CHURCH)

설립: 1938

교인: 14,372

교회: 78교구, 5개의 선교구(2006)

연혁: 교단은 미국과 캐나다에 78개 교구들이 있는 에큐메니컬 감독의 주교 관구이다. 교단은 대주교 니콜라스 아미스코 아시도스(Nicholas Amisko Asiddos, 1936-2011)가 이끌어 왔으며 2012년 11월 27일부터 그레고리 타티시스(Gregory Tatisis)가 그 지도자로 있다. 교단은 미국 헬라 정교회의 수석 대주교의 영적 감독 아래 있다. 칼파도-러시아 사람들의 이름은 동부 유럽의 카르파티아 산맥의 지방에서 왔으며 거기서 그들의 모교회는 장기간 정교회와 로마 가톨릭교회 사이에서 투쟁을 겪어왔다. 17세기 정치적인 압력 아래 이 교회는 합동 동방가톨릭교회가 되었으나 교단은 동방 의식과 관습을 지니면서도 로마 가톨릭 교황의 지상권을 인정한다. 로마에서 분리하려는 투쟁과 완전히 동방정교회가 된 회원들 다수가 석탄 광산과 북동부 산악 지대의 미국으로 이민하면서 북미정교 회원으로 이적되었다. 1891년 칼파도 합동 동방가톨릭 신부 알렉시스 토드(Alexis Toth)가 그의 미네아폴리스 교구를 정교회로 되돌렸다. 1938년 9월 19일 새로운 미국 칼파도-러시아 정교회 희랍 가톨릭 주교 관구가 설립되었으며 콘스탄티노플의 에큐메니컬 대주교 벤자민에 의해 인허받았다. 오레스텝스 초노크(Orsteps P. Chornoc, 1883-1977)가 그 첫 감독이 되었다. 주교 관구 본부(구세주 그리스도 성당)와 구주 그리스도 신학교(Christ The Savior Seminary)는 펜실베이니아 존스타운(Johnstown)에 있다. 교리와 신앙 및 정치는 정교회와 같다. 교단의 정기 간행물로는

〈The Church Messenger〉가 있다.

본부: 312 Garfield St., Johnstown, PA 15906

북미 성동방정교회와 사도교회법인(HOLY EASTERN OFTHODOX AND APOSTOLIC CHURCH IN NORTH AMERICA, INC)

설립: 1927

교인: 4,300

교구: 19(1998)

연혁: 1927년 2월 2일 북미 감독의 러시아 정교회 대회에 의해 설립된 러시아 정교회 지파 중의 하나다. 6명의 감독이 있으며 북미에서 영어를 사용하는 예배자를 위한 교회였다. 1928년 2월 1일 첫 대주교 회장 압티미오스(Aftimios)에 의해 법인으로 조직되었으며 1966년 그가 죽을 때까지 이 교회의 수장으로 있었다. 교회는 정교회로 인식되지만 다른 정교회들과 교류는 하지 않는다. 예배 의식에서 서방적이지만 어떤 신부들은 동방 의식을 따른다. 첫 대회는 대주교 압티미오스와 감독 소프로니오스, 그리고 주크(Zuk)가 참여하였다. 그럼에도 다른 정교회들로부터는 인정을 받지 못한다. 다만 러시아 주교의 북미 감독 회의에 의해 인가되었다. 미국의 12개 주에 교회들이 있고 대주교 압티미오스와 감독 익나티우스가 설립한 한 개의 수도회 성 바실 공동체가 있다. 2003년부터 니콘(Nikon)이 대주교로 있다.

본부: St. Pacomius Monastery, P.O. Box 8122, Columbus, OH 43201, Phone; (614)297-8055

동양정교회 참고 자료: www.coptic.net, Frank S. Mead, Samuel S. Hill, Craig D. Atwood, Handbood of Denominations in the United States, Eileen W. Lindner, Ed.,Yearbook of American & Cadian Churches 2007, Coptic Orthodox Church of Alexandria/ Wikipedia, www.malankara.org/ America; www. Martho- manae.org marthoma. /Malankara marthoma Syrian church. www.syianorthodoxchurch.org, Drew Blankaman & Todd Augustine, Ed., Pocket Dictionary of North American Denominations, www. Armen- ianprelacy.org, https// en. Wikipedia /wkki/ Armenian Apostolic Church.hattps// www.roea. org,orthodoxwiki.org/ wiki/American Carpatho-Russian Orthodox Greek Catholic Church, orthodox wiki.org/American Carpado-Rusian Orthodox Chur ches.www.theocacna.org, netministries.org/ see/ church.

3. 가톨릭교회(CATHOLIC CHURCH)

(1) 개요 및 역사

로마 가톨릭교회는 초대 신약 교회에서 현대 가톨릭교회까지 중단 없는 지속성을 믿는다. 교황으로서 로마의 감독은 지상에 있는 그리스도의 대리자이며 교회의 보이는 머리임을 인식한다. 가톨릭교회는 그리스도 안에 있는 생명을 의미하는데 이는 성례와 교회의 가르침을 통해서 그리스도와 만나는 것이고 기도 생활과 섬김을 통해서 그리스도와 산 관계를 맺는 것이다.

로마 가톨릭교회는 세계에서 가장 큰 기독교회이며, 세계에서 가장 큰 단일 종교 단체인데 교인 수는 세계 인구의 거의 1/6 혹은 10억 명에 이른다. 제4세기에 시작되어 중요한 종교로 인식되면서 가톨릭교회는 서구문명에 지대한 영향을 미쳐왔다.

신약 교회는 오순절에 시작되었으며 제1세기 말까지는 예수님의 제자였던 사도들이 가르치고 다스린 교회였다. 교회의 전통은 1세기에 사도들은 북아프리카, 소아시아, 아라비아, 그리스, 그리고 로마에 4개의 기독교 공동체를 세웠다고 한다. 초기 교회는 장로들에 의해 다스려졌다(딤전 5:17;벧전 5:1). 교회가 확장되면서 장로의 수도 증가하였으며 점차 그 장로들 중에 하나가 다른 장로들을 다스리는 권위있는 직분이 되었다. 그는 장로의 회장과도 같은 장로의 대표였으며 마침내 장로직에서 구별된 감독으로 알려지게 되었다. 따라서 대도시의 감독은 다른 장로들보다 더 큰 권위를 갖게 되었다. 초대 교회 때 이런 중요한 지역의 도시들은 예루살렘, 알렉산드리아, 안디옥, 로마, 그리고 카르타고였다. 감독직은 제2세기에 확립되었는데 이는 그 직분을 강화시키는 데 기여한 역사적 상황의 발전 때문이기도 하였다. 예를 들면, 콘스탄틴(288-377)은 제국을 네 사람의 집정관 관할 구역으로 나눴으며 이런 지방 수도의 감독들은 더 중요한 영향력을 갖게 되었다. 니케아 회의는 알렉산드리아, 안디옥, 그리고 로마의 감독들에게는 대도시들을 중심으로 한 넓은 지역에 있는 감독들을 지배하는 권위를 주었다.

마침내 로마 감독이 전체 교회의 머리가 되었는데 아래 몇 가지 요인들이 있었다.

제국의 수도로서 로마는 전략적인 위치에 있었다. 로마는 사도 바울로부터 한 개의 서신을 받은 유일한 서방교회였다. 로마 가톨릭 신자들은 주후 42년에 베드로가 로마에 거주했으며 로마 교회의 첫 감독으로 67년 그가 순교하기까지 그 자리에 있었다고 믿는다.

예루살렘이 주후 70년에 멸망했을 때 로마의 권위는 더 확고해졌다. 로마 교회는 능력있는 감독들이 있었으며 막강한 부만 아니라 멀리 비잔틴으로 수도를 옮겨간 황제의 간섭도 받지 않을 수 있게 되면서 서방에서는 황제를 대신할 정도의 권세까지 행사할 수 있었으므로 감독 중에 수위가 되는 데 크게 도움이 되었다. 제4세기에 로마 감독에 대한 권위의 주장이 증가되었으며 제5세기 교황 레오 1세는 모든 교회들을 다스리는 권위를 주장할 수 있었다.[15]

중세 교회에서 교황 세력의 등락: 제6세기 후반에서 제7세기 초반에 교황 그레고리 1세(Gregory I)는 로마 가톨릭교회의 권위를 군사와 정치에까지 확장하였다. 그러나 7세기 중엽에서 11세기까지 로마 제국의 국력은

---

15 Earle E. Cairns, *Christianity Through the Centuries*(Grand Rapids: Zondervan, 1972), 170-171에서 요약 인용하였다.
https://en.wikipedia.org/wiki/Catolic Church,history, number, doctrine을 선별 인용하였다.

쇠락을 겪었는데 이는 로마 가톨릭교회의 감독들의 권위에 일반적인 몰락을 가져왔다. 이 시기에 동방에 있던 대도시의 감독 지역들은 콘스탄티노플을 제외하고는 모두 무슬림 세력의 확장으로 그 지위를 상실하였다. 그러나 로마의 교황권은 11세기 말 수도원의 개혁을 통해 감독의 권위를 회복할 능력이 있었다.

1054년 동방과 서방교회의 분열: 1054년 전에 로마의 감독은 서방교회의 머리로 다스렸고 콘스탄티노플 감독은 동방교회의 수장으로 섬겼다. 그러나 동방에서는 한 감독이 다른 감독을 지배하는 권위가 없었다. 게다가 전체 교회나 황제들까지도 일반적으로 로마 교회의 감독이 더 권세가 있다고 생각하였다. 점차 서방교회 안에서 한 머리로 하는 단일 교회 체제가 발전하였다. 그러나 콘스탄티노플의 감독 마이클 케룰라리우스 (Michael Caerularius)는 그 사상에 동의하지 않았다. 두 감독들이 서로 동의하지 못하면서 마침내 서로를 파문시키게 되고 교회는 동방교회와 서방교회로 분열하고 말았다. 동서방교회의 분열의 원인은 여러가지 요인이 복잡하게 작용한 결과이기는 하지만 가장 근본적인 원인은 교권의 다툼이었다.

종교 개혁: 마틴 루터(Martin Luther, 1483-1546)는 그의 교리 연구 중에 성경의 가르침과 로마 가톨릭교회 사이에 중대한 차이점이 있음을 알게 되었다. 따라서 개혁자 루터에게 하나님의 말씀은 로마 가톨릭교회의 신학과 관행을 개혁하는 동기가 되었다. 그의 관심은 교황의 권세와 속죄권의 판매, 그리고 연옥에 있는 영혼들에 대한 가르침에 있었다. 1517년 루터는 비텐베르크성 교회의 문에 95개 조항을 게시하였고 그 조항들은 종교 개혁의 도화선이 되었다. 교황과 종교 관리들은 그의 견해를 취소하도록 루터에게 압력과 회유를 계속했으나 루터는 거절하였다. 루터

는 교회의 개혁을 시도하려고 했으나 결과는 분열을 낳았다. 교황과 루터는 서로 굽히지 않고 교황은 루터를 출교시켰으며 루터는 교황의 권위를 인정하기를 거부하였다. 마침내 서방교회가 분열하여 로마 가톨릭교회와 개신교회가 되었다.

트렌트 회의(The Council of Trent): 트렌트 회의는 1543과 1563년 사이에 25회기로 개최된 로마 가톨릭교회의 교회 연합 회의였다. 그 회기 중에 많은 로마 가톨릭 교리들이 처음으로 정의되었으며 교회의 현재 구조가 성문화되었다. 물론 이 회의 훨씬 이전 제6세기에 교황 그레고리 1세 때 로마 교회의 교리적 체계는 그 윤곽이 분명하게 드러나기 시작했는데 그 이후 4세기 동안 교회에 소개된 것들은 다음과 같았다. 전통의 권위, 반(Semi)펠죽기우스주의, 주입된 은혜에 의한 칭의, 만족설, 행위의 공로, 보이는 조직으로서 교회, 계급 성직제, 미사의 희생적 특성, 수도원주의, 성자 숭배, 연옥 사상 등이다. 관행으로서는 신부의 독신, 속죄권 판매, 의무적인 참회(1215)와 화체설, 잔의 보류(1414), 참회 체계의 발전, 마리아 숭배 등이다. 그러나 트렌트 회의는 칭의와 구원의 교리에 관해서는 로마 교회와 신앙이 다른 사람들에 대해 파문을 선언했다. 트렌트 회의로 인해서 교황은 교회 안에서 안정과 연합, 그리고 권위의 기초를 구축할 수 있었다. 따라서 로마 가톨릭교회는 1054년 동서방교회로 분열되고 1517년 종교 개혁으로 개신교회가 분립되었으나 초대 교회로부터 오늘에 이르기까지 중단 없이 지속되어 온 단일한 교회라고 할 수 있다. 가톨릭교회의 정체성과 중요한 변화를 가져온 것은 제1차와 제2차 바티칸 회의이다.

제1차 바티칸 회의: 교황 피우스 9세는 로마의 성베드로 대성당에서 1869년 제1회 바티칸 회의를 소집하였다. 전 세계에서 800명 이상의 가톨릭 신부들이 참석했다. 이 회의에서 가장 중요한 결정은 교황의 대권과 무오의 교리였다. 따라서 교황만 모든 영적, 신학적, 그리고 도덕 및 사회적인 문제에 대해서 최종적인 언급을 할 수 있게 되었다.

제2차 바티칸 회의: 이 회의는 로마에서 4회기로 개최된 로마 가톨릭교회의 교회 연합회였다. 첫 회기는 1962년 교황 요한 23세의 재임 기간이었으며 다른 회기는 1963년, 1964년, 그리고 1965년 교황 바울 6세의 재임 기간이었다. 2차 바티칸 회의는 대략 2,500명의 로마 가톨릭 신부들이 참석하였다. 다른 교회들로부터 온 손님들은 옵서버로 참석했다. 제2 바티칸 회의는 신부들에게 자국어로 미사를 집전할 수 있게 하였다. 또 성경 연구와 그 해석에서 현대적인 방법을 허용했으며 평신도들의 참여를 권장하였고 로마 가톨릭의 교회 연합과 신앙 간의 대화에 참여를 허락했다.[16]

역시 마리아는 복된 중재자이며 교회의 어머니였다는 가톨릭 견해를 선포했다. 이 회의는 그리스도인으로 이름하는 모든 사람은 하나님의 가족의 일부임을 결의했으며 비가톨릭 신자는 분리된 형제로 간주하였다. 이 회의는 결론하기를 교회는 크리스천의 이름으로 부르는 세례 받은 자에게 다양한 방식으로 가입이 허락되었으나 그 전체는 가톨릭 신앙을 고백하지 않거나 그리스도에게 그들을 연합한 연합을 지키지 않았다고 하였다.

1. 특별히 제2차 바티칸 회의에서 교회를 정의하기를 교황이나 감독

---

16 Carmen Renee Berry, *The Unauthorized Guide to Chooing a Church*(Grand Rapids: Brasos Press, 2003), 130-132; William C. Placher, *A History of Christian Theoloy*(Westminster John Knox Press, 1983), 303-304.

의 계급제가 아니라 하나님의 모든 순례하는 백성이라고 하였다. 그리고 평신도의 역할이 크게 증대되었는데 예배 의식의 개혁에서 두드러졌다. 그리고 다른 종교를 믿는 사람들도 정죄하기보다는 존경하여 그들은 모든 사람들을 개명케 하는 진리의 빛을 반영한다고 하였다.[17]

2. 교리와 신앙의 다양성: 모든 로마 가톨릭 신자는 동일한 것을 믿지 않는다. 극단의 전통적 가톨릭은 옛날 가톨릭교회를 변호하며 변화의 비판은 제2 바티칸 회의를 낳았다. 전통적인 가톨릭은 교회 안에 자유주의와 현대주의의 비판이 있는 한 일반적으로 제2 바티칸의 개혁자들을 받아들이고 있다. 자유주의 가톨릭은 인간의 이성으로 성경과 교회의 권위를 대신하며 교황과 교회 회의, 그리고 성경 자체의 무오성에 의문을 품는다. 은사적이고 복음적인 가톨릭은 보수적인 정통 교리를 확인하며 성령의 은사와 성령 세례의 중요성, 그리고 성령 충만한 삶을 강조한다. 문화적인 가톨릭은 태아에서 무덤까지 가톨릭이다. 그들은 가톨릭교회 안에서 낳았고 결혼했으며 장례한다. 하지만 비교적 영성에는 관심이 없다. 대중적인 가톨릭은 중앙 및 남아메리카에 집중되어 있으며 신앙에서 매우 전율적이다. 다시 말해서 중세의 가톨릭교회와 자연 종교의 요소를 결합하였다. 아래의 신앙은 로마 가톨릭교회의 공적인 가르침이다.

(2) 가톨릭교회의 가르침

성경: 로마 가톨릭은 성경의 권위에 관하여 가르치기를 성경이 교회의 전통에 의해 해석된다는 것은 교회의 가르침과 관행의 권위 있는 원천이

---

17 Gordon Melton, Ed., *Nelson's Guide to Denominations* (Nashville: Thomas Nelson, 2007), 173-174.

라는 것이다. 성경의 해석에 관해서는 전통적인 성경 해석의 권위가 교회의 계급제 성직제 특별히 그 감독들에게 있다는 것이다.

하나님: 한 분 하나님 전능자는 본질상 삼위일체시다. 이는 하나님은 한 본질 안에 세 인격이 있다는 것인데 그 세 인격의 구별은 그들의 기원의 모형으로 아버지는 낳지 않으신 분이시며 아들은 낳으신 분이시고 성령은 나오신 분이시다.

예수 그리스도: 예수는 주님이시며 하나님의 독생자이신데 아버지와 존재에서 하나이시다. 그를 통해서 만물이 조성되었다. 성육신에서 그는 인성을 취하셨다. 그의 인성에서 그는 성령으로부터 나셨고 동정녀 마리아에게서 나셨다. 그는 십자가에 죽으셨고 삼일 후에 부활하셨으며 승천하셨고 거기서 지금은 아버지 우편에 앉아 계신다. 그는 어느 날 산 자와 죽은 자를 심판하러 오신다.

성령: 삼위일체의 제3위이시며 아버지와 아들에게서 나오시는 생명의 수여자시다. 아버지와 아들과 함께 그는 예배를 받으시며 영광을 받으신다. 그는 모든 성경의 선지자들을 통하여 말씀하신다.

죄와 구원: 아담과 하와가 죄로 타락했을 때 그들은 하나님께서 성화케 하시는 은혜를 통하여 주시는 신적인 생명을 잃었다. 그때 이래로 세상에 태어나는 모든 인간은 이 신적인 생명 혹은 성화케 하시는 은혜 없이 출생한다. 사람이 구원받기 위해서는 성화의 은혜의 회복이 있어야 한다. 그러므로 구원의 과정은 첫 실제적인 은혜로 시작된다. 이 은혜는 하나님이 먼저 사람에게 손을 내미신다는 의미에서 첫째이다. 그 은혜는 그로 하여금 하나님을 찾고 믿음을 가지며 세례와 칭의를 위해 그의 영혼을 준비케 하는 것이다. 그것은 선행이 목적인 의미에서 실제이다. 이 은혜는 자동적으로 영향력을 발휘하는 것이 아니다. 사람은 그것이 효

과적이기 위해서는 그 은혜에 반응해야 한다. 사람이 이 은혜와 협력하게 되면 세례와 칭의를 위해 영혼을 준비하는 유익한 행위를 이루는 것으로 끝난다. 만일 그가 이 은혜를 배척하면 죽음으로 끝나며 그는 잃어버린 자이다. 마침내 사람이 세례를 받으면 원죄가 영혼에서부터 옮겨지며 그 자리에 성화의 은혜가 주입된다. 그 시점에서 사람은 시발의 칭의를 경험한다. 아무도 은혜를 공로로 얻을 수는 없다. 따라서 이 시발의 칭의는 은혜로 된다. 하나님의 이 성화의 은혜가 주입될 때 상속한 의가 영혼의 특성의 하나가 된다. 최초의 칭의에 이어 칭의의 두 번째 국면은 하나님의 은혜에 협력하고 선행에서 진보를 계속하는 사람의 삶에서 발생한다. 그로 인해 영생에 들어가도록 그를 위해 필요한 그 이상의 은혜를 받을 수 있다. 이것은 그 사람이 하나님과의 새로운 관계를 유지해야 하며 완전하고 최종적인 칭의를 얻기 위해 하나님의 은혜와 지속적으로 협력해야 함을 의미한다. 그는 반드시 그 영혼으로부터 은혜를 지우는 도덕적인 죄(의식적인 죄, 심사 숙고한 죄, 중한 죄)를 범하지 않도록 조심해야 한다. 따라서 신자는 그 과정의 끝에서만 자신이 최종적으로 칭의되었는지를 알 수 있다.

교회: 로마 가톨릭교회는 전통적으로 그들의 교회만 구원이 있는 곳이라고 믿는다. 결국 로마의 감독들은 그리스도의 12사도의 후계자들이 된다고 말하며 가톨릭 교황은 베드로로부터 그의 상속된 보좌를 소유했다고 한다(마 16:18). 12세기 제4차 라타란 회의는 이렇게 단언한다. 신자의 유일한 하나의 보편적인 교회가 있으며 그 교회 밖에서는 아무도 구원 받을 수 없다. 1854년 교황 피우스 9세는 믿음의 문제를 언급하면서 사도적 로마 교회 밖에서는 구원받을 수 없다고 주장했다. 로마 가톨릭교회가 유일한 구원의 방주이므로 그 교회에 들어가지 않는 자는 누구나

홍수에 빠져 죽고말 것이다. 그러나 제2차 바티칸 회의 이래로 로마 가톨릭교회는 크리스천의 이름을 지닌 모든 사람은 하나님의 가족의 일부로 인식하고 있다. 이제는 비가톨릭 신자를 분리된 형제로 보게 되었다. 로마 가톨릭교회에서 권세는 최고의 성직자 교황에게 집중되어 있다. 그는 지상에서 그리스도의 대리자라고 한다. 그리스도의 대리자로서 교황은 그리스도를 대신해서 일한다. 사도 베드로의 후계자로 교황은 교회 안에 있는 3,250명의 감독들을 지배하는 권위를 행사한다. 교황 좌로부터 그가 신앙과 도덕적인 내용의 말을 했을 때 그것은 무오한 것으로 믿는다. 교황은 로마 교황청을 감독하는 대주교로 불리는 최고 고문과 관리자(바타칸의 법정 직원들)들로부터 도움을 받는다. 만일 교황이 죽으면 이 그룹의 대주교들이 새 교황을 선출한다. 교황과 대주교 밑에 주교들이 있는데 이들은 주어진 영역에서 하나 혹은 그 이상의 교구를 다스린다. 그들은 전형적으로 각하(Your Exellency)로 불린다. 그들은 지역 회의로 감독들을 소집하며 감독들의 결정을 넘어가는 상소의 첫 재판관으로 판결을 내린다. 감독들은 그리스도의 사도들의 후계자로 본다. 제2차 바티칸 회의에 따르면 감독들은 교회의 목사로서 사도들의 자리를 취한 제도에 따라 그들에게 듣는 자는 그리스도에게 듣는 것이요 그들을 경멸하는 자는 그리스도와 그리스도를 보낸 자를 경멸하는 것이다. 그들이 한 목소리로 말할 때 그룹으로서 그들은 교리의 문제에서 무오하다. 교황, 대주교들, 주교들, 그리고 감독들 아래 각 교구의 교회들을 섬기는 신부들이 있다. 그들의 주된 사역은 성례의 주관과 하나님의 양무리를 목양하는 것이다.

성례: 7성례가 있다. 세례, 고해 성사, 성찬, 견진 성사, 결혼 성사, 성직, 병자 성사이다. 이런 성사들은 그 자체에 은혜를 담고 있으며 이 은

혜는 참여자들에게 주입된다고 믿는다. 가톨릭교회의 교리 문답은 "교회는 신자들에게 새 언약의 성례는 구원을 위해 필수임을 단언한다"고 진술한다. 성찬은 로마 가톨릭교회에서 가장 중요한 성례로 예수님의 희생을 거듭하여 소개하거나 새롭게 하는 것을 포함한다. 미사 중에 떡과 포도주는 신부가 봉헌 기도를 할 때 이러한 예수님의 희생이 발생한다. 또 다른 중요한 성례의 세례는 최초의 칭의와 중생을 부여하는 것으로 생각한다. 세례는 세례 받는 자를 깨끗하게 하며 새로운 피조물로 만들고 그를 하나님의 아들로 입양하게 하며 그의 영혼에 성화케 하는 은혜를 주입시킨다. 고해 성사에서 신부와 고백하는 신자는 각각 말로 반응하고 기도로 짜여진 의식을 따라간다. 그 의식의 과정에서 신자들은 그들의 죄를 고백하며 얼마나 자주 죄를 허용했는지와 그런 도덕적 실패를 슬퍼한다. 이어서 교구 신자들에게 고해의 어떤 행동들이 정해지고 범한 죄에 대한 개인적인 슬픔을 보여주는 참회의 기도로서 통회의 행동을 말하도록 지시된다. 그리고 나서 신부는 그의 교구민들에게 그의 오른손을 펼치면서 그의 죄들에 대한 용서를 선포한다.

구별된 점: 로마 가톨릭교회는 마리아는 무흠 수태되었고 처녀로 지냈으며 하나님의 어머니이고 공동의 구주이며 은혜의 중보자로 생의 종국에 천국으로 갔다고 생각한다. 마리아는 숭배되지만 하나님께 드리는 숭배보다는 못하다고 한다. 그러나 천사들이나 다른 성자들에게 드리는 것보다는 높다고 한다.

종말: 예수님은 어느 날 산 자와 죽은 자를 심판하시기 위해 오실 것이다. 천국은 의인을 위한 것이며, 지옥은 불의한 자를 위한 것이다. 연옥은 하나님과 교제로 죽은 자들을 위해 존재한다. 그러나 그들은 아직도 불완전하게 정화되었으므로 정화의 기간 후에 마침내 하늘의 기쁨으로

들어갈 것이다.

오늘날 로마 가톨릭교회가 당면하고 있는 지속되는 문제는 미국을 포함해서 어린이들에 의한 신부들의 성추행으로 인해 사회적인 비난과 법적인 고발로 인해 엄청난 재정적인 손실을 부담하는 일이다. 이는 독신의 은사가 없는 사람들이 신부가 되는 경우가 적지 않기 때문이라고 생각된다. 가톨릭교회는 개신교와 다른 점이 적지 않은데 그것을 간략하게 소개하면 다음과 같다.

(1) 로마의 감독을 우주적 교회의 머리와 동일시하는 것

(2) 7성례로 세례, 견신, 성찬, 참회, 결혼, 성직, 그리고 중한 병자를 위해 기름을 바르는 것

(3) 성찬의 떡과 포도주가 그리스도의 실제 몸과 피로 변한다는 화체설

(4) 마리아 숭배와 마리아와 성자들에게 기도하는 것

(5) 신부의 독신이다.[18]

(3) 미국에서 로마 가톨릭교회의 시작

로마 가톨릭교회가 미국에서 처음으로 나타난 것은 16세기 스페인의 탐험가들이 중앙 및 남아메리카를 탐사한 결과였다. 스페인 탐험가들은 항상 로마 교회의 선교사들을 대동했으며 가톨릭은 플로리다, 텍사스, 뉴멕시코, 그리고 캘리포니아에서 급속하게 성장했다. 이런 정착자들이 미국 원주민 가운데서 가톨릭 복음 전도의 중심이 되었다. 첫 가톨릭 교구가 1565년 플로리다의 성 어거스틴(St. Augustine)에 설립되었다. 스페

---

18 Drew Blankman & Todd Augustine, Ed., *Pocket Dictionary of North American Denominations*(downer Grove: IVP, 2004), 109-110.

인의 정착은 가장 오랜 캘리포니아와 남서부에서 지속적인 영향을 주었으며, 프랑스 선교사들은 지금의 메인과 뉴욕에서 미국 원주민들에게 전도했다.

장래의 국가를 위한 가장 결정적인 사건은 17세기 영국에서 다양한 문제로 고난을 겪었던 가톨릭 신자들에게 천국과도 같은 매릴랜드의 설립이었다. 매릴랜드는 종교적인 관용으로 미국의 식민지에서 가장 많은 사람들의 종교적인 안식처가 되었다. 프랑스의 혁명은 미국에서 미국 가톨릭의 발전에 지대한 영향을 주었다. 그것은 가톨릭의 신부들이 혁명 후 세속 정부가 설립되자 미국으로 도피하였으며 볼티모어에서 1791년 첫 가톨릭 신학교를 세웠다. 볼티모어는 역시 첫 감독인 존 카롤(John Carroll, 1789)의 주거지가 되었으며, 그는 후에 미국에서 첫 대주교가 되었다(1808). 미국에서 가톨릭의 기하학적인 성장은 19세기에 발생했다. 이 기간에 아일랜드, 이태리와 독일 같은 나라들에서 많은 가톨릭 신자들이 이민했는데 1820년과 1920년 사이 100년간 무려 그 수가 천만 명 이상이나 되었다. 물론 아직까지도 미국에서는 반가톨릭의 정서가 남아 있긴 하지만 1960년 가톨릭 신자였던 존 에프 케네디가 대통령이 될 정도로 많은 변화가 생겼다. 제2차 대전 때까지 가톨릭은 미국에서 서서히 성장하였다. 그러나 2차 대전 중에 가톨릭은 미국의 공동생활에 완전히 참여하게 되었고 가톨릭에 대한 반감도 사라지게 되었다.[19]

오늘날 미국의 가톨릭은 개신교 전체를 합한 수보다도 훨씬 많은 신자들을 가지고 있다. 미국에는 11명의 활동적인 대주교와 45명의 주교

---

19 Ted A. Campbell, *Christian Confessions*, 76-83; Harold Rabinwitz and Greg Tobin, Ed., *Religion in America*(New York: Sterling, 2011), 46-66.

(그 중에 7명은 대주교) 336명의 감독과 46,000명 이상의 신부, 그리고 24개의 주교 관구 및 15개의 교구가 있다. 미국 로마 가톨릭교회는 1998-99년에 세계 130개 국에 5,800명의 선교사들을 파송하고 있다. 미국과 캐나다의 가톨릭교회는 거의 교구마다 주간 신문을 발행하고 있으며 400개 이상의 가톨릭 교회의 신문과 잡지들을 출판하고 있다. 사회봉사 기관으로는 Catholic Charities USA, Catholic Relief Service, Catholic Legal Immigration Network, Inc, Knights of Colmbus, Society of Saint Vincent De Paul 등이 있다.

종교적인 수도회: 제4세기 이래로 종교적인 수도회는 가톨릭교회들의 필수적인 부분이었다. 2000년 공식적인 가톨릭 자료에 의하면 남성을 위한 수도회가 137개이며 여성을 위한 수도회는 441개였다. 이런 수도회는 수도원들에 남아 있으며 묵상을 하기도 하지만 주로 가르치는 일, 병자들을 돌보는일, 선교 사업, 그리고 글쓰는 일 또는 사회적인 일들을 한다. 형제자매들은 빈곤과 순종, 그리고 서원이 요구되지만 안수되지는 않는다. 그들은 주로 교육과 자선 사업에 참여한다.

미국에는 235개의 로마 가톨릭 대학과 대학교가 있는데 그 중에 노트르담(Notre Dame), 말퀴트(Marquette), 로욜라(Loyola), 빌라노라(Villanora)가 있으며 다양한 종교적인 수도회와 밀접하게 연계되어 있다. 1990년 미국에는 7,000교구와 사립학교 및 1,300개의 로마 가톨릭 고등학교에서 200만 명의 학생들이 공부하고 있다. 로마 가톨릭교회는 1,414개의 양로원과 일반 특수 병원 593개, 그리고 557개의 건강보건센터에서 7천7백만 명의 환자들을 치료하고 있다. 미국의 사립 병원의 침대 3개 중에 1개가 가톨릭병원에 의해 마련되었다.

(4) 사회적인 쟁점에 대한 입장(A New Guide and Almanac, Religions of America, Donald W. Hendrick: Professor and Chairman of Department of Classics in Cathedram College of the Immaculate Conception(Fouglaston, New York)

로마 가톨릭교회와 개신교의 중요한 차이점은 무엇인가? 개신교는 성경의 사적인 해석을 믿는다. 가톨릭은 교회가 하나님이 임명한 성경의 관리자이며 어느 특별한 구절에 의미가 무엇인지에 대한 최종적인 말씀을 지녔다고 믿는다.

그리고 본질적인 기독교 전통이 한 세대에서 다음 세대로 이어진다고 믿는다.

미사의 참된 의미는 무엇인가?

1. 희생으로서 십자가의 희생이 영속된다.
2. 주님의 죽음과 부활의 기념
3. 거룩한 잔치로서 회중인 하나님의 백성이 봉헌된 빵과 포도주 아래서 그리스도의 몸과 피를 받는다.

왜 가톨릭은 형상을 예배하는가? 예배하지 않는다. 다른 종교들과 같이 가톨릭교회는 영적 진리의 의미를 증대시키기 위해 상징들로 사용한다. 왜 가톨릭은 어떤 책이나 놀이, 그리고 영화를 읽거나 보지 못하게 하는가? 그것들을 금했을 때는 그것들이 보통 사람들을 죄로 시험하고 잘못된 종교적인 이해로 오도하거나 또는 그들이 감당할 수 없는 신앙의 도전이 되기 때문이다.

이혼: 결혼은 성사이기에 일반적으로 이혼은 허용되지 않는다. 다만 심각한 영적인 이유가 있을 경우는 가능하지만 그 밖에 한편의 부정이나 잔인함이 있을 경우는 잠자리와 식사는 분리할 수 있다.

산아 제한: 산아 제한은 몇 가지 의미가 있으며, 어떤 것은 받아들이나

어떤 것은 받아들이지 않는다. 책임있는 가족계획을 권장한다. 그것은 도덕적으로 허용될 수있는 방법의 사용을 의미하는데 절제, 캘린더 리듬 방법, 배란 방법이다. 왜 신앙이 다른 사람과의 결혼은 금하는가? 교회는 신앙이 다른 사람과의 결혼은 단념시킨다. 다만 원할 경우에 비가톨릭 신자에게는 자녀를 가톨릭 신자로 세례를 받게 하고 양육하겠다는 약속을 받는다.

낙태: 인간의 생명은 임신의 순간에 시작된다. 자궁 안에 있는 아이는 인간이다. 직접 낙태는 인간의 생명에 대한 부당한 파괴이다. 사회는 그런 생명을 파괴시킬 권리가 없다. 어머니도 그렇게 할 권리는 없다. 그녀의 아이는 그녀에게서 독립되며 구별된다. 낙태는 아무리 그것이 일찍 결정하더라도 한 개인, 유일한 인간의 몸을 죽이는 것이다.

여성 안수: 없음.

가톨릭교회 신부는 비가톨릭 신앙의 예배에 참여할 수 있는가? 제2차 바티칸 회의 이래로 신부나 신자는 타 종교(에큐메니컬)의 기도 모임에 참석 할 수 있다. 역시 개신교를 포함해서 타 종교의 예배에 특별한 역할 없이 참석할 수 있다. 그러나 정교회 이외의 성찬에는 참여할 수 없다.

동성애: 동성애는 부자연스러운 악이다. 동성애는 일반적으로 가톨릭 문화와 가정생활에 공격적인 것이 되어 왔다.

독신: 독신의 관행은 신학적인 근거에 따른 것이다. 교회는 순결과 천국을 위해서 결혼 생활을 희생하신 예수님의 생활을 본받고 교회와 결혼하신 예수님의 모범을 모방하기를 소원한다. 또 중요한 것은 성 바울의 독신이 결혼보다 더 월등한 생활 상태이며 그의 바람이 고전 7:7-8절에 표현되어 있다. 첫 교황 베드로 이후에 교황, 신부, 그리고 성직자의 관행은 엘비라(Elvira) 회의의 시기에 선호하지 않게 되면서 성직자의 독신

은 800년대에 법으로 제정되었다. 결혼한 남자는 집사로 안수될 수는 있으나 신부나 감독은 안 되며 안수 후에 결혼은 할 수 없다. 제2차 바티칸 회의 이후로 가톨릭으로 개종한 개신교 신부나 목사들은 그들의 아내의 동의로 가톨릭교회에서 신부가 될 수 있다. 미국의 가톨릭 대부분은 중도적인 입장이다.[20]

가톨릭 안에는 윤리의 영역에서와 무엇이 죄이고 아닌지를 판단하는 데서, 그리고 교회의 지시에 무조건 순종하는 대신에 개인적인 양심을 더 의지한다. 사회적 행동주의자, 자유주의자들과 우파의 지성인들은 그들의 사상을 잡지와 워싱턴 D.C.의 싱크탱크에서 적극적으로 선전한다. 가톨릭교회에서 개인적 영성은 성경 공부, 은사적 기도, 그리고 가정과 교구의 회복을 권장하는 그룹들에 의해 양육된다. 기도의 집과 영적 수련회 센터가 번창하고 있다.[21]

(5) 주요 인물

성 베드로: 로마 교회의 첫 지도자요 감독으로 믿는다. 예수님의 제자요 사도로 그의 이름대로 반석(베드로) 위에 주님의 교회가 세워졌다. 모든 교황은 그의 후계자들이다.

주니페로 세라(1713-1784): 스페인 출신으로 16세에 아시시의 팔마 성 프랜시스 수도회에 들어가 그곳의 대학교에서 철학 박사 학위를 받았다. 36세에 신세계에 복음을 전하기 위해 프랜시스파의 선교사로 멕시코의 시에라 코르도 지역으로 가서 17년간 섬겼다. 1767년 스페인은 예수파

---

20 Donald W. Hendricks, "What is a Catholic?" In Leo Rosten, Ed., Religions of America(New York: simon and Schuster, 1975), 39-67에서 선별하여 소개하였다.
21 J. Hennesey, "Roman Catholicism," In Dictionary of Christianity in America, 1027.

의 관할 아래 있는 바하 캘리포니아 지역을 프랜시스파가 책임지도록 요청하였다. 그는 그 사역의 리더가 되어 샌디에고와 몬트레이에 선교소를 설립하였다. 그는 생전에 9개 이상의 선교소를 설립하였다.

도로스 데이(1897-1980): 뉴욕 부르클린 출신으로 베터 마우린과 더불어 가톨릭 노동자 신문을 시작하였다. 그는 뉴욕의 빈민가에 봉사의 집과 공동 농장을 설립하여 빈민들을 도왔다. 1941년 그 운동은 유사한 공동체로 미국과 캐나다에 유사한 단체들이 설립되었으며 세례에 가입된 공동체는 백 개가 넘게 되었다. 그는 생전에 가톨릭 윤리와 도덕, 그리고 경건에 매우 정통적으로 접근하였다. 그러나 도로스 데이는 여성의 권리, 산아 제한, 경제 및 사회적인 정책에서는 자유주의적인 입장을 취했다. 데이는 세계산업노동자회의 회원이었고 1971년 가톨릭교회로부터 Peace in Terris(지구 평화) 상을 수여 받았다.

신부 찰스 코그린(1801-1797): 1930년대 대중에게 다가가는 라디오를 사용하는 첫 방송인이면서 정치적인 지도자 중에 한 사람이었다. 그의 첫 방송은 주간 설교로 포함시켰다. 그의 관심사는 종교적인데서 경제와 정치적에서 확장되었으며 1932년 프랭클린 D. 루즈벨트 대통령과 그의 뉴딜 정책을 적극적으로 지원하였다. 1930년 그의 사상은 점차 반셈족화되었으며 유럽의 막스주의자 무신론은 유대인의 음모라는 주장을 폈다. 따라서 나치를 옹호하였다. 1942년 가톨릭교회는 코그린에게 정치적인 문제에서 손을 떼고 교구의 신부직만을 행하도록 제한시켰다. 그는 88세로 별세할 때까지 반공산주의에 대한 소책자들을 썼다.

마리오 쿠모(1932-): 이탈리안 부모에게서 태어나 야구 선수로 활약하다가 정치로 진로를 바꿔 뉴욕의 지사가 되었다. 1984년 미국 민주당 전당대회에서 주 연설자가 되고 1992년에는 대통령 출마를 위해 뉴햄프셔 예비 선거에 들어가려고 했으나 실패하였다. 그의 아들 가톨릭 신자인 앤드류 쿠모는 1010년 뉴욕 시장에 당선되었다.

존 F. 케네디(1917-1963): 1939년 하버드 대학을 우등생으로 졸업하였으며 1941년 해군 장교로 복무했다. 그는 다양한 군의 메달을 받았으며 1946년 미 의회에 입성해서 6년간 일했고 1956년 그의 PROFILES IN COURAGE로 퓰리처상을 받았다. 1960년 미국 대통령에 당선되었는데 이는 가톨릭 신자로 미국에서 처음이었다. 그는 여러 면에서 국민의 지지와 인기를 얻었지만 1963년 11월 23일 텍사스 달라스에서 리 하비 오스왈드에게 암살되었다.[22]

(6) 가톨릭교회 교단

개혁가톨릭교회(REFORMED CATHOLIC CHURCH)

설립: 1988

교인: 57,000

교회(교구): 100

연혁: 교단은 1980년에 로마 가톨릭교회의 예배와 영성, 그리고 성례신학을 부인하지 않으면서 보다 더 세상에 열린 자세로 다가가기 위해 로마 가톨릭교회로부터 분리된 몇 개의 지체들이다. 교단은 그들이 성자로 간주하는 교황 요한 23세의 개혁을 계속하기를 원한다. 이들은 로마 가톨릭교회의 회원들을 자동적으로 회원으로 받으나 로마 가톨릭교회에서 완전히 독립된 기능을 하며 교황의 감독을 받지도 않는다. 미국에는 8개의 감독 교구가 있으며 현재 대주교는 2004년에 선출된 필립 짐

---

22 Herold Rabinowitz and Greg Tobin, Ibid., 42-46.

머만(Phlip Zimmerman)이다.

교리와 신앙: 1870년 바티칸 회의에서 어떤 교리들 때문에 분열한 우트레히트 구가톨릭교회의 유산을 이어 받았으며 신학적으로 진보적이다.

성경: 성경은 현재와 다양한 견해의 렌즈를 통해서 읽어야 한다.

창조론: 우리는 지구 자원의 책임있는 청지기이다. 지구와 그 자원은 지구의 모든 사람들을 위한 하나님의 선물이다. 따라서 그것을 지켜 보존할 뿐 아니라 공정하게 그 거주자들 간에 나누어야 한다. 교회는 남성과 여성 지도자를 가지며 과거에 고착되지 않은 사도적 승계와 끊임없이 새로워지는 교정과 혁신의 과정이다.

성례: 열린 성찬이어서 하나님을 추구하는 누구나 성찬에 참여할 수 있다. 교회는 동성애자나 여성에게도 안수하며 의료적인 문제의 결정은 각자의 양심에 맡긴다.

본부: P.O. Box 28710, Columbus, OH 43228

구가톨릭교회(OLD CATHOLIC CHURCH)

설립: 1871

미국: 1914

교인: 600,000

교회: 10개 미만

연혁: 다수의 스위스, 독일, 그리고 오스트리아 신부들이 1871년 로마 가톨릭교회로부터 파문당했는데 그 이유는 제1차 바티칸 회의 때(1870) 새 교황 무오의 교리를 받아들이기를 거부했기 때문이었다. 그 시대에

저명한 로마 가톨릭교회의 역사가 돌렁거(Igmatz Von Dollinger)는 이 교리에 강경하게 반대하였다. 비록 그 자신은 어떤 분리된 교회를 세우지는 않았지만 그의 광범한 영향력은 독일, 스위스, 오스트리아, 그리고 그 밖의 지역에서 구가톨릭교회를 세우기 위한 근거를 마련하였다. 이런 교회들은 옛날 방식의 회복을 추구하였다. 이 운동은 마침내 조셉 르네 빌라테(Joseph Rene Vilatte, 1854-1929)에 의해 미국에 소개되었는데 그는 그린베이 근처 위스콘신에서 소수의 구가톨릭교회를 세우는 책임을 맡게 되었다. 이 운동은 원래는 스페인어를 말하는 신앙 공동체였으나 성장하면서 영어를 말하는 공동체로 국제적인 성격을 띠게 되었다. 후에 구가톨릭교회는 몇 개로 분열하였는데 그 중에 북미의 구가톨릭교회, 북미 구가톨릭교회, 그리고 북미 구 로마 가톨릭 교회가 포함된다. 미국에서 구가톨릭교회는 가톨릭교회보다 더 보수적이다. 구 로마 가톨릭교회는 영국에서 감독 루돌프 데 론데스(Rudolph De Londes)에 의해 미국에 소개되었는데 이 교회는 소수로 영국의 옛 전통의 지속이며 영국에 있는 구 로마 가톨릭의 일부이다.

교회의 정치: 교회는 로마 교회로부터 절반의 자치와 감독의 선출 및 교회 자체의 일들을 통제한다. 성직에는 감독, 신부, 집사가 있는데 사례하지 않으며 자비량하여 섬기게 하나 적절한 생활비가 부족한 경우는 급료를 받는다. 일반적으로 신부들은 그들 자신의 특정한 구역 교구에서 섬기나 감독의 역할은 더 넓은 지역을 관할하며 섬긴다.

교리와 신앙: 1889년 우트리히트(Utrecht) 선언이 구가톨릭의 교리적 진술로 출간되었으며 그것들은 첫 7개의 교회 회의의 교리적 결정에서처럼 사도 신경과 니케아(Nicene)신경 및 중세의 예배 의식을 받아들였다. 새로워진 교리들 - 교황의 무오, 신부의 독신, 신부 앞에서 하나님께

신앙 고백, 그리고 마리아의 무흠 수태 - 은 배격되었다. 그 밖의 교리들은 복음주의와 다르지 않다. 이 교단은 성례를 기독교회의 신학의 핵심이라고 생각한다. 성찬의 축하는 죄를 이기신 그리스도의 승리의 경험으로 이해한다. 성례로 연합된 신자의 공동체가 교회이므로 분열은 죄가 된다. 교단은 여성의 안수를 배격하며 예배에서 가톨릭의 의식을 강조한다.

본부: 409 N. Lexington Parkway, Deforest, Wisconsin, WI 53532

동방 의식 가톨릭교회(EASTERN RITE CATHOLIC CHURCH)

설립: 1500-1700

교인: 500,000(2000)

교회: (알려지지 않음)(동방 의식 교회들은 동방 가톨릭교회들 또는 동양 가톨릭교회들로도 불린다.)

연혁: 교단은 역사적으로나 예전적으로 동방정교회들과 밀접한 관계가 있어서 자체의 구별된 언어, 의식, 그리고 교회법을 보유하지만 로마 가톨릭교회의 관할권 아래 있다. 정교회들처럼 이 교회들의 대부분은 결혼한 신부를 허용하며 항상 성찬의 떡과 포도주를 평신도에게도 베푼다. 제16, 17세기와 18세기 동방교회들의 얼마가 로마 가톨릭교회와 연합하였다. 동방의식 정교회의 다섯 계열은 알렉산드리아인(콥트인, 에디오피아인), 안디옥인(마로닌인, 시리아인, 말란카레스인, 알메니아인), 그리고 비잔틴인(헝가리인, 유고슬라비아인, 멜키티스족, 우크라이나인)이나. 따라서 이 교회는 합동 동방교회로도 불린다. 이 교회는 2차 대전에 이어 소련 연방에 의해 불법 종교가 되었으나 소련의 붕괴로 다시 자유를 얻을

수 있게 되었다. 전 세계적으로 이 교단의 회원은 천만 혹은 천백만 명에 이른다.

교회의 정치: 정교회와 같다.

교리와 신앙: 일반적으로 동방 의식 가톨릭교회는 로마 가톨릭교회의 신앙과 같다. 개신교와 다른 몇 가지 관행으로는 향의 사용, 성상의 사용, 절하며 십자가 성호를 손가락으로 표시하는 것 등으로 그 의미는 아래와 같다.

향의 사용에 관하여: 향을 사용하는 이유는 거룩한 곳과 하나님의 형상으로 만들어진 형상인 사람들의 신성함을 존경하는 표시이다.

* 예배 의식에서 일어서는 것은 어떤 중요한 것을 예비하기 위함이다.
* 향은 하나님의 보좌 앞으로 올라가는 기도의 표시이다.
* 예배에서는 여러 번 절하고 십자가의 표시를 하는데 이는 신앙의 표이며 하나님의 축복을 받고 받아들임의 표이다. 교회에 들어올 때나 떠날 때 역시 절하며 십자가 표시를 한다.

성상의 사용에 관하여: 성상은 기도를 집중하게 해주고 하나님과 성자들에게 더욱 더 친밀하도록 도움을 준다. 성상을 예배하지는 않으며 예배는 오직 하나님께만 한다. 그러나 성상을 존경하는데 그 이유는 그 형상을 지닌 인물에게 그 존경심이 전달되기 때문이다.

로마 가톨릭교회(ROMAN CATHOLIC CHURCH)

설립: 미국 16세기

교인: 약 6억3천4백만 명

교구: 19,081

연혁: 로마 가톨릭교회는 그들의 기원을 예수님께서 제자 특별히 베드로를 택하셨을 때까지로 거슬러 올라간다(마 16:18-19). 말하자면 베드로가 하늘과 땅의 열쇠의 관리자로, 사도들 중에 수위가 된 순간으로 본다. 미국 로마 가톨릭교회는 프랜시스파나 예수회의 선교로 미국 원주민들과 개종한 흑인들로 시작되었다. 16세기가 되면서 프랑스와 스페인 선교사들이 들어와 미국 안에 무교회 지역을 복음화하였다. 스페인의 탐험가들은 남부와 서부의 지역을 식민지화 하는 데 힘을 기울여 지금의 플로리다와 텍사스, 뉴멕시코, 그리고 캘리포니아에 정착지를 세웠다. 그리고 이런 곳이 가톨릭 선교의 중심지가 되었고 정착자들이 증가하면서 가톨릭교회도 부흥하게 되었다. 미국 원주민 선교사는 생활에서 유럽의 방식을 채용하였고 목축과 목수, 대장간 혹은 벽돌공으로 타운에서 생활하였다. 프랑스의 선교사들도 유사한 노력을 기울였다. 성 로렌스강의 둑 지역 - 지금의 메인과 북부 뉴욕과 대호수 지역, 그리고 미시시피강 계곡 - 에서 원주민들에게 유럽의 직업으로 살도록 도와주었다. 1634년 영국의 이민자들이 대거 매릴랜드에 상륙했는데 이들은 영국에서 박해를 피해온 부유한 상류 계급이었다. 그러나 가톨릭교회는 개신교의 정착 지역에서 반가톨릭 정서로 어려움을 겪어야만 했다. 그 후에도 가톨릭은 미국의 식민지 시대에 정치적인 제한을 받았으며 19세기 초까지 그 제한은 지속되었다. 그러나 마침내 그들의 부와 사회적인 연관성 및 미국 혁명에 기여 등으로 미국에서 종교적으로나 사회적 발전의 인식에 변화를 경험할 수 있게 되었다. 그 후에 유럽만 아니라 수다한 지역에서 이민으로 가톨릭교회는 성장을 거듭하게 되었다. 마침내 로마 가톨릭교회는 미국에서 단일 교단으로서는 가장 큰 교단이 되어 미국 인구의 30%까지 차지하게 되었다. 가톨릭은 수에서만 아니라 미국에서 사

회 정의, 평화, 종교적인 관용, 경제적인 발전에서 지대한 역할을 하였다. 특별히 교회는 다양한 교육 시설과 의료 시설의 확충으로 미국 사회에 영향력을 행사할 수 있게 되었다.

교회의 정치: 로마 가톨릭교회와 같으며 현재 미국에는 11명의 현역 추기경과 45명의 대주교들이 있는데 그 중에 7명은 추기경이다. 그리고 300명의 감독과 4천 명 이상의 신부들이 있다. 또 34개의 대주교 관구와 150개의 교구가 있다. 감독들은 로마에서 임명하며 일반적으로 미국의 성직자단에서 추천한다. 감독은 교구들을 다루나 그들이 결정한 항소는 워싱턴 D.C.에 있는 사도적 대표가 맡는다. 감독에게 책임이 있는 교구의 신부는 감독이나 대주교에 의해서 지명되며 교구가 필요로 하는 다른 신부의 도움으로 미사나 성례를 집례하는 권위를 가진다. 중요한 교회 회의가 있는데 그 내용은 다음과 같다.

1) 총회로 이는 보편적인 회의로 교황이 소집한다. 이 회의는 모든 감독들로 구성되며 주된 일은 교리와 징계로서 교황에 의해 인가되어야 한다.

2) 국가 회의는 주어진 나라의 감독들로 구성되며 그 활동은 교황청에 순복해야 한다.

3) 지역과 교구 회의는 다른 회의에서 통과되고 교황에 의해 인허된 교리들을 선포하고 적용하는 일을 한다.

교육: 신부들의 교육은 전형적으로 로마 가톨릭 대학들과 대학교에서 행한다. 일반적으로 8년의 교육으로 4년은 철학을 4년은 신학을 공부한다. 교회의 성직자로는 집사가 포함되는데 11,000명 이상이 훈련을 마치고 집사로 안수되었다. 대부분의 집사들은 결혼하며 45세 이상이다. 그들은 설교하고 세례하며 성찬을 나누고 결혼식에서 사회한다. 집사들은 직업을 가지며 그들의 사역은 주말이나 저녁에 한다. 미국의 로마 가

톨릭교회는 유럽만 아니라 남미와 아시아 등 다양한 지역 국가들로부터 이민자들이 쇄도하므로 크게 성장하였다. 유럽에 있는 가톨릭은 로마에 그들의 순종으로 연합되어 있지만 미국에서는 각 국가적으로 조직하였다. 이런 조직으로 큰 그룹들로는 아일랜드계, 이탈리아계, 폴란드계, 그리고 스페인계가 있다. 미국 로마 가톨릭교회의 정기 간행물로는 〈Catholic News Service〉, 〈L'osservatore Romano〉, 〈The Living Light, Origins〉, 〈Lay Ministry Update〉, 〈Bishops Committee on the Liturgy Newsletter〉, 〈Life Insight〉, 〈SEIA Newsletter on the Eastern Churches and Ecumenism〉, 〈Law Briefs〉, 〈Catholic Trends〉가 있다. 교리와 신앙은 앞에 나오는 로마 가톨릭교회를 참고하라.

본부: 3211 Fourth Street, Washington, DC 20017

마리아비트 구가톨릭교회 북미 지방(MARIAVITE OLD CATHOLIC CHURCH PROVINCE OF NORTH AMERICA)

설립: 1906(미국: 1972)

교회: 10

연혁: 교단은 구가톨릭교회의 유일한 형태로 그 이름은 Maria Vitae Imitantu에서 왔는데 그리스도의 어머니 마리아의 삶을 모방한다는 뜻이다. 그 전형은 19세기 늦게 폴란드에서 시작되었으며 그 기원은 신부와 수녀들의 프랜시스 수도회에서 출발하였다. 이들은 아시시의 성 프랜시스의 초기 규율을 따라 금욕적이며 신비적인 종교 생활을 추구했다. 그 목적은 그들 가운데서 깊은 내적인 영적 생활을 유지하고 수도원과 묵상 공동체를 통해서가 아니라 사역자가 되고 종이 됨으로써 그들

의 충성됨을 증거하는 것이었다. 이들은 1906년 로마에서 독립된 교회를 형성했으며 1909년에는 폴란드 우트레히트에 구가톨릭교회의 일부가 되었다. 1974년 이래로 교회는 감독 로버트 자비 로우스키가 이끌고 있으며 그 본부들은 미시간의 위안도테에 있다. 교회의 정치, 교리와 신앙 및 교육은 로마 가톨릭교회를 참고하라.

본부: 2803 10th St, Wyandotte, MI 48192

미국 가톨릭교회(AMERICAN CATHOLIC CHURCH IN THE UNITED AMERICA)

설립: 1999

교인: 5,000

교회: 13교구

연혁: 이 교회는 교황의 산아 제한, 안수, 그리고 신학적 논쟁에 대한 지배력의 반작용으로 1999년 5월 23일 진보적 노선을 따르는 신부들과 그 대표자인 함즈(Lawrence J. Harms)에 의해 설립되었다. 따라서 매우 진보적이기는 하나 정식으로 안수 받은 신부들에 의해 섬기는 작은 가톨릭 독립 교회들의 연합이다. 설립자이자 감독인 로렌스 제이 함즈(Lawrence J. Harms)는 2012년 4월 26일 감독직을 사임하였으며 2일 후에 세상을 떠났다.

교회의 정치는 로마 가톨릭교회를 따르나 신부들은 교회 밖의 일을 하면서 성례의 집례를 위해서는 사례를 받지 않는다. 그러나 선물은 받으며 또 적당한 정도의 생활비가 주어지지 못하는 신부는 급료를 받을 수 있다.

교리와 신앙: 기본적인 가톨릭 신앙과 성례 신학, 그리고 교회가 강조

하는 기도, 영성, 공동체, 그리고 이웃과 자신에 대한 사랑에 헌신한다. 교단은 신부에 의한 성적 학대에는 엄격하게 비관용적이다. 결혼의 유무나 성적 성향 혹은 인종이나 연령, 이전의 종교적인 가입으로는 차별을 하지 않는다. 여성을 성직으로 안수하며 여기에는 결혼한 사람이나 성적으로 게이나 레즈비언에 속한 자도 가능하다.

본부: 5595 Rivendell Place, Frederick, MD 21703-8673

미국 폴란드 가톨릭교회(POLISH NATIONAL CATHOLIC CHURCH OF AMERICA)

설립: 1897

교인: 60,000

교회: 127(2004) 이상

연혁: 19세기와 20세기 폴란드인 미국 이민자들은 두 가지 이유로 로마 가톨릭교회에 만족할 수 없었다. 그 첫째는 폴란드에서 출생한 감독이나 미국 태생 후손의 감독이 없었기 때문이다. 또 다른 하나는 1884년 로마 가톨릭 감독들에게 교회들을 포함해서 모든 관구의 부동산 소유권을 준 판결 때문이다. 펜실베이니아의 스크랜튼(Scranton)에 있는 예수와 마리아의 거룩한 심장의 폴란드 회중은 새 교회 건물의 소유권을 유지하려고 했다. 그러나 로마 가톨릭 감독은 그 소유권 증서를 교구에 넘길 것을 지시했다. 이런 조치는 폴란드 가톨릭교회로서는 수용하기가 힘들었으므로 성 스태니스라우스(St. Stanislaus)는 독립 교회를 세웠다(1897). 폴란드인으로 전에 부목사였던 프랜시스 호둘(Francis Hodur, 1866-1953)이 신부로 청빙되었다. 250가정이 공식적으로 이 새 교구에 연합하였다. 그들의 새로운 헌법은 그들을 감독하는 선출된 경영자와 그들 자신의 재산

을 통제하는 권리를 주장하였다. 그 헌법은 1897년 스크랜튼 교구에서 채택했으며 모든 교회의 건물과 관리 및 재산 운영권을 각 교구에서 선출된 위원회를 통해서 주장할 수 있게 되었다.

로마 가톨릭교회는 호둘과 그의 새 교구를 신속하게 파문시켰으나 그 교구는 1904년에 대회가 될 정도로 급성장하였다. 펜실베이니아, 매릴랜드, 매사추세츠, 그리고 뉴저지에 흩어져 있던 다수의 교구로부터 147명의 대표들이 스크랜튼에서 모였다. 호둘은 선출된 감독이 되었으며 그가 1914년에 쓴 신앙 고백과 새 헌법이 시카고 일반 대회에서 채택되었다. 교단의 초기에 미사는 폴란드어로 진행되었으나 1960년대에 영어 미사가 회원 교회들 안에서 점진적으로 수용되었다. 2010년 제23차 총회에서 안토니 미코비스키(Anthoney Mikovsky)가 교단의 7번째 수위 감독으로 선출되었는데 그는 성 스태니스라우스 교회의 목사로 중앙 교구의 감독이기도 하다. 현재 교단은 5개의 주교 관구로 버펄로-피츠버그, 중앙, 동부, 그리고 서부와 캐나다에 있다.

교회의 정치: 각 교구는 그 자체의 재산을 소유하고 관리하며 자체의 신부를 청빙한다. 또 교회의 주된 입법체인 총회에 참석할 50명당 1인의 대표를 선출할 수 있다. 1920년 교단은 성직자의 독신 자격을 폐지시켰다. 따라서 1921년 이래로 성직자의 결혼이 허락되었으나 감독의 허락으로만 가능하다. 성직자에게 결혼을 허용하는 것은 교구민의 결혼 생활에 대해 결혼한 신부가 더 잘 이해할 수 있다는 믿음 때문이다. 만일 안수 때 결혼하지 않은 신부는 결혼을 위해서는 2년의 기간을 지나야 한다.

교리와 신앙: 교단은 원죄를 인정하지 않는다. 교단의 정기 간행물로는 〈God's Field; Polka〉가 있다. 여성의 안수는 허용되지 않는다.

본부: 1006 Pittston Ave., Scranton, PA 18505

에큐메니컬 가톨릭교제(ECUMENICAL CATHOLIC COMMUNION)

설립: 2003

교인과 교회의 수는 알려지지 않음

연혁: 2003년 구가톨릭 전통의 후손들인 독립된 가톨릭 공동체의 그룹이 캘리포니아의 오렌지 카운티에서 만났으며 거기서 교회의 헌법을 초안하고 에큐메니컬 가톨릭교제가 형성되었다. 에큐메니컬 가톨릭교제는 에큐메니컬 가톨릭교회와 그 설립의 동기가 거의 같다. 이들은 로마 가톨릭교회가 제2차 바티칸 회의보다 더 개혁되어야 한다고 믿는다. 이들은 자유와 정의의 복음을 전하고 편견으로 고통받는 자들을 위해서 그리스도 안에서 도피처를 제공해주며 주 예수 그리스도의 삶과 가르침에 부합된 삶을 살기를 힘쓴다.

교회의 정치: 로마 가톨릭교회의 교황의 권위가 교회 회의보다 더 높다는 입장을 반대하여 우트레히트 연합을 형성하였다. 그러나 그 밖에 정치 제도는 로마 가톨릭의 것과 다르지 않다.

쟁점에 대한 입장: 교회 연합에 적극적이며 여성을 안수하고 이혼의 조건에 보다 융통성을 지니며 신부의 독신을 요구하지 않는다.

본부: 16738 E. Iliff Ave., Aurora, CO 80013

에큐메니컬 가톨릭교회(ECUMENICAL CATHOLIC CHURCH, U.S.A)

설립: 2003(1987)

교인: 5,000

교회: 14

연혁: 교단은 1990년대 로마 가톨릭교회의 점증하는 보수적인 성향에 대한 직접적인 반응으로 설립되었다. 그 설립의 목적은 구가톨릭교회나 에큐메니컬 가톨릭교제와 같다. 그 설립 시기에 대해서는 이견이 있으나 1987년 캘리포니아 샌 버나디노에서 시작되었다는 것이 정설이다. 같은 해 3월 10일 교단은 비영리 단체로 캘리포니아에 등록하였다. 성요한 에큐메니컬교회의 첫 공식 예배는 오순절 후 15일에 거행되었다. 교회원의 85%는 전에 로마 가톨릭 신자였다.

교회의 정치: 교단은 로마 가톨릭과 유사하지만 정치적으로는 독립되며 바티칸의 재판권이나 로마 계급제의 재판권 아래 있지 않다. 따라서 독립 가톨릭교회이다.

교리와 신앙: 교단은 핵심적인 기독교의 신앙에서는 로마 가톨릭과 대부분의 개신교와 함께 나눈다.

쟁점에 대한 입장: 교회는 여성의 안수와 이혼자의 재혼을 장려한다.

로마 가톨릭교회 참고 자료: reformedcatholic.org/our-beliefs, Frank S. Mead, Samuel S. Hill, Craig D. Atwood, Ed.,Op. cit. toledoblade.com/Reformed Catholic Church. www. old catholic. org, old catholic church.com/about us, Old Roman Catholic Church. org, en. wikipedia. org/wiki/Old Catholic Church. www. vatican. va/romancuria/congregations/orient church/index. htm holyfamily. com/about us.html(home page), en. wikipedia. org/wiki/ Eastern Rite Catholic Church, www.vatican.va, Eileen W. Lindner, Ed., 2007

Yearbook, Harold Rabinowitz and Freg Tobin, Religion in America, 35-38. www. mariavitte. org, churchangel. com/church/ Marivaite Old Catholic Church Province of North America, en. wikipedia. org / wiki/ American Catholic Church In The United States. www. pncc. org, pncc. org/ who we are, en. wikipedia. org/ wiki/ Polish National Catholic Church of America. Guardianangelscatholic community. org, www. ecumenical-catholic-communion. org, en. wikipedia. org/ wiki/ Ecumenical Catholic Church, www. ecc. -usa. org.

4. 감독교회와 성공회(EPISCOPAL AND ANGLICAN CHURCHES)

(1) 개요 및 역사

영국에 기독교의 전래는 아마도 제2세기경이었을 것이다. 제3세기에 켈틱 부족들 가운데서 교회의 조직에 대한 증거가 있기 때문이다. 그리고 종교 개혁의 영향으로 개신교회가 탄생한 것은 직접적으로는 왕의 정치적인 비전 때문이었으나 간접적으로는 종교적인 영향이 없지 않았다. 종교적으로 영국은 롤라즈(Lollards)를 통해서 존 위클리프의 교훈이 종교적인 지하 운동으로 영국의 낮은 계급의 백성들 중에서 회람되었다. 그것은 성경의 권위와 그리스도에 대한 개인적인 관계의 중요성을 깨우쳐주었다. 역시 정치적인 영향도 있었는데 튜더가의 지배자들은 영국에서 1485년과 1603년 사이에 강력한 민족 국가를 창안하였다. 그리고 중산층의 상인들이 강력한 민족 국가의 형성에 기여할 수 있었다. 그 밖에 지적인 기여도 있었는데 옥스포드 대학교의 옥스포드 개혁자 혹은 성경적 인문주의자들로 존 콜렛(JOHN COLET, 1466-1519)과 에라스무스의 헬라어 신약 성경의 영향으로 원문으로 성경을 연구할 수 있었다. 이들은 로마 가톨릭교회의 실책을 비판하였고 윌리암 틴델(Willam Tyndale, 1494-1536)과 마일스 코버델(Miles Coverdale)은 영국에 자국어 성경을 제공해주었다. 그리고 마틴 루터의 작품들이 옥스포드와 케임브리지에서 연구되면서 로마 교회의 오류들이 폭넓게 알려지게 되었다.[23]

그러나 직접적인 종교 개혁의 원인은 왕 헨리 8세(King Henry VIII, 1509-1547)와 연관이 있다. 헨리는 무엇보다도 강력한 왕권을 원했고 왕

---

23 Earle E. Cairns, *Christianity Through the Centuries*(zondervan, 1981), 327-328.

자 후계자를 낳으려고 했다. 그러나 왕후 아라곤의 캐더린(Catherine of Aragon)과 사이에서는 딸 매리(Mary)를 낳았을 뿐 왕자를 낳을 수 없었다. 캐더린은 5번이나 유산을 했을 정도였다. 헨리는 아들을 얻기 위해 캐더린과 이혼을 원했고 교황 클레멘트 7세(Clement VII)의 허락을 받으려 했으나 교황은 캐더린이 그의 강력한 후원자 스페인의 공주였으므로 허락할 수가 없었다. 헨리는 의회에 교황이 영국 교회를 지배하는 어떤 권위나 재판권도 부인하는 법령을 만들도록 설득했다. 동시에 헨리는 교회의 일을 지배하는 최고의 권위를 행사한 이전 왕들의 수위직을 따랐다. 이런 헨리의 시도는 그 만큼 영국의 국력의 성장과 교황세를 바쳐야 했던 당시의 상황에서 국민의 정서에도 맞는 것이어서 가능한 일이었다. 그 결과 로마 교회와 영국의 교회는 결별을 하게 되었고 헨리는 영국에서 가장 힘 있는 교회의 직책인 캔터베리 대주교로 토마스 크랜머(Thomas Cranmer, 1489-1556)를 선출하게 하였다.

이에 크랜머는 왕의 뜻을 따라 헨리와 캐더린 사이에 결혼의 취소를 신속하게 허락했다. 헨리는 왕자 상속자를 얻어야 한다는 명분으로 앤 볼린(Anne Boleyn), 제인 시모어(Jane Seymour), 클레비스의 앤(Anne of Cleves), 캐서린 하워드(Catherine Howard), 그리고 케서린 파(Catharine Parr)와 지속적인 결혼을 했다. 볼린은 딸 엘리자베스를 낳았고 시모어는 아들 에드워드를 낳았으나 난산으로 2주 후에 죽고 말았다. 그러나 헨리는 그 아들이 그를 후계하기를 희망했다. [24]

헨리는 교황과 로마 가톨릭과의 관계를 끊게 되면서 가톨릭 신앙을 지지하는 크롬웰(Thomas Cromwell)을 비롯해서 많은 사람들을 잔인하게

---

24 Ron Rhodes, *The Complete Guide to Christian Denominations*, 137.

처형시켰다.

헨리가 죽자 에드워드 7세(Edward VII)가 그의 뒤를 이어 9세에 왕위에 올랐다. 그의 어린 나이 때문에 그의 삼촌 에드워드 시모어(Edward Seymour) - 보호자요 서머셋의 공작 - 가 왕 에드워드의 결정을 도왔으며 개혁자들의 신학을 지킴으로써 구별된 개신교의 교회를 선택했다.

루터에게 영향을 받은 토마스 크랜머는 1533년 켄터베리 대주교가 되면서 공동기도서(The Book of Common Prayer)를 썼다. 그 내용은 영국 교회에서 사용할 기도와 예배 의식들을 수집한 것이었다. 이 책은 영어로 썼으나 희생으로서 성찬을 보는 등 로마 가톨릭교회의 신앙이 다분히 담겨 있었다. 1552년에 재판은 보다 더 개신교적인 내용으로 개정하였다. 이 공동기도서는 영국의 모든 교회의 의무적인 신앙 지침서가 되었다. 그러나 이에 대해서 가톨릭은 물론이고 개신교에서도 반가워하지 않았다. 그 이유는 그 기도서가 어느 편에서도 만족할 수 없는 것이었기 때문이다. 게다가 에드워드는 1553년 그의 나이 16세에 폐병으로 죽고 말았다.

에드워드 6세가 죽자 그의 누이 매리 1세가 37세에 왕위에 올랐다. 가톨릭에 헌신적이며 열심이었던 매리는 영국 교회의 신앙을 다시 가톨릭으로 되돌리려고 하였다. 그녀는 라틴어의 미사 집전을 회복시켰다. 그리고 토마스 크랜머를 비롯해서 300명 이상의 개신교 신자들을 화형시킴으로써 피의 매리라는 별명을 얻게 되었다. 영국의 로마 가톨릭교회로의 재헌신은 1558년 매리가 죽을 때까지 계속되었다. 그러나 다행히 매리는 단 5년만을 다스렸다.

1563년 존 폭스(John Foxe)의 순교자의 책이 발간되자 가톨릭교회의 개신교 신앙에 대한 잔학한 박해가 폭넓게 알려지면서 많은 영국인들은 가톨릭교회를 싫어하게 되었다.

매리가 죽자 그녀의 동생 엘리자베스 1세가 왕위에 올랐다. 엘리자베스는 교회를 지배하는 군주의 절대권과 에드워드 6세의 기도서를 회복시켰다. 1571년까지 영국 교회는 명확하게 정의된 교리가 없었다. 영국 교회의 39개 조항 신앙의 진술은 크랜머의 42개 조항을 수정한 것으로 영국 교회의 신부들은 그 조항에 확약해야 했다. 이 신앙의 조항들은 오직 믿음의 칭의를 가르쳤으며 연옥의 존재를 부인했고 세례와 성찬 만 성례임을 주장하였다. 그러나 지나치게 온건한 개신교의 성향을 지니게 되었으므로 어떤 사람들은 교리와 관행에서는 본질적으로 로마 가톨릭의 조망을 계속 유지하고 있다고 보았다.[25]

엘리자베스 여왕은 가톨릭과 개신교의 두 개의 경쟁적인 종교 사이에서 타협을 모색했다. 대부분의 영국인들은 로마 교회에 굴복하는 사상을 싫어했으며 그녀의 영국 교회를 위한 중도 노선을 지지했다. 동시에 그녀는 영국 교회에서 예배는 미사로 생각할 수 있다고 말함으로써 가톨릭 신자들을 달래는 정치적 수완을 발휘하였다. 이런 타협안은 두 그룹 사이에 극단적인 사람들은 만족할 수 없었지만 중간층의 대부분의 사람들을 만족시킬 수 있었다. 그 결과 영국은 신학과 정치에서 로마 가톨릭과 개신교의 중간에 위치한 영국 국교회를 형성하게 되었다. 따라서 영국 국교회인 성공회는 개신교의 영향력 있는 개혁자에 의해서가 아니라 국가의 원수에 의한 정치적 목적에 의해 시작되어 왕들에 의해 가톨릭과 개신교 사이를 오가다 마침내 왕의 타협안으로 종결되었다. 후에 영국 교회에서 더 개혁을 원했던 청교도들과 성공회를 반대하는 많은 개신교 신자들은 그들의 신앙을 지키기 위해 미국으로 이민하게 되었다.

---

25 Jonathan Hill, Ed., *Zondervan Handbook to the History of Christianity* (Zondervan, 2006), 258.

18세기에 이르러 영국 교회는 이신론의 강한 공격을 받았으나 웨슬리와 휫필드의 복음주의의 부흥으로 믿음에 의한 칭의, 개인적 개종, 그리고 성경을 강조함으로써 잘 대처할 수 있었다.

19세기 초 1833년 옥스포드 대학교에서 뉴맨(J. H. Newman), 존 케블(John Keble), 그리고 푸세이(E. B. Pusey)가 이끈 옥스포드 운동에서 부흥한 영성은 교회와 사도적 승계, 성례적 은혜, 그리고 금욕적인 성결이 강조되면서 로마교회화 하는 경향을 보였으며 1845년 마침내 뉴맨의 추종 자들과 다른 사람들이 로마 교회로 되돌아갔다. 이는 성직자들이 성례에 집착하여 로마 가톨릭 전통을 존중하는 정교한 의식과 예배식 등 연관된 의식들의 어떤 가톨릭 요소로 되돌아가려는 운동의 시작이었다. 이 운동은 영국 교회 안에 고교회파(The High-Church Party)의 형성으로 귀결되었다. 이들은 로마 가톨릭 요소들을 선호하였다.

한편 이 파에 반대하는 저교회파(The Low-Church Party)는 캠브리지의 플라톤주의자의 영감을 받아 종교에서 이상의 위치를 강조하였으며 복음적 전통과 교리, 성경 읽기, 그리고 간소한 예식과 의식에 더 치중하였다. 후에 저교회파는 광교회파 혹은 자유주의 그룹과 대조되는 복음주의자들에게 적용되었다.[26]

광교회파는 고교회와 저교회파 사이의 중간에 위치한 자유주의파로 지적 사회적으로 열린 자세를 취했다. 이런 파벌 간의 논쟁은 감독교회의 회원들 사이에 심각한 다름의 원인이 되었다. 따라서 성공회는 그들의 교단 안에 큰 다양성과 융통성이 있음을 인정한다.

19세기 중반 이래로 기독교 사회주의자의 활동으로 인해서 영국 교회

---

26 George Thomas Kurian, Ed., *Nelson's Dictionary of Christianity*, 331, 421.

의 다수가 사회적 책임이 증대되면서 특별히 대주교 윌리엄 템플의 역할이 컸다. 신학적으로 영국 교회는 1930년대에서 60년대 초까지 신성경비평주의가 주도적이었는데 2차 대전 이래로 수적으로 성장했던 보수적인 복음주의가 했던 것처럼 급진주의가 영향을 주고 있다.[27]

(2) 미국에서의 앵글리칸과 성공회

영국 교회는 17세기 처음으로 미국 매사추세츠와 버지니아 식민지에 정착하기 시작하였다. 뉴잉글랜드의 정착자들은 교회 정치에서 회중주의를 채택했지만 버지니아의 정착자들은 감독 정치를 따랐고 영국 국교의 예배 형식을 취했다. 버지니아는 식민지 시대에 영국 국교가 가장 강한 중심지였다. 영국 국교는 미국 혁명 이전에 13식민지 전체로 확산되었다. 이는 영국에서 두 개의 선교 조직 - 1698년 기독교지식장려협회와 1701년 외국 부서에서 복음 전파를 위한 협회 - 의 결과였다.

그러나 영국을 반대하는 미국의 혁명 전쟁은 영국 교회의 시련기였다. 대부분의 북부 식민지에 있는 성직자들은 영국 왕에게 충성했으며 그들의 예배나 미국을 위해 기도를 하기보다는 차라리 그들의 교회의 건물을 폐쇄하였다. 그러나 남부의 식민지에서는 대부분의 영국 교회 교인들이 혁명에 동정적이었다. 미국의 독립선언문에 서명한 2/3는 영국 국교회의 평신도였다.

혁명 후에 새로운 감독교회는 영국 교회의 최고 통치자인 영국 왕에게서 독립된 미국의 교단을 세우려고 하였다. 새로운 교회를 시작하기 위해서는 성례의 거행을 위해 미국의 감독이 필요했다. 게다가 미국의 성

---

27 J. D. Douglas, Ed., *The International Dictionary of The Christian Church*, 343.

직자가 영국 교회에 의해 안수를 받는다는 것은 거의 불가능했다. 그러나 사무엘 시버리(Samuel Seabury)가 1784년에 스코틀랜드로 갔으며 그가 첫 미국 감독으로 봉직되었다. 수년 후에 영국의 의회는 영국의 신자가 아닌 성직자의 성직을 허락하는 법을 통과시켰다. 따라서 둘째, 셋째의 미국 감독들이 봉직되었다. 미국에서 영국 국교회는 두 개의 공동체로 발전하였는데 그 하나는 미국의 영국 교회이고 다른 하나는 캐나다의 영국 교회였다. 그리고 이들이 북미에서 영어를 말하는 영국 교회 인구의 99%를 차지하였다.

역사적으로 미국의 영국 교회는 다른 종교 개혁의 교회들보다 분열이 적었는데 그 이유는 교회의 연합을 크게 강조하였기 때문이다. 그럼에도 분열은 불가피했는데 켄터키의 부감독 쿠민즈(George Cavid Cummins)가 개신교 성찬식에 참여한 것 때문에 고교회 감독들에 의해 징계를 받았다. 이에 쿠민즈는 부감독직을 사임하고 개혁성공회(Reformed Episcopal Church)의 설립을 도왔다. 이 새로운 교회의 지도자들은 기도서와 성공회와 유사한 성직의 규범을 채택하였으나 다른 개신 교회들과 긴밀한 관계를 갖기로 하였다.[28]

20세기 후반에 들어오면서 몇 개의 분파가 발생하였다. 이들은 전문적으로는 전혀 영국 교회가 아니었다. 그들은 캔터베리 대주교를 인정하지 않았고 역시 10년마다 열리는 람베드 대회(Lambeth Conference)에도 참석하지 않았다. 그러나 그들은 모두 영국 교회의 유산의 다른 상속자들이었다. 성공회는 1967년 이래로 영국 성공회(THE EPISCOPAL CHURCH)와 미국에 있는 개신교 성공회의 두 개의 이름을 사용해 오고

---

28 Harold Rabinowitz and Greg Tobin, Ed., *Religion in America*, 189-190.

있다.[29]

오늘날 미국의 성공회는 신학적, 사회적 문제의 의견 차이로 분열의 위기를 맞고 있다. 표면적으로는 게이를 감독으로 안수한 것이 지역 교구 교회들의 반발과 미국의 어떤 감독구는 미 전국 교회의 위원에 대한 의문과 도전에 직면해 있다. 이 교단 안에는 자유주의, 보수주의 혹은 정통주의 간에 신학적인 서로 다른 가르침으로 신부와 감독 및 회중 간에 분열상을 보이고 있다. 그 중에 중요한 교리는 예수님의 신성과 죽은 자에서 그의 부활에 대한 문자적인 수납과 같은 것이다. 2006년 미국 성공회는 스코리(Kathryn Jeffers Schori)를 사회하는 감독으로 선출하였다.

(3) 성공회 교단

미국 성공회(EPISCOPAL CHURCH USA)

설립: 1789

교인: 1,877,271

교회: 7364

연혁: 성공회란 이름은 감독들에 의해 다스려지기 때문에 붙여진 이름이다. 감독교회는 역시 영국 교회(성공회)인데 그 뿌리가 영국 교회에 있기 때문이다(Episcopos: Bishop, Overseer; Anglican: English). 이 교단의 회원들은 미국의 대통령, 장군, 대법원 판사들을 다수 포함하고 있다. 독립 선언서의 서명자의 3분의 2가 성공회(영국 국교인) 교인이었다. 그들 중에는 조지 워싱턴, 토마스 제퍼슨, 그리고 패트릭 헨리가 있다.

---

29 Daniel G. Reid, Robert D. Linder, Bruce L. Shelley, Harry S. Stout, Ed., *Dictionary of Christianity in America*(Downers Grove: Ivp, 1990), 63.

성공회는 영국 국교회의 확장으로 미국에서 시작되었으며 오랫동안 영국 국교회의 관할권 아래 머물러 있었다. 첫 성공회 교회는 버지니아의 제임스타운(Jamestown)에서 1607년 영국 정착자들에 의해 설립되었다. 정착자들이 지속적으로 이민해 옴으로 영국 교회들은 보스턴(1689), 필라델피아(1695), 뉴욕시(1697), 그리고 로드 아일랜드의 뉴포트(1775)를 포함한 미국 식민지 전역에서 볼 수 있게 되었다. 식민지 시대가 종결되면서 영국 교회는 13개의 모든 식민지 안에 정착하게 되었다. 미국의 독립 전쟁이 시작될 때 식민지 안에는 400여 교회로 놀라운 성장을 하였다. 그러나 독립 전쟁과 연관된 여러 가지 중대한 위기를 경험하게 되었다. 그들은 영국의 왕에게 충성하면서 독립을 위해서 싸워야만 했다. 이런 어려움은 미국에 있는 영국인 목사들의 분열의 원인이 되었다. 북부에 있는 많은 영국 교회 목사들은 영국 왕에게 충성했다. 이들은 예배에서 영국 왕을 위한 기도를 없애기보다 그들의 교구를 폐쇄하였다. 이런 목사들은 마침내 영국으로 돌아가든지 캐나다로 도피하거나 식민지에서 감옥에 갇히는 수밖에 없었다. 이와 대조적으로 남부에 있는 많은 영국 교회의 목사들은 식민지의 애국자들이었고 해외 영국 교회에 충성을 보류하기로 하였다. 그들의 주된 관심사는 영국에서 독립하는 것이고 미국 식민지를 위한 자유였다. 독립 전쟁이 끝나면서 영국 교회는 회원의 심각한 감소세를 면치 못했다. 생존한 교회들은 오합지졸이었다. 교회의 공식적인 협회는 모두 사라지고 말았다.

그럼에도 미국의 정신을 지킴으로써 교회는 생존할 수 있었고 마침내 성장할 수 있었다. 미국에 남아 있던 영국 교회 목사들은 마치도 식민지들이 영국에서 이제 독립한 것처럼 영국 교회에서 독립한 교단을 세우기로 결정했다. 그 목적은 그들이 좋아하는 영국 교회의 영적 유산을 지속할 교회를 형성하는 것이었다. 그러나 그 교회는 완전히 자치적인 것이었다. 목사와 평신도들이 1785년 필라델피아의 첫 총회에서 만났을 때 그 예비적 단계들이 착수되었다.

이 새로운 교단이 직면한 가장 큰 문제는 감독들을 찾는 것이었다. 영국과 전쟁의 결과로 영국은 더 이상 어떤 영국 교회의 감독도 파송하지 않았다. 이것은 미국 교회들이 새로운 신부와 감독들을 안수하고 임명하는 일이 없음을 의미했다. 일을 더 어렵게 만든 것은 영국 교회에서 임직된 모든 감독들은 영국의 법이 영국의 왕에게 충성의 서약을 해야만 한다고 규정하고 있었기 때문이다. 그러나 독립 전쟁 후에 미국의 목사들은 아무도 왕에게 충성하려는 사람이 없었다.

1789년 문제가 해결되었다. 두 명의 미국 감독 윌리엄 화이트(William White)와 사무엘 프로보스트(Samuel Provost)가 영국으로 건너가 캔터베리 대주교에 의해 성직에 임명되었다. 이를 가능케 한 것은 영국 의회가 모든 감독들은 영국 왕에게 충성 서약을 해야 한다는 요구 조건을 폐지했기 때문이다. 이제 외국에서 거주하는 감독들은 더 이상 이 요구 조건을 따르지 않아도 되었다. 1789년 회의에서 이 교단은 헌법을 채택하고 교회법을 비준하였으며 미국에 있는 영국 교회들에서 사용하기 위해 공동기도서를 개정하였다. 이는 미국에서 감독교회(성공회)의 공식적인 시작을 의미하는 것이었다.

교회의 정치: 성공회는 로마 가톨릭교회에서 구별되는 개신교의 감독교회이다. 따라서 교회는 감독에 의해서 다스려진다. 지교회는 예배의 기본 단위이며 감독은 지교회의 모든 신부들을 안수하며 지교회의 모든 회원들을 강건하게 한다. 주교 관구는 주어진 지리적 구역 안에서 6개 이상의 교구로 구성되며 각각 감독이 감독한다. 각 감독은 감독 관구 회

의에서 선출되며 교회의 감독들의 다수의 인허에 따른다. 주교 관구 회의는 매년 모이며 모든 성직자와 그 교구의 평신도 대표들로 구성된다. 그 회의는 기초적인 입법체이다. 3년마다 총회가 정책과 예배에 대한 폭넓은 결정을 위해 모인다. 총회는 감독회(모든 감독 관구의 감독들로 구성됨)와 대의원[House of Deputi], 각 감독 관구에서 온 4명의 신부와 4명의 평신도로 구성됨)으로 구성된다. 교회의 모든 활동은 이 양원에서 통과 되어야 한다. 양원이 함께 최고의 입법, 행정, 그리고 사법체를 구성한다.

선교와 교육: 성공회는 교단적으로 미국의 교구, 나바호 감독교회(The Navajoland Episcopal Church, 남서부 선교 지역), 그리고 몇 개의 적은 교회의 서부 교구에 보조한다. 특별히 도시 사역, 대학원 사역, 아프리카 미국인, 히스패닉, 미국 원주민, 그리고 아시안 아메리칸 교회들의 사역을 강조한다. 해외 선교는 미국의 모든 영토와 도미니칸 공화국, 헤이티, 인도, 일본, 중동과 리베리아, 멕시코, 오키나와, 대만, 한국, 그리고 중앙 아메리카에서 하고 있다.

교단은 미국에 있는 12개의 인가된 신학교와 해외에 3개의 신학교를 지원하며 한 개의 대학교와 80개의 양로원, 90개가 넘는 학원과 어린이와 청소년들을 위한 보호소, 그리고 40개가 넘는 병원들과 수용소, 회복 환자 진료소들을 지원하고 있다. 그 밖에 수도사와 수녀회, 수녀와 수도승, 남성을 위한 9개의 공동체, 여성을 위한 11개의 공동체, 그리고 남성과 여성을 위한 2개의 공동체를 돕고 있다.

교리와 신앙: 1801년 교회는 공동기도서에 담고 있는 신앙의 39개 조항의 개정판을 인가했다. 성공회는 교리의 표준에 다음과 같은 사항을 포함시킨다. 사도 신경, 니케아 신조, 신앙의 39개 조항(이 조항들은 목사들을 구속하지 않으며 엄격한 신앙 고백으로 간주하지 않는다), 공동기도서(이

책은 전 세계에 있는 영국 교회 예배자들이 사용할 수 있는 예배 순서를 모은 규약이다). 공동기도라는 문구는 모든 영국 국교 신자들이 전 세계에서 함께 이런 말들로 기도한다는 것이다. 이 책은 최초로 16세기에 토마스 크랜머에 의해 작성되었으나 영국 교회의 특수한 필요에 적합하도록 여러 번 개정했다. 그 목적은 항상 동일한데 예배에서 영국 국교인들을 안내하기 위해 한 책을 예비하는 것이다. 그 책은 신앙의 39개 신조, 고대 신조들, 기도, 예전, 교회력, 교리 문답, 그리고 성구집을 담고 있다.

로마 가톨릭 교리의 배격: 성공회(감독교회)는 구별된 로마 가톨릭의 교리 중에서 다음과 같은 사항을 배격한다.

1) 교회를 지배하는 교황의 재판권

2) 기독교 교리와 도덕적 진리에서 교황의 무오

3) 연옥의 교리와 화체설이다.

구별되는 점: 보다 근래에 성공회는 교회 연합 운동에 깊이 관여하고 있다. 교회 연합의 기초로서 이 교회는 성경, 사도 신경, 그리고 니케아 신조, 세례와 성찬의 성례, 그리고 감독에 근거한 연합이어야 한다고 주장 한다.

다양성: 감독교회는 신앙의 색깔이 다양하다. 교단 안에는 보수주의자와 자유주의자, 근본주의자와 현대주의자, 양성애자와 동성애자들이 뒤섞여 있다. 그들을 연합시키는 것이 공동기도서이다.

성경: 구약과 신약을 포함하는 성경은 하나님의 말씀이며 구원을 위해 필요한 모든 것을 담고 있다. 성경은 전통과 인간의 이성을 떠나서 해석하지 말아야 한다. 교회의 전통은 과거 2000년 동안 살아온 기독교인들의 경험과 이해로 현대 신자들을 준비시키며 이 수집된 지혜는 적절한 해석을 위한 출발점을 돕는 데 기여한다. 이 모든 영적 자료를 평가하

는 과정은 하나님께서 친히 인간에게 주신 지성과 이성을 통해서 도움을 받는 것이다. 요약하자면 교회의 전통과 인간의 이성이 신자로 하여금 성경을 그들의 삶에 연관시킴으로써 그들의 이해를 가능케 해준다는 것이다. 하나님, 예수 그리스도, 성령, 성례, 죄와 구원, 종말은 복음주의와 같다. 교회는 본질적인 것에서 연합하고 비본질적인 것에서는 자유하며 견해의 다양성을 허용한다.

성례: 세례는 중생을 위해서 필수다. 세례 받는 사람은 교회의 회원으로 확인된다. 화체설은 배격되며 그리스도는 성찬에서 그 요소들 안에 계신다고 믿는다. 어떻게 그가 그 안에 계신지는 신비이다. 로마 가톨릭에서 성례로 받아들이는 견진, 고백, 병자에게 기름을 바르는 것, 결혼, 그리고 안수는 존중되나 보편적으로 신약에서 신적으로 세워진 성례로 받아들이지 않는다.

쟁점에 대한 입장: 1970년 여성을 안수집사로 공인했고 1976년에는 신부로 여성의 안수가 통과되었다. 1988년 바바라 해리스(Barbara C. Harris)가 매사추세츠의 서프레이건(Suffragan)의 감독으로 선출되었으며 1989년 2월에 그녀는 역사적 승계로 첫 여성 감독으로 안수되었다. 2006년에 캐서린 제퍼스 스코리(Katharine Jeffersts Schori) 박사가 성공회의 사회하는 감독에 선출되었다. 그녀는 1994년에 신부로 안수받기 전에는 해양 학자였다. 감독 스코리가 직면한 도전은 성공회의 회원 수가 지속적으로 감소하고 있는 것이다. 이 교단의 정기 간행물로는 〈Episcopal Life〉가 있다.

낙태: 낙태를 선택하고 하지 않는 것은 여성의 권리이다.

사형: 1991년 총회 때 성공회는 사형을 반대했다.

창조 대 진화: 하나님의 창조를 믿으나 창조론자들의 엄격한 교리는

배격한다.

동성애: 교회는 동성애를 지지하지 않는다. 그러나 모든 자격을 갖춘 사람의 안수는 지지한다.

방언과 성령의 은사: 방언으로 말하도록 격려하지 않으나 어떤 신자들은 방언을 한다.

본부: 815 Second Ave., New York, NY 10017; Phone; (800)334-7626, (212)867-0395

미국 개혁성공회(REFORMED EPISCOPAL CHURCH IN AMERICA)

설립: 1873

교인: 6400

교회: 125

연혁: 개혁성공회는 영국 성공회 안에서 로마 가톨릭의 사제 의식, 장식들, 그리고 성복의 사용 등을 선호하는 고교회의 출현으로 영국 교회가 점차 타협되어 간다고 본 복음주의자들의 우려의 결과로 1873년에 설립되었다. 또 다른 불만도 있었는데 그것은 성공회가 비감독교회들과는 교제와 협력을 하지 않는 것이었다. 1873년 감독교회의 켄터키 부감독 조지 쿠민즈(George Cummins, 1822-1876) 목사가 복음주의로 연맹에 의해 지원을 받은 여러 교단이 모인 성찬식에 참여한 것 때문에 감독교회 동료 감독들에 의해 공개적으로 비판을 받았다. 그는 그런 비판은 부당하고 무정한 비난이라고 생각했다. 그는 마음이 좁은 사람들과 같이 일 하기를 원치 않아 그의 직위를 사임하고 그와 같은 마음을 지닌 8명의 목사와 개신교 감독교회 회원이었던 20명의 평신도와 함께 개혁성

공회교회를 조직하기 위해 1873년 12월 2일 뉴욕에서 만났다. 그들은 그 모임에서 그들의 새 교단을 위한 기초로서 신앙에 관한 39개 조항에 근거한 원리선언서를 작성했다.

교회의 정치: 이 교단은 교구와 교회 회의들이 행정의 중심이다. 매 3년의 총회는 성공회의 총회와 같다. 그러나 이 교회의 감독들은 분리된 감독회(House)를 구성하지 않는다. 교단은 북미에 7개의 감독 관구(미국에 4개와 캐나다에 3개)가 있다. 교직에는 감독, 장로, 그리고 집사의 세 가지 직분이 있다. 최고의 입법 기관은 3년마다 열리는 총회. 그러나 대부분의 권위는 교회 회의와 교구에 있다. 이 교단은 복음주의연합회의 회원이다.

선교와 교육: 해외 선교로는 캐나다, 인도, 프랑스, 브라질, 우간다, 라이베리아, 그리고 독일에서 사역하고 있다. 세 개의 신학교가 있는데 펜실베이니아 블루벨, 사우스 캐롤라이나 섬머빌, 그리고 텍사스의 휴스톤에 있다. 정기 간행물로는 〈Reformed Episcopalians〉가 있다.

교리와 신앙: 개혁 감독교회는 몇 개의 주목할 만한 내용을 제외한다면 미국 성공회와 유사하다. 개혁 감독교회 신자들은 그리스도가 성찬의 요소 안에 계신다는 교리를 배격한다. 주의 성찬은 그리스도의 상징이다. 이들은 세례가 중생에 필수적이라는 성공회의 교리를 배격한다. 세례는 구원의 외적 표현이다. 그들은 신부라는 말을 성직자에게만 쓰는 성공회의 교리를 배척하기 위해 논쟁하는 대신에 그 말을 모든 신자에게 적용할 수 있다고 한다. 왜냐하면 신약 성경이 모든 신자는 제사장의 일부라고 가르치기 때문이다(벧전 2:9). 여기서는 독특한 점만을 소개한다.

성경: 이 교단은 구원에 필요한 것으로 성경에 없는 어떤 것도 가르치

는 것을 허용하지 않는다. 성경은 전통이나 인간의 이성에 따라서 해석되어야 한다고 믿는다. 전통은 역사적 신조들, 첫 네 교회 회의, 교회 교부들의 저서, 그리고 신앙의 39개 신조를 포함한다. 인간은 성경의 이해를 위해서는 전통이 주는 통찰력과 더불어 하나님이 주신 이성을 사용해야 한다. 하나님, 삼위일체, 예수 그리스도, 성령, 죄와 구원, 종말론은 역사적 정통주의와 같다. 여기서는 성례관만을 다루기로 한다. 교회는 그리스도의 몸, 신실한 인간의 회중이며 왕 같은 제사장이다. 세례의 성례를 통하여 사람은 이 제사장직의 한 부분이 된다. 제사장직 안에는 하나님의 권속 그리스도의 온 몸의 교화를 위해 그리스도에 의해 부여된 다양한 성령의 은사들과 사역들이 있다. 두 개의 성례는 구원을 위해 필요한데 세례와 성찬이다. 삼위일체의 이름으로 받는 물 세례를 통하여 각자는 죄에 대하여 죽고 그리스도 안에 있는 새 생명으로 살아난다. 이 중생을 통하여 세례는 원죄를 끊어버리며 하나님의 은혜로 문을 연다. 세례는 그리스도의 몸인 교회로 세례자를 접붙인다. 세례는 세례 받은 자의 용서, 하나님의 아들로 입양, 그리고 구원의 상속자 된 자에 대한 가견적 확증이다. 주의 성찬은 그리스도의 상징이기 때문에 성찬의 요소에 그리스도의 임재를 배격한다. 성찬은 신자의 영적 양육과 성장의 성례이다. 그것은 그리스도와 그의 신비한 몸의 일원으로서 그리스도와 다른 신자들과 그리스도인의 교제의 서약이다. 보다 적은 성례로 개혁 감독교회는 견진, 고해, 성품, 결혼, 성직 안수, 종유를 받아들인다.

쟁점에 대한 입장

낙태: 일반적으로 낙태는 반대한다. 다만 어머니의 생명이 위험한 경우는 예외이며 산아 제한은 부부의 몫이라고 한다.

창조 대 진화: 역사적 성경의 설명을 부인하지 않는 한 개인의 견해가

허용된다. 아담은 하나님의 유일한 창조물이다.

이혼과 재혼: 이혼의 조건은 간음과 버림 받는 것이다.

동성애: 동성애 행위는 모든 경우에 죄가 된다. 동성애자는 교회의 사역자로 안수될 수 없다.

금하는 것: 교회 안에 강한 신자와 연약한 신자가 있기 때문에 계율주의는 피하려고 한다. 개인의 행동은 하나님의 계명들의 표준과 세상에 대한 그리스도의 교회에 대한 증인에 조화되어야 한다.

방언과 다른 성령의 은사: 다수는 표적의 은사들은 사도 시대로 끝났다고 생각한다. 그러나 어떤 사람들은 오늘날에도 그런 은사들이 필요하다고 한다.

여성 사역: 안수되지 않은 여성 집사가 있으며 여성은 교회에서 안수하지 않는다.

본부: 211Byrne St., Huston, TX 77009; Phone; (713)862-4929; Fax: (713)862- 4921 .

남부성공회(SOUTHERN EPISCOPAL CHURCH)

설립: 1962

교인: 알려지지 않음

연혁: 교단은 1960년대 자유주의의 정치와 신학적 경향에 대한 반작용으로 전에 의사였던 웹스터(Brunice Hoyle Webster)와 미국 성공회의 이전 회원에 의해 테네시의 내쉬빌에서 1962년에 설립되었다. 웹스터는 이 교단의 첫 사회하는 감독이 되었다. 이들에게 미국의 성공회 내에서 문제는 특별히 두 가지였는데 그 하나는 성공회가 회원인 세계교회협의

회가 미국, 푸에르토리코와 아프리카에서 테러리스트 그룹에 자금을 지원하는 것이었다. 또 다른 하나는 1950년과 1960년대에 토의된 제사장직에 여성을 안수하는 것이었는데 이는 1976년에 시행되었다. 따라서 교단의 설립자들은 만약 어느 그룹이 신약에 근거한 사도들의 교훈을 부인하기 시작한다면 마침내 그 그룹은 사도들의 다른 교훈도 부인할 것이라고 우려했다. 실제로 미국 성공회는 여성의 안수만 아니라 동성애자나 레즈비언에게도 감독, 신부, 그리고 집사의 모든 성직에 문을 열어놓았다. 따라서 이 교단의 표어는 "변화하는 세계 속에서 변하지 않는 신앙"에 집착하는 것이다. 감독 웹스터(B. H. Webster)가 첫 사회하는 감독이 된 이래로 1990년 감독 매닝(Huron C. Manning, Jr.)에 의해 승계되었다.

교회의 정치: 교단은 미국에 있는 영국 감독교회의 다른 형태를 대표한다.

교리와 신앙: 이 교회의 중요한 신조는 성례의 진리, 외경의 유용함, 그리고 고대 신조들의 불변성을 강조한다. 예배 의식은 1928년의 공동기도서를 사용하며 공적인 성경 읽기를 위해 권위있는 번역본 성경으로 킹제임스 성경을 사용한다.

선교와 교육: 1992년 남부 감독교회는 5개의 감독 관구와 선교사 구역, 미국, 푸에르토리코, 캐나다, 아일랜드와 인도 전역으로 교회가 확장되는 성장을 이뤘다. 교단은 플로리다의 포트 리키(Port Richey)에 신학교가 있다. 또 인터넷의 온라인 신학교로 Trinity College와 신학교를 운영하고 있다.

본부: 234 Willow Lane, Nasheille, Tennessee, 3721-4945

미국 성공회 정통 기독교 대주교 관구(EPISCOPAL ORTHODOX CHRISTIAN ARCHDIOCESE OF AMERICA)

설립: 1963

교인: 6,000

교회: 200

연혁: 교단은 1963년 제임스 디즈(James Dees) 목사가 미국 성공회가 성경의 교리를 확고하게 선포하지 못하는 데 대한 반대로 시작되었다. 디즈 목사는 미국 성공회 교회가 전통적인 영국 교회보다 더 사회 복음에 관심이 많다고 생각했다. 따라서 디즈 목사는 그의 새 교단을 1928년 개정되지 않은 공동기도서와 개정되지 않은 신앙의 39개 신조에 근거하여 설립하였다.

교회의 정치: 교단의 정치는 영국 교회와 다르지 않다.

선교와 교육: 교단은 교세가 작은 편이지만 아프리카와 아시아에서 성장하고 있다. 1971년 9월 19일 교단은 신학 교육 기관으로 크랜머 신학교(Cranmer Seminary)를 봉헌하였으며 1975년에 성 앤드류 신학대학 및 신학교로 그 이름을 바꾸었다. 1999년 교단은 미국 영국 교회 라이트 대회(Rite Synod)에 가입했는데 그 대회는 필리핀 독립가톨릭교회의 관할권 아래 있다. 1999년에 모인 위원회에서 로버트 가프리 감독과 이 교단의 목사 대부분은 예배의 방식에서 보다 더 앵글리칸 교회와 밀접하게 하기로 결정하였다.

교리와 신앙: 교단의 신앙은 니케아 신조, 사도 신경, 그리고 아타나시아 신조에 근거하였다. 정경서들은 성경으로 보며 구원에 필요한 모든 것을 포함하고 있다. 성경에 포함되어 있지 않은 것은 누구에게도 요구되지 말아야 한다. 삼위일체의 하나님, 예수 그리스도, 죄와 구원, 성령,

교회와 종말론은 모두 복음주의와 같다. 선택의 교리는 강조된다. 창세 전에 하나님은 인류 중에서 그가 선택한 자들을 저주와 멸망에서 구원하시고 그들을 그리스도에 의해 존귀하게 만들어진 도구로 영생을 얻도록 작정하셨다. 성령을 받은 사람들도 하나님의 은혜에서 떠나 죄로 타락할 수 있다.

본부: 464 County Home Road, Lexington, NC 27292, Phone; (336)236-9565

은사 성공회 교회 국제 친교(INTERNATIONAL COMMUNION OF THE CHARISMATIC EPISCOPAL CHURCH)

설립: 1992

교인: 600(2000년)

연혁: 교단의 기원은 예배와 생활에서 초대 교회로의 회복과 복음주의적이면서 은사의 경험과 섬김을 갈망했던 1970년대로 거슬러 올라갈 수 있다. 교단은 레슬리 뉴비긴과 로버트 위버의 저서에 의해 영감된 컨버전스 운동(Convergence Movement)의 한 분파이다. 교단은 어스틴 아들러(Austin Randolph Adler) 감독에 의해 1992년 6월 22일 설립되었다. 그 목적은 전통적인 성공회의 정체성을 유지하면서 예배 의식에서 오순절파와 은사파의 경험을 결합시키는 것이었다.

교회의 정치: 교회는 비록 감독 체제를 가지고 있고 1928년 공동기도서를 많은 교구들이 사용하고는 있지만 영국 성공회의 일부가 아니다. 교단은 관구 카운실에 의해 다스려진다. 사도적 승계로 역사적 감독제, 교회에 대한 그리스도의 권위의 선물, 그리고 사도적 교훈의 성실한 수

탁 자로 진술하고 있다.

교리와 신앙: 은사 감독교회는 사도 신경과 니케아 신조, 그리고 성 아타나시우스 신조에 진술된 전통적인 기독교의 교리를 주장한다. 교단의 교리는 1999년 샌 클레멘테 선언에서 명백하게 진술되었다. 그 선언은 구약과 신약은 하나님의 기록된 말씀이며 사도의 교훈에 대한 가장 중요한 증거이며 교회의 양육과 건강의 원천이다. 사도 신경, 니케아 신조는 기독교 신앙의 충분한 진술이다. 그리스도에 의해 설립된 7성례를 주장하며, 교리적 진술에서 7개의 보편 교회 회의, 사도적 승계, 성찬에서 그리스도의 참된 임재, 성경의 권위, 그리고 하나님의 진정한 운동으로서 은사적 부흥의 효력을 언급한다. 신구약 성경은 하나님의 말씀으로 구원에 필요한 모든 것을 담고 있다. 제2의 정경서들은 공적 예배에서 읽을 수는 있으나 교의나 교리를 공식화하는 데는 사용하지 않는다. 교단은 성경을 강조하여 설교와 성경 읽기, 그리고 성경 공부를 힘쓴다. 성례를 강조하며 세례와 성찬에 그리스도의 실제적인 임재를 주장한다. 은혜 구원을 강조하며 교회에 대해 최고의 견해를 가지며 사이프리안이 주장한 것처럼 어머니를 위해 교회를 갖지 않은 자는 아버지를 위해 하나님을 갖지 못한 자임을 믿는다. 성령의 모든 은사가 오늘날도 교회 신자들을 통하여 역사되고 있음을 믿는다.

쟁점에 대한 입장

낙태: 교회의 법은 낙태를 금한다. 이 교단은 임신 중절의 합법화를 반대한다.

생명 윤리: 교회는 태아 줄기세포 연구와 인간 복제를 공식적으로 반대한다.

창조 대 진화: 교회는 하나님이 만물을 창조하셨음을 믿는다.

안락사: 공식적으로 안락사를 반대한다.

방언과 성령의 은사: 교단은 교회에 지속적인 성령의 능력의 회복을 추구한다.

여성 사역: 교회는 여성의 사역을 장려하며 지역 교회의 사역을 여성과 함께 한다.

본부: 107 W. Marquita, San Clemente, CA 92672: Phone; (714)366-9480; Fax: (714)492 7238

북미 새사도교회 전국 조직(NATIONAL ORGANIZATION OF THE NEW APOSTOLIC CHURCH OF NORTH AMERICA)

설립: 1862

교인: 36,254

교회: 385(1999)

연혁: 교단은 영국의 가톨릭 사도교회 운동의 한 분파인데 그 운동은 런던에 있는 장로교 목사 에드워드 어빙(Edward Eurving, 1792-1834)이 시작하였다. 이 운동의 변천 때문에 이 단체는 어느 교단으로 분류하기가 힘들다. 그것은 이 운동이 영국의 복음주의 운동에서 시작되었으나 어떤 오순절파의 관행들을 채택하게 되었고 세월이 흐르면서 로마 가톨릭의 관례와 경건에 가까워졌기 때문이다. 이 교회의 설립자들은 그리스도의 임박한 재림을 믿었으며 종말을 위한 준비로 교회의 사도직을 다시 창안하려고 하였다. 따라서 이 교회에는 사도, 선지자, 전도자, 목사 등의 직분이 있다. 12사도들이 1835년 그들의 첫 회의를 개최하였으며 곧이어 미국과 독일에 전해졌으며 로마 가톨릭 신부들이 은밀하게 회원이

되었다. 1860년 빈 자리에 새로운 사도들이 지명되면서 논쟁과 마찰을 빚게 되었다. 참된 교회의 머리 12사도에 대한 그의 주장과 새로운 사도 선출에 대한 그의 계획 때문이었다. 함부르크의 슈바르츠(Schwarz) 감독은 1862년 가톨릭 사도교회에서 축출되었다. 의견을 달리하는 교단을 지도하기 위해 프로이스(Preuss)라는 신부가 예언의 영을 통해서 사도의 직분에 선출되었으며 감독 슈바르츠의 사도직으로 그의 승진 때까지 그의 밑에서 일했다.

교회의 정치: 교회는 사도들만 그리스도로부터 죄를 사하는 위임과 능력을 받는다고 한다. 이 교회들은 사도, 감독, 그리고 장로 아래서 지역적으로 조직되었다. 각 교회는 한 명의 교구 목사(사제)나 그 이상의 조사(신부, 집사 등)들이 있으며 이들은 일반적으로 보수 없이 섬긴다. 모든 신부나 다른 직분자들은 사도들에 의해 선출된다. 미국 교회는 스위스의 취리히(Zurich)에 있는 사도장 리차드 페르(Fehr)에 의해 감독 받는 국제적인 조직이다.

선교와 교육: 교단은 프로이스와 슈바르츠의 지도 아래 유럽에서 북미로 확산되었다. 광범한 국내외 선교 사업은 미국, 캐나다, 멕시코, 그리고 푸에르토리코에서 진행되고 있다. 국제적인 조직으로는 세계 전역에 52,000개의 지부에서 9백만 명 이상의 회원들이 있다.

교리와 신앙: 북미 새사도교회는 사도 신경은 받으나 성경처럼 살아있는 사도들의 권위와 영감, 손을 얹는 안수, 성령의 은사의 필요성, 자원 헌금, 그리고 임박한 인격적인 그리스도의 천년 전 재림을 강조하는 조항들을 더한다. 은혜의 세 가지 방편은 세 가지 성례에서 드러난다: 세례(어린이도 포함); 성찬; 그리고 거룩한 인침(성령의 분배와 받음)이다.

본부: 3753 Troy St., Chicago, IL 60618

성공회 가톨릭교회(ANGLICAN CATHOLIC CHURCH)

설립: 1977

교인: 12,000

교회: 200

연혁: 1977년 미국 성공회의 교단이 자유주의가 되어가고 있다고 감지한 2천여 명의 영국 교회 감독들과 신부와 평신도들이 세인트루이스에서 회집하였다. 그 모임의 목적은 성공회의 변화 특별히 여성의 안수와 기도서의 개정에 대한 반대의 목소리를 내기 위함이었다. 그리고 그 회의 결과는 세인트루이스 선언의 공식화였으며 성공회 가톨릭교회의 시발점이 되었다. 그 문서는 특별히 여성의 안수를 비판했으며 고대 신조들과 교회 교부들에게 빚지고 있던 전통적인 영국 교회 교리들에 충성을 요구하면서 1928년 공동기도서에 정해진 영국 교회의 전통적 관례로 회복을 촉구하였다. 이 회의에서 성장한 성공회 가톨릭교회는 일반적으로 자신들을 동방정교회와 로마 가톨릭교회들과 교제하는 것으로 보았는데 그 이유는 1054년의 분열 전에 보편 교회 회의의 신조들에 대해 공동으로 주장하기 때문이었다.

교회의 정치: 사도적 승계인 감독에 의한 정치다. 교회의 세 가지 직분은 감독, 신부, 그리고 집사이다.

선교와 교육: 오늘날 이 교단은 북미에서만 아니라 남아메리카, 영국, 뉴질랜드, 오스트레일리아, 그리고 스페인에서 선교하고 있다.

교리와 신앙: 교단은 1928년 공동기도서의 예배 의식에 표현되고 니케아 신조, 사도 신경, 그리고 아타나시안 신조에 뿌리를 둔 전통적인 성공회의 연장이라고 한다.

성경: 삼위일체의 하나님, 예수 그리스도, 성령, 그리고 죄와 구원 및

종말은 역사적 정통 교리와 같다.

교회: 그리스도의 몸인 교회의 예배의 중요한 요소는 공동기도서 안에 담겨 있다. 각 예배에서 예배의 원리가 되는 행위는 성찬 혹은 미사의 축하이다. 교회의 회원이 되기 위해서는 반드시 목사에게 그들의 소원을 알려야 하며 삼위일체의 이름으로 물 세례를 받아야 한다.

성례: 교회는 은혜의 7성례를 주장하는데 그 중에 가장 중요한 성례는 성찬이다. 성찬에서 그의 몸과 피 안에 있는 그리스도가 각 교회 회원에게 참되게 실제로 임한다. 성찬은 매주일, 그리고 성일에 축하된다.

감독교회(성공회) 참고 자료: Website:www.ecusa.anglican.org, Ron Rhodes,Op.cit., Frank S. Mead, Samuel S. Hill, Craig D. Atwood, Op.cit., Eileen W. Lindner, Op.cit., Shelly Steig, The 60- Second Guide to Nenominations(Iowa Falls: Word Bible Publishers, Inc), www. recus. org, eoc.orthodoxanglican.net, wiki/Orthodox Anglican Church, www.angelfire.com, wiki/ Southern Episcopal Church, www. iccec. org, www.cecuganda.org/octinal html, www.nak.org, wiki/ New Apostolc Chruch, www. anglicancatholic.org, wiki/ Anglican Catholic Church

5. 감리교회(METHODIST CHURCH)

(1) 개요 및 역사

영국에서 종교 개혁은 종교 개혁자 대신 왕의 이혼과 결혼, 정치와 경제 등의 복합적인 이유로 발생하였다. 그러나 로마 가톨릭에서 개신교로의 개혁은 헨리 8세 왕을 이은 후계자들의 종교적인 성향에 따라 전진과 후퇴를 거듭하였다. 또 영국 교회의 원리의 형성은 에드워드 6세보다는 엘리자베스 1세 때였다.[30]

따라서 그 기간은 로마 교회와의 투쟁이었고 피를 흘리는 내란까지 겪어야 했다. 로마 교회와의 투쟁 후에 장로교회와 청교도 운동으로 혼란을 겪다가 마침내 엘리자베스 1세 여왕 때 오늘의 영국 교회로 정착하게 되었다.

감리교회는 구세군과 더불어 영국 교회 안에서 발생한 교단이다. 감리교회는 영국의 국교회와 침례교회, 그리고 회중교회가 된 퓨리탄 운동 사이에 중간 노선을 취하려고 하였다. 감리교의 창립자 요한 웨슬리(1703-1791)는 1703년 링커서 엡워스(Epworth Lincolnsire) 교구에서 영국 교회 교구 목사 사무엘과 수산나 웨슬리의 15번째 아들로 태어났다. 웨슬리의 할아버지는 국교를 싫어하여 자신의 신앙에 맞는 교회를 설립한 비국교도였으나 웨슬리의 부모는 영국 교회에서 신부였다. 웨슬리는 그의 아버지를 따라 목사가 되기 위해 옥스포드의 그리스도교회(대학)에 들어가 공부했다. 그는 명목상의 신자가 아니라 참 신자가 되기를 열망

---

30 "Anglicanism", In F. L. Cross and E. Livingston, Ed., *The Oxford Dictionary of The Christian Church*, 57.

하였다. 1729년경 그의 동생 찰스(1707-1788)와 함께 기도와 신앙의 훈련을 위해 정해진 시간에 그룹과 함께 조직적으로 만나기 시작했다. 그들은 영성에 매우 관심이 많았다. 영성을 위한 목적이 조직적이 되었으므로 - 정확하게 정해진 시간에 모이고 기도, 금식, 성경 읽기, 그리고 사역에 조직적으로 엄격하게 참여함 - 곧 감리교도로 알려지게 되었다. 어떤 사람들은 조롱조로 그들에게 성경 광신자들, 성경 좀벌레, 성신 클럽으로 부르기도 하였다. 이런 작은 시작과 더불어 요한은 복음적인 설교를 했고 찰스는 찬송시를 썼다. 웨슬리는 1728년 영국 교회에서 집사로 안수 받았으며 그의 아버지가 세상을 떠나기 전 수 년간을 그의 아버지 교회에서 섬겼다. 그 후 그는 옥스포드로 되돌아갔으며 사제로 안수 받았다. 그 때 웨슬리의 신앙은 깊은 영적 경험과 구원의 확신을 갈구했을지라도 지식을 위해 더 배우는 것이었다. 1728년 늦게 요한과 찰스는 선교사로 미국을 방문했는데 그 선교 여행은 실패로 끝나고 말았다. 그러나 조지아 식민지의 항구 사바나(Savannah)로 가는 배 안에서 몇 사람의 모리비안 신자들을 만났는데 그들의 단순한 경건과 도덕성에 큰 감명을 받았다. 그는 조지아에서 그들과 협력을 지속하였으며 1738년 영국으로 돌아가서도 그들과 교제하기를 바랐다. 같은 해 5월 24일 요한은 런던 알더스게이트 거리에 있는 모라비안의 예배에 참석했다. 그 모임에서 그는 그의 생애를 바꾼 신앙적인 각성을 경험했다. 그는 오직 믿음에 의한 칭의의 혁명적인 개념을 이해하게 되었으며 구원은 예수를 믿는 모든 사람을 위해 가능함을 확신하게 되었다. 그는 그 모임에서 한 사람이 루터의 로마서 주석 서론을 읽은 후에 그의 반응을 이렇게 상기하였다. "9시 25분경 그가 하나님께서 그리스도를 믿는 믿음을 통해 마음에서 역사하시는 변화를 언급하는 동안 나는 내 마음이 뜨거움을 느꼈다. 나는 내가 그리스도를 신뢰한다고 느꼈다. 구원을 위해 그리스도만을, 그리고 그가 나의 죄와 나 자신까지도 취해가셨으며 죄와 사망의 법에서 나를 구원하셨다는 확신이 왔다." 웨슬리는 새롭게 되었으며 마침내 하나님과 화목했다. 그의 신앙은 더 이상 지적인 신앙이 아니라 하나님과의 인격적 관계였다. 그는 곧 영국 교회에 생명력 있는 부흥을 추구하였으며 영국 교회의 예전과 의식은 부흥의 복음 전도로 대치되었다.[31]

웨슬리는 사역에 열정적이었으나 그의 방식은 비전통적인 것처럼 보였다. 그 결과 영국 교회의 설교자들에게서는 환영을 받지 못했다. 그즈음 그는 복음 전도자 조지 휫필드(George Whitefield, 1714-1770)로부터 용기를 얻어 노천에서 설교하기로 했으며 그 반응은 매우 열광적이었다. 그가 한 결정은 대중에게 접근하는 최선의 방법이었다. 그는 그에게 듣기를 원하는 가난한 자들, 억눌린 자들, 소유권을 상실한 자들에게 설교했다. 그는 공터, 거리 모퉁이, 그리고 도시의 광장에서 가끔은 큰 청중들에게 설교했다. 그는 회개, 중생, 그리고 믿음에 의한 칭의에 대해 설교와 성화와 거룩의 필요성을 깨우치는 설교에 힘썼다. 그의 부흥 집회는 영국의 특별히 가난한 사람들을 신앙의 부흥으로 이끌었으며 가난한 사람 누구나 사서 볼 수 있는 저가의 책들을 썼다. 그의 휫필드와 동역의 결과는 영국 교회 내의 복음주의 설교로 인해 영국에서도 발생할 수 있었던 프랑스에서 발생한 반종교적인 혁명을 예방할 수 있었다.[32]

함께 동역을 해왔던 휫필드는 웨슬리를 따라 미국 식민지를 방문하면서 1739년 초부터 옥외 설교를 시작하였다. 그러나 휫필드는 웨슬리

---

31 Bruce L. Shelley, *Church History Plain Language*(Word, 1982), 358.
32 James North, *A History of the Church*(College Press, 1997), 415.

의 완전주의와 알미니안 신앙이 그의 강한 예정론의 칼빈주의 신학과 맞지 않으므로 더 이상 동역하지 않았다(1741). 그는 여행과 설교에 전념하여 한 주에 20회의 설교를 했다. 그 과정에서 헌팅턴의 백작 부인 셀리나(Selina) 여사는 협회와 분리된 그룹을 세웠으며 웨일스인 중에서 구별된 칼빈주의적 감리교회의 형성에 용기를 주었다.[33] 그는 스코틀랜드를 14회 방문하고 미국은 7회를 방문하면서 부흥 설교로 대각성 운동에 지대한 영향을 끼쳤다.

횟필드가 웅변적인 재능이 있는 데 반해 웨슬리는 조직과 행정의 은사가 있었다. 웨슬리의 개종자들은 구별된 교회로 조직이 되었으나 일반적으로 사가에서 만나는 협회로 조직되었다. 이 적은 협회들에서 회원들은 서로 협조했으며 서로에게 책임이 있었다. 회원들은 그들의 연약함과 실패를 나누는 데 정직했으며 신앙 안에서 참되게 연합하도록 서로에게 용기를 주었다. 그들은 서로 기도했고 찬송을 불렀다.[34]

웨슬리는 세계는 나의 교구라고 확신하였다. 따라서 그는 그가 초청받았을 때는 옥외와 교회를 가리지 않고 지속적인 설교로 그의 남은 생을 헌신하였다. 그는 영국의 섬들을 말을 타고 250,000마일 이상을 달리면서 설교하고 사람들을 향하여 예수 그리스도를 따르라고 외쳤다. 그는 4만 번 설교했으며 그의 동생 찰스는 6,000곡의 찬송시를 썼다. 웨슬리는 영국 교회가 개혁이 필요함을 느꼈으나 영국 교회로부터 분리하기를 원치 않았다. 다만 그의 사역이 교회를 소생시키는 데 도움이 되기를 바랐다. 그는 1791년 2월 89세를 살고 생을 마감했다. 그는 그 때까지

---

33 Sydney E. Ahlstrom, *A Religious History of the American People*(Yale University, 1972), 326.
34 Ron Rhodes, Op.cit., 263-265.

도 그의 사후에 감리교회가 영국 교회에서 분리된 교단으로 발전하게 될 것을 기대하지 못하였다. 따라서 감리교회는 웨슬리의 사후에 조직되었다. 초기 감리교인들은 다음과 같은 웨슬리의 세 가지 단순한 규범을 따랐다.

1. 아는 잘못은 행하지 말라.
2. 할 수 있는 한 모든 사람에게 선을 행하라.
3. 기도와 예배, 성경 읽기와 금식을 하라.

감리교 운동을 형성했던 이 세 가지 관행은 오늘의 감리교회의 형성을 위해 현재도 지속되고 있다. 그 내용으로는 아래와 같다.

1. 웨슬리는 설교로 사람은 신앙을 갖게 되며 하나님의 뜻을 듣고 그들의 삶이 변한다는 것을 알았다. 감리교회에서는 목사와 말의 은사를 받은 평신도들이 그의 선례를 따르고 있다. 따라서 신학교를 졸업했으나 목사로 안수받지 않고 평신도로 섬기는 신자들을 목사가 없는 지역이나 교회로 파송하여 설교자로 사역할 수 있게 한다.

2. 웨슬리는 그들의 죄를 회개하고 그리스도를 위해 살려는 사람들을 서로 책임지고 은혜 안에서 성장을 도울 수 있도록 소그룹으로 조직했다. 오늘날 감리교회에서 소그룹은 속회이다.

3. 감리교인들은 그들의 노래하는 것을 보면 알 수 있다. 이는 찬송의 작가 찰스 웨슬리를 따르는 것이다.

4. 감리교회는 개종으로 사람들을 부르며 사회적 개혁에 관심이 큰데 이것 역시 웨슬리의 전통이다.[35]

---

35 Adam Hamilton, *Christianity's Family*(Abingdon, 2007), 116.

감리교회의 교리와 신앙

39개 조항과 영국 교회의 공동기도서에 기초한 종교의 25개 조항은 웨슬리가 1784년 미국의 감리 교인들을 위해 준비한 것이다. 이 신앙의 조항들은 원죄, 자유 의지, 그리고 선행을 행하는 은혜에서 알미니안 방식이 되었으며 나머지는 성공회의 것과 유사하다. 웨슬리의 신약에 관한 설교 노트는 일반적으로 교리적 표준으로 받아들인다. 권징서(The Book of Discipline)는 감리교회의 회원을 위한 생활의 윤리와 실제적 규범이다. 웨슬리는 교리를 완전히 생활에 굴복시키는 것이라고 하여 교리보다는 생활을 강조하였다.

감리교회의 교리 체계의 공식적인 원리: 웨슬리와 감리교회는 성경, 이성, 그리고 고대 교회의 가르침이 기독교 교리의 세 가지 원천이라고 믿는다.

실질적인 원리: 웨슬리 신학의 실질적인 원리는 완전해진 인간이다. 기독교인의 완전은 감리교의 심장이고 중심이다. 루터의 신학이 칭의된 인간이라면, 칼빈은 순종하는 종이며, 웨슬리안은 완전해진 기독교인이다. 웨슬리 신학의 핵심은 보편, 자유, 충만, 그리고 확실한 구원이다. 그것들을 설명하면 다음과 같다.

1. 보편 구원: 웨슬리의 보편 구원은 만인구원론과는 다르다. 여기서 보편은 보편적인 기회를 의미한다. 하나님의 선 은혜는 우리 마음 속에서 하나님과 인간을 향한 사랑을 불붙임으로써 구원을 예비한다는 것이다.

2. 자유 구원: 웨슬리는 타락한 인간도 그의 조물주의 형상을 지녔으며 하나님은 아직도 인간 안에 거하신다. 그러므로 인간의 주권과 존엄을 강조한다. 자유라는 말은 인간이 구원을 받아들이거나 거부할 수 있다는 뜻이다.

3. 충분한 구원: 그리스도의 장성한 분량에 따라 완전하게 된 인간은 웨슬리의 복음 메시지의 심장이고 핵심이다. 완전하게 된 인간이란 무엇인가?

1) 완전의 본질은 어떤 감정적인 경험이 아니라, 사랑이다.
2) 기독교인의 완전은 죄를 범하지 않는 것이다.
3) 웨슬리의 그리스도인의 완전은 즉각적이면서 점진적이다.
4) 웨슬리는 생활의 조절된 방식은 크리스천의 완전을 달성하기 위해서 필수이다.
5) 확실한 구원: 구원의 확신은 성령의 내적 증거, 이중적인 증거 즉 객관적으로 먼저 오는 하나님의 영의 증거와 성령의 지도하는 증거의 결과인 직접적인 사람 자신의 영의 증거이다.[36]

미국에서 웨슬리의 알미니안 신학을 따르는 교단은 다음과 같다.
1) 가장 큰 감리교 교단
2) 60여 개의 성결파 교단과 오순절파 그룹
3) 복음주의 연합형제 교단
4) 구세군과 연관이 있는 그룹들이다.

감리교의 미국 전래

18세기 후반에 초기 감리교 협회들은 미국 식민지에 뿌리를 내리기 시작했다. 1776년 필립 엠버리(Philip Embury)는 뉴욕에서 감리교 협회의

---

36 F. E. Mayer, *The Religious Bodies of America*(Concordia, 1961), 288-294에서 선별 인용하였다.

연락망을 조직했다. 그것이 미국에서 조직된 첫 감리교회였다. 이 협회들은 필라델피아, 매릴랜드를 비롯해서 신속하게 다른 주들에서도 설립되었다.

1769년 웨슬리는 그의 첫 선교사들을 미국에 보냈는데 두 명의 평신도 선교사로 리처드 왓코스트(Richard Whatcost)와 토마스 배시(Thomas Vasey), 그리고 토마스 콕(Thomas Coke) 박사와 애즈베리였다. 웨슬리는 콕 박사를 미국 감리교회의 감독으로 임명하였다. 그들 중에 가장 위대한 사람은 활동적인 프랜시스 애즈베리(Francis Asbury, 1745-1816)였는데 그는 미국 감리교 설립의 도구가 되었다.[37]

1773년 첫 감리교 연례 회의가 필라델피아에서 열렸다. 1784년 매릴랜드의 볼티모어 회의에서 감리교 감독교회가 영국 감리교 체제에서 분리된 지체로 공식적인 조직을 하였다. 애즈베리와 콕(Thomas Coke, 1747-1814)이 새 교회를 다스리는 권위로서 감독이 되었고 영국 교회의 39개 신조에서 수정한 웨슬리의 신앙 25개 조항이 미국의 새감리교회 신앙의 진술이 되었다.

애즈베리의 능력있는 지도력과 말을 타고 순회하는 열정적인 사역으로 감리교회는 미국 전역으로 확산되었다. 말을 타고 여행하는 순회 전도자들은 미국의 개척지 이곳 저곳을 누비면서 개종과 중생의 필요성을 강조하는 설교를 했다. 캠프 부흥 집회들이 어디서나 열렸는데 때로는 수천 명이 모였다. 감리교 전도자들은 개인적 신앙의 경험과 다수의 사람들에게 매력적인 실제적 윤리를 강조했다. 1800년대 중반에 미국에는 130만 명의 감리교 신자가 있었다.

---

37 Williston Walker, *A History of the Christian Church*(Charlese Scribner's, 1970), 463.

1791년 웨슬리가 별세한 후에 그의 추종자들은 마침내 분리된 지체의 회원들로 나뉘었다. 따라서 19세기에는 다양한 감리교 교단들이 영국과 미국에 나타났다. 각 교단은 웨슬리안 전통에 대한 그들 각자의 입장에서 본 내용을 주장했다. 감리교인들은 웨슬리의 인도로 예정을 강조한 칼빈주의를 배격하고 인간의 의지와 그리스도의 죽음이 만인을 위한 속죄였다는 알미니안주의를 선택했다. 감리교인들은 역시 예지된 은혜를 믿었다. 이 사상은 하나님은 모든 사람에게 손을 펴시며 예지된 은혜로 각 사람을 준비하시고 그들에게 예수 그리스도의 믿음을 통해서 구원을 주신다는 것이다. 그들의 자유 의지를 사용하는 자들은 하나님의 은혜로 능력을 얻으므로 궁극적으로 예수를 믿음으로 반응하게 되며 의롭게 된다.

오늘날 감리교회들은 신앙에서 다양하다. 대부분 감리교회들은 특별한 교리를 변호하기보다는 삶의 질에 더 관심을 갖는다. 그러나 다수의 교회들은 웨슬리의 완전주의 교리의 어떤 형태에 서명한다. 그 사상은 신자들은 성령에 의해 죄에 대해서 아니라고 말할 수 있으며 그들이 하나님께 완전하게 복종한다면 이 세상의 삶에서 완전하게 될 수 있다는 것이다. 감리교인들이 믿는 세 가지 중요한 교리적 진술을 정의하면 다음과 같다.

1. 사도 신경: 교회의 예배 중에 자주 암송한다.
2. 영국 교회의 39개 신조에 대한 웨슬리의 수정인 25개 조항.
3. 감리교회의 교리와 권징으로 4년마다 새로운 조항이 나온다.

모든 교리의 해석과 실천에는 폭넓은 자유가 있어서 어떤 교회는 자유주의적이며 다른 교회들은 보다 더 보수적이다. 이런 경향은 아마도 웨슬리의 영향이라고 할 수 있다. 웨슬리는 이성과 경험 모두를 강조하였다. 따라서 감리교회의 신학은 미국의 경우 학적이면서 자유주의적인 입장을 취하는 경우와 감정과 경험을 강조하는 오순절파의 신앙에 가까운 경우를 동시에 볼 수 있다. 그런가 하면 이성과 열정, 그리고 경험을 동시에 강조하는 웨슬리의 신앙을 그대로 지속하고 있는 신학교와 교회들도 볼 수 있다. 따라서 찰스 이리고인(Charles Yrigoyen, Jr.)은 웨슬리 신학의 원천으로 성경과 전통, 그리고 이성과 경험을 들고 있다.[38]

대부분의 감리교회는 미국의 중요한 신앙 운동에 참여하는데 절제 운동, 사회 복음, 성결 운동, 그리고 에큐메니컬 운동이다. 이런 운동들의 일부는 새로운 교단을 낳았으며 예배와 의식은 폭넓게 개정한 영국 기도서에 근거한다. 예배는 각 교회가 그들에게 걸맞는 것을 사용할 자유가 있다. 지교회의 목사는 연회 때 감독에 의해 임명된다.[39]

(2) 감리교회 교단

기독교 감리교 감독교회(CHRISTIAN METHODIST EPISCOPAL CHURCH)

설립: 1870

교인: 850,000

교회: 3,500(2006)

연혁: 노예 해방에 뒤이어 감독감리교회(남부)의 흑인 미국인 - 8만여 명의 아프리칸 미국인 - 들은 백인 회원들로부터 평화적으로 분립하여 1870년 테네시 잭슨에서 미국 유색감리교 감독교회(The Colored

---

38 Charles Yrigoyen, Jr., *John Wesley*(Abingdon, 1996), 25-28.
39 Ron Rhodes, Op.cit., 266-267.

Methodist Episcopal Church)를 세웠다. 80년이 지난 1954년 테네시의 멤피스(Memphis) 총회에서 다수의 투표에 의해 유색을 기독교로 변경했다. 따라서 교단의 이름은 기독교 감리교 감독교회가 되었다. 이 교단은 지금 미국에만 아니라 아이티, 자마이카, 나이지리아, 그리고 리베리아에까지 확산되었다. 교단은 교회 연합에 관심이 많으며 최근에는 흑인 감리교 감독교회와 합동을 시도하고 있으며 연합 미국 감리교 감독교회와 완전한 성찬을 하고 있다.

교회의 정치: 교단은 지방회, 연회, 그리고 감리교회의 4년 총회에 더해 계절 회의가 있다. 10개의 감독 구역이 있는데 각 구역은 함께 감독들의 협회를 이룬 사회하는 감독에 의해 관리된다. 10개의 부처가 전국 교회의 사무를 관리하는데 각 부서는 감독 회의에 의해 선임된 감독이 의장직을 맡는다. 다양한 부서의 총무들은 총회에서 4년마다 선출된다. 여성선교회의 회장은 선교회의 4년마다 총회에서 선출한다.

선교와 교육: 교단은 두 개의 정기 간행물과 5개의 대학, 1개의 신학교, 병원, 그리고 몇 개의 저가 아파트와 노인 아파트를 지원하고 있다. 20세기 후반에 들어 이 교단은 그 사역으로 아프리카인 미국인들을 위한 경제 성장을 촉진시키고 있다. 정기 간행물로는 〈The Christian Index; The Missionary Messenger〉가 있다.

교리와 신앙: 성경, 삼위일체의 하나님, 예수 그리스도, 성령, 죄와 구원, 교회, 성례, 그리고 종말에서 복음주의와 같다. 구원의 안전에서는 알미니안의 입장이어서 기독교인들은 그들이 하나님의 은혜를 배척하고 구원에서 떨어지는 길을 갈 수 있다.

구별되는 점: 이 교단은 그리스도인의 완전주의를 지지한다. 비록 완전함이나 죄 없는 삶이 결단코 실제로는 이루어지지 않는다고 해도 그런

삶이 하나님의 능력을 주시는 은혜로 가능하다는 것이다. 그러므로 신자는 완전을 지향해야 하며 그 방향에서 어떤 증거가 있어야 한다.

쟁점에 대한 입장:

낙태: 낙태는 어머니의 생명에 위험하거나 근친상간 및 강간의 경우에만 가능하다.

산아 제한: 신자 부부의 임신 전 산아 제한의 방법을 받아들인다.

사형: 국가에 의한 사형도 반대한다.

창조 대 진화: 창조는 진화를 반대하지 않는다. 둘 다 우주를 이해하는 방식이며 세계의 질서를 이해하는 길이다. 진화론은 창조의 열린 지식으로 인간의 이해를 더해 준다.

구별된 관행: 예배는 질서가 있지만 성령의 역사에 열려 있어서 찬양의 외침, 아멘, 그리고 다른 자발적인 반응이 많다.

이혼과 재혼: 결혼생활이 힘든 가정은 교회가 상담으로 치유해주지만 실패했을 경우 이혼하게 되며 이 경우에 재혼은 금하지 않는다.

동성애: 동성애를 축복하지도 관용하지도 않는다. 하나님의 은혜는 모두를 위해 충분하다고 한다.

기적: 기적을 믿으며 기적은 외적 세계의 사건들에 대한 하나님의 직접적인 능력의 표지로 본다.

금하는 것: 술을 마시는 것과 다른 신자를 법정에 고소하는 것을 금한다. 이 교회의 사회 신조는 노름을 금한다.

방언과 성령의 은사: 방언은 성령의 한 은사다. 하나님은 사역과 교회의 선을 위해 은사들을 주신다. 은사의 사용은 봉사를 위한 것이며 교회의 공동 선을 위해 사용되어야 한다. 그리스도 안에 있는 하나님의 백성의 공동 선이나 사역에서 성도를 준비시키는 것이 아닌 것은 의심해야

한다.

여성 사역: 1966년 이래로 여성들을 목사 및 장로와 집사로 안수한다.

본부: 1616 E. Illinois Ave., Dallas, TX 7521: Phone; (214)372-9073; Fax: (214)372-2082

남감리교회(SOUTHERN METHODIST CHURCH)

설립: 1939

교인: 7,686, 101(2006)

연혁: 남감리교회는 1939년 사우스 캐롤라이나 컬럼비아(Columbia)에서 설립되었다. 설립 회원들은 감독감리교회(남부)에 소속되어 있었으나 감독감리교회(북부)와 그 교단의 1939년 연합을 반대하였다. 그 이유는 연합 교단은 배교와 이단으로 오염되었다고 믿었기 때문이었다. 그 연합은 한 몸 안에서 지나치게 중앙 집권화로 교회의 통제를 하게 된다고 생각하였다. 따라서 그 연합에 함께 하기보다 새로운 교단을 시작하기로 하였다. 교단은 남부감리교 감독교회의 교리적인 유산을 지키고 요한 웨슬리가 전한 구원과 성경적 성결의 메시지를 전하는 것을 지속하려고 한다.

교회의 정치: 남감리교회는 감독이 없으나 연례 회의와 정기 총회가 있으며 목사와 장로들 중에서 4년마다 선출된 회장이 있다. 평신도와 목사들은 그 총회에서 발언권과 투표권에서 동등하다. 지역 교회들은 자체의 부동산과 건물을 소유하며 자신의 목사들을 청빙하고 청빙받은 목사는 연회에서 허락을 받아야 한다.

선교와 교육: 남감리교회는 사우스 캐롤라이나 오렌지버그(Orangeburg)

에 한 개의 대학과 출판사와 인쇄소가 있다.

이 교단의 정기 간행물은 〈The southern Methodist〉이다.

교리와 신앙: 성경, 삼위일체의 하나님, 예수 그리스도, 성령, 죄와 구원, 교회, 그리고 종말은 복음주의와 같다.

쟁점에 대한 입장(보수적이고 복음적이다)

낙태: 유아의 생명은 임신의 순간부터 시작된다. 생명이 시작된 임신한 태아를 파괴시키는 것은 살인이요 잘못이다.

산아 제한: 산아 제한은 받아들일 수 없다.

사형: 살인자는 죽음으로 처벌되어야 한다.

창조 대 진화: 창조에 대한 창세기의 설명은 만물이 각 생물의 종류에 따라 하나님에 의해 창조되었으며 전 창조가 문자적인 6일에 성취되었다.

이혼과 재혼: 성경은 이혼과 재혼을 하나의 타당한 이유로 허용하는데 그것은 부정(불륜)이다.

안락사: 인간은 하나님의 형상으로 만들어졌으므로 안락사를 정죄한다. 인간은 사람의 생명을 끝낼 권리가 없다.

동성애: 동성애는 선택된 생활 양식이다. 로마서 1장에 따르면 그것은 죄다. 다른 죄된 행위처럼 그것은 반드시 성령의 영감을 통한 하나님의 도움에 의해 포기되어야 한다.

기적: 하나님의 말씀에 언급된 모든 기적들은 문자적이며 초자연적인 역사다. 오늘날 가장 위대한 지속적인 기적은 죄인들이 구원받는 것이다.

금하는 것: 노름은 금한다. 목사는 담배나 술이 허용되지 않는다. 평신도들도 강력하게 같은 것들에서 삼갈 것을 권고한다. 어떤 형태의 암거래 약품을 마시거나 먹는 것도 금지된다.

방언과 성령의 은사: 성령의 은사는 나타내기 위함이 아니라 섬김을 위한 것이다. 그러므로 성령은 사역의 필요를 따라서 사람들에게 은사를 주신다. 모두가 같은 말을 사용하는 데에 방언의 은사는 필요하지 않다.

본부: PO Box 39, Orangeburg, SC 29116-0039; Phone; (803)536-1378; Fax: (803)535-3881; E-mail: smxchq@juno.com

북미 복음주의교회(THE EVANGELICAL CHURCH OF NORTH AMERICA)

설립: 1968

교인: 12,475

교회: 164

연혁: 북미 복음주의교회는 그들의 교단과 연합감리교회를 형성한 감리교회와의 합동 계획에 참여를 거부한 복음연합형제교회의 회원들에 의해 1968년 설립되었다. 새 교단은 오레곤 포틀랜드(Portland)에서 46개 교회와 80명의 목사들이 모여 조직하였다. 다음 해 감리교회와 몬타나와 북다코타에 있는 복음주의연합교회, 성결감리교회, 그리고 웨슬리안 언약교회에서 20여 교회들이 가입하였다. 1982년부터 1990년에 북서캐나다협회의가 복음주의 교회의 일부가 되었다. 1990년에 북서캐나다협회는 캐나다의 선교사교회와 연합하여 캐나다의 복음주의 선교사교회를 형성했다.

교회의 정치: 조직에서 협의회 감독들이 각 지방과 연례 회의를 감독하며 일반 행정은 연례회의 회기에서와 복음 전도, 선교, 기독교 교육, 그리고 청지기 같은 프로그램 부서에서 수행된다. 총 감독은 교단의 사역 감독자이다.

선교와 교육: 주요 선교 지역은 볼리비아, 브라질, 그리고 뉴멕시코에서 나바호 교회들이며 일본, 독일, 동유럽, 그리고 러시아에서 국교회들과 협력 사역을 하고 있다. 정기 간행물로는 〈Heart-Beat; The Evangelical Challenge〉가 있다.

교리와 신앙: 교리적인 입장은 웨슬리안-알미니안이다. 성경, 삼위일체의 하나님, 예수 그리스도, 성령, 교회, 성례, 죄와 구원, 종말은 복음주의와 같다. 중생의 경험 후에 신자들은 은혜에서 떠날 수 있으며 죄로 타락할 수 있다. 만일 회개하지 않는다면 구원을 잃을 수 있다.

구별되는 신앙: 완전한 성화는 완전히 헌신된 신자의 마음에서 이루어진 하나님의 제2의 명확하고 즉각적인 역사이다. 그것은 중생에 뒤이어 일어난다. 그 행위에서 하나님은 모든 상속된 죄에서 마음을 깨끗이 하시며 영을 성령으로 채우시며 사람들로 하여금 그들의 온 마음으로 하나님을 사랑할 수 있게 하신다. 완전 성화는 상속된 죄에서 완전한 죽음을 수반하지는 않는다. 또 더 이상 죄를 지을 가능성에서 구원해 주지도 않는다. 그리스도인은 지속적으로 시험에 대해 경계해야 하며 영적 승리를 추구해야 한다.

쟁점에 대한 입장

기적: 하나님은 치유하실 능력이 있으시며 신자는 병자를 위해 기도해야 한다. 비록 치유가 하나님께 요구될 수는 없을지라도 기도는 야고보서에 일치되게 해야 한다. 하나님은 세 가지 방식으로 치유하신다.

1. 의학의 도움으로 인간의 몸의 자연적인 과정을 통해서 치유하신다.
2. 하나님의 즉각적인 간섭을 통해서 치유하신다.
3. 몸의 죽음과 부활을 통하여 영화된 상태로 치유하신다.

본부: 9421 W. River Rd., Minneapolis, MN 55444; Phone; (763)424-

2589; E-mail: ecdenom@usfamily.net:http://theevangelicalchurch.com

북미 자유감리교회(FREE METHODIST CHURCH OF NORTH AMERICA)

설립: 1860

교인: 70,000

교회: 1000(2000년)

연혁: 북미 자유감리교회는 불복종 때문에 감독감리교회에서 제명된 목사와 평신도들에 의해 1860년 서부 뉴욕에서 설립되었다. 제명의 이유는 로버츠(Benjamin Titus Roberts, 1823-1893) 목사의 지도 아래 감독감리교회가 초기 감리교회의 교리와 생활 양식에서 벗어난 것에 대해 용기 있게 반대했기 때문이었다. 따라서 제명된 사람들은 회의를 소집했고 1860년 8월 23일 북미 자유감리교회가 탄생하게 되었다. 그 모임에서 다뤄진 문제들은 다음과 같다.

1. 감독감리교회는 노예 문제에 단호한 입장을 취하지 않는다. 북미 자유감리교회는 모든 사람 - 아프리칸, 또한 미국인을 포함해서 - 은 자유해야 한다고 믿는다.

2. 감독감리교회는 부자 회원에게 교회의 좌석을 임대해 주거나 파는데 그로 인해 가난한 사람들은 뒷좌석에 앉아야 한다. 북미 자유감리교회는 모든 사람이 자유롭게 앉아야 한다고 믿는다.

3. 감독감리교회는 예배에서 죽은 의식주의에 빠졌다. 북미 자유감리교회는 예배의 형태는 자유로워야 한다고 생각한다.

4. 감독감리교회는 회원의 비밀 단체의 참석에 열려 있다. 북미 자유

감리교회는 그런 비밀스런 단체에 참여하지 말아야 한다고 생각한다. 진리는 공적으로 자유롭게 나눠야 하기 때문이다. 이 그룹이 자유라는 말을 덧붙인 것은 의지를 위한 자유, 노예를 위한 자유, 그리고 예배의 자유를 위함이다.

교회의 정치: 자유감리교회는 교회의 4개 지역을 관리하는 네 감독위원회와 4년마다 열리는 총회, 연회와 지방회, 그리고 기본 감리교의 모형인 구역들이 있다. 교단의 출판부는 빛과 생명의 보도 기관이다. 교단은 정책을 결정하는 협의체에 평신도 목사의 동수가 포함될 만큼 평신도의 역할이 크다.

가입 단체: 복음주의연합회, 기독교성결협회, 세계감리교협의회, 재정책임을 위한 복음주의협의회이다.

선교와 교육: 자유감리교회는 세계 59개국에 있으며 50만 명 이상의 교인이 있다. 자유감리교회 교인들은 생활의 단순성, 예배, 매일 그리스도에게 헌신, 시간과 재능과 재정에 대한 책임있는 청지기직을 강조한다. 교단은 4년제 6개의 대학과 한 개의 신학교를 운영하고 있으며 애즈베리 신학교와 웨스턴 신학교와 협력하여 신학재단을 유지하고 있다. 사회봉사로는 한 개의 병원과 미혼모를 위한 보호소, 노인들을 위한 5개의 은퇴자 간호 시설과 어린이들을 위한 많은 데이케어 시설이 있다. 정기 간행물로는 〈Newsletter, Fgconnections, Friends Journal〉이 있다.

교리와 신앙: 이 교단은 감리 교단 중에서 가장 보수적이다. 성경, 삼위일체의 하나님, 예수 그리스도, 성령, 죄와 구원, 성례와 종말은 복음주의와 같다. 신자는 자원하여 죄를 지을 수 있으며 그들의 그리스도와 관계를 단절할 수 있으나 회개로 관계를 회복할 수 있다.

구별된 신앙: 다른 감리교회처럼 완전 성화를 주장하는데 완전히 헌신된 신자들은 그리스도의 속죄의 피를 믿음으로 그 순간에 모든 내적인 죄에서 정결하게 되며 섬김을 위한 능력이 임한다. 완전한 성화는 신자로 하여금 그들의 온 마음으로 하나님과 자신처럼 이웃을 사랑할 수 있게 된다.

쟁점에 대한 입장

생명의 윤리: 국법이나 의학적 안전으로 결정하지 않고 생명의 거룩함과 하나님 주권의 성경적 원리로 접근한다.

산아 제한: 낙태를 반대하며 그 산아 제한은 반대한다.

창조 대 진화: 아버지시며 전능하신 하나님은 하늘과 땅의 창조자시다.

이혼과 재혼: 결혼이 성적인 부정으로 손상되었을 때 회복의 노력이 불가능하면 이혼은 허용된다. 신자가 불신자였을 때 이혼을 했을 경우와 간음한 배우자로부터 이혼되거나 버림 받는 경우에 재혼할 수 있다.

안락사: 생명의 가치는 주로 하나님과 사람의 관계에 있으므로 안락사는 반대한다.

동성애: 하나님의 창조 질서의 전도이며 동성 간의 결혼에 참여나 그 정당성을 인정하지 않는다.

기적: 자유감리교회는 몸과 마음과 영의 치유를 주장한다. 기도로 직접 병이 나을 수 있고 의학적인 수술, 약, 환경의 전환, 상담, 바른 자세, 스스로의 회복 과정을 통해서 치유된다.

방언과 성령의 은사: 신자는 성령 충만의 증거로서 방언을 추구하거나 은사 자체를 추구하지 말아야 한다. 이해하기 힘든 소리로 말하거나 가르치는 것은 성령으로 오는 질서와는 모순이다. 예배의 언어는 백성들의 언어이며 모든 소통은 이해할 수 있어야 한다. 여성은 교회의 모든 사

역에 열려 있다.

본부: POBox 535002, Indianapolis, IN 46253-5002; Phone; (317)244-3660; Fax:(317)241-1247; E-mail: info@freemethodistchurch.org

복음주의 감리교회(EVANGELICAL MEDOSIST CHURCH)

설립: 1946

교인: 7,348

교회: 108(2005)

연혁: 감리교회가 자유주의를 받아들인 것을 반대하여 항의하면서 교단의 교회를 떠나서 새로운 복음주의 감리교회를 형성하였다. 교단은 복음 메시지를 위해 사회적, 교육적, 혹은 문화적 구원의 다양한 다른 것들로 대체되는 것을 반대하여 항의하였다. 교단의 시작은 테네시의 멤피스에서 감리교 목사들과 평신도들의 기도 모임의 결과였다. 그 모임의 의장으로 J. H. 험블렌(Humblen)이 선출되었으며 그는 새 교단의 총감독이 되었다. 교단의 특성은 교리에서는 근본적이며 프로그램에서는 복음주의이고 정치에서는 회중주의이다.

교회의 정치: 교단은 감독의 독재 정치를 반대하며 개교회의 재산 관리와 목사의 선택을 주장한다.

선교: 교단은 미국을 비롯해서 멕시코, 미얀마, 캐나다, 필리핀, 유럽의 몇몇 국가, 그리고 아프리카 국가에서 사역하고 있다.

교리와 신앙: 교단의 신학은 웨슬리안 알미니안이며, 성경의 무오를 강조하고 성결의 메시지를 가르치며 천년 전의 재림과 선교사적 조망의 복음주의로 교리는 웨슬리안이다. 성화는 일반적으로 점진적이다. 그러

나 완전 성화를 경험할 수 있는데 이는 제2의 위기의 마음의 경험으로서 자기 중심의 야망의 죽음에서 하나님과 다른 사람을 위한 완전한 사랑으로 대치된다.

본부: P. O. Box 17070, Indianapolis, IN 46217

연합감리교회(THE UNITED METHODIST CHURCH)

설립: 1968

교인: 8,298,145

교회: 24,162

연혁: 연합감리교회는 두 개의 다른 감리 교단 - 감리교회와 복음연합형제교회 - 의 합동으로 1968년 4월 23일 텍사스주 달라스(Dallas)에서 설립되었다. 이 합동은 복음연합형제교회의 감독 뮬러(Reuben H. Muller)와 감리교회의 위크(Lioyd C. Wicke) 감독이 텍사스 달라스에서 총회의 구성에 합의함으로 실현되었다. 그들은 "교회의 주님, 우리는 당신 안에서, 그리고 당신의 교회 안에서 연합되었습니다. 그리고 이제 연합감리교회 안에서 연합되었습니다"라며 크게 감격해 했다. 이 연합은 두 교단이 비슷한 교리를 가졌으며 유사한 권징서를 지녔고 또 서로 강단 교류를 했었기 때문에 매우 좋은 일이었다. 그러나 두 교단 안에서 모두에게 동의를 받을 수는 없었다. 51개의 교회와 태평양 북서 협회에서 탈퇴한 복음연합형제파의 거의 80명에 달하는 목사들이 합동에 동의하지 않았으며 북미 복음교회를 세웠다. 또 몬타나에서는 복음연합형제교회에서 18개 교회가 몬타나 북미 복음교회를 세우기 위해 교단을 떠났다. 그러나 거의 750,000명의 형제 교인들이 연합을 받아들였으며 새연합감리교

회에 힘을 보탬으로 연합감리교회는 거의 천백만 명의 신자가 되었다. 그러나 그 결과는 연합의 감격에는 미치지 못하였다. 오늘날 연합감리교회는 약 8백3만 명의 교인이 있다. 현재 교단은 아프리카와 아시아에서는 늘고 있지만 미국과 유럽에서는 급격히 감소하고 있다. 그럼에도 미국에서 개신교 중에서는 세 번째로 큰 교단이다.

교회의 정치: 교회 정치는 협의회의 성직 계급제다. 연회(지방으로 나눔) 재판 회의(어떤 지리적 구역을 포함한다), 그리고 총회이다(주된 입법체). 총회는 1,000명으로 구성되는데 절반은 평신도이고 절반은 목사이며 연회에서 비례에 근거로 선출된다. 재판국은 헌의된 총회의 어떤 법령에 대한 합헌성을 결정하며 또 어느 지역이나 연회 재판 회의에서 헌법에 대한 질문에 대해서와 감독의 결정에 대한 어떤 상소를 듣고 결정한다. 전국적인 교회의 기관들로는 재정 및 행정위원회, 목회자, 교회와 사회, 권징, 세계 사역, 고등 교육과 사역, 연금과 건강, 기독교 연합과 종교 간 관심사, 연합감리교 남성, 종교와 인종, 여성의 신분과 역할, 통신, 연합감리교 출판과 같은 다양한 위원회들이 있다.

선교와 교육: 사회 사업과 교육에는 225개의 은퇴자 휴양소와 장기 케어 시설, 70개의 병원과 건강 관리 시설, 50개의 어린이 보호 시설, 30개의 장애인 사역, 8개의 2년제 대학, 82개의 4년제 대학, 10개의 대학교와 13개의 신학교가 있다. 연합감리교회는 목사 지원자와 자비의 사역, 지교회의 건물과 은퇴 연금, 그리고 활동 비용으로 해마다 3백 65만 달러를 지출한다. 그리고 미국 교회협의회를 위해서도 상당한 재정적 지원을 하고 있다. 연합감리교회는 인권과 생태계의 관심을 강조하는 사회적 강령을 채택하였다.

교리와 신앙: 1972년에 총회는 18세기 이래 첫 진술로 교회의 교리의

기초를 확대시켰다. 감리교회와 복음연합교회의 합동에서 고전 문서들은 유지되나 교리적인 문호는 신학적 변화와 수정에 열어두었다. 하나의 재진술은 1988년에 채택되었는데 신학적 반성에서 전통의 자료와 경험, 그리고 이성은 신앙과 관행을 위한 성경의 우선순위를 바꾸지 않고 성경 연구에 절대로 필요하다고 하였다. 감리교회는 기독교 신앙의 기초로 세 가지 교훈을 가지고 있다;

1. 사람은 모두 본성적으로 죄에서 죽었으며 그 결과 진노의 자녀들이다.
2. 사람은 믿음으로만 의로워진다.
3. 신앙은 내적, 외적으로 거룩을 낳는다.

성경: 성경은 기독교 교리를 위한 중요한 원천이며 표준이다. 성경은 신앙의 문제에서 권위이다. 성경은 모든 인간에게 구원에 대해 아는 것이 필요함을 계시한다. 중요한 가치는 인간 이성에 주어졌다. 왜냐하면 성경을 읽고 해석하는 것은 이성으로 하기 때문이다.

죄와 구원: 하나님의 용납을 가능케 하는 선 은혜는 만인에게 유효하다. 사람의 칭의와 개종은 갑작스럽거나 드라마틱하거나 혹은 점진적이거나 축적적일 것이다. 신자는 성령께서 우리가 하나님의 자녀임을 우리의 영과 더불어 증거하실 때 구원의 확신을 가질 수 있다. 그러나 신자가 은혜에서 떠나 죄로 떨어지는 것이 가능하다.

자유 의지: 하나님의 신적 은혜가 그들을 가능하게 함으로써 자신의 선택을 하는 데 자유하다. 그러나 자신의 선택에 대해서는 하나님께 책임이 있다. 그럼에도 연합감리교회 안에서 신학과 정치적인 문제에서는 폭넓은 다양성이 있다. 이런 다양성에 대한 다른 견해들은 그들의 관용정신 때문이다. 이는 "본질적인 데서는 연합을, 비본질적인 것에서는 자

유를, 그리고 모든 것에서는 관용을"이라는 감리교회의 좌우명에 따른 것이다. 따라서 연합감리교회는 진보적인 복음주의라고 할 수 있다.

구별되는 신앙: 이 교단도 다른 감리교처럼 완전 성화의 교리를 주장하는데 이로 인해 중생한 자는 그들의 생각, 말, 그리고 행실의 죄에서 깨끗하게 될 수 있다. 그러므로 모든 신자는 거룩을 힘써야 한다. 그것이 없이는 아무도 하나님을 볼 수 없다. 이 교단의 정기 간행물로는 〈Mature Years〉, 〈El Interprete: New World Outlook〉, 〈Newscope〉, 〈Interpreter〉, 〈Methodist History〉, 〈Christian Social Action:Pockets〉, 〈Response〉, 〈Social Questions Bulletin〉, 〈United Methodist Reporter Quarterly Review〉, 〈Alive Now; Circuit Rider〉, 〈El Aposento Alto〉, 〈Weavings-A Journal of the Christian Life〉, 〈The Upper Room〉이 있다.

쟁점에 대한 입장

낙태: 교단은 적절한 의학적 조치 아래 낙태의 합법적인 선택권을 지지한다. 그러나 이 교단은 산아 제한이나 성별을 방편으로 하는 것일 때에는 무조건 반대한다.

산아 제한: 자발적인 피임을 포함해서 출산 능력을 제한하기 위해 정보나 적합한 방편에 접근해야 한다.

사형 제도: 사형에 대해서는 기본적으로 반대한다.

이혼과 재혼: 결혼 계약의 신성함을 확인하며 배우자가 화해를 외면하는 경우 교회는 유감스럽게도 이혼을 인정한다. 그러나 재혼하는 것은 이혼한 사람의 권리임을 인정한다.

동성애: 교회는 동성애 행위를 너그럽게 보지 않으며 그것이 기독교의 가르침과 상반되는 것으로 생각한다. 동성애자들은 신성한 가치가 있으

며 교회는 동성애자들을 위한 기본 인권과 공민권의 자유를 지지한다. 교회는 몇 개의 총회에서 동성애에 대한 문제를 고려하였다. 2000년 회의에서 평신도와 목사 대의원들 대다수가 투표로 동성애 행위는 기독교의 가르침에 상반된다고 하였다. 그러나 동성애 행위를 자백하지 않는 사람은 목사로 안수되거나 목회자로 임명될 수 있음을 투표로 확정지었다.

기적: 연합감리교회는 기적에 대한 성경의 언급을 받아들인다.

금하는 것: 술, 마약, 그리고 담배에서 절제를 지원한다. 기독교인은 노름을 하지 말아야 한다.

구원의 안전: 신자가 성령을 받은 후에 주어진 은혜에서 떠날 수 있으나 하나님의 은혜로 다시 일어나서 그들의 생활을 바로 잡을 수 있다.

여성 사역: 여성은 목사직을 포함한 교회 생활의 모든 수준에서 환영된다. 현재 안수 받은 목사의 17%가 여성이다.

본부: 601 W. Riverside Ave., Dayton, OH 45406; Phone; (800)672-1789; Fax: (615)742-5469; E-mail: infoserv@umcom.org

흑인 감리교 감독교회(AFRICAN METHODIST EPISCOPAL CHURCH)

설립: 1816

교인: 1,857,186

교회: 7741

연혁: 흑인 감리교 감독교회(AME)는 세계에서 가장 오래되고 큰 감리교 교단 중의 하나이다. 이 교단은 돈을 내고 자유를 얻은 델아워로부터 온 이전의 노예 리처드 알렌(Richard Allen, 1760-1831)과 그의 추종자들에 의해 설립되었다. 그 설립의 이유는 백인교회 안에서 흑인들에 대한 인

종적인 차별 때문이었다. 1787년 필라델피아 성 조지교회는 주로 백인 회원들로 구성되었으나 흑인 교인들은 그 교회의 맨 뒷좌석에서 예배를 드렸다. 어느 날 흑인 압살롬 존스(Absalom Jones)가 그 교회의 제단 앞에서 무릎을 꿇고 기도하자 몇 명의 백인 재정 위원들이 강제로 그를 일으켜 그 교회의 뒷자리로 옮겨버렸다. 교회 지도자들이 그 인종적 차별을 공개하면서 전에 노예였던 리처드 알렌(Richard Allen)이 항의로 흑인 교인들을 이끌고 그 교회를 떠났다. 알렌은 즉시 철물상을 샀고 그 시설은 흑인 교인들의 새로운 교회 집회소가 되었다. 그곳은 필라델피아 흑인 감리교인들의 벧엘교회가 되었으며 알렌은 그들의 설교자가 되었다. 한동안 감리 교단에서는 알렌과 그의 회중들의 재산 관리를 하지 못하게 하였으나 1816년 펜실베이니아 대법원은 알렌 편을 들었다.

볼티모어에 있는 두 백인교회의 흑인 회원들 역시 그들의 독립을 선언하고 유색감리교협회를 설립하였다. 1816년 4월 필라델피아와 볼티모어 벧엘교회의 대표들과 다른 공동체들로부터 온 흑인 감리교인들이 필라델피아 벧엘교회에 모여 흑인 감리교 감독교회를 형성했다.

감리교 감독교회의 프랜시스 애즈베리는 쿠커를 벧엘교회의 첫 감독으로, 알렌은 그 교단의 첫 감독으로 봉직케 하였다. 첫 연회가 1821년에 개최되었는데 뉴헤이븐, 커네티컷, 펜실베이니아, 필라델피아, 그리고 뉴악과 뉴저지에서 6개의 흑인 감리교회들로부터 19명의 설교자들이 참석하였다. 제임스 바릭(James Varick, ca. 1750-1827)이 첫 감독으로 선출되었으며 현재의 이름은 1848년에 승인되었다. 미국 감리교 감독교회는 시민전쟁 전에는 주로 북부 주들에 제한되어 있었으나 그 전쟁 후에는 남부에서 빠르게 증가했다. 현재 본 교단 교회는 미국의 어느 곳에서나 볼 수 있게 되었다.

교회의 정치: 교회 정치는 상향식이며 거기에 회의를 더한다. 회의로는 지교회 회의, 지방 회의, 연례 회의, 그리고 총회가 있다. 교단은 19명의 감독들(2000년에 선출된 첫 여성 감독을 포함), 12명의 총회 임원들과 13개 지방에서 18명의 연계 위원들이 있으며 총회는 4년마다 열린다.

선교와 교육: 외국 선교는 남아프리카, 서부아프리카, 인도, 영국 런던, 캐리비안, 남아메리카에서 진행되고 있다. 교단은 6개의 대학교와 두 개의 신학교를 지원하고 있다. 또 1814년 이래로 주간 잡지 〈The Christian Recorder〉를 출간하고 있는데 이는 세계에서 가장 오래된 아프리칸-아메리칸 신문이다. 1833년 〈AMC Church Review〉를 시작했는데 이것 역시 아프리칸-아메리칸이 낸 가장 오랜 잡지이다. 1847년 교단은 AMC 대학을 시작했으며 1856년에는 윌버포스 대학교를 설립하였다. 현재 캐나다에는 9개의 AMC 교회가 있다. 교리와 신앙 교단의 교리는 성경, 삼위일체의 하나님, 예수 그리스도, 성령, 죄와 구원, 성례, 그리고 종말론은 복음주의와 같다. 흑인 감리교 감독교회의 사명은 사회 지향적이다. 회원들은 복음을 설교하고 굶주린 자를 먹이며 벗은 자를 입히고 집 없는 자에게 집을 주며 직장을 예비해 주고 검소함과 경제적 진보에 용기를 주며, 감옥, 병원, 양로 병원, 노인 아파트와 다른 사회적인 편의 시설을 제공한다. 여성은 교회 안에서 어떤 공직에도 환영된다.

본부: 1134 11Th St. NW, Washington, DC 20001

흑인 감리교 감독 시온교회(AFRICAN METHODIST EPISCOPAL ZION CHURCH)

설립: 1821
교인: 140만

교회: 3,337

연혁: 이 교단은 1796년 뉴욕 존스 스트리트 백인교회 안에서 신앙생활을 했던 흑인 신자들이 백인 신자들의 인종 차별 때문에 분리하여 예배를 드리면서 시작되었다. 제임스 바릭과 몇 명의 교인들이 감리교 감독 프랜시스 애즈베리에게 허락을 청원했고 애즈베리는 허락하였다. 1796년 이들은 분리하여 모임을 가졌으나 안수 받은 흑인 목사를 구할 수 없어 존스 스트리트 교회의 목사 윌리엄 스틸웰이 두 교회를 목회하였다. 이들은 1800년에 교회를 세우고 그 이름을 시온으로 하였다. 1821년 6월 21일 첫 연회로 뉴욕, 뉴헤이븐, 니왁, 그리고 필라델피아에 있는 6개의 흑인 감리교회의 대표로 19명의 설교자와 흑인 감리교 감독 시온교회(AMEZC)의 감독으로 바릭(James Varick)이 참여하였다. 연회는 교단의 신앙, 권징, 총 규범, 그리고 감독 체제의 25개 조항에 근거한 감리교 감독교회의 의식과 교리를 채택하였다. 교단의 이름인 흑인 감리교 감독 시온교회는 1848년에 채택되었다.

교회의 정치: 교단은 감독이 다스리는 감독제이며 교회는 12감독의 12지역이 있다.

선교와 교육: 시민 전쟁 때는 주로 북부에 있었으나 전쟁 후에 선교사들을 남부로 파송하여 루이지애나, 미시시피, 그리고 오클라호마에 많은 교회들이 설립되었다. 교단은 시작 때 교인은 42,000명이었으나 현재 이 교단은 140만여 명의 교인이 있다. 교단은 아프리카에 선교사를 파송한 첫 개신교 교단 중의 하나이다. 교육 기관으로는 1880년 남부 15회 연회에서 북캐롤라이나 살리스 버리에 리빙스턴 대학을 설립하였다. 5개의 중등학교와 두 개의 대학과 후드 신학교(Hood Theological Seminary)가 있 다. 이들은 대다수의 감리 교단과 성찬을 함께 한다.

교리와 신앙: 복음주의와 같다.

교단의 구별된 점: 교단은 백인들이 주축인 교회에서 인종 차별을 받은 경험이 있으므로 노예 폐지 운동의 일부인 시민 권리 운동에서 그 역할이 크다.

본부: 3225 Augar Creek Road, Charlotte, Charlotte, NC 28269

복음주의 회중교회(EVANGELICAL CONGREGATIONAL CHURCH)

설립: 1928

교인: 21,463

교회: 168

연혁: 교단이 강조하는 것은 성경이 신앙과 생활의 최종 권위임을 굳게 믿는 것이다. 교단은 복음 전도, 경건주의, 성결 운동, 회중주의와 특별히 리처드 포스터의 책에서 크게 영향을 받았다. 교단의 시작은 1796년 감리교 순회 설교자 제이콥 올브라이트(Jacob Albright, 1759-1808)가 설립한 복음주의협회로 알려진 운동이었다. 그러나 교단의 형성은 오랜 후였으며 그 와중에 특별히 감독의 권위에 대한 이견과 논쟁으로 1891년 분열을 경험하기도 하였다. 그 분열의 그룹이 1894년 연합복음주의교회를 형성하였다. 두 그룹이 1922년 화해하고 재합동하였다. 물론 연합 복음주의교회에 가입한 어떤 사람들은 그 합동을 인정하지 않았다. 그들은 남아서 1928년 그 이름을 복음주의 회중교회라고 하였다.

교회의 정치: 완전히 감리교회의 감독 정치를 떠나지 않은 절반의 자치제로 자체의 부동산을 소유한다.

선교와 교육: 이 교단의 비전은 건강한 교회를 일으켜서 상처받고 있

는 세상에 그리스도를 선포하는 것이다. 선교 사역을 위해 훈련에 특별하다.

교리와 신앙: 성경, 하나님, 그리스도, 성령, 죄와 구원, 교회, 그리고 종말론은 복음주의와 같다. 그 중에서도 성경을 강조한다. 역시 이 교단도 감리교회의 완전 성화를 주장한다.

본부: 100 West Park Ave., PA 17067, Phone; (717)866-7581

회중감리교회(CONGREGATIONAL METHODIST CHURCH)

설립: 1852

교인: 14,738

교회: 187

연혁: 회중감리교회는 감독감리교회(남부)의 어떤 정책에 불만을 품었던 평신도들에 의해 1852년에 설립되었다. 주로 세 가지 반대가 있었다.

1. 평신도는 교회의 정치에서 발언권이 없다.
2. 그들은 자체 건물의 소유와 목사의 청빙 및 교회를 위한 자유가 보다 많은 교회의 자치를 원했다.
3. 구원 사역에 관여하고 있는 평신도들은 안수를 원했으나 교단의 엄격한 교육적 자격을 갖출 때까지는 목사로 섬기는 것이 허용되지 않았다.

따라서 이들은 안수를 위해 보다 더 합리적인 자격을 요구하였다. 마침내 이들은 평신도들에게 발언권을 주며 그들 자신들의 목사를 청빙하는 교회에 가입을 허용하고 그들 자신의 땅을 소유하며 사역자의 안수를 위해 합리적인 자격을 요구하는 교회들에 가입을 허락했다는 교회를 원했다. 1852년 마이클 베리 메리트(Mickle Berry Merrit) 가정에서의 모임이 그 교회가 되었으며 그 회장으로 윌리엄 파보그(William Farbough)를 선출했다. 1880년에 감리회 감독교회에서 절반 이상이 나와 회중교회에 가입하였다. 이 교단은 주로 미국의 남부에 있다.

교회의 정치: 지역의 목사들은 지교회들에 의해 청빙되며, 연례 회의들은 강도를 인허하고, 목사들에게 안수하며 지역 보고서를 검토한다. 연례 총회는 교회의 법정으로 인식하며 교회법의 위반에 대한 치리의 권위가 있고 협력하고 계획하며 일반적인 교회의 활동을 장려한다.

선교와 교육: 20세기에 이 교단은 성장하였으며 1947년에는 첫 선교사를 파송하였다. 뉴멕시코와 나바호에 선교사 프로그램이 있다. 웨슬리 대학과 교단의 본부는 미시시피 플로렌스(Florence)에 있다.

교리와 신앙: 신학적으로는 근본주의와 성결 전통에 가깝다. 전적인 성화는 중생에 뒤이어 일어나는 제2의 명확한 은혜의 역사로 본다. 여성은 교회의 사역과 정치에 참여할 수 있다. 교단은 만인제사장직을 강조한다.

쟁점에 대한 입장

낙태: 교단은 어머니의 생명이 위태로운 경우가 아닌 낙태는 반대한다.

가입 기관: 없음.

산아 제한: 부부가 선택할 문제다.

창조 대 진화: 교회는 창조론자의 견해를 취한다.

사형: 회중감리교회는 사형을 지지한다.

이혼과 재혼: 결혼은 하나님의 첫 번째 가장 중요한 제도이다.

안락사: 반대한다.

동성애: 동성애 생활 양식은 성경에 표현된 그리스도인의 삶과 모순되며 교회는 동성애자의 직원 채용을 반대한다.

기적: 하나님은 오늘도 기적을 행하신다.

방언과 성령의 은사: 회중감리교회는 중생 후에 성령 충만으로 마음에서 일어나는 완전 성화를 믿는다. 방언으로 말하는 것에 대해서는 현대의 방언에 대한 정의가 잘못되었다고 한다. 방언의 목적은 전도이다. 따라서 기도의 방언이나 황홀한 언어의 방언을 부인한다. 성경에 언급된 방언은 화자가 모르는 실제 말을 하는 것이며 그것을 듣는 자는 아는 말이었다.

여성 사역: 담임 목사나 가르치는 장로는 성경적으로나 역사적으로 남성에게 제한되나 성령의 은사를 지닌 여성은 중요한 사역을 한다.

본부:1501 Mineral Ave., Ste.B, Littleton, CO 80120; Phone; (720)283-3030; Fax: (720)283-3333; E-mail: cba@cbamerica.org

한인감리교회(KOREAN METHODIST CHURCH)

설립: 1884

미국 설립: 1921, 교회와 교인의 수는 알려지지 않음

연혁: 한국의 감리교는 1880년 선교사 로버트 매크레이와 헨리 아펜젤러(Henry Appenzeller)의 지도 아래 시작되었다. 오늘날 한국에는 150만여 명의 감리교인들이 있다. 협성신학대학이 1907년에 세워져 한국 목사와 전도사들을 배출하였다. 최초의 한국 감리교회의 감독으로는 양주삼 목사가 1930년대에 봉직되었다. 한국 감리교회는 다른 한국의 교단들처럼 일본의 한국 통치 기간에 박해를 받았으며 6.25 동란으로 큰 손

실을 입었다. 1960년대와 70년대에 산업화의 시기에 한국의 감리교회는 다른 교단들처럼 크게 성장하였다. 21세기에 접어들면서 한국의 감리교회는 세계에 소망을 준다는 기치 아래 세계 선교와 전도에 크게 기여하였다. 미국의 첫 한인감리교회는 파인애플 농장에 노동자로 일하는 한인들을 위해 1903년 홍성아에 의해 하와이에 설립되었다. 그 후 1921년에는 이종순 목사에 의해 뉴욕에 한인감리교회가 설립되었다.

미국에 있는 한인감리교회는 1965년 이후에 한인들의 이민으로 급속하게 성장하였다. 그리고 캘리포니아는 민족적인 한인 교회들이 가장 많다. 대부분의 한인 교회들이 그렇듯이 한인감리교회들도 이중언어 사역을 시작하였으며 근래에는 1세 한인 교회 안에 영어 사역이 반독립적인 형태로 존재하고 있으며 처음부터 1세 교회와 관계가 없는 독립 교회로 시작한 교회들도 있다. 어떤 경우는 목회자가 1.5세나 2세의 한국인이면서 다인종 교회로 성장해 가기도 한다. 처음에 한인 교회들은 한국에 있는 교단 총회의 관리 아래 있었으나 점차 독립된 교회 정치를 하는 교단으로 발전하게 되었다. 1992년에는 김하종 목사가 연합감리교회의 첫 한인-미국인 감독이 되었다. 코리안-아메리칸 사역에 교회의 발전과 연합감리교회 안에 있는 200명 이상의 코리안-아메리칸 목사들을 돕기 위해 연합감리교 카운실이 2000년에 설립되었다. 한인감리교회의 예배는 일반적으로 복음주의이며 신학교의 입장과 상관 없이 목사들은 신학적으로 보수주의이다.

본부: 633 W. 115Th ST. NEW YORK, NY 10025

감리교회 참고 자료: www.cme.org,Frank S. Mead, Samuel S. Hill, Craig D. Atwood,Op.cit., Ron Rhodes,Op.cit., Shelley Steig, Op.cit.,

Eileen W. Lindner, Op. cit., en: Wikipedia.org/ wiki/ Sourhern Methodist Church, quakertownecna. com/conferences, www. freemethodistchurch.org, www.emchurch.org, Drew Blankman & Todd Augustine, Op.cit., en.wikipedia.org/ wiki/Evangelical Metodist Church, www.umc.org. en.wikipedia.org./ wiki/United Methodist Church, amecnet.org, www.amez.org, en.wikipedia. org/ wiki/ African Methodist Episcopal Zion Church,www.cbamerica.org, cm.church.org/Our Doctrine, www.kmcweb.or.kr, 감리교회에 대한 전반적인 정보를 원하면 감리 교단에 앞서 소개한 감리교회를 보라.

6. 구세군(SALVATION ARMY)

(1) 개요 및 역사

연혁: 구세군과 연관된 조직들은 영국에서 산업화와 도시화 특별히 수도의 인구 팽창과 그에 따른 부작용으로 다수의 빈민들이 생긴 것과 연관이 있다. 따라서 구세군과 연관된 기관들은 소외된 빈민층에 대한 전도를 위해서 형성된 새로운 형태의 종교적인 조직체들이었다. 그리고 성공회 대신 감리교 안에서 발생하였지만 이 조직체들은 전통적인 교단이나 전통적인 봉사 조직체들과도 다른 양자를 합친 새로운 연합체라고 할 수 있다.

이 운동의 시발자는 윌리엄 부스(William Booth, 1829-1912)로 그는 캐더린 멈포드(Catherine Mumford, 1829-90)와 결혼하였다. 캐더린의 아버지는 목사였으며 그녀의 어머니는 그녀의 성결 모임에서 대중에게 설교를 하였으나 여성은 설교자가 되어서는 안 된다고 생각하였다. 그러나 캐더린 부스는 그녀의 소책자 여성 사역 혹은 복음을 설교하는 여성의 권리에 대해 썼으며 여성의 설교권을 변호하였다. 후에 구세군은 그녀의 영향으로 여성은 설교만 아니라 고위직의 사관도 될 수 있게 되었다.[40] 원래 부스는 영국 뉴 커넥션(New Connection) 교회의 목사였으나 가난한 소외 계층에게 복음을 전하기 위해 1861년 교회를 떠나 자유로운 전도자가 되었다. 그는 웨슬리의 신학을 배웠으며 자유로운 전도자가 되면서 런던의 동쪽 끝 빈민 지역 교회가 없는 집단에게 복음을 전하

---

40 John D. Woodbridge, Frank A. James III, Church History, Vol.Two, From Pre-Reformation to the Present Day(Zondervan, 2013), 603.

기 위해 헌신하였다. 그의 첫 번째의 계획은 교회를 돕는 일이었다. 그러나 그 사역은 실제적이지 못했다. 그의 많은 개종자들은 그가 보내는 교회로 가기를 원하지 않았고 가끔 그들이 가기는 했으나 용납 받지 못했다. 따라서 부스는 개종자로 하여금 그의 집회에 오는 사람들을 돕는 것이 필요함을 깨닫게 되었다.[41]

그는 그 사역을 기독교 선교라는 이름으로 시작했으나 1878년 그 이름을 현재의 구세군으로 변경하였다. 처음에 그는 보고서를 만들고 프로그램을 계획하는 연회와 더불어 감리교회의 정치 체제에 따라서 조직하였다. 그러나 그 이름이 바뀌면서 전체 조직도 새로운 이름으로 바뀌었다. 전쟁의 조항들(신앙의 선언)이 작성되었으며 곧 선교소는 군단이 되었다. 그러므로 구세군에 가입하면 회원이 되는 것이 아니라 군인이 되며 전쟁의 조항들(그들의 신앙의 진술)에 서명해야 한다. 군인들은 자원봉사의 헌신이 기대된다. 사관들은 전임사역자가 되는데 이는 일반 교단에서 목사와 같다. 이렇게 부스는 조직의 효과적인 사역을 위해 훈련의 실제적인 체계와 권위의 직접 통제를 위해 군대의 모형을 따른 조직으로 바꾸면서 자신은 대장이 되었다. 그가 이런 조직을 갖추게 된 것은 무슬림으로부터 성지를 회복하기 위해 십자군이 파견되었듯이 영혼을 구원하기 위해서는 십자군의 역사가 필요하다는 생각에 근거한 것이었다.

1883년 구세군 회원들은 성례의 물 세례나 성찬이 필요하지 않다고 하였다. 부스는 교회를 다니는 사람들은 이런 성례의 참여를 구원에 대한 방편으로 삼는다고 생각했다. 그는 영국 시민 1/10의 영적인 죽은 상

---

41 Ibid., 201-202.

태를 아프리카에서 결코 복음을 들어보지 못한 사람들과 비교하곤 하였다. 따라서 구세군은 웨슬리의 성화 교리를 강조하지만 다른 종교적인 형태에 의한 간섭 없이 사회 속에서 그리스도를 위한 개종자를 얻으려 하였다. 그러므로 구세군은 그 시작부터 실제적 박애 활동, 사회 복지 사역이 중요한 일부로 형성되었다.[42]

1890년 부스의 아내 캐더린 부스가 세상을 떠났고 그녀는 그 세대의 가장 유명하고 영향력 있는 기독교 여성으로 애도되었다. 부스와 그의 사역은 영국 교회, 술을 파는 사업들, 그리고 뉴스 매체를 포함하여 다양한 출처로부터 반대에 부딪쳤다. 뉴스 매체로부터는 그가 구세군의 중요한 리더로 그의 자녀들을 임명한 것이었다. 그러나 캐더린의 죽음 후에 부스와 그의 자녀들 사이에 분쟁이 생겼고 부스는 소경이 되고 말았다. 그러나 그는 런던시의 자유민으로 존경받았으며 옥스포드 대학교로부터 명예 학위를 받았다.[43]

(2) 구세군의 신학적 입장

구세군은 영국 교회가 그 신앙의 시발이며 특별히 웨슬리의 신학에 영향으로 알미니안 신학을 따른다. 따라서 자유 의지와 개종 후에 따라오는 성결의 경험을 주장한다. 그럼에도 전체적인 신학은 근본적으로 복음주의이며 성경지향적이고 보수주의이다. 그 교리는 성경의 신적 영감, 삼위일체의 교리, 은혜를 통한 믿음에 의한 신자의 구원, 영혼의 불멸, 몸의 부활, 마지막 심판이다.[44]

---

42 Daniel G. Reid, Robert D. Lindner, Bruce L. Shelley, *Dictionary of Christianity in America*, 1043-44.
43 John D. Woodbridge, Frank A. James III, Op,cit., 604.
44 A. Morgan Derham, "Salvation Army", In Gen. Ed., The New International Dictionary of the Christian

구세군의 중요한 사역은 다음과 같다.

1. 알콜과 마약 치유 프로그램
2. 공동체 오락 프로그램
3. 범죄자의 사회 복귀를 위한 프로그램
4. 카운셀링 프로그램
5. 어린이나 노인을 위한 데이케어 프로그램
6. 가정 폭력 서비스 프로그램
7. 비상사태 쉘터 프로그램
8. 일반 건강진단 프로그램
9. 노인들을 위한 영구주택 공급 프로그램 등이 있다.[45]

구세군 운동은 영국, 스코틀랜드, 그리고 웨일즈로 신속하게 확산되었으며 1880년 조지 스콧 레일톤(George Scott Railton, 1849-1913)을 지도자로 한 개척 그룹에 의해 미국에 공식적으로 설립되었다. 그리고 1882년 6월에는 캐나다에 설립되었다. 부스는 구세군 확장 정책을 세운 후에 지속적으로 개척단을 여러 지역으로 파송하였다. 1881년 오스트레일리아와 프랑스; 1882년 스위스, 스웨덴, 인도, 그리고 캐나다; 1883년 뉴질랜드, 사우스 아프리카, 그리고 1886년에는 독일로까지 확장되었다. 오늘날 구세군은 전 세계에 15,486여 개의 교회와 1,589,597여 명의 회원들이 있다.

Church(Zondervan, 1979), 875.
45 Carmen Renee Berry, Op. cit., 341-342.

(3) 구세군 교단

구세군(SALVATION ARMY)

설립: 1880

교인: 472,871

교회: 1,355(단)

연혁: 미국에서 구세군은 조지 스코트 레일톤의 지도로 영국에서 이민한 개척 그룹이 설립한 복음주의 개신교 교단이다. 구세군의 사역은 종교와 사회적인 프로그램을 가지고 영적, 도덕적, 그리고 육체적인 회복을 통해서 복음을 전하는 것이다. 미국에서 구세군의 사역은 9,037개의 사역 센터와 3,793개의 봉사탄이 있다. 그 곳에서 사역은 43,300여 명의 종업원과 170만여 명의 자원봉사자들의 도움으로 5,400여 명의 사관들에 의해 관리 시행되고 있다. 구세군의 사역은 이중적이다. 먼저 교회적인 기능은 사랑과 더불어 성령의 능력에 의해서 이루어지며 사회적인 기능은 인권을 잃은 자들 - 육체적으로 영적으로 궁핍한 자 - 의 처지를 향상시키는 것이다. 구세군은 평신도(군인들)로 구성되며 그들을 구세군 군인으로 부른다.

교회의 정치: 행정적으로 구세군은 대장의 지휘 아래 있다. 구세군의 조직 단위는 군단이며 이 군단은 한 도시 안에 몇 개가 있을 수 있다. 그리고 각 군단은 중위나 대위에서 소령 같은 사관 한 사람에 의해 지휘되며 그는 지역의 본부에 책임을 진다. 여러 개의 군단은 미국에서 40개의 사탄(부)을 이루며 각 사탄의 사역은 한 사람의 사탄 사령관의 직접 감독 아래 있다. 사탄들은 네 지역으로 구분되는데 - 동부, 중앙, 남부, 서부 - 본부는 뉴욕의 서부 나약(West Nyack); 일리노이스의 데스플레인즈(Desplaines); 조지아의 아틀랜타(Atlanta, Georgia); 그리고 캘리포니아의

랜초팔로스 버디스(Rancho Palos Verdes) - 에 있다. 지역 사령관은 각 지역을 책임지며 네 지역의 본부들은 군인들 사역의 모든 국면을 촉진시키기 위한 부서들로 구성된다.

미국의 본부는 버지니아의 알렉산드리아에 있으며 이는 전국의 조정 사무실이다. 전국 사령관은 최고 관리 사관이며 공식 대변인이고 미국에 있는 모든 재산의 구세군 법인의 회장이다. 총 수입은 이사회가 관리하며 자문위원회는 일반인들에게 군인들의 사역을 해석하는 일을 돕는다.

선교와 교육: 미국에서 구세군의 사역은 매년 17만 4천여 명을 돕는 162개의 회복 센터, 53개의 병원에서 매년 17만 6천여 명을 치료하고 있으며 51개의 캠프 시설은 17만 7천여 명의 어린이, 어머니, 그리고 연장자들을 위해 예비되어 있다. 구세군은 11만 3천여 명 이상의 회원이 있는 소년 소녀 클럽 300개를 운영하고 있다. 매년 약 2800만 번의 식사를 제공하고 있으며 약 1천 800만 회의 기본적인 사회봉사를 하고 있다. 해마다 15만여 명이 구세군의 사역으로 삶이 변하는 영적 결심을 한다고 한다. 그 밖에 남녀를 위한 호텔, 라지, 실종자 사무소, 데이케어 센터, 알콜중독 케어 시설, 죄수들과 그들의 가정을 위한 교정 봉사, 홈리스 피플을 위한 프로그램, 그리고 다른 연계된 봉사들을 하고 있다. 이런 사역은 인종, 피부색, 신조에 상관 없이 행해지며 전 사역의 재정은 크게 자원 기부금과 연방 정부의 기금, 그리고 연례 호소를 통해서 충당한다.

각 사관의 기본 훈련은 뉴욕의 서펀(Suffern), 시카고, 아틀랜타, 그리고 랜초 팔로스 버디스에 있는 네 학교에서 행하는 2년 과정이다. 사관 후보생의 중요한 근거는 구세 군단들이다. 최소한 6개월을 활동적으로 섬긴 군인은 지원서를 낼 수 있고 받아들여지면 사관 훈련을 위해 학교에 입학할 수 있다. 그 곳에서 커리큘럼은 공적인 공부에 더해 구세군 봉사의 모든 가능한 영역에서의 현장 경험이 포함된다. 소위로 학교에서 졸업한 사관은 더 공부하여 대위, 소령, 중령, 대령으로 진급할 수 있다.

교리와 신앙: 웨슬리안의 성화 교리를 포함해서 1878년 설립 증서에 진술된 11개항이 있다. 그 내용은 기독교인의 신앙과 생활의 유일한 규범으로서 성경; 창조주와 인류의 아버지로서 하나님; 아버지, 아들, 그리고 성령의 삼위일체; 하나님의 아들이시요, 인간의 아들이신 예수 그리스도; 영혼과 사회의 가장 큰 파괴자로서 죄; 인간의 죄를 위한 하나님의 구원과 궁극적이고 영원한 소망이 그리스도를 통해서 가능케 됨; 하나님의 왕국의 거룩한 목적을 위한 성별된 삶에 의한 현재 성숙의 경험으로서 성화; 그리고 죄와 죽음을 이기는 승리의 영원한 운명이다. 구세군의 정기 간행물로는 〈The Way Cry〉가 있다. 구세군의 구조 안에서 군인(회원)이 되고자 하는 개종자는 전쟁의 조항들에 서명이 요구되며 그 후에 회원으로 자원봉사를 한다. 사관의 역할은 전임 사역으로 다른 교회들의 목회자의 사역과 같다.

쟁점에 대한 입장

낙태: 구세군은 산아 제한이나 성별의 선택을 위한 방편으로서 낙태를 반대한다. 비극적이고 복잡한 정황의 경우에 결정은 기도와 심사숙고 후에 여성의 가정과 목회자, 의사, 그리고 다른 상담의 적절한 참여로써만 해야 한다.

세례: 구세군은 세례를 반대하지 않지만 기독교인이 되는 데 기본적인 일부는 아니라고 본다. 성례는 내적인 경험의 외적인 표현이므로 주님과 개인적이고 영적인 교제가 더 중요하다.

산아 제한: 구세군은 가족계획의 필요성을 인정한다. 낙태의 방법의

사용을 반대하면서 임신을 막는 산아 제한 방편의 사용을 격려한다.

사형: 구세군은 사형의 도덕적 수용과 범죄 방지의 효과에 대해서 의견이 갈린다. 그러나 사형의 지속이나 사형의 회복에 대한 어떤 방법의 주장은 구세군의 목적과 모든 사람의 생명은 신성하며 어떤 타락한 사람도 그리스도 안에서 새로운 인격이 될 수 있다는 믿음에 모순된다고 한다.

창조 대 진화: 하나님은 만물을 창조하셨고 유지하시고 다스리신다.

이혼과 재혼: 구세군은 어떤 결혼의 실패를 인정한다. 따라서 상담을 기쁘게 제공하고 실제로 부부들을 돕는다. 구세군은 사관이 심리적인 상처의 치유로 이끄는 주의 깊은 상담 후에 이혼한 자의 결혼을 주례하도록 허락한다.

안락사: 구세군은 인간 생명의 신성함은 중여되거나 인간의 동의로 취할 수 있는 것이 아님을 믿는다.

동성애: 구세군은 동성애가 성경에서 금하고 있음을 인식한다. 그러나 구세군의 봉사에서는 성적인 태도에 상관 없이 모든 사람이 자격이 있다.

구원의 안전: 조건적인 안전이어서 구원 상태의 지속은 지속적으로 그리스도를 믿는 신앙에 달렸다고 믿는다.

방언과 성령의 은사: 이런 은사들을 필수적으로 실행하지 않으면서 성령께서 신자들의 몸을 유익하게 하는 특별한 은사들로 신자들을 준비시킴을 믿는다.

여성 사역: 하나님은 교회의 사역을 위해 여성을 안수하신다. 구세군은 모든 영역에서 여성의 참여를 환영하며 구세군의 국제적인 교회와 행정 지도자로 섬기고 있다.

구별된 점: 구세군은 성찬이나 세례를 시행하지 않는다.

가입 단체: 복음주의연합회와 재정적인 책임을 위한 복음주의협의회

본부: 615 Slaters Lane, P.O. Box269, Alexandria, VA 22313, Phone; (703)684-5500; Fax: (703)684-5538

미국 자원봉사자 법인(VOLUNTEERS OF AMERICA, INC)

설립: 1896

회원: 1,4000

직원: 70,000 자원봉사자

연혁: 미국 자원봉사자들은 교회이면서 인류를 위한 봉사 단체다. 또 비교단적인 사회 복지의 조직이기도 하다. 이 교단은 밸링턴(Ballington, 1857-1940)과 구세군의 창설자 윌리엄 부스의 아들 마우드 부스(Maud, 1865-1948), 그리고 부스의 며느리에 의해 1896년에 설립되었다. 이들은 구세군에서 활동적으로 섬겼으나 윌리엄 부스의 독재적인 지도력에 동의하지 않고 사임한 후에 자원봉사자 법인을 세웠으므로 그 사역은 구세군과 유사한 전도와 사회 복지의 연합이다. 다만 그 구조에서 보다 더 민주적이다. 이 단체는 세계에서 제일 크고 가장 재정적으로 넉넉한 조직이다. 이들의 표어는 사회봉사에 대한 이 교단의 헌신을 잘 반영하는 것으로 "섬기기 위해 구원받았다"는 것이다.

교회의 정치: 구세군보다 더 민주적인 체제로 운영된다. 미국 자원봉사자들은 종교 법인 그랜드필드 회의(Grand field Council)와 협력체인 전국 이사회에 의해 다스려진다. 그 회의는 자원봉사자의 모든 성직자들과 그 조직의 대표회원들로 구성된다. 그랜드필드 회의는 법인 조직의 규약, 헌법, 내규, 규칙, 그리고 회장을 선출하는 책임이 있다. 전국 이사회는 31명의 자원봉사자 회원으로 구성되며 그 조직의 방향과 효과적인

기능을 책임진다. 전국교회위원회는 자원봉사자, 목회자의 보다 작은 단체로 목회 사역에 책임을 진다. 미국 자원봉사자의 지도 사관은 5년 임기를 위해 선출되며 교회의 머리이며 이 법인체의 회장이다. 전국 사무실은 버지니아의 알렉산드리아에 있으며 지방 자원봉사자 프로그램을 기술적, 행정적으로 지원하며 그 조직의 사명을 위해 다른 전략적인 사업들을 지시한다.

선교와 교육: 이 단체의 목적은 가서 모든 사람에게 사회적, 도덕적인 삶을 고양시키고 그들로 하여금 즉시 하나님을 아는 지식을 갖게 하며 활동적으로 섬기게 하는 것이다. 미국 자원봉사자 법인은 미국 전역에 개인과 공동체가 참여할 수 있는 160여 개의 다른 인류 봉사 프로그램과 기회를 제공하고 있다. 이들은 시골에서 도시에 이르는 저소득층 이웃에게 사회적으로 가장 필요한 문제를 다루는 프로그램 운영을 위해 1만1천여 명의 전임 사역자들과 3만여 명의 자원봉사자들을 참여시키고 있다. 이들은 개별적인 공동체의 필요만 아니라 학대받고 버려진 아이들, 위험에 빠진 청소년, 허약한 노인들, 장애인, 홈리스 개인과 가족, 그리고 그 밖의 많은 사람들의 필요에 부응하고 있다. 따라서 매년 적어도 백오십만 명의 도움이 필요한 사람들을 돕고 있다. 2003년 예산 770만불의 85% 이상이 그 봉사자들에게 지불되었다. 자원봉사자 법인은 성경이 가르치는 중요한 기독교 교리와 전통적인 기독교 사상과 관행에 집착한다. 이 교회의 사역자들은 종교적인 연구와 영적 상태에 대한 모든 요구를 갖춘 사람으로 성례와 복음적인 기능들을 수행한다.

본부: 110 South Union St., Alexandria, VA 22314-3324

미국 구제전도단(AMERICAN RESCUE WORKERS)

설립: 1913

교인: 2,500

교회: 15(1999)

연혁: 이 단체는 1884년 구세군으로 법인화 되었으며 1896년 미국 구세군으로 1913년 그 조직의 헌장이 작성될 때 그 이름을 미국 구제전도단으로 변경한 하나의 종교적인 자선 운동이다. 이들은 기독교의 한 분파이면서 구세군과 같은 조직을 가지고 있다. 그 회원들은 다양한 활동 그룹에서 섬기고 있는 사관들(성직자)과 평신도(군인들), 그리고 조언자들로 구성되었다. 이 단체는 위급한 지원(숙박, 옷, 음식), 술과 마약 중독자들을 위한 중간 시설과 회복 센터들, 홈리스들의 보호소와 사회적, 육체적인 장애인들을 위한 사회 복지 프로그램, 그리고 복음 전도 사역을 담당하고 있다. 미국 구제전도단은 충분한 자격이 있으면서도 교단으로서 그 체제를 바꾸지 않고 많은 공동체 봉사 프로그램을 수행하려고 힘쓴다. 세례와 성찬의 의식들은 지역 교회(군단들)의 책임 아래 목사들에 의해서 시행된다.

교단의 정치

정치: 군대식의 조직이며 경영자 회의가 사역을 관리 감독한다. 정치는 가장 중요한 분야로 회의의 회원들에 의해 선출된 경영자 회의를 통해서 한다. 그 조직은 군대식으로 총사령관이 있고 지역의 수뇌가 있다. 전국 본부는 펜실베이니아 윌리엄스포트에 있다.

선교와 교육: 사회 복지 프로그램을 가지고 복음을 전하고 기독교 진리를 확산시킨다. 교회와 주일 학교 봉사는 공동체의 교회들에서 이루어진다. 목사는 사관으로서 3년을 섬긴 후에 안수되는데 반드시 신학교

를 졸업했거나 조직의 연수 과정을 마치고 그것을 인정 받아야 한다.

교리와 신앙: 신앙의 조항들 안에는 삼위일체, 성경의 영감, 인간의 타락, 그리스도를 통한 구속, 그리고 다른 기초적인 정통 교리가 포함되어 있다. 이 단체의 동기는 하나님의 사랑과 인간의 필요에 대한 실제적인 관심이다. 그리고 그 목적은 구세군과 위의 단체들과 다르지 않다. 정기 간행물로는 〈The Rescue Herald〉가 있는데 매릴랜드 해거스타운(Hagerstown)에서 발행한다.

쟁점 문제에 대한 입장과 신앙의 관행: 다른 구세군과 연관된 단체와 같다.

가입 단체: 없음. 그러나 세례는 성례로 안정하며 신앙고백자들에게 베푼다.

금하는 것: 회원은 우연의 게임(노름)을 하지 않는다.

구원의 안전: 구원받은 사람도 범죄했을 때 회개하지 않는다면 소망이 없고 잃어버린 자가 될 수 있다.

방언과 성령의 은사: 성령 충만의 증거는 알려지지 않은 방언을 하는 것이 아니라 사랑의 삶을 사는 것이다.

여성 사역: 여성은 사역을 위해 안수를 받으며 지위와 직위에서 남성과 동등하다. 구세군과 크게 다르지 않다.

본부: Rev. Col. Robert N. Coles, 1209 Hamilton Blvd., Hagerstown, MD 21742-3340; Phone; (301)797-0061; Fax (301)797-1480; E-mail: chiefcoles@aol.com

구원 구제교회(SALVATION AND DELIVERANCE CHURCH)

설립: 1975

교인: 500,000

교회: 100(세계)

연혁: 이 교단은 윌리엄 브라운 목사에 의해 1975년에 설립되었다. 그는 원래 로마 가톨릭교회에서 성장했으며 주요 협력체에서 마케팅 부사장으로 일했다. 그가 구원 구제교회를 설립한 목적은 상호 간에 성결 사역을 강조하기 위함이었다. 세계적으로 이 교단의 교회는 100여 개이다 (1997년 기준).

교리와 신앙: 복음적이며 교단의 신앙적 성격은 오순절 계통의 성결파에 속한다. 이 교회는 그 이름처럼 복음 전도만 아니라 노인들과 도움이 필요한 사람들을 돕기 위해 음식과 옷을 모으고 전하는 구제 사역에 힘쓴다.

쟁점에 대한 입장

낙태: 하나님만 인간의 생사권이 있으시다.

산아 제한: 하나님은 사람을 생육하고 번성케 하시기 위해서 창조하셨다. 출생하는 것은 축복이다.

창조 대 진화: 하나님은 만물을 창조하셨고 그가 없이는 된 것이 없다.

이혼과 재혼: 교단은 간음 이외에 이혼이 있을 수 없다. 재혼은 배우자의 죽음의 경우에만 허용한다.

동성애: 하나님은 동성애자를 사랑하시나 동성애 행위는 부도덕하고 하나님이 경멸하시는 것이다.

기적: 현재도 발생한다.

금하는 것: 몸에 해로운 것; 마약, 알콜, 간음, 그리고 결혼하지 않고 함

께 사는 것이다.

구원의 안전: 구원은 무상이다. 구원은 신자의 복된 확신이다.

방언과 성령의 다른 은사: 방언은 성령께서 세워주고 성결케 하시는 것이다. 그것은 성령 세례의 표명이다. 교회는 성령의 열매처럼 성령의 은사들을 믿는다.

여성 사역: 여성은 복음을 설교하고 목회할 수 있다.

본부: 37 W. 116th St., New York, NY 10026

구세군 참고 자료: www.salvationarmyusa.org, Frank S. Mead, Samuel S. Hill, Craig D. Atwood, Op.cit., Shelly Steig, Op.cit., Eileen W. Lindner, Ed., Op.cit., www.voa.org, Damiel G. Reid, Robert D. Lindner, Bruce L. Shelley, Harry S. Stout, Op.cit.,1229, 구세군에 대한 자세한 정보를 원하면 교단을 소개하기 전에 소개한 구세군을 참고하기 바란다.

쉬벤크펠더교회 (SCHWENKFELDER CHURCH)

설립: 1782(기원 1519)

교인: 2,800

교회: 6(2000)

연혁: 이 교회는 16세기 영적 개혁자 카스파 쉬벤크펠트 폰 오식(Caspar Schwenfeld Von Ossig, 1489-1561)의 추종자들이다. 쉬벤크펠트는 실레지아의 귀족으로 1518년 영적 각성을 체험하였다. 그는 강한 신비주의 경향을 지닌 독자적인 사상가로 기독교인의 삶의 열매에 관심이 컸다. 그는 로마 가톨릭교회 안에서 개혁을 도우려는 희망을 가졌으나 그것이 좌

절되자 종교 개혁의 지도적인 역활을 수행하기로 하고 평신도의 성경 읽기를 폭넓게 전개하였으며 성령의 능력과 인도하심의 필요성을 주장하였다. 또 성찬의 요소가 그리스도의 몸과 피로 변한다는 가톨릭교회의 주장을 반대하여 그 요소는 실제로 빵이라고 하였다. 그러나 그의 사상은 개혁자 루터와 일치하는 것도 아니었다. 그의 성찬론이나 특별히 교회와 국가의 분리 사상은 루터의 사상과는 맞지 않았으며 다른 개혁자들과도 달랐다. 따라서 그는 중도적인 개혁을 시도하였다.

쉬벤크펠트와 그의 추종자들은 성경적 신앙과 행위에 대한 문자적 해석을 능가하는 성령의 주권을 강조했다. 16세기 말 이 운동은 쉬벤크펠트가 교회의 조직을 하지 않았기 때문에 주로 그의 저서와 설교로 모여든 회원들이었으며 그 수는 수천 명에 달했다. 이들은 로마 가톨릭교회나 개신교 모두와도 다른 신학과 사상 때문에 다른 종교적인 그룹들로부터 박해를 받았으며 소수로 남거나 사라지게 되었다. 이들에 대한 유럽에서의 박해는 마침내 종결되었지만 남은 자의 그룹은 1731-1737년 사이에 여섯 번의 이민으로 필라델피아에 도착했다. 이들은 공동으로 구매할 땅을 발견하지 못하면서 흩어져 필라델피아와 펜실베이니아의 알렌타운(Allen Town) 사이에 정착하였다. 이들은 1782년 쉬벤크펠더 공동체를 형성했으나 20세기에 들어서야 비로소 쉬벤크펠더교회를 형성했으며 1909년에 교회의 법인 조직을 하였다. 1998년 남동부 펜실베이니아에는 대략 3,000명의 회원에 5개의 교회가 있었다.

교회의 정치: 전쟁의 참여나 맹세를 하지 않았고 엄격하게 교회와 국가의 분리를 주장했다. 개교회 중심이며 그 이상의 어떤 정치적인 조직을 하지 않았고 가견 교회의 모든 형태를 배격했다.

교리와 신앙: 이들은 재세례파처럼 유아 세례를 배격했으며 쉬벤크펠

트의 신비주의적인 경향은 마침내 신자의 세례를 포함해서 가견 교회의 모든 형태를 배격하게 되었다. 그는 성례는 내적, 영적으로만 지켜야 한다고 주장하므로 영국의 퀘이커와도 같은 입장을 취했다. 유아 세례를 배격했으며 전쟁의 참여나 맹세를 금하였다. 그는 모든 신학은 성경으로부터 형성되어야 하지만 내재하는 말씀이 없다면 죽은 것으로 간주했다. 이들은 그리스도의 신성은 점진적이라고 보았으며 그의 인성은 그 정체성을 상실하지 않은 채 점점 더 신성화 되었다고 주장했다. 신앙, 중생, 그리고 뒤이어 발생하는 성장은 인간의 본성을 변화시킨다. 그러나 믿음에 의한 칭의는 그리스도에 의해 분여되는 능동적인 중생을 모호하게 하지 말아야 한다. 따라서 그 신학은 기독론 중심이다. 이 교회의 신학과 신앙, 그리고 관행은 재세례자를 많이 닮았으므로 국가로부터 박해를 받을 수밖에 없었을 뿐 아니라 다른 개신교에서나 로마 가톨릭으로부터도 반대와 박해를 받지 않을 수 없었다. 그럼에도 교회의 개혁을 위한 신선한 면은 부인할 수 없을 것이다.

본부: Schwenkfelder Library & Heritage Center, 105 Seminary St., Pennsburg, PA 18073, Phone; (215)679-3103

참고 자료:www.schwenfelder.com, Frank S. Mead, Samuel S. Hill, Craig D. Atwood, Op.cit., wiki/ Schwenkfelder Church, Drew Blankman & Todd Augustine, Ed., Op.cit.

7. 근본주의자와 성경교회(FUNDAMENTAL AND BIBLE CHURCHES)

(1) 개요 및 역사

근본주의 운동은 현대주의를 반대하여 20세기 초엽 미국의 여러 교파 안에 나타난 보수주의 신학 운동이다.[46] 역시 근본주의는 19세기 부흥주의의 산물이면서 자유주의 기독교를 반대하는 반발로 나타났다. 그 역사를 추적해보면 19세기 후반 역사적 기독교는 독일의 이성주의와 신학적 자유주의에 의한 공격을 받게 되면서 그 반응으로 시작되었다. 신학적 자유주의 전통에 속한 학자들은 성경은 오류가 있는 인간의 문서라고 가르쳤다. 또 성경을 반초자연적인 편견으로 접근하였으며 이적은 자연법칙들을 이해하지 못한 성경 시대의 무식한 사람들의 환상으로 배격하였다. 그들은 인간은 실제로 죄의 문제가 없으며 근본적으로 선하다고 보았다. 또 예수님은 하나님의 성육하신 분이나 신적 구세주가 아니라 차라리 윤리와 도덕의 탁월한 삶을 산 하나님으로 충만한 사람으로 우리의 모범이나 스승으로 묘사했다. 그는 우리의 죄를 위해서 십자가에서 죽지 않았으나 그럼에도 그의 죽음은 희생의 모범을 제시함으로써 사람들에게 향상된 도덕적 영향력을 지녔다고 주장하였다.[47]

근본주의의 뿌리는 19세기로 돌아가서 진화론, 성경의 비평주의, 그리고 종교 비교론의 연구가 성경 계시의 권위를 도전함으로 시작되었다. 근본주의는 이와 같은 현대 사상으로부터 기독교의 기본적인 교리 - 동정녀 탄생, 그리스도의 부활과 신성, 그의 대속, 재림, 그리고 성경의

---

46 George Thomas Kurian, Ed., *Nelson's Dictionary of Churstianity*, 386.
47 Ron Rhodes, Op. cit., 171-172.

권위와 무오 - 를 지키려는 시도였다.

현대주의에 대한 중요한 반대는 1910년에 출판된『근본적인 것들』(The Fundamentals)이었으며 1918년에 와서 근본주의와 근본주의자란 말이 보편화되었다.[48] 그리고 점차 이 말은 모든 신학적 보수주의를 위해 폭넓게 사용하게 되었다. 일반적으로 근본주의 신앙은 전천년론과 관계가 있으며 어느 정도 세대주의와도 관계가 있다. 1910년에 출판된『근본적인 것들』의 90개의 논문 중에서 그 1/3은 성경의 무오를 변호하며 그 1/3은 기본 교리의 소개와 일반적인 변증적인 논문이며 나머지 1/3은 개인적인 간증의 소개와 다양한 주의(Ism)에 대한 비판과 기독교 교훈의 실제적인 적용이다. 따라서 근본주의를 따르는 교파와 교단들은 자유주의나 현대주의로부터 성경의 무오와 그 권위를 지키는 데 특별한 관심을 보였다.

근본주의 운동은 자유주의라는 공동의 적을 대항하기 위해 칼빈주의자와 알미니안주의자, 침례 교인과 장로 교인 및 보수주의 인사들이 총망라하여 연합 전선을 폈다. 자유주의를 대항한 근본주의 운동에는 크게 두 조류가 있는데 세대주의와 프린스턴 신학이었다.[49]

(2) 주요 인물

『근본적인 것들』의 논문 기고자 중에는 아래와 같은 인물들이 포함되었다.

워필드(B.B. Warfield), 핫지(A.A. Hodge): 프린스턴 신학교 교수로 성경의

---

48 J. D. Douglas, Ed., *The New International Dictionary of the Christian Church*, 396.
49 김명혁,『근세교회사』(수원: 합동신학대학원출판부, 2002), 149-150.

무오에 대한 논문을 기고하였다.

디 앨 무디(Dwight L. Moody, 1837-1899): 그리스도를 위해 그의 육성으로 전국을 뒤흔든 능력있는 전도자였다. 그는 무디성경학교를 세웠으며 그의 영향은 오늘까지도 살아 있다. 그는 도시 부흥의 새로운 모델을 제시하였다.

골든(A.J. Goldon)과 토레이 (R.A. Torrey): 전천년론의 세대주의 사상을 확산시키는 데 기여했다.

존 넬슨 다비(John Nelson Darby, 1800-1882): 다비는 세대주의자이며 성경의 예언에 대한 강조로 미국과 영국의 기독교인들의 주의를 끌었다. 그는 7년 환란기에 이은 교회의 휴거, 그리스도의 재림, 그리고 천년 왕국 건설에 대한 믿음을 대중화시킨 인물이다. 그는 역시 국교회 사상(영국 교회와 같은)과 교회 생활에 비교단적인 접근을 시도하는 사람들의 수가 증가하는 원인을 제공한 인물이다. [50]

사이러스 스코필드(Cyrus Scofield, 1843-1921): 스코필드 역시 세대주의자로 스코필드 주석 성경을 펴냈는데 이 책은 미국 기독교인들 안에서 폭넓은 인기를 누렸으며 성경의 예언에 집중한 책이다. 1948년 유대인들의 국가 형성은 근본주의자의 교훈을 인정하는 표지가 되었다. 그 이유는 근본주의자들이 예언적 성경들은 이스라엘이 그들의 고국으로 돌아가게 될 것이라고 가르치고 있다고 오랫동안 가르쳐 왔기 때문이다.

미국에서 근본주의의 큰 두 주류는 북장로교회와 침례교회였다. 장로교회는 1910년 근본적인 신앙으로 성경의 무오, 동정녀 탄생, 갈보리에서 그의 대속의 속죄, 그의 육체적 부활과 그의 사랑의 나눔과 문자적 기

---

50 Daniel G. Reid, Robert D. Lindner, Bruce L. Shelley, Harry S. Stout, Ed., Op. cit., 462.

적을 통한 능력의 5대 요점을 발표하였으며 1916년과 1923년에 이 선언을 재확인하였다. 이렇게 본다면 근본주의의 5대 교리는 장로교회의 교리적 가이드라인을 따른 것으로 보여진다. 침례교에서는 1919년 북침례교회의 릴리(William B. Riley)와 남침례교회의 노리스(Frank Norris), 캐나다 침례교회의 쉴드(Thomas T. Shield)가 필라델피아에서 세계 기독교 근본주의자협회를 설립하였다. 그 후에 다양한 근본주의자 단체들이 조직되었다.

근래 1970년대와 1980년대 근본주의는 그 세력이 약화되었음에도 그 교리적인 견해와 생활 방식은 미디어를 통하여 지속적으로 보급되고 있다. 근본주의자 출판사, 잡지, 그리고 신문들만 아니라 라디오나 TV 방송 매체를 통하여 지속되고 있는데 "옛 복음의 시간" 방송과 도덕적 다수와 같은 보수적인 정치적 로비를 통한 파웰의 활동은 괄목할 만하였다.

오늘날 미국에는 수많은 근본주의 단체들이 존재하고 있다. 근본주의 운동에 대해 김명혁 교수는 근본주의 운동은 (1) 성경 신봉주의 (2) 배타성과 분파성 (3) 반사회, 반문화주의라고 평가했다. 성경 신봉주의는 성경의 영감과 무오를 강조함으로써 개혁주의와 상통하나 하나님의 주권이 세상 안에 실현되어야 함을 가르치는 변혁주의적인 문화관을 제대로 제시하지 못하였다고 하였다.[51] 배타성과 분파성은 교회의 본질인 연합과 협력을 등한히 하는 결과 분열과 분쟁으로 교회의 평화를 깨뜨리고 말았다. 사실 저들은 담배, 술, 씹는 것(타바코), 영화, 카드게임, 댄스, 라지 등을 금했는데 이런 노력은 1950년대 역사적 미국 문화적 가치로서 성경적, 도덕적, 그리고 문화적 가치와 동일시하려는 그들의 경향이었

---

51 김명혁, 같은 책, 157-261.

다. 그들 자신은 미국 사회에서 이런 가치들을 보전하고 회복시키는 자들로 드러나기를 원했다. 따라서 변질되고 있는 미국 사회의 문화와 싸우지 않을 수 없었다. 근본주의는 적어도 개인의 순결을 장려하고 성경 진리를 변호한 점은 결코 잊지 말아야 할 것이다.[52]

마침내 근본주의의 부정적인 면을 반성하면서 신복음주의가 발생하게 되었고 복음주의로 귀결되면서 근본주의는 빛을 잃게 되고 복음주의가 대세를 이루게 되었다. 그러나 그럼에도 근본주의를 부정적으로만 평가하는 것은 옳지 않다. 오늘날 보수주의 신앙이나 복음주의 신학은 자유주의 신학에 맞서 근본적인 교리 - 특별히 성경의 영감과 무오 - 를 지키기 위해 힘을 모아 투쟁한 근본주의 운동에 감사해야 할 것이다. 사실 복음주의의 교리적 근거는 근본주의가 아니겠는가?

(3) 근본주의와 성경교회 교단

미국 복음주의 기독교회(AMERICAN EVANGELICAL CHRISTIAN CHURCH)

설립: 1944

교인: 15,470

교회: 180

연혁: 미국 복음주의 기독교회는 1944년 일리노이주 시카고(Chicago)에서 하얏트(G.W. Hyatt)에 의해 설립되었다. 이 교단은 아래의 신앙 7개 조항으로 불리는 교리적 진술을 받아들이는 교회와 교인들로 형성되었다.

---

52 David L. Smith, *A Handbook of Contemporary Theology*(Victor Books, 1992), 11, 12, 24에서 필요한 부분만 선별 인용하였다.

1. 하나님의 말씀으로서 성경
2. 동정녀 탄생
3. 그리스도의 신성
4. 속죄를 통한 구원
5. 기도를 통한 인도
6. 재림
7. 천년 왕국의 설립

교회의 정치: 개교회들은 독립적이며 자치적이다. 정치는 회중제이며 개교회의 정치는 독립적이며 모든 결정은 개교회에 일임한다.

선교와 교육: 교단은 교회, 목사와 선교사를 통한 국내외 복음 전파에 헌신한다. 신학교에서 배우고 훈련받지 않은 사람도 그들의 삶에 대한 하나님의 소명을 느끼는 사람에게 목회 사역을 할 수 있게 한다. 교단은 교육적인 필요를 느끼는 회원들이 있는 곳에서 대학을 운영하며 훈련을 마친 목사 후보생들은 사역의 다양한 역할을 행사할 수 있는 자격증을 받는다. 미국에는 12개의 지방 사무실이 있으며 캐나다에는 한 곳이 있어서 교단의 사업을 감독한다. 이 교단과 같은 조직은 캐나다, 볼리비아, 필리핀, 대만, 브라질, 그리고 남아메리카에 있다. 교단의 정기 간행물로는 〈The American Evangelical Christian Churches Newsletter〉(Monthly)가 있다.

교리와 신앙: 복음주의와 같다.

종말: 휴거는 임박한 사건으로 그리스도가 공중에서 모든 성도(죽은 자와 산자)를 만나며 그들을 하늘로 취해 가신다. 그리스도의 재림은 환란기 후에 있다. 그 후에 그리스도가 그의 천년 왕국을 세우신다.

쟁점에 대한 입장

낙태: 낙태는 반대하며 사형 제도는 지지한다.

창조 대 진화: 창조와 기적을 믿는다.

동성애: 동성애는 죄다.

여성 사역: 여성은 모든 사역에서 환영된다.

본부: 1421 Roseland Ave., Sebring, FL 33870: Phone; (941)314-9370; Fax(941)314-5970: E-mail: aeccoffice@exotrope.net

국제 침례교 성경 펠로우십(BAPTIST BIBLE FELLOWSHIP INTERNATIONAL)

설립: 1950

교인: 1,200,000

교회: 45000

연혁: 교단은 1950년 침례교 목사 빅(G. B. Vick)이 몇몇 침례교 지도자들에 의해 텍사스 포트 워스(Fort Worth)에 있는 성경침례교신학교 학장으로 초빙되면서 발단하였다. 성경침례교신학교는 존 노리스(John F. Norris)가 운영하는 세계 근본주의 침례교회 선교사 펠로우십에 가입된 신학교였다. 그러나 그가 도착하기도 전에 독재적인 운영자 노리스는 그를 반대하여 추방하기로 하고 자신이 추천한 사람으로 학장을 대신하려고 했다. 이로 인해 격렬한 논쟁이 일어났고 노리스의 행동에 많은 사람들이 비난을 하게 되었다. 마침내 빅은 학장직을 사임하고 12명의 목사들과 동정적인 평신도들과 더불어 새로운 조직을 논의하게 되면서 침례교 성경 펠로우십이 조직되었다. 새 교단은 노리스에 맞서 다른 침례교 성경대학을 설립했다. 빅(Vick)이 이 학교의 학장이 되었고 다른 침례교의 지도자가 되었으며 도웰(W. E. Dowell)이 첫 침례교 성경 연맹의 회

장이 되었다.

교회의 정치: 국제 침례교 성경 교단은 지교회의 완전한 자율과 권위를 강하게 하는 회중제이다.

선교와 교육: 이 교단은 전도와 국제 선교를 강조하며 전 세계 110개 이상의 선교지에서 901명의 선교사들이 활동하고 있다. 미조리의 스프링필드에 침례교 성경대학과 매사추세츠 보스턴에 있는 동부 침례교 성경대학이 있는데 독립 침례 교인들이 지원하고 있다. 근래에 미조리의 스프링필드에 침례교 성경신학대학원이 설립되었다. 이 연맹이 지원하는 다른 학교들은 플로리다의 마이애미에 있는 퍼스픽코스트 성경대학과 스페니시 침례교 성경대학(Spanish Baptist Bible Institute)이다. 정기 간행물로는 〈The Baptist Bible Tribune; The Preacher〉가 있다.

교리와 신앙: 신앙 진술은 1923년에 채택하였는데 뉴햄프셔 신앙 고백을 수정한 것이다. 그 중요한 내용은 성경의 무오와 그리스도의 대속의 죽음, 그리고 그의 육체적 부활과 그의 천년 전 지상 재림이다. 성경관에서 종말론까지 복음주의와 같다.

쟁점에 대한 입장: 낙태와 동성애는 전통적으로 반대한다.

가입 기관: 없음.

창조 대 진화: 진화론을 반대한다.

이혼과 재혼: 이 문제에 대해서는 각 교회의 재량에 맡긴다.

기적: 성경에 기록된 기적을 믿는다.

금하는 것: 교회에 따라 다르다.

방언과 다른 성령의 은사: 국제 침례 성경교회는 방언하지 않는다.

본부: 720E. Kearney, PO Box 191, Springfield, MO 65801: Phone; (417)862-5001: Fax: (417)865-0794; E-mail: info@bbfimissions.com

국제 침례교 선교사 협회(BAPTIST MISSIONARY ASSOCIATION OF INTERNATIONAL)

설립: 1950

교인: 234,732

교회: 1525

연혁: 정규 침례교회들의 한 그룹이 1950년 5월 알칸사스의 리틀락에서 북미 침례교 협회를 조직하였으며 1969년 그 이름을 현재의 이름으로 변경하였다.

교회의 정치: 협회 내의 모든 교회들은 기독교의 근본주의자 해석에 서명해야 한다. 교회들은 자치적이며 그들 자신의 직원, 지도자, 선교사를 선택한다. 협회는 교회의 사역들을 촉진시키기 위해서만 존재한다.

선교와 교육: 선교 사업에서, 세계 라디오 방송과 주일 학교 교과 과정 및 다른 종교적인 다양한 자료들을 출판하는 출판부의 협력 그룹들과 연합한다. 협회는 국내 선교만 아니라 국외로 멕시코, 일본, 브라질, 대만, 포르투갈, 케이프 베르데 아일랜드(Cape Verde Island), 우루과이, 과테말라, 코스타리카, 니콰라과, 오스트레일리아, 이태리, 프랑스, 아프리카, 인도, 볼리비아, 온두라스, 한국, 그리고 필리핀에서 선교하고 있다. 교단은 세 개의 초급 대학과 몇 개의 고아원을 운영하며 한 개의 신학교가 텍사스의 잭슨빌(Jacksonville)에 있다.

교리와 신앙: 신학은 복음주의 및 근본주의를 따르며 대부분의 교회가 세대주의적 전천년론을 따른다. 교단은 같은 근본주 교리들을 주장하는 다른 그룹들과 협력한다. 성경은 문자적으로 해석한다. 교리와 신앙은 복음주의와 같으며 성경적 선교사 침례교회의 권위로 베풀어진 세례만 정당하다. 또 이 교단의 회원들은 그리스도의 날로부터 독립침례교회들은 그의 재림 때까지 지속된다고 믿는다.

쟁점에 대한 입장

낙태: 낙태를 반대하며 낙태의 금지 법안을 찬성한다.

창조 대 진화: 하나님은 만물을 자신의 영광을 위해서 창조하셨다. 따라서 진화론은 반대한다.

이혼과 재혼: 비록 어떤 목사들이 이혼하고 재혼했을지라도 이혼과 재혼은 성경적 배경 즉 부정(간음)에 근거한 것이어야 한다.

동성애: 동성애는 성경에서 죄이며 정죄되었다.

기적: 하나님은 오늘날도 기적을 행하신다.

금하는 것: 노름하는 것을 금한다.

방언과 성령의 은사들: 은사들은 제1세기에 중지되었으며 이 교회는 방언하지 않는다. 가입한 기관은 없다.

여성 사역: 목회 사역에서 여성을 인정하지 않는다.

본부: 9219 Sibley Hole Rd., Little Rock, AR 72260; Phone; (501)455-4977; Fax (501)455-3636; E-mail: donco 10515@aol.com

기독교 선교사 연맹(CHRISTIAN AND MISSIONARY ALLIANCE)

설립: 1897

교인: 191,318

교회: 1727

연혁: 연맹은 외국 선교와 개인의 거룩을 강조하는 복음주의 교단이다. 기독교 선교사 연맹은 장로교 목사 알버트 심슨(Albert Simpson, 1843-1919) 박사에 의해 10년 전에 세워진 두 협회의 합동 결과로 1897년에 설립되었다. 두 협회 중 기독교 연맹은 국내 선교에 관여하고 있었으며 복

음주의 선교사 연맹은 외국 선교에 관여하고 있었다. 기독교 선교사 연맹은 그리스도를 구주, 성화자, 그리고 오시는 왕으로 높이려고 한다. 역시 미국 전역을 복음화시키고 제자 삼는 그리스도의 대위임을 완성하려고 한다. 연맹은 하나님의 성회와 75년 이상을 연합 규약을 유지해 오다가 1974년 내규와 헌법으로 확정하였다.

교회의 정치: 개교회들은 지리적 구역의 일부이며 전국 총회의 기능은 미국에 있는 모든 사역자들을 감독한다. 연례 총회는 미국의 여러 도시에서 개최되며 캐나다의 기독교 선교사 연맹은 1980년 독립했으나 미국의 연맹과 함께 해외 선교사를 파송하고 지원한다.

선교와 교육: 교단은 국외와 국내 선교회의 연합으로 되었으며 지금 연맹은 66개국에서 사역하고 있다. 미국과 푸에르토리코에서의 사역은 21개의 지역과 10개의 문화 간에 수행되고 있다. 인종적 그룹은 콜럼비아인, 데가(Dega) 하이티인, 홍콩의 중국인, 유대인, 한국인, 라오스인, 미국 원주민, 히스패닉과 베트남인들을 포함한다. 라틴 아메리카, 아프리카, 아시아, 그리고 뉴질랜드에 1만 명 이상의 선교사들과 15,000명의 자국 목사와 사역자들이 거의 200만 명을 섬기고 있다. 기독교 선교사 연맹은 하나님의 은사 성회와 역사적으로 밀접한 관계가 있고 교리도 유사하며 교제의 관계를 유지하고 있다. 교단의 정기 간행물로는 〈Alliance Life〉가 있다.

교리와 신앙: 복음주의와 같다. 여성은 추천은 될 수 있으나 안수하지는 않는다. 교단의 구별된 점은 그리스도의 속죄는 죽을 몸의 치유를 위해 예비되었다고 믿으며 병자를 위한 기도와 기름을 바르는 것은 성경의 교훈이라고 한다.

본부: P.O. Pox 35000, Colorado Springs, CO 80935-3500, Phone;

(719)599-5999

미국 보수침례교 연합(CONSERVATIVE BAPTIST ASSOCIATION OF AMERICA)

설립: 1947

교인: 223,00

교회: 1,800

연혁: 미국 보수침례교회는 뉴저지 아틀란타시(Atlantic City)에서 1947년 설립되었다. 이 교단은 북침례교단(현재 American Baptist Churches)에 가입되어 있었는데 근본주의자와 현대주의자 사이에 논쟁의 결과로 생성되었다. 1921년 초 협회 안에 있던 보수주의 목사들은 성경적 기독교의 기초 교리들을 보수하고 북침례교 대회의 선교사들을 위한 교리적 표준을 세우려고 하였다. 이는 미국 장로교회에서 메이첸이 했던 것 같은 시도였다. 그러나 연회에서 여러 번 투표(1922-1925)를 했으나 성과가 없었다. 그 후 1943년 재개했으나 북침례교 선교사 프로그램에 대한 신학적 평가의 시도는 실패하고 말았다. 따라서 수백의 보수적인 교회들은 따로 보수침례교 외국선교회(The Conservative Baptist Foreign Mission Society)를 형성하였다. 애리조나 투산(Tucson)의 제일침례교회 목사 리처드 빌(Richard Beal)과 오레곤 포틀랜드의 힌손침례교회 목사 알버트 존슨(Albert Johnson)이 지도력을 발휘하였다. 보수교회 연합은 미시간 그랜드 래피드(Grand Rapids, 1946)에서 모인 북침례교 대회 때 조직되었다. 그때 북침례 교단은 그들의 조직 내에 경쟁하는 선교부에 관용적이지 않았다. 다음 해에 수백의 북침례교 교회들이 그들의 전국 대회를 떠나 보수파 그룹에 가입했다. 미네소타와 애리조나에서 보수파는 교단의

대회까지 접수하게 되었다. 이 협회는 같은 마음을 지닌 교회들을 준비시키고 선교를 촉진시키기 위해 협력하는 자유로운 가입체다. 보수침례교의 다수는 복음주의연합회(NAE) 안에 있는 다른 교단들과 특별히 빌리 그래함 협회와 협력한다. 그러나 보수침례교 내에 호전적인 소수파는 그런 협력은 위험스럽다며 피하고 있다. 마침내 이런 호전적인 200여 교회가 탈퇴하여 새로운 근본주의 단체를 형성하였다.

교회의 정치: 전국 회의는 매년 개최된다. 미국 보수침례교회는 교단이기보다는 하나의 운동으로 볼 수 있는데 그 이유는 그 협회에 가입이 자유롭고 느슨하기 때문이다. 대부분의 교단과 다르게 이들은 협력체를 위한 연합된 예산과 이사회가 따로 없다. 따라서 이 연합은 전통적인 교단이라기보다는 협력하는 교단 안에 있는 기관처럼 작용한다. 교단은 6월 혹은 7월에 교제와 영감, 그리고 동기 부여를 위해 총회로 모인다.

선교와 교육: 1950년 보수침례교 국내 선교회(현재 미국 선교)를 형성할 때 북미 전역을 통하여 교회 개척과 다른 선교 사역을 효과적으로 하는 것이 그 목적이었다. 따라서 50년 60년, 그리고 70년대에 미국 전역에 수백 개의 교회를 개척하였다. 1980년 이 교회 개척은 계속되면서 역시 회중을 복음 전도와 제자로 훈련하였다. 교단은 애리조나 피닉스에 있는 사우스웨스턴 성경대학, 덴버 신학교, 포틀랜드의 웨스턴 신학교, 동부 보수침례교 신학교와 제휴하고 있다. 교회의 정기 간행물로는 〈Front Line Urnings〉가 있다.

교리와 신앙: 교리와 신앙은 복음주의와 같다.

쟁점에 대한 입장

낙태: 낙태는 하나님의 뜻에 모순된다.

산아 제한: 개인의 양심과 지교회의 결정에 따른다.

이혼과 재혼: 이혼은 비극이며 죄의 결과이다. 재혼은 개인의 양심과 개교회의 결정에 따른다.

동성애: 하나님은 결혼의 테두리 안에서 성적인 관계를 갖게 하셨으므로 다른 관계는 하나님의 뜻 밖에 있다.

구원의 안전: 예수 그리스도 안에 있는 하나님의 사랑에서 사람을 분리시킬 수 있는 것은 없다.

방언과 다른 성령의 은사: 성령께서 모든 은사를 수여하시므로 각자는 사역을 위해 자격을 갖출 수 있고 성령의 뜻에 따라 섬길 수 있다.

여성 사역: 담임 목사나 가르치는 장로는 남성에게 한한다. 그러나 여성도 성령의 은사로 중요한 사역을 한다.

본부: 1501 Mineral Ave., Ste. B. Littleton, CO 80120; Phone; (720)283-3030:720); Fax: (720)283-3333: E-mail: cba@cbamerica.org

미국 국제 독립 근본주의 교회 연합(INTERNATIONAL INDEPENDENT FUNDAMENTAL CHURCHES OF AMERICA)

설립: 1930

교회: 1000(2002)

교인: 61,655

연혁: 미국 국제 독립 근본주의 교회 연합은 이전에 미국 근본주의 교회의 새로운 이름이다. 근본주의자들은 그 이름의 급진적이고 투쟁적인 뉘앙스 때문에 더 이상 적합한 이름이 아니라고 생각하였다. 미국 독립 근본주의자 교회들은 근본적인 교리들을 지키는 것이 목적인 성경을 믿는 교회와 조직의 협의회로 일리노이의 키케로(Cicero)에서 1930년 연

합했다. 그 설립자들 - 장로 교인, 회중 교인, 그리고 침례 교인들을 포함한 교단들로부터 온 신학자 버스웰(J. Oliver Buswell, 휫튼 대학 학장)과 라디오 성경 공부반을 이끈 디한(M. R. Dehan) 같은 저명한 기독교인들을 포함하였다. 1,100명의 개인 회원들은 목사, 선교사, 교회 개척자, 군목, 그리고 다른 직업의 기독교 사역자들이 포함되어 있다. 그 회원들 중에는 찰스 라이리(Chrles Ryrie), 존 월부드(John Walvoord), 엉거(Merril C. Unger, 이상 달라스 신학교), 맥기(J. Vernon McGee, 로스앤젤스 열린문교회, 바이올라 라디오 사역), 그리고 존 맥아더(John MacArthur, 매스터 대학과 신학, 라디오 사역, 그레이스 공동체교회), 그리고 찰스 파인버그(Charles S. Feinberg, 탈봇신학교 학감) 같은 영향력 있는 인사들이 있다. 이 협회의 내규는 그 목적이 믿지 않는 자들과 자유주의 교사들을 숨기고 있는 교단들로부터 분리된 자들을 연합하기 위함이었다. 그리고 서로 간에 세계 복음 전도에 용기를 주고 성경의 근본적인 가르침을 변호하는 데 전선을 예비하는 것이다.

교회의 정치: 가입 교회들의 연합은 16개항의 교리적 선언의 수락에 근거한다. 협회는 각 교회의 자치에 어떤 간섭도 없이 공동의 참여를 협조하며 촉진한다. 회원의 지위는 자발적이며 매년 다시 확인한다. 협회는 두 종류의 회원회가 있다: 하나는 교회와 조직들을 위한 것이고, 다른 하나는 봉사, 선교사, 전도자, 평신도 사역자를 위한 것이다. 개교회는 자치적이며 독립적이어서 어떤 외적인 권위나 통제에서도 자유롭다. 개교회는 그 자체의 이름을 선택하고 그 자체의 정치를 결정하며 그 자체의 목사를 청빙하고 신앙에서 건전한 어떤 강사를 설교자로 초청할 수 있다. 동시에 개교회는 교회가 지원할 선교사의 결정에서 자유롭다. 그러나 가입 교회들은 독립적으로 운영되나 그 독립은 고립되는 것을 의미

하지 않는다. 교회들은 공동 목표를 성취함에 있어서 자발적으로 연락망에 협력한다.

선교와 교육: 역시 이 협회는 군목과 형목 같은 다양한 형태의 사역에 매우 헌신적이다. 그리고 잡지 〈보이스〉(VOICE)와 복음 전도와 근본주의자 사역에 헌신하는 다른 자료들을 출판한다. 협회 안에는 5개의 성경 캠프, 7개의 성경 학교, 그리고 두 개의 어린이집이 있다. 그 밖에 11개의 국내 선교 단체와 12개의 교회 개척 단체, 그리고 8개의 선교 단체가 미국 밖에서 활동하고 있다.

교리와 신앙: 복음주의와 같다. 한 번 구원받은 신자들은 그들의 구원에서 안전하다. 종말론은 세대주의적 전천년론을 따른다.

구별된 점: 이 협회는 두 가지 특징이 있다.

1) 세대주의를 신봉한다. 다른 세대들은 구원의 다른 방법이 아니라 차라리 하나님께서 그의 목적에 따라 인류를 관리하시는 다른 신적인 결정이다. 이러한 세 유형의 시대는 율법의 시대, 교회의 시대, 그리고 천년 왕국의 시대이다.

2) 이 협회는 역사적 기독교에 대항하는 운동을 반대한다. 거기에는 교회 연합 운동(모든 기독교와 궁극적으로는 모든 종교의 조직적인 연합을 장려함), 신정통주의(이 운동은 자주 복음주의적인 용어로 사용되나 사실은 심각하게 전통에서 떠났다), 그리고 신복음주의의 관용적이고 신학적 자유주의와 대화하는 복음주의 내의 한 운동이 포함된다.

쟁점에 대한 입장

기적: 하나님은 그의 뜻에 따라서 병자나 환난 당하는 자를 위한 믿음

의 기도를 들으시며 응답하신다.

방언과 성령의 다른 은사: 하나님은 모든 은사를 주시는데 주권적이시다. 전도자, 목사, 교사들은 오늘날 성도들을 온전케 하는 데 충분하다. 신약 성경이 완성되고 그 권위가 세워짐으로써 방언과 표적과 같은 기적의 역사는 점차 중지되었다.

본부: PO Box 810, Grandville, MI 49468; Phone; (800)347-1840 혹은 (616)531-1840; Fax: (616)531-1814; E-mail: office@ifca

근본주의자와 성경교회 참고 자료: www.aeccministries.com, Ron Rhodes, Op.cit., Eileen W. Lindner, Ed., Op. cit., bbfi.org., Shelly Steig, Op.cit.,www.bmaweb.net, www.cmalliance.org, Website:www.cbamerica.org, Frank s. Mead, Samuel S. ill, Craig D. Atwood., Ed., Op.cit.,Daniel C. Reid, Ed., Op.cit., 314, www.ifca.org,wiki/ IFCA International

플리머스 형제교회(PLYMOUTH BRETHREN)

설립: 1820

교인: 100,000

교회: 1,150

연혁: 플리머스 형제파는 영국과 아일랜드에 뿌리를 둔 하나의 독립된 비교파적인 복음주의 운동이다. 19세기 초 많은 영국 교회들은 형식주의, 성직주의, 그리고 영적 메마름으로 만족이 없었다. 따라서 다양한 그룹의 신자들은 단순한 신약 성경의 모형에 따라 교제와 기도, 그리

고 성경 공부를 위해 모였다. 마침내 이런 모임 중에 큰 모임들이 더블린(Dublin)과 플리머스(Plymouth)에 의해 설립되었다. 이 운동들은 마침내 플리머스 형제란 이름을 갖게 되었는데 그 모임이 그렇게 영향력이 컸기 때문이었다. 이 운동은 지속적인 복음 전도와 교회 개척을 통하여 영국, 스코틀랜드, 유럽, 그리고 북미에서 그 결실을 보게 되었다. 이들은 성경의 무오에서 삼위일체, 교리와 행위 및 성례에서 구별된 신앙인 구원의 복음주의적 메시지에 헌신한다. 이들의 가장 두드러진 특징으로는 매주 성찬을 하는 것과 교리의 중심에 복음 전도로 연합되는 것이었다. 그러나 1840년 교회의 권징 문제로 분열하였으며 그 이래로 다양한 분파로 나뉘졌는데 그 중에 두 분파가 주도적이었다. 그 한 그룹은 그들 자신의 교회원에게만 성찬을 허락했다. 이들은 보다 더 교리적이고 교회적인 문제에 집중했다. 이 그룹에서 유명한 성경 교사로 다비, 윌리엄 캐리, 매킨토시, 그리고 그랜트가 있어서 그들의 책은 특별히 전천년론자들 중에서 폭넓은 영향을 끼쳤다. 다른 그룹은 기독교인으로 고백하는 모든 사람에게 성찬을 허용했다. 소위 열린 집회(교회)는 고아의 아버지로 유명한 조지 뮬러가 이끌었는데 복음 전도와 외국 선교를 강조하였다. 이 그룹은 다른 그룹보다 더 부흥하였다. 이들은 공동성경회의, 캠퍼스 선교 사업에 가입한 자치적 회중들이었다. 이 교단의 전천년 신학은 복음주의를 형성하는 데 기여했는데 독립 교회들과 선교위원회의 증식에서 특별하였다. 1900년대에는 7내지 8개의 그룹이 있었으나 1925년 이래로 어떤 그룹들은 분열이 치유되면서 3그룹이나 4그룹이 되었다.

플리머스 형제파에는 조지 뮬러, 존 넬슨 다비(John Nelson Darby), 로버트 앤더슨 경(Sir Robert Anderson), 브루스(F.F. Bruce), 짐 엘리어트(Jim Elliot), 아이언 사이드(H. A. Ironside), 윌리엄 켈리(William Kelly), 매킨토

시(C. H. Mackintosh), 바인(W. E. Vine), 그리고 위그램(G. V. Wigram) 같은 저명한 인사들이 포함되었다.

교회와 정치: 교회는 사례비를 받는 목사들이 없으며 성직자와 평신도 사이에 구분도 없다. 일반적으로 회중 안에 은사가 있는 형제들이 그들이 할 수 있는 한 사역한다. 이런 사람들은 가끔 그들의 목회 사역에 지원을 받는다. 그러나 그들은 회중을 지배하는 권위가 없다. 은사가 있는 자매들은 여성 성경 공부를 인도한다. 열린 형제들과 배타적인 형제들 사이에 구별이 있다. 열린형제교회들은 완전히 독립적이며 자치적이다. 교회의 정치는 디모데전서 3장과 디도서 1장에 언급된 자격을 갖춘 장로들의 다수에 의한다. 어떤 교회들은 육신적인 돌봄을 위해 집사들이 있다. 자주 각 회중에서 인도하는 형제들이 장로의 책임을 맡는다.

선교와 교육: 형제파는 교파 간 복음 전도자 캠페인과 비교단적인 성경 학교, 대학들, 신학교들, 그리고 파라 처치 조직들의 설립과 운영에 지도적인 역할을 하는 인물들이 적지 않다.

교리와 신앙: 복음주의와 같다. 종말론은 세대주의적 전천년론이며 성도의 구원은 안전하다.

구별된 점: 여성들은 예배 시간에 머리에 덮는 것을 쓴다.

쟁점에 대한 입장

낙태: 낙태는 인간의 생명을 빼앗는 것이다. 유아 세례는 없으며 어떤 경우는 가족 세례를 하며 어떤 경우는 기독교 세례를 한다.

산아 제한: 주님 앞에서 개인의 양심의 문제이다.

창조 대 진화: 하나님은 예수 그리스도(말씀)를 통한 유일한 창조자이시다. 따라서 진화론을 믿지 않는다.

이혼과 재혼: 결혼은 그리스도와 교회의 모형이다. 하나님은 죽음 이

외에 결혼이 깨지는 것을 원하지 않으신다. 재혼은 개인의 원인에 대한 성경적 판단의 문제이다.

동성애: 하나님은 그리스도와 그의 교회의 모형으로 남자와 여자를 창조하셨다. 동성애는 이 형태에 대한 졸렬한 모조품을 만드는 것으로 하나님의 말씀에서 금지되었다.

기적: 하나님은 언제 어디서나 그가 원하시면 기적을 행하신다. 예수님의 몸의 부활은 기독교의 하나의 생명의 기적이며 다른 종교와 구별되게 한다.

금하는 것: 비밀 협회의 회원은 그리스도와 교회의 교제를 대신하기 때문에 금한다.

방언과 성령의 은사: 하나님께서는 기독교의 초기에 그에게서 나온 기록된 말씀이 없었기에 복음에 대한 그의 인가를 보여주기 위해 이런 은사들을 사용하셨다. 이제 하나님은 그 자신을 이해할 수 있는 말씀의 성경을 통해서 자신을 나타내신다.

여성 사역: 남성이나 여성을 위한 인간의 안수된 사역은 없다. 그러나 여성은 교회 안에서 잠잠해야 한다.

본부: Bible Truth Publishers, 59 Industrial RD., PO Box 649, Additon, IL 60101; Phone; (630)543-1441; Fax: (630)543-1476

참고 자료: www.brethren online.org, Ron Rhodes, Op.cit., Frank S. Mead, Samuel S. Hill, Craig D. Atwood., Ed., Op.cit., Shelly Steig, Op.cit.

8. 개혁교회(REFORMED CHURCHES)

(1) 개요 및 역사

개혁교회들은 다른 전통의 개신교에서 구별된 칼빈주의 전통을 지닌 개신교이다. 16세기 개혁교회들은 존 칼빈에 의해서 해석되고 시작된 교리와 정치 체제를 보유한 교회들이다.[53] 개혁주의는 칼빈주의 교회들을 포함하는데 영어를 말하는 세계의 장로교회와 같이 유럽의 여러 나라에서는 개혁주의 교회들로 알려지게 되었다. 1875년에 개혁교회 연맹이 설립되었으며 지금도 지속되고 있는데 후에 설립된 개혁에큐메니컬대회로 존재하고 있으며 연맹으로서가 아니라 교회들의 연합으로서다.[54] 개혁 신학의 고전적인 대표적 진술들은 개혁교회의 교리 문답과 신앙 고백에 근거한다; 프랑스 신앙 고백(1559), 스코클랜드 신앙 고백(1560), 벨직 신앙 고백(1561), 하이델베르크 교리 문답(1563), 제이 헬베틱 신앙 고백(1566), 영국 교회 39개 신조(1562, 1571), 도르트 대회의 교회법(1619), 웨스트민스터 신앙 고백과 요리 문답(1647), 그리고 헬베틱 일치법(1675)이다. 그 대표적인 신학자들은 울리히 츠빙글리, 하인리히 벌링거, 마틴 부서, 존 칼빈, 데오도레 베자, 피터 버미글리, 아만두스 폴라누스(1561-1610), 그리고 프랜시스 투레틴(1623-1687)이다.[55]

그 중에서 개혁교회에 가장 큰 영향을 준 인물은 스위스의 개혁자 존 칼빈(1509-1564)이었다. 그는 제네바에서 시와 협력하여 도시 전체를 개혁하였으며 신정 정치를 단행하여 성공함으로써 제네바는 개신교의 로

---

[53] George Thomas Kurian, Ed., *Nelson's Dictionary of Christianity*, 585.
[54] W. S. Reid, "Reformed Churh", In International Dictionary of the Christian Church, 831-832.
[55] R. W. A. Letham, "Reformed Theology", In New Dictionary of Theology, 569.

마로 불릴 정도가 되었다. 1559년 제네바 대학을 세워 유럽의 여러 지역에서 온 개신 교인들을 교육하여 그들 나라들로 파송함으로써 유럽 전역에 개신교 신앙의 확산에 크게 기여하였다. 특별히 프랑스를 비롯하여 독일, 이태리, 스코틀랜드에서 그 영향력이 컸다. 미국의 개혁교회는 주로 독일, 네델란드에서 온 개혁 교인들로 형성되었다. 교회의 신학은 칼빈주의이며 정치는 장로제였다.[56]

개혁교회들은 아래 세 개의 신앙 고백의 주된 문서에 서명한다.

벨직 신앙 고백: 화란 개혁교회 목사 귀도 데 브레스(Guido De Bres)가 1561년에 작성하였다. 그는 1567년 그의 신앙 때문에 순교하였다.

하이델베르크 교리 문답: 온건한 칼빈주의를 대표한다.

도르트의 교회법: 예정과 어떻게 하나님의 주권이 구원에서 하나님의 사역에 관계가 되는지에 대한 신학적인 논쟁을 다뤘다. 이 법은 잘 알려진 칼빈주의의 5대 개요(TULIP)를 포함하고있다.[57]

미국에서 개혁교회의 기원은 1628년 조나스 미카엘리우스(Jonas Michaelius)에 의해 맨하탄 섬에 화란 개혁 회중을 위해 형성한 것이었다. 화란 서부 인도 회사가 네델란드에서 개혁교회와 법인화하였으며 안수받은 목사에 의해서 화란 정착자의 영적인 필요를 위해 섬기기를 원했다.

미카엘리우스를 뒤이어 다른 목사들에 의해 화란의 정착자들은 서부로는 뉴저지로 이동했으며 허드슨강을 따라 북쪽은 알바니와 동으로는 롱 아일랜드로 갔다. 이들은 뉴욕과 뉴저지에 뿌리를 내린 회중들이 되

---

56 Greg Singer, "Reformed Church in America", In The New International Dictionary of the Christian Church, 832.

57 Ron Rhodes, Op. cit., 366.

었다. 그러나 프랑스와 독일의 개혁교회들이 지난 17세기와 18세기 초에 교단에 가입하게 되면서 교회와 목사들 중에서는 화란의 전통을 지키고 암스테르담의 크래시스 안에 머무르려는 파와 미국화하여 화란으로 가서 모교회에 의해서 교육을 받게 하기보다는 순회 목회를 원하는 파로 양분되었다. 뉴욕의 유능한 젊은 목사 리빙스턴(John H. Livingston)이 적대적인 두 그룹을 1772년 연합 대회로 연합시키는 데 성공하였다. 1784년 리빙스턴은 뉴저지의 뉴번스웍으로 가서 퀸스 대학에서 신학 교육의 프로그램을 지속하였으며 1856년에는 퀸스 대학과 분리된 뉴번스웍 신학교를 세웠는데 1825년 러커스(Rutgers) 대학으로 그 이름을 변경하였다. 1762년에 뉴욕에 시작된 개혁교회는 미국화하여 예배에서 영어를 사용하였다. 그러나 서부에 정착한 개혁교회 신자들은 개혁교회를 찾기가 힘들게 되면서 회중교회와 장로교회로 가입하게 되었다.

1847년 화란과 독일 개혁교회 이민자들의 물결이 시작되었으며 알버츠 C. 랄테(Albberts C. Raalte) 목사의 지도로 서부 미시간에 정착하였다. 정착자의 다른 그룹은 헨드릭 P. 스콜테(Hendrick P. Scholte) 목사의 지도로 아이오와의 펠라로 갔다. 이 새 정착자들은 거의가 분리주의 자운동의 회원들이었다. 이들은 1834년 네덜란드 국가교회로부터 탈퇴하였으며 정통에 강하고 경건하였다. 이들은 곧 교회를 설립하였으며 어떤 사람들은 이미 네덜란드에서 교회를 형성하였다. 밴 랄테의 효과적인 지도 아래 분리주의자들은 동부에서 구화란교회와 연합을 시도하였으며 1850년 화란개혁교회로 영입되었다. 처음에 서부로 이동에 어려움이 있었으나 다수의 이민자들이 영입되면서 서부의 교회들은 성공적으로 하나의 신학교와 세 개의 대학을 세울 수 있었다. 웨스턴 신학교와 미시간 올랜드에 호프 대학, 아이오와의 펠라에 센트럴 대학, 그리고 아이오와 오렌지시에 노스웨스턴 대학이다.

그러나 미국으로 이민온 정착자들 중에 분리주의자들은 1850년 연합을 싫어하여 탈퇴하고 기독교 개혁교회를 설립하였다. 1867년 화란 개혁교회는 화란이란 말을 그 명칭에서 삭제하고 미국에 있는 개혁교회로 부르기 시작하였다. 1882년 프리메이슨(Masons)의 회원을 교회원으로 허용하는 문제로 분쟁이 생겨 상당수의 한 그룹이 교단을 떠나 기독교 개혁교회(CRC)에 가입하였다. 여러 가지로 분란이 있었으나 중서부의 많은 개혁교회들인 미국 개혁교회(Reformed Church in America)는 1908년 교회연합회(FCC)의 헌장 회원이 되었고 1848년 세계교회협의회와 교회연합회(NCC)의 회원이 되었다.

고백주의 교회는 1792년 공적인 조직 이래로 교단은 하이델베르크 교리 문답, 벨직 신앙 고백과 도르트 대회의 교회법에 집착한다. 미국에서 개혁교회들은 보수와 진보로 갈리며 신학적으로 복음주의적 자유주의, 근본주의, 그리고 복음주의로 그 성향이 서로 다르다. 개혁교회에서 긍정적인 사고를 대표하는 목사는 노만 빈센트 필과 로버츠 H. 슐러이다.[58]

(2) 개혁교회 교단

미국 개혁교회(REFORMED CHURCH IN AMERICA)

설립: 1625

교인: 173,463

교회: 735

58　E. J. Bruins, "Reformed Church in America" In Ed., Daniel G. Reid, Robert D. Lindner, Bruce L. Shelley, Op. cit., 985-986.

연혁: 교단은 북미에 있는 주류 개신교 개혁교회이다. 그 시작은 미미해서 단지 50명의 화란 개혁교회 이민자들이 뉴 암스테르담에 있는 제분소 윗층에서 모임이 시작되었다. 이들은 그곳의 테이블에서 성찬을 축하했으며 그 순간에 교단이 시작되었다. 교회의 첫 목사는 네덜란드에서 온 도민 조나스 미카엘리우스였다. 이 교회는 현재도 존재하는데 뉴욕시에 있는 콜게이트(Collegaite) 개혁교회로 북미에서 아직도 사역을 지속하고 있는 가장 오랜 복음주의 교회로 알려지고 있다. 초기에 이 교회는 화란의 교회 법정 관할권 아래 있었다. 그러나 교회원들이 미국화되면서 존 리빙스턴 목사의 지도로 1776년 화란교회 법정의 관할에서 독립하게 되었다. 이 새 교단은 1792년에 헌법을 채택하고 개혁개신교 화란교회로 1819년 미국에서 공적으로 법인화했다. 그리고 1867년 그 이름을 오늘의 미국 개혁교회로 변경하였다. 교단은 1840년대의 다수의 이민자들로 성장을 경험할 수 있었으며 현재 교단의 강세 지역은 뉴욕, 미시간, 뉴저지, 아이오와, 일리노이, 그리고 캘리포니아이다.

교회의 정치: 교회의 정치는 개혁 정치의 형태를 취한다. 최고의 대표 기관은 총대회이며 매년 모인다. 교단의 다양한 사역의 감독은 총카운실에서 담당한다. 이 교단은 여러 교단들과 완전한 성찬을 하는데 미국 복음주의 루터교회, 장로교회(U.S.A.)와 그리스도의 연합교회이다. 교단은 교회협의회, 세계교회협의회, 개혁교회 세계교제의 회원이다.

선교와 교육: 개교회 중심의 선교와 최근에는 Partnership-in-Mission을 통하여 가까운 이웃과 먼 곳의 세계 선교를 하고 있다. 교단은 아라비아, 중국, 일본, 그리고 인도에 첫 선교사를 파송한 교단 중의 하나이며 5개 대륙에서 100명의 선교사들을 돕고 있다. 교육 기관으로는 목사들을 교육하기 위하여 퀸스 칼리지(로저스)와 뉴저지에 뉴번스윅 신학교

를 설립했으며 세 개의 대학을 운영하고 있다. 아이오와의 펠라에 있는 Central College, 아이오와 오렌지시에 있는 Northwestern College, 그리고 미시간 홀랜드에 있는 Hope College 가 있다.

교회와 신앙: 교회는 전통적인 개혁교회 교리적 진술인 벨직 신앙 고백, 하이델베르크 교리 문답, 그리고 도르트 교회법을 보유하고 있다. 역시 교단은 고대 교회 공의회의 신조들도 보유하는데 사도 신경, 아타나시우스 신조, 니케아 신조이다.

쟁점에 대한 입장

안락사: 안락사는 반대한다.

사형 제도: 그리스도의 정신과 사랑의 윤리에 모순이기에 반대한다.

동성애: 동성애는 하나님의 뜻에 반하는 죄로 보았으나 점차 미국 장로교회(U.S.A.)를 따라 결혼에 대한 입장에서 한 남자와 한 여자를 주장하면서도 두 사람의 결합이란 의견도 상당수에 이른다. 이 교단에는 게이 목사도 있다. 여성은 1972년 집사와 장로의 안수에서 1979년 여성 안수를 시작하였다.

이 교단의 신학적 성향은 폭넓은 현대의 복음주의라고 할 수 있다. 현대 적극적 사고 운동의 대표자들인 노만 빈센트 필 박사와 로버트 슐러 목사는 모두 이 교단에 속한 인물들이다.

본부: 475 Riverside Dr., 18 floor, New York, NY 10115

미국 개신교 개혁교회(PROTESTANT REFORMED CHURCHES IN AMERICA)

설립: 1926

교인: 8,000

교회: 31

연혁: 교단은 기독교 개혁교회에서 하나님의 은혜의 범위에 대한 논쟁의 결과로 1924년에 설립되었다. 그 논쟁은 하나님의 은혜는 하나님의 택자가 아닌 사람들에게도 어느 정도 미칠 수 있다는 주장 때문에 발생하였다. 이에 대해 헤르만 호크마(1886-1965) 목사는 하나님의 은혜는 오직 택자에게만 해당한다는 것이 개혁 신앙의 가르침이었다고 주장하였다. 마침내 은혜의 범위를 어느 정도 불신자에게도 미친다는 주장을 한 목사들이 클래시스에서 면직되었다. 이에 반발하는 이들은 목사의 면직은 클래시스에서 할 수 있는 것이 아니라 노회에서만 가능하다고 반박하였다. 이런 논쟁이 이어지면서 마침내 면직되었던 목사들과 이들을 지지하는 교인들이 나가 1924년 개신교 개혁교회(PCRC)를 설립하였다. 미시간 그랜드래피즈에 있는 제일 개신교 개혁교회를 시무하던 드 볼프(De Wolf) 목사는 네덜란드에서 이민 오는 개혁교회 신자들의 입장을 따랐고 마침내 1953년 교단의 60%나 되는 교인들과 함께 개신교 개혁교회를 떠나 정통 개신교 개혁교회를 설립하였다. 당시 교인의 수는 6,063명이었다. 그러나 개신교 개혁교회는 꾸준히 성장해서 1994년에는 정통 개신교 개혁교회(OPRC)를 능가하게 되었다.

교회의 정치: 장로제이다. 두 개의 클래시스가 있는데 지역적으로 조직되었다. 총대회는 매년 6월에 모인다.

선교와 교육: 미국과 캐나다에서 33명의 교단의 회원들이 사역하고 있다. 캐리비안과 인도, 게하나에서는 교회 개척 사역을 하고 있으며 4명의 선교사와 4명의 교수들이 있다. 이 교단은 교육에 관심을 갖고 초등(12) 및 고등학교(3)를 운영하고 있으며 가정에서 학생들을 가르치는 대신에 교단의 학교에서 배우게 할 것을 적극 권장하고 있다. 그 결과 교

단의 학교에서 1500명의 학생들이 공부하고 있다. 그리고 미시간의 그랜드 래피즈에 한 곳의 신학교를 운영하고 있다. 한 달에 두 번 발간하는 잡지 〈The Standard Bearer〉가 있고 라디오 방송 Reformed Witness Hour를 지원하고 있다.

교리와 신앙: 교단의 신앙은 세 개의 기본적인 개혁 신앙 고백서가 있다(The Heiderberg Catechism, The Bible Confession, The Canon of Dort)그 신앙고백서들에 근거해서 교단은 성경의 무오를 믿는다.

쟁점에 대한 입장

창조 대 진화: 성경의 기록대로 창조를 믿는다. 그러나 적은 부분의 진화를 받아들인다.

결혼과 이혼: 결혼은 평생의 유대이며 죽음으로만 그 유대가 해체된다. 이혼의 조건은 간음뿐이며 이혼자의 재혼은 상대 배우자가 별세하기 전에는 불가능하다.

본부: 4949 Ivanrest Ave., Grandville, MI 49418

북미 기독교 개혁교회(CHRISTIAN REFORMED CHURCH IN NORTH AMERICA)

설립: 1875

교인: 185,665

교회: 781

연혁: 교단은 미국의 중서부에 집중된 화란계의 작은 개혁 교단이다. 교단은 1840-1920년대에 크게 성장하였다. 그 이유는 화란의 군주가 네덜란드에 있는 교회들을 통제하였고 개혁교회의 교인들은 독립을 원했기 때문에 미국으로 이민한 것이다. 화란의 이민자들은 다음과 같은 문

제로 미국 개혁교회에 만족할 수 없었다.
1. 열린 성찬으로 개혁 신자 대신에 모든 신자의 성찬을 한다.
2. 교리 문답을 설교하지 않는다.
3. 화란에서 했던 경건의 해이함을 보임.
4. 교회의 예배에서 적절하지 않은 찬송을 사용하는 것 등이었다.

따라서 이민자들 중에서 1857년 진정한 화란 개혁교회로 이탈하게 되었다. 두 번째는 미국 개혁교회의 비밀 단체인 프리메이슨 문제로 미국에 있는 개혁교회에서 이탈하였다. 이 교단의 배지는 삼각형 안에 십자가가 있는 것이다. 이는 이 교단의 신앙을 잘 나타내는데 삼각형을 삼위일체의 하나님을 나타내고 십자가는 예수 그리스도를 믿는 것을 나타낸다. 교단이 지속적으로 강조하고 있는 것은 다음과 같다.
1. 마음으로부터 개종과 경건
2. 신앙고백주의와 정통
3. 기독교 문화 계약이다.

이는 주로 아브라함 카이퍼의 사상을 따르는 것으로 근래 미국 복음주의에 학적, 정치적 지도력에서처럼 크리스천 데이스쿨 체제의 오랜 실천으로 모범을 보이고 있다. 교단에는 많은 한인 이민 교회들이 가입되어 있는 것이 특별하다.

교회의 정치: 교회의 정치는 장로제이다. 카운실이 지역 교회를 감독하고 클래시스는 카운실과 가입된 교회들을 감독하며 총대회는 전 교단을 감독한다. 여성은 집사, 장로, 목사로 안수한다. 그러나 여성 안수는 이에 반대하는 상당수의 교회와 어떤 한인 교회들이 탈퇴하는 불행한 결과를 낳고 말았다.

선교와 교육: 나이지리아, 남아메리카, 남동아시아, 그리고 나바호 인디언 보호 구역에서 하고 있으며 그곳에 설립된 교회는 크게 성장하여 독립된 학교(K-12학년)에서 500명의 학생들이 공부하고 있다. 교단은 교육 기관으로 칼빈 신학교와 칼빈 대학이 있으며 미국 방송 체인에서 라디오 방송 "Back to God Hour"을 하고 있으며 해외로 유럽, 아프리카, 그리고 아시아, 남미까지 방송된다. 역시 텔레비전 사역도 미국과 캐나다에서 방영되고 있다. 정기 간행물로는 〈The Banner〉가 있다.

교리와 신앙: 교리는 역사적 정통주의와 같다. 교단은 벨직 신앙 고백, 하이델베르크 교리 문답, 도르트 교회법과 더불어 사도 신경, 아타나시아신조와 니케아 신조에 서명한다.

본부: 2850 Kalamazoo Ave., SE, Grand Rapids, MI 49560, Phone; (616)224-0832

북미 네덜란드 개혁교회(NETHERLANDS REFORMED CONGREGATIONS IN NORTH AMERICA)

설립: 1907

교인: 5,000

교회: 17

연혁: 교단의 모체는 네덜란드 개혁교회이다. 따라서 이 교단은 19세기 말과 20세기 초에 네덜란드에서 가족 이민의 물결로 형성되었다. 그럼에도 교회의 대부분은 네덜란드와 캐나다에 있다. 북미 네덜란드 개혁교회는 성장하면서 네덜란드교회로부터 교단의 목사 훈련과 지교회의 감독권의 허락을 받아 교단으로 조직되었다. 초기에는 화란어로 예

배를 드리면서 고유한 신앙과 문화 유산을 지키려고 힘썼으며 점차 교회들이 그 본질적인 신앙과 교리에서 떠나는 것을 보면서 교단은 하나님의 말씀의 진리에 집착한다. 따라서 교단은 신앙과 신학에서 매우 보수적이다.

교회의 정치: 개혁교회의 정치를 따른다.

선교와 교육: 교단은 몇 개의 국내와 국외 선교를 지원하고 11개의 학교들을 지원한다. 1996년부터 미시간 그랜드래피즈에 신학교를 운영하고 있다. 정기 간행물로는 〈The Banner of Trust; Paul〉(선교 잡지), 〈Insight Into〉(청소년), 〈Learning and Living〉(학교와 가정)이 있다.

교리와 신앙: 이들의 예배는 90분으로 긴 편이다. 아침 예배에서는 십계명을 읽고 저녁 예배에서는 주기도를 암송한다. 찬송은 시편 찬송을 부른다. 교단의 신앙은 세 개의 개혁주의 신앙고백서에 근거한다. 하이델베르크 교리 문답, 벨직 신앙 고백, 그리고 도르트 교회법이다. 교회는 경험되어지는 칼빈주의를 강조한다.

연락처: Media Contact, Rev. A. H. Verhoef, 1142 Lakeshore, Rd. W. RR#3, St. Catherines, ON L2R 6P9 Canada Phone; (905)935-4934

북미 연합 개혁교회(UNITED REFORMED CHURCHES IN NORTH AMERICA)

설립: 1996

교인: 22,495

교회: 103(포함)

연혁: 1980년대 상당수의 교회들이 북미 기독교 개혁교회(CRCNA)가 종교 개혁의 진리에서 이탈하고 있다고 느꼈다. 그 그룹은 1990년대에

상당히 성장하면서 기독교 개혁 연맹이 되었고 2년 후에 개혁교회 연맹이 되었다. 1994년 12교회들이 문제의 해결을 위한 토의를 위해서 모였다. 일부의 교회들은 이미 개혁기독교회를 떠났으며 어떤 이들은 결코 그 교단의 일부가 되지 않았다. 북미 연합개혁교회는 1996년 일리노이 린우드에서 설립되었다. 기독교 개혁교회의 신자들 중에는 그들의 교단이 성경의 가르침에서 떠나 현대 사회적 경향과 타협한다고 믿었다. 특별히 여성의 안수와 진화론의 근거 등에 대한 문제들에서 기독교 개혁교회(CRC)와 동의할 수 없었다. 따라서 36개의 교회와 7,600명의 회원이 연합개혁교회에 가입하였다. 첫 대회가 열렸고 그 이름을 북미 연합개혁교회로 확정하였다. 이 교단은 미국에 22개 주에 있는데 대부분은 상부 중서부주(아이오와와 미시간)와 캘리포니아에 있다. 그리고 캐나다에는 6개 교회가 있는데 주로 온타리오와 알버타에 있다.

교회의 정치: 교단은 8개의 클래시스가 있다. 클래시스는 회중들의 지역 그룹을 의미한다. 대회의 회원은 3년제 장로와 목사의 대표들이다.

선교와 교육: 교단은 미국과 캐나다에서 선교하며 국외로는 이태리, 인도, 타일랜드, 에콰도르, 코스타리카, 뉴기니아, 멕시코, 온두라스, 필리핀 등지에서 사역하고 있다.

교리와 신앙: 원래의 신앙고백적 개혁의 뿌리로 돌아가기를 주장했으며 1997년 성 케더린스에서 도르트 교회법에 근거한 교회법을 채택하였다. 성경관에서 종말관까지 교단은 전통적인 개신교 교리를 따른다. 종말론은 공식적인 입장이 없다. 다수의 회원들은 무천년론을 믿는다. 천국과 지옥은 구원받은 자와 구원받지 못한 자의 영원한 운명이다.

개혁교회 참고 자료: www.rca.org, Ron Rhodes, Op.cit., Frank S.

Mead, Samuel S, Hill, Craig D. Atwood, Ed., Op.cit., en.wikipedia. org/ wiki/ Holland Michigan,https://en.wikipedia.org/siki/ Reformed Church in North America, C. Greg G. Singer, "Reformed Church", In America, In the International Dictionary of the Christian Church, 832, Drew Blankman & Todd Augustine, Ed., Op.cit., /wiki/ Protestant Reformed Church in America, www.crcna.org, J. D. Bratt, Chris.

9. 장로교회(PRESBYTERIAN CHURCHES)

(1) 개요 및 역사

장로교회란 장로들에 의해서 다스려지는 교회의 정치 형태를 가리키며 존 칼빈이 설명한 신약의 모형에서 유래한 정치의 형태이다. 그 형태는 지교회의 당회 그 위에 노회, 대회, 그리고 총회가 있다. 당회는 지교회를 대표하며 노회는 당회의 그룹을 대표하고 총회는 노회에 의해서 동수로 선출된 목사들과 장로들로 구성된다.[59] 총회는 매년 봄이나 가을에 열리는데 교단의 모든 일들을 총괄하는 최고의 의결 기관이다. 장로에 대한 안수는 기독교의 초기 신약 시대에 있었다(행 12:23; 20:17; 그리고 딛 1:5). 그러나 장로교회의 기원에 관해서는 그 교회 정치의 개념이 구약에서 시작되었다. 구약의 회당은 장로들의 그룹에 의해 다스려졌다. 칼빈은 그 이래로 신약 교회가 같은 조직의 형태를 사용했다고 주장하였다.[60]

장로교회는 장로와 감독의 명칭은 신약이 서로 바꾸어 사용하고 있는 점을 들어 한 직분에 두 다른 이름이라고 믿는다. 직분의 이름은 장로이고 그 역할은 교회를 감독하는 일이다. 장로교회는 회중의 투표로 선출된 가르치는 장로(목사)와 다스리는 장로에 의해 다스려진 사도적 정치의 형태로 생각한다. 장로교회는 종교 개혁 때 정치의 감독제와 회중제에 반하여 발전하였다. 교황의 군주 정치는 비성경적임을 믿었고 개혁의 옹호자들은 사도적 관행과 신적 기구를 발견하기 위해 구약과 신약을 조사하였다. 장로교회나 개혁교회들은 존 칼빈이 진술한 정부 조직을

---

59 Presbyterianism in George Thomas Kurian, Ed., *Nelson's Dictionary of Christianity*, 565.
60 W. S. Reid, "Presbyterianism", In The New International Dictionary of the Christian Church, 800.

따른다. 칼빈은 제네바에서 장로 법원을 세웠는데 비록 장로의 선출에서 시 카운실의 견제로부터 완전히 자유롭지는 못했으나 노회와 유사한 것이었다. 제네바에서 장로교 체제는 프랑스로 확산되었다. 1559년 프랑스에는 장로교 정치를 따르는 교회가 2,000개가 넘었으며 그 해에 전국 대회가 형성되었다. 네덜란드에서는 제네바에서 훈련받은 목사들의 영향으로 1563년 앤웹(Anwerp)에서 장로교 헌법을 채택하였다. 저지역 나라들의 모든 교회들은 한 당회에 의해서 다스려지는 평등한 교회의 체제였다. 다른 동부 유럽에서는 장로교회가 그리 큰 영향을 주지는 못했다. 그러나 스코틀랜드에서는 장로교 체제가 깊이 뿌리를 내렸다. 존 낙스는 1560년 총회를 조직하였으며 거기서 나온 권징서는 스코틀랜드에서 장로교회의 우월성을 갖게 하는 안내서였다. 스코틀랜드 교회는 신세계에서 장로교의 확산에 주된 원천이 되었다.

스코틀랜드 위원들은 영국의 웨스트민스터 의회(1643-1649)에서 주도적인 역할을 하였다. 그 회의는 영국의 교회를 위한 정치 형태를 정착하기 위해서 청교도 혁명 기간에 소집되었다. 비록 장로교회는 1660년 회복 이래로 영국에서 적은 역할만 했으나 웨스트민스터 신앙 고백, 요리문답, 그리고 정부의 형태 및 예배의 규칙서는 장로교회를 위한 보편적인 표준으로 남아 있다.[61]

장로교회는 그 신학에서 본다면 개혁교회와 회중교회와 한 그룹에 속한다고 할 수 있다. 칼빈의 가르침과 그 기본 신앙 고백에 대한 해석의 차이에 따라서 개혁교회들의 형태가 다르다고 할 수 있다. 회중교회의 경우는 수정 칼빈주의라고 할 수 있다. 저들은 예정에 대한 엄격한 칼빈

---

61 Jerald C. Brauer, Ed., *The Westminster Dictonary of Church History*, 673.

의 가르침에서 벗어나 있으며 세계와 신자에 대한 하나님의 관계의 이해에서 보다 더 언약적 이해를 선호한다. 개혁교회의 경우는 민족의 혈통을 따라서 발전하였다. 언어와 문화와 민족적인 유산이 신학과 예배 의식에 밀접하게 연결되어 있다. [62]

장로교회의 교리와 신앙

장로교회의 교리와 직제는 칼빈의『기독교강요』에서 볼 수 있다. 칼빈은 모든 교리와 생활을 성경에서 찾았다. 그리고 그 핵심은 인간의 구원을 포함해서 모든 것에서 하나님의 주권을 강조하는 것이다. 따라서 인간의 최고의 목적은 하나님을 영화롭게 하는 것이다. 성경의 권위와 예수 그리스도만을 믿는 은혜에 의한 개인적 개종의 필요성을 강조한다. 장로교회에는 '5개의 오직'이 있다: 오직 성경, 오직 믿음, 오직 그리스도, 오직 은혜, 오직 하나님께만 영광이다.

장로교회의 교리와 신앙의 표준 문서는 웨스트민스터 신앙 고백이다. 그 안에 칼빈주의의 5대 개요인 하나님의 주권과 전적 부패, 무조건적인 선택, 제한 속죄, 불가항력적인 은혜, 그리고 성도의 견인 모두가 들어 있다. 하나님의 구원은 그의 선택하시는 사랑의 자유로운 선택에서 나온다. 예수 그리스도는 모든 것을 지배하시는 주님이시며 하나님과 인간 사이에 유일한 중보자시다. 그는 그의 교회를 말씀과 성령으로 직접 다스리신다. 그러나 그는 그의 교회에 안수된 사역자들을 통한 정치를 하시는데 그의 말씀 안에서 그 원리들을 계시하시며 그의 이름으로 사용할 천국의 열쇠로서 교회 가운데 임재를 약속하셨다. 교회 안에 모든 직

---

62 Frank S. Mead, Samuel S. Hill, Craig D. Atwood, Ed., Op. cit., 113.

분은 그의 위임으로 있고 그는 그들의 사역을 위해서 모든 직무를 맡은 자들에게 자격을 갖추게 하신다. 모든 직분은 주님이 부르시고 권위를 주신다.[63]

장로교회가 믿는 신앙과 교리의 신앙고백서는 아래와 같다. 사도 신경(2세기), 니케아 신조(4세기), 스코틀랜드 신앙 고백(1560), 하이델베르크 요리 문답(1563), 웨스트민스터 신앙 고백과 요리 문답(1647) 그 밖에 1967년 신앙 고백이 있으나 이는 장로교(U.S.A.)가 작성한 것으로 다른 장로교 교단에서 신앙 고백으로 받지 않는다. 이 고백서는 현대주의와 칼 바르트 및 니버 형제들, 그리고 다른 신학자들의 신정통주의에 크게 영향을 받은 것으로 특별히 성경관에서 그렇다. 장로교회의 예배는 성경이 그 중심이다. 따라서 성경을 읽고 설명하고 그 교훈을 적용하는 것이 예배의 중심이다.

(2) 미국의 장로교회

미국의 장로교회는 주로 영국과 스코틀랜드에서 미국의 식민자로 이민 온 청교도와 장로교인들로부터 시작되었다. 한때 영국의 의회를 장악했던 영국의 청교도들은 올리버 크롬웰의 별세 이후 장로 교인들과 함께 신앙의 자유를 위해 영국을 떠날 수밖에 없었다. 1660년 영국의 왕이 스코틀랜드를 감독교회로 만들려고 하자 많은 장로 교인들이 스코틀랜드를 떠나 북아일랜드에 정착하였다. 그러나 아일랜드에서 경제적인 어려움과 종교적인 불평등으로 많은 스코틀랜드계 아일랜드인 다수가 미국으로 이민하였다. 1720년에서 1750년까지 매년 3천 명에서 6천

---

[63] E. P. Clowney, "Presbyterianism", In New Dictionary of Theology, 530.

명의 스코틀랜드 이민자들이 미국에 도착하여 주로 펜실베이니아와 버지니아에 정착했고 거기서 서부와 남부로 이주하였다. 첫 미국의 노회가 1706년에 조직되었으며 1729년에는 웨스트민스터 신앙 고백과 대소요리 문답을 채택하였다. 대회는 교회를 지배하는 시 관리의 어떤 권리도 거부했으며 종교적 신앙으로 인한 추방도 배격했다. 1729년 윌리암 테넷 주니어(1673-1746)는 장로교 목사와 전도자들을 양성하기 위해 펜실베이니아의 네샤미니에 통나무 대학을 조직하였다. 이 대학은 마침내 뉴저지 대학이 되었다가 프린스턴 대학이 되었다. 1740년대 대각성 운동에서 주도적인 역할을 한 인물들은 장로교의 부흥 설교자들이었다. 그 중에 특별히 길벗 테넷(1703-1764)은 구교리적 칼빈주의와 논쟁을 일으킨 부흥주의의 감정적 중생을 장려하였다. 캠프 집회는 원래가 스코틀랜드에서 시작된 것인데 각성 운동에서 생장하였으며 이는 교단의 분열로 이끌었다. 구파의 설교자들은 부흥 운동을 반대하였고 신파에서는 목사의 대학 교육을 등한히 했으며 평신도 중에서 중생한 신자들을 설교자로 모집하였다. 이로 인한 두 교파의 논쟁은 1757년까지 지속되었다. 다음 해 첫 연합 대회 때 식민지의 장로교회는 94명의 목사와 200개의 교회, 그리고 만 명의 교인으로 성장하였다.

신파의 설교자 중에서 가장 능력있는 존 위터스푼(1723-1794)은 프린스턴 대학의 학장이면서 독립 선언서에 서명한 유일한 목사였다. 스코틀랜드계 아일랜드 교인들은 혁명을 반겼는데 이는 영국이나 아일랜드에서 영국인에게 당한 박해의 결과이기도 했다. 이들은 왕이나 감독 모두를 원하지 않았다.

혁명 후에 장로교와 회중교의 설교자들과 평신도들은 함께 사역하기 위해 새로운 서부 지역으로 갔다. 두 교파는 신앙이 같았으므로 효과적인 선교를 위해 통합 계획을 세워 함께 사역하였다. 한동안 이 계획은 잘 진행되었으나 회중교회는 장로교회에 비해 소득이 적게 되면서 마침내 통합 계획은 종결되고 말았다. 장로교회에서는 신학파와 구학파 간에 분쟁이 그치지 않았고 1837년 총회는 결국 두 파의 새로운 총회를 형성하였다. 또 다른 문제는 남부와 북부의 장로교회 간에 노예의 문제로 분열한 것이다. 1846년 구학파 총회는 노예는 기독교 교제에서 장벽이 아니라고 하였으나 같은 해 신학파 총회에서는 노예 소유을 강하게 정죄하였다. 1857년 남부 신학파 대회들은 교단을 떠나 장로교 연합대회를 형성하였다. 대분열은 1861년에 발생했는데 시민 전쟁이 발발하자 구학파의 남부 47개 노회들이 남부 연방 주에 장로교회를 형성한 것이다. 1867년 그들은 합동하여 연합주들 안에 있는 장로교회(PCUS)를 형성하였다. 북장로교회의 구학파와 신학파는 1870년 웨스트민스터 신앙 고백에 근거하여 연합하였다.

대부분의 컴벌랜드 장로교회들은 1907년에 북장로교회와 합동하였다. 그리고 웰시 칼빈주의자 감리교회는 1920년에 합동하였다. 그러나 1920년에서 1950년은 교단 안에서 자유주의와 근본주의의 신학적 논쟁이 그치지 않았다.[64]

이 시기에 미국 장로교회(PCUSA)는 흑인들을 위한 새로운 학교와 대학을 설립하였으며 교단은 외국 선교에 헌신하였다. 과학의 이론들이 성경의 무오에 도전하였고 다윈주의가 성경의 창조론을 가르쳤던 프린스턴 대학교를 소란케 만들었다. 더욱이 칼빈주의의 죄를 상속했다는

---

64 Frank S. Mead, Samuel S. Hill, Craig D. Atwood, Ed., Op. cit., 115-116, 더 자세한 내용을 알기 원한다면, Sydney E. Ahlstrom, *A Religious History of the American People*(New Heaven: Yale Univesity Press, 1979), 265-295를 참고하라.

인간의 원죄론이 공격을 받았다. 많은 수의 장로교 목사들은 존재에 대한 새로운 과학적 설명에 타협하면서 그들의 신앙 고백이 개정되기를 바랐다. 성경의 어떤 부분은 영감된 진리의 원천으로서의 권위를 상실하였다.

장로교회는 현대주의에 대해 성경 무오의 객관적인 증거가 있다고 주장하며 웨스트민스터 표준 문서를 변호하였다. 총회는 브릭스(Charles A. Briggs, 유니온 신학교 교수)와 스미스(Henry P. Smith, 레인 신학교)를 심문하였는데 이는 그 당시 프린스턴 신학교의 옹호자가 얼마나 강했는지를 잘 보여준다. 그들은 정죄되었고 목사직이 정지되었다. 그 결과 유니온 신학교는 북장로교회와 연관이 없게 되었고 브릭스 교수는 그 학교에서 교수하게 되었다. 그러나 프린스턴 대학교도 자유주의가 증대되었고 대부분의 교수를 잃게 되었는데 그 중에서도 존 그레이샴 메이첸을 잃었다. 그는 교단을 떠나 웨스트민스터 신학교를 세웠으며 1939년 정통장로교회를 설립하였다. 그럼에도 미국 장로교회는 분열에서 재연합이 적지 않았다. 미국 장로교회는 5개의 근본적인 것들에 동의하게 되면서 북부에서 성장하였다. 그것은 성경의 무오, 예수 그리스도의 동정녀 탄생, 속죄의 만족설, 육체적인 부활과 그리스도의 기적의 확실성이었다. 이로 인해 100,000명 이상의 컴벌랜드 장로교회가 가입하였으며 웰시 칼빈주의자 감리교회가 가입하였고 새로 시작된 많은 흑인 교회들이 가입하였다.

미국 장로교회의 회원은 남부에서 성장하여 거의 80,000명에서 백만 명에 이르게 되었다(1869-1962). 그러나 미국 장로교회와 북미 연합장로교회가 합동하게 되자 남부의 보수적인 교회들은 남부의 교단을 떠나 미국 장로교회(PCA)를 형성하였다.

1958년 미국 장로교회(PCUSA)와 북미 연합장로교회(UPNA)가 합동하여 연합주 안에 있는 연합장로교회가 되었다. 이로 인해 교인 25만여 명이 더해짐으로 교인 수는 3백만여 명에 이르게 되었다. 마침내 1982년 PCUS는 떨어뜨리고 PCUSA와 투표로 UPCUSA가 되었다. 1983년 PCUSA는 조지아 아틀란타에서 미국 장로교회(PCUSA)가 되었다. 1990년 교인 수는 380만여 명이었다. 그러나 근래의 보고에 따르면 크게 그 수가 줄어 230만여 명으로 집계되고 있다.[65] 미국에 있는 주류 교단 중에서는 해마다 가장 많은 수의 교인들이 줄어드는 불명예를 안게 되었다. 게다가 동성애자 안수의 가결로 인해 교단에 많은 교회와 신자들이 이미 교단을 탈퇴하였으며 탈퇴를 고민하게 되었다.

주요 인물

John Calvin(1509-1564): 종교 개혁 때 프랑스 신학자로 칼빈주의 혹은 개혁 신학이라고 부르는 기독교 신학 체계를 발전시킨 중심 인물이며 그의 『기독교강요』와 주석은 기독교 신앙과 신학에 지대한 영향을 미쳤으며 오늘날도 많은 사람들의 중요한 참고서이다.

John Knox(1513-1572): 스코틀랜드 신학자로 제네바에서 존 칼빈 아래서 배웠다. 1560년 스코틀랜드 의회로 하여금 개혁을 받아들이게 하였으며 스코틀랜드 개신교 개혁의 아버지이다.

Francis Makemie(1658-1708): 미국에서 첫 노회를 조직했으며 1706년 노회의 조직 후에 뉴욕으로 가서 가정 집에서 불법적으로 예배를 인도한

---

[65] E. Harold Rabinowitz and Greg Tobin, *A Comprehensive Guide to Faith History and Tradition Religion in America*, 330-333.

죄로 체포되었다. 그는 미국에서 종교적인 자유를 위해 헌신하였다.

William Tennet Sr. (1673-1746): 뉴 저지에서 첫 고등 교육 기관을 설립하였는데 이 대학이 마침내 프린스턴 대학교가 되었다.

Gilbert Tennet(1703-1764): 윌리엄 테넷 시니어의 아들이며 아일랜드에서 출생한 미국 장로교 목사로 펜실베이니아 웨스트민스터에 소위 통나무대학이라는 학교(후에 프린스턴 대학교)를 세웠다. 식민지 미국에서 대각성 운동 지도자 중의 한 사람이다.

John Witherspoon(1723-1794): 1768년 프린스턴 대학의 학장이 되었으며 여러 번 대륙 의회의 의원으로 섬겼다. 그는 유일하게 목사로 뉴저지의 대표로 독립 선언서에 서명하였다.

J. Gresham Machen(1881-1973): 정통장로교회의 설립자이며 프린스턴 대학교에서 가르치면서 현대주의 사회를 대항한 보수주의를 이끌었다. 역시 구프린스턴 신학의 지속을 위해 웨스트민스터 신학교를 세웠다.

Carl McIntire(1906-2002): 근본주의자 라디오 설교가로 성경장로교회를 세웠다.

미국 장로교회의 신학자, 학자, 그리고 사상가

사무엘 데이비즈(1723-1761): 버지니아의 순회 설교자로 시골에 산재해 있는 7개 교회를 말을 타고 순회하며 섬겼다. 그는 18세기에 시민 권리와 종교적인 자유의 옹호자이며 위대한 설교가였다. 그는 1759년 7월 26일 조나단 에드워즈를 이어 프린스턴 대학교 제4대 학장으로 선출되었다.

찰스 핫지(1797-1878): 19세기 미국에서 가장 위대한 칼빈주의 학자 중의 한 사람으로 교수, 주석가, 저자, 설교자, 논쟁자 및 신학자로 명성을 얻었다. 그는 프린스턴 신학교 교장으로 1851-1878년 사이에 목사 3천여 명을 가르쳤다. 그의 로마서 주석은 매우 중요한 주석서로 인정받는다.

앤드류 잭슨(1767-1845): 미국의 17대 대통령이며 첫 장로교 대통령이다. 그를 이어서 7명의 장로교 대통령이 나왔는데 마지막 대통령은 로널드 레이건이었다.

마크 트웨인(1835-1910): 『허클 베리 핀의 모험』과 『톰 소여의 모험』을 썼다. 그는 장로 교인으로 성장했으나 후에는 조직된 종교에 대해 비판적이었다.

데이비드 블린클리(1920-2003): 1956-1977까지 유명한 미국 텔레비전 뉴스 해설자이며 NBC의 인기 프로그램 The Huntley - Brinkley Report 진행자로 활동했다. 그는 조지 W. 부시 대통령으로부터 대통령 자유 메달과 그의 업적의 상을 받았다.

(3) 장로교회 교단

미국 장로교회(PRESBYTERIAN CHURCH IN AMERICA)

설립: 1973(뿌리는 식민지 시대)

교인: 240,736

교회: 1,645

연혁: 교단은 미국에 있는 장로교회 중에서 두 번째로 큰 교단이며 그 신학적 성향은 보수적이고 칼빈주의적인 개혁주의이다. 1973년에 내셔널장로교회(NPC)로 시작하였으며 현재의 이름은 제2회 총회에서부터 갖게 되었다. 교단은 260개 교회의 대표들이 남장로교회에서 분리하여 새 교단을 형성했는데 그 이유는 남장로교회가 미국 교회연합회와 세계

교회협의회의 회원인 것과 역사적 기독교의 교리에서 떠남은 물론 교회 연합에 대한 논의에서 교리적 표준의 변화와 교회가 선포한 사회적 정치적 선언에 동의할 수 없었기 때문이다. 더욱이 이들은 더 자유주의적인 미국 연합장로교회와 합동에 대해 크게 실망하였다. 따라서 미국 장로교회는 역사적인 교리와 신앙을 지속하며 여성의 안수를 배격한다.

남장로교회에서 분열하여 새 교단을 형성한 것은 쉽지 않았으나 아래 네 개의 보수적인 단체에 의해 용기를 얻을 수 있었다.

1. 장로교 저널
2. 장로교 복음주의 교제
3. 평신도와 장로교 목사들의 연합에 관한 관심
4. 1969년 초 수백 명의 목사들과 당회들이 미국 연합장로교회와 연합을 반대하는 헌신의 선언에 대한 서명이 그것이었다.

1973년 12월 첫 총회가 알라바마 브리밍험에서 모였을 때 세계 예수 그리스도의 모든 교회에게 보내는 메시지를 채택하였다. 그 메시지는 남장로교회에 관한 문제를 취급했는데 신학을 희석시키고, 인본주의 경향의 복음, 결혼과 이혼에 대한 비성경적인 견해, 여성의 안수, 낙태의 재정 지원, 그리고 다양한 비성경적인 내용들이 포함되었다. 따라서 교단은 성경의 저자들은 성령님의 인도를 받았기 때문에 그 기록은 사건, 교리와 판단에서 오류가 없음을 단언한다. 또 칼빈주의의 교리로 인간의 부패, 은혜의 구원, 택자만을 위해 죽으신 그리스도의 죽음, 성도의 견인을 강조한다. 그리고 사회적 문제에서 보수적이며 동성애나 낙태를 반대한다. 교단은 수십 명의 군목들을 지원하고 있다.

어떤 독립 교회들과 노회들만 아니라 다른 교단에 속한 교회들도 이 교단에 합동하였다. 1982년 개혁장로교회, 복음주의대회(RPCES)가 커버넌트 대학과 미주리 세인트 루이스에 있는 커버넌트 신학교와 더불어 교단에 가입하였다. 교단은 세 개의 협력위원회가 있다. 세계 선교, 북미 선교, 그리고 교육과 출판이다. 교단의 교회는 미국 전국에 있으며 한인 장로교회들도 상당수 가입되어 있는데 노회는 따로 모이고 있다. 교단은 가장 빠르게 성장하는 교단 중의 하나이다.

교회의 정치: 당회는 지교회를 다스리며 지역 노회들은 당회를 다스리고 총회는 전국적인 차원에서 모든 노회와 당회들을 다스린다. 정치는 장로교회의 정치이며 직원으로는 다스리는 장로와 다스리고 가르치는 장로(목사)와 집사이다. 교회의 재산은 개교회의 것으로 상위 기관인 노회나 총회가 간섭하지 않는다.

선교와 교육: 세계 선교를 위해 500명의 전임 사역 선교사와 수천 명의 단기 선교사들이 활동하고 있다. 교단은 가난한 자, 노인, 고아, 미국인 인디언, 육체적 혹은 정신적인 장애자에 대한 사역을 강조한다. 교단의 대학과 신학교는 커버넌트 대학과 신학교이며 미주리의 세인트 루이스에 있다. 교단이 발간하는 간행물로는 〈Equip Covenant〉, 〈Mission Report〉, 〈The view, Network〉, 〈By Faith〉가 있다.

교리와 신앙: 가장 중요한 것은 성경인데 성경은 무오한 하나님의 말씀이며 역사와 과학에서도 기록된 것은 무오하다. 웨스트민스터 신앙고백과 소요리 문답 및 대요리 문답, 그리고 교회의 규율서에 서명한다. 성경에서 종말론까지 정통적인 복음주의이다.

쟁점에 대한 입장

낙태: 인격은 하나님의 형상이기 때문에 임신 중절을 반대한다. 교단은 그 선택으로 입양을 권한다.

사형: 하나님의 형상을 파괴하는 살인은 사형에 해당된다(창 9:6).

그리스도의 재림: 인격적인 몸으로의 재림을 믿는다.

창조 대 진화: 하나님의 6일 창조를 믿으며 하나님이 모든 것을 창조하셨고 매우 좋았다.

이혼과 재혼: 간음만 이혼의 조건이며 무죄한 편은 재혼을 할 수 있으나 범죄한 편이 죽은 후에 한다.

안락사: 성경이 생명의 신성함을 분명히 단언하기 때문에 멋대로 생명을 파괴하는 것을 정죄한다. 이는 6계명을 범하는 것이다.

동성애: 성경은 동성애 행위를 죄로 정죄한다.

기적: 성경의 기적을 믿으며 오늘날도 기적은 있다. 모두 인간이 아니라 하나님의 영광을 위함이다.

구원의 안전: 성도의 견인은 하나님의 성화의 자비로운 사역이며 이로 인해 구원받은 사람은 마지막까지 보존된다.

방언과 성령의 다른 은사들: 모든 신자는 성령의 은사를 받았다. 은사는 그의 나라의 일과 그리스도를 섬기기 위함이며 그리스도의 몸을 교화하기 위함이다. 어떤 영적인 은사들은 중지되었다. 사도직 같은 것이다. 그리고 다른 은사들은 모호하고 정의하기가 힘든데 돕는 은사와 같은 것이며 성령 세례의 본질적인 표로 방언을 주장하는 것은 성경과 모순이다.

여성 사역: 성경에 따르면 가르치고 다스리는 사역은 자격을 갖춘 남성을 위해서 보존되었다. 당회는 어떻게 여성이 다른 모든 기능에서 그들의 은사를 사용할 것인지를 결정할 자유가 있다.

본부: 1700 North Brown Road, Suite 105, Lawrenceville, GA 30043

복음주의 장로교회(EVANGELICAL PRESBYTERIAN CHURCH)

설립: 1981

교인: 70,000

교회: 190

연혁: 교단은 북장로교회와 남장로교회가 모두 자유주의로 신학적인 입장이 바뀌면서 그 교단들을 탈퇴한 목사와 평신도들이 형성한 새 교단이다. 1980년 후반부터 1981년 초에 한 그룹의 보수적인 목사들과 장로들이 미주리 세인트 루이스에서 계획과 기도를 위해 일련의 회합을 가진 결과로 복음주의 장로교회가 형성되었다. 이들의 목적은 성경에 근거한 교회의 형태와 기독교 신앙의 역사적 신앙 고백과 복음 전도에 헌신하는 것이었다. 교단은 미국에서 8개의 노회와 29개 주에 있는 교회들로 조직되었다. 그 정체성으로 교리에서 개혁적이며 정치에서는 장로교이고 정신에서는 복음주의다. 이들의 최고 우선순위는 미국과 세계 선교에서 교회 개척이며 여성 사역과 청소년 사역이다. 교단의 첫 총회는 1981년 미시간 디트로이트에서 개최되었다. 이들은 미국 장로교회(PCA)와 같은 입장이었지만 그 교단은 너무 엄격하다고 생각하였다. 이들은 성경의 권위에 굳건히 설 뿐 아니라 개혁 신앙의 전통적 신조에 철저하지만 비본질적인 것에 관해서는 자유를 허용한다. 따라서 이 교단은 역사적인 좌우명을 따른다. "본질적인 것에서는 연합을, 비본질적인 것에서는 자유를, 그리고 모든 것에서는 자비를"이다. 교단은 세계개혁교회연맹, 복음주의연합회, 세계복음주의교제, 재정적 책임을 위한 복음주의연합회의 회원이다. 교리와 신앙은 복음주의이다.

교회의 정치: 장로교회의 정치이며 다른 장로교회와 같다. 여성도 목사와 장로와 집사로 안수될 수 있다. 그러나 이는 노회마다 다르다. 총회

는 해마다 열리며 총회장은 장로 1인과 목사 1인으로 그 임기는 1년이다.

선교와 교육: 교단은 교회의 최고 의무는 국내 및 외국에 복음을 전하는 것이라고 믿는다.

교리와 신앙: 성경에서 종말론까지 복음주의와 같다. 이 교단은 미국에 있는 장로교회 중에서 교리와 신앙 및 교회의 모든 일에서 중간적인 입장을 취한다. 정통장로교회(OPC)가 가장 보수적이고 그 다음이 미국장로교회(PCA) 복음장로교회가 그 다음이라면 장로교회(USA)가 가장 진보적이다.

쟁점에 대한 입장

낙태: 낙태는 반대하는데 편리함이나 혹은 산아 제한의 방편으로 사용하지 말아야 한다.

창조 대 진화: 삼위 하나님은 무에서 세상을 창조하셨다. 6일 안에 보이는 것이나 보이지 않는 모든 것을 창조하였으며 매우 좋았다.

이혼과 재혼: 결혼은 평생을 위한 것이다. 이혼은 회개와 치유가 불가능한 불성실의 경우에 한한다. 이혼한 사람의 재혼은 회개가 확인된 경우에 한한다.

안락사: 생명은 하나님의 선물이므로 능동적인 안락사는 성경의 가르침에 반대다.

동성애: 동성애는 죄이며 하나님은 그 죄를 미워하시나 죄인은 사랑하신다.

기적: 기적의 하나님과 구원의 많은 기적들과 성경에 기록된 것처럼 신적 치유자에 의한 치유를 믿는다.

구원의 안전: 하나님은 구원하신 자들을 마지막 상태로 지속하실 것이며 그들은 영원히 구원받는다.

방언과 성령의 다른 은사들: 오늘날도 성령의 은사들은 존속한다. 그것들은 하나님의 말씀과 지교회 당회의 권위 아래서 시행되어야 한다.

여성 사역: 교회가 여성을 다스리는 장로나 집사로 선출하는 것은 자유이다. 노회들은 만일 그들이 그렇게 선택한다면 가르치는 장로로 여성을 안수할 수 있다.

본부: 1719 7 N. Laurel Park Drive, Suite567, Livonia, MI48152-7912

장로교회(PRESBYTERIAN CHURCH, U.S.A.)

설립: 1983(뿌리는 식민지 시대)

교인: 2,941,412

교회: 10,820

연혁: 북장로교회(후에 연합장로교회, UPCUSA)는 시민 전쟁 기간에 (PCUS) 분열하여 122년 간을 지내다가 1983년 6월 10일 마침내 가장 큰 두 개의 장로교회가 연합하였다. 따라서 현재 장로교회(U.S.A.)는 그 뿌리가 1788년 총회의 조직과 그 전 1706년 노회의 형성에 있다. 그리고 그 신앙의 전통은 영국의 청교도와 스코틀랜드 장로교회이고 1716년에 대회를 조직하면서 식민지 시대에 발전하여 미국 종교의 중요한 세력이 되었다.

그러나 제2차 각성 운동 때 교단은 분열하게 되었다. 그것은 개종에서 지나친 감정적인 표현과 신학의 부재 때문에 그 찬반으로 갈리게 된 것이다. 그 파장으로 많은 교인들이 교단을 떠나서 그리스도의 제자와 캠벨파를 형성한 회복주의 운동에 가담하였다. 또 다른 장로 교인들은 침례교회나 감리교회 심지어는 퀘이커파로 갔다. 1803-1810년에 장로 교인들의 일부는 교단을 탈퇴하여 컴벌랜드 장로교회를 형성하였다. 그러나 그들 중의 2/3는 다시 장로교회(PC-USA)에 가입하였다. 교단은 신학적인 문제와 노예의 문제로 다시 분열하여 신학파와 구학파가 되었다. 신학파에서는 선교사 프로그램에 보다 더 적극적이었으며 구학파에서는 노예 반대에 소극적이었고 웨스트민스터 신앙 고백에 더 집착했다.

남부의 장로 교인들은 대부분이 구학파에 속하게 되었다. 남북 전쟁이 끝난 후에 남부의 구파는 남장로교회(PCUS)가 되었고 북부의 신파와 구파는 연합하여 장로교회(PC-USA)가 되었다. 교단은 남부에서의 흑인들에 대한 선교로 그들을 교단으로 영입할 수 있어서 전국적인 교단이 될 수 있었다. 1910년 컴벌랜드 장로교회의 다수가 연합하게 됨으로 PC-USA는 교인 수가 크게 증가하였으나 근래에 교회는 교인 수의 심각한 감소로 교세가 지속적으로 감소세를 나타내고 있다.

교회의 정치: 교회의 정치는 장로교 정치이다. 개교회 위에 노회가 있고 노회 위에 총회가 있다. 총회의 두 공직으로는 총무가 있는데 4년의 임기이며 재선출될 수 있다. 총회장은 총회를 사회하고 그 회기 안에 교회를 대변하는 역할을 하는 1년 임기이다.

선교와 교육: 교단과 연관된 68개의 대학과 11개의 신학교 및 중등학교들이 있다. 신학교 중에는 어스틴, 컬럼비아, 루이스빌, 맥코믹, 프린스턴 등이 포함되어 있다. 교단은 선교보다는 사회 정의와 에큐메니컬 운동에 적극적이다. 근래에 교단은 심각한 교세의 감소에 직면해 있다. 2013년 교회원 수의 감소 예상의 수는 3-4년 안에 50만 명으로 이는 교단 교세의 25%에 해당된다. 더구나 근래에 동성애자 안수 및 게이 결혼 등으로 적지 않은 교회들이 교단을 탈퇴하고 있으며 그 중에 한인 교회들도 포함되어 있다. 루이스빌에 교단 출판사 웨스트민스터, 존

낙스 출판사가 있다. 교단의 간행물로는 〈American Presbyterians〉, 〈Journal of Presbyterian History〉, 〈Presbyterian News Service "News Briefs"〉, 〈Church and Society Magazin〉, 〈Horizons〉, 〈Presbyterian Today〉, 〈Interrelation〉, 〈Presbyterian Outlook〉가 있다.

교리와 신앙: 근래까지 웨스트민스터 신앙 고백이 유일한 교리의 표준이 되어 왔으나 1958년에 미국 연합장로교회가 형성되면서 그 신앙 고백은 300년이 지난 예전 것이므로 새로운 신앙고백서가 필요하다고 생각하게 되었다. 그 결과 1967년 새로운 신앙고백서를 작성했으며 총회에 의해 비준되었다. 이 고백서는 그리스도 중심이며 사랑, 죄, 영생, 그리고 하나님, 그리스도와 교회 안에서 화해의 개념을 강조하였다. 그러나 학자들은 그 신앙 고백은 신학적으로 바르트주의를 따르고 있으며 그리스도의 인성을 지나치게 강조하고 신성이 약화되었음을 지적한다. 교단의 신앙고백서에는 9개의 신앙 고백들을 담고 있다. 그 중에는 1934년 바르멘 신학 선언과 1967년 신앙 고백이 들어 있다.

쟁점에 대한 입장

낙태: 법으로 제한되지 말아야 하며 도덕적으로 받아들여질 수 있는 임신의 기간에 따라 여성이 결정할 문제이다. 그러나 산아 제한이나 성별의 선택이나 혹은 장기 이식을 위해 필요한 부분을 얻기 위한 것이어서는 안 된다.

산아 제한: 임신을 피하는 방법들을 지지한다.

사형: 지지하지 않는다.

창조 대 진화: 진화론과 성경 사이에 관계는 모순이 아니다.

이혼과 재혼: 결혼은 교회의 사역을 통하여 치유하기를 택한다. 그러

나 만일 이혼이 발생한다면 교회 안에서 재혼할 수 있다.

안락사: 위원회의 연구 중이다.

동성애: 동성애자도 안수 받을 수 있다.

기적: 교회마다 다르다.

구원의 안전: 이생에서 주 예수님을 확실히 믿는 자들은 은혜의 상태에 있음을 단언한다.

방언과 성령의 다른 은사들: 은사의 사용은 교회마다 다르다.

여성 사역: 여성은 장로와 목사로 안수 받는다.

본부: 100 Witherspoon Street, Louisville, KY 40202-1396

정통장로교회(THE ORTHODOX PRESYTERIAN CHURCH)

설립: 1936

교인: 18,417

교회: 204

연혁: 장로교회(USA)는 20세기 초까지는 역사적인 기독교의 신앙을 확고하게 지켜왔다. 그러나 독일을 통한 자유주의 신학의 미국 수입은 다양한 교단 안에서 보수주의 대 현대주의 논쟁을 야기시켰으며 마침내 교단의 분열을 낳게 하였다. 북장로교회의 경우 1924년 10,000명의 목사 중에서 소수 13,00명만 자유주의적인 어번 선언에 서명하였다. 어번 선언은 성경의 무오와 대속적인 죽음은 물론 죽은 자의 부활까지 안수를 위한 시험이 되어서는 안 된다고 하였다. 1929년 프린스턴 신학교는 자유주의적인 교수를 채용하였고 이사 중에 진보적인 이사들이 영입되면서 위협을 느낀 메이첸 교수와 몇몇 교수들은 프린스턴을 떠나 필라

델피아에서 구프린스턴의 신학을 지속하기 위해 웨스트민스터 신학교를 세웠다. 프린스턴의 진보적인 교수들은 성경의 완전한 권위와 예수 그리스도의 동정녀 탄생을 부인하였다. 메이첸(J. Gresham Machen, 1881-1937)은 미국 장로교회 목사로 장로교 외국 선교회의 자유주의적 경향을 우려하여 총회에 건의하였으나 총회는 1933년 간섭하지 않기로 결정하였다. 이에 메이첸을 비롯한 보수적인 목사들은 따로 장로교회의 외국 선교를 위한 독립위원회를 만들었다. 이에 총회는 다음 해 그들의 행동을 정죄하고 직책에서 그들을 면직시켰다. 메이첸과 34명의 목사들 17명의 치리 장로와 79명의 평신도들은 1936년 필라델피아에 모여 미국 장로교회를 조직하였다. 그러나 미국 장로교회는 그 이름이 자신들의 이름이라며 고소함으로 1939년 교단의 이름을 정통장로교회로 개명하였다.

교단은 시작부터 역사적 기독교의 진리와 웨스트민스터 신앙 고백과 요리 문답에 표현된 개혁 정통 신앙을 단언했다. 교단이 근본적으로 강조하는 세 위원회는 세계 선교, 국내 선교, 그리고 기독교 교육이다.

교회의 정치: 장로교회의 정치이다. 교단은 북미 장로교회와 개혁교회 회의(NAPARC), 그리고 개혁교회의 국제회의 회원이다. 교단은 그 신학과 신앙이 같은 미국 장로교회와 우호 증진은 물론 연합을 위해 노력해 오고 있으나 아직은 이루어지지 않고 있다.

선교와 교육: 국내 선교로는 교회의 개척과 교회의 재정(loan)을 돕는 사역을 하고 있으며 외국 선교로는 중국, 에리트레아, 에티오피아, 아이티, 일본, 케냐, 한국, 퀘백, 수리남, 그리고 우간나에 선교사를 파송하여 사역하고 있다. 신학 교육으로는 필라델피아에 웨스트민스터 신학교와 캘리포니아 에스콘디도에 웨스트민스터 신학교가 있다.

교리와 신앙: 근본적인 교리에는 성경의 무오와 원죄, 동정녀 탄생, 신성, 그리스도의 대속적인 죽음, 그의 부활과 승천, 세계의 종말에서 심판자로서 그의 역할, 왕국의 완성, 하나님의 주권, 그리고 그리스도의 희생과 능력을 통한 구원(아버지께서 구원하시려는 자)이 포함된다. 종말론에는 무천년, 후천년, 그리고 역사적 전천년이 있으나 주로 무천년론을 선호한다. 교단은 삼위일체 찬송을 가지고 있다. 이는 웨스트민스터 신앙고백에 예배를 보충하기 위함이다. 교단의 간행물로는 〈New Horizons in The Orthodox Presbyterian Church〉가 있다.

쟁점에 대한 입장

낙태: 어머니의 생명이 위험한 경우에 한한다.

동성애: 반대한다. 교단은 빌 클린턴 대통령 때 동성애자의 군복무를 반대하는 청원을 했다.

여성 안수: 반대하며 여성 집사도 반대한다. 집사는 안수 집사이므로 여성의 안수를 반대한다는 뜻이다.

본부: 607 North Easton Road, Bldg. E, Box P, Willow Grove, PA 19090-0920

컴벌랜드 장로교회(CUMBERLAND PRESBYTERIAN CHURCH)
미국 컴벌랜드 장로교회 (CUMBERLAND PRESBYTRIAN CHURCH IN AMERICA)

설립: 1810

교인: 78,451

교회: 730

연혁: 켄터키에서 1800년대 변방의 부흥에서 생장한 교단으로 주로 남

부와 서부에 위치해 있다. 교단은 목사의 안수 조건과 웨스트민스터 신앙 고백에 관한 불일치가 문제가 되었는데 특별히 컴벌랜드 노회가 교육을 받지 않은 목사들을 안수한 데 대해 컴벌랜드 대회가 반대하였다. 더욱이 컴벌랜드 노회(새로 안수 받은 목사들을 포함)가 웨스트민스터 신앙고백에서 가르치는 선택과 유기의 교리를 믿지 않았다. 따라서 켄터키 대회는 그 안수는 무효라고 하였다. 그러던 중 테네시 딕슨 카운티의 세 노회 목사-휘니스 이윙(Finis Ewing, 1773-1841), 사무엘 킹(1775-1842), 사무엘 맥도우(Samuel McDow, 1760-1844)는 선택과 유기의 교리를 배격했으며 1810년에 새 노회를 조직하고 컴벌랜드 노회라 불렀다. 새 노회는 목사의 안수를 보다 더 융통성 있게 하려고 했다. 그러나 대회나 미국 장로교회는 이를 용인하지 않았는데 웨스트민스터 신앙고백서가 가르치는 예정, 목사를 위한 교육적인 요구, 그리고 노회를 다스리는 대회의 권위를 들어 반대하였다.

그러나 교회가 급성장하자 몇 개의 노회를 더 조직하고 1813년 컴벌랜드 대회를 형성했으며 1829년에는 총회를 형성하였다. 교단은 1835년과 1860년 사이에 5배나 성장하여 펜실베이니아에서 캘리포니아까지 교회가 설립되었다. 그러나 시간이 흐르면서 넓어진 신학적 신념은 미국 장로교회(PCUSA)와 합동에 문제가 없게 되면서 1906년 미국 장로교회(PCUSA)와 연합하였다. 그러나 연합을 반대한 교인들은 그대로 컴벌랜드 장로교회에 남기로 했다. 1874년 흑인 회중들은 분리된 교회를 형성했으며 제이 컴벌랜드 장로교회로 알려졌는데 후에 미국에 있는 컴벌랜드 장로교회가 되었다. 이 교단의 본부는 알라바마 헌스빌에 있다. 교세로는 교인 15,140여 명에 교회 152여 개이다.

교회의 정치: 장로교회의 정치이다. 따라서 개교회 위에 노회가 있고

노회 위에 최고의 권위가 있는 총회가 있다.

선교와 교육: 교회가 지원하는 선교사들은 컬럼비아, 일본, 홍콩, 그리고 웨스트 아프리카의 리베리아에서 사역하고 있다. 교단은 테네시 매켄지에 있는 벧엘 대학과 멤피스 신학교, 그리고 텍사드 덴톤에 어린이집을 지원하고 있다.

교리와 신앙: 컴벌랜드의 신학은 칼빈주의와 알미니안주의 사이에서 중립적인 입장을 취하려고 하였다. 따라서 무제한 속죄, 보편적인 은혜, 조건적인 선택, 신자의 영원한 안전, 유아 때 죽은 모든 어린이의 구원을 주장한다. 이는 알미니안 신학을 따르는 교단들과 크게 다르지 않다.

쟁점에 대한 입장: 낙태와 사형을 반대한다.

생명 공학: 인간 복제를 반대한다.

산아 제한: 지지한다.

창조 대 진화: 성경적인 창조를 믿는다.

이혼과 재혼: 결혼은 하나님 아래서 계약이다. 이는 상징적으로 그리스도와 교회의 관계와 같다. 그러나 이혼이 발생한 경우에는 재혼을 생각하는 이혼한 자는 상담을 한다.

동성애: 교회는 동성애자를 목사나 평신도 교회 직원으로 안수하지 않는다.

기적: 지금도 발생한다.

구원의 안전: 구원의 안전은 영생으로 그들을 보존하실 하나님에 의해 유지된다.

방언과 성령의 다른 은사들: 교회는 방언을 옹호하지 않는다. 그러나 다른 성령의 은사들을 발견하도록 교인들을 도와야 한다고 한다.

여성 사역: 여성은 목사, 장로, 그리고 집사로 섬기는 것이 허용된다.

본부: 1978 Union Ave., Memphis, TN 38104

협동개혁 장로교회(ASSOCIATE REFORMED PRESBYTERIAN CHURCH)
설립: 1782

교인: 35,206

교회: 270

연혁: 교단은 스코틀랜드에서 이민한 장로 교인들에 의해서 설립되었다. 1567년 스코틀랜드의 개혁교회는 스코틀랜드 의회에 의해 법적으로 인식되었다. 왕 윌리암 2세의 지도 아래서 스코틀랜드 개혁교회는 1688년에 재조직되어 스코틀랜드의 국교인 장로교회가 되었다. 그러나 교회가 국교가 되면서 18세기 초에 분열이 발생하였다. 교회와 국가가 밀접한 관계가 되면서 문제들이 발생하였고 분리된 협동 노회가 생겼다. 10년 후 다른 신자들은 국가 교회와 정치와 예배에서 분쟁이 발생하면서 개혁 노회를 조직하였다. 마침내 이 두 파가 펜실베이니아로 이주하였으며 협동과 개혁의 그룹이 하나로 연합하여 1782년 필라델피아에서 협동개혁 대회를 형성했다.

교단은 펜실베이니아, 뉴욕, 오하이오, 그리고 남캐롤라이나와 조지아에 있는 교회들이 포함된다. 그러나 교단은 논쟁도 있었으나 1803년 성장하여 네 개의 대회를 형성하였다. 그러나 교회는 교회의 정치, 닫힌 성찬, 그리고 예배에서 시편만을 찬송할 것인가를 놓고 분쟁이 그치지 않게 되면서 대회의 이탈로 이끌었다. 이탈한 대회들은 합동하여 1856년 연합장로교회가 되었다. 그 연합에 한 대회가 남았는데 그들은 캐롤라이나 대회로 협동개혁 장로교회를 지속하고 있다.

교회의 정치: 총회는 매년 모이며 1년 임기의 총회장을 선출하는데 그는 총회를 사회하고 다음 총회까지 교회의 대변인 역할을 한다. 4년 임기의 서기(총무)는 총대회를 위해서 공적 기록을 하고 보관하는 일을 한다.

선교와 교육: 교단은 독일, 멕시코, 파키스탄, 터키, 스페인, 우크라이나, 웨일스, 그리고 스코틀랜드에서 선교한다. 역시 남캐롤라이나 웨스트 듀에 있는 얼스킨 대학(1839)과 얼스킨 신학교(1837)를 지원하고 있다. 교단의 간행물로는 〈The Associate Reformed Presbyterian〉, 〈The Associate Reformed Pyterian〉, 〈The Adult, Quarterly〉가 있다.

교리와 신앙: 교단의 교리적 표준은 사도 신경, 웨스트민스터 신앙 고백을 따르며 여러 해 교회에서 음악은 시편만을 사용했으나 1946년 찬송가 사용이 허용되었다.

쟁점에 대한 입장

낙태: 생사는 하나님의 소관이다. 성경은 창조자 하나님과 낳지 않는 아이 사이에 유독한 관계임을 지적한다. 따라서 인간은 낳지 않은 아이의 생명을 유지하기를 힘써야만 한다.

성찬: 모든 복음주의 신자들에게 열려 있다.

이혼과 재혼: 재혼은 무죄한 편만 허용된다.

기적: 기적은 성경의 시대나 현재나 동일하다.

여성 사역: 여성은 집사의 직분으로 섬길 수 있다. 그러나 장로는 아니다.

본부: One Cleveland St. Suite 110, Greenville, S.C. 29601

미주 한인 예수교 장로교회(KOREAN-AMERICAN PRESBYTERIAN CHURCH)

설립: 1978

교인: 53,000

교회: 600

연혁: 이 교단은 1978년 형성된 코리안-아메리칸 장로교회이며 필라델피아 있는 웨스트민스터 신학교 교정에서 이민자들로 시작되었다. 당시 총회는 5개의 노회가 연합하여 형성되었는데 그 5개 노회는 캘리포니아 노회, 중부 노회, 뉴욕 노회, 필라델피아 노회, 그리고 캐나다 노회였다. 교단은 보수적이며 교리적인 장로교회이며 한국의 합동 측 장로교회와 밀접한 연관을 맺고 있다. 교단은 성장하여 1990년에는 19개의 노회로 확장되었다. 여기에는 남미, 러시아, 유럽이 포함되었다. 1983년 북미 장로교회와 개혁교회 카운슬(NAPARC)에 가입하였다. 교단은 캘리포니아 로스앤젤레스에 신학교를 운영하고 있으며 다수의 지방 신학교가 있다. 그러나 보수적인 신학교 졸업생은 원할 경우 고시 후에 영입된다. 2004년에 교인 33,000명에 교회가 400여 개였으나 성장하여 26개의 노회에 교인 53,000명에 600여 교회가 되었다. 교단은 군 선교와 군목 활동에 적극적이다.

2010년에는 영어 노회를 시작하였으며 19개국에서 선교 활동을 하고 있다. 교리와 신앙은 웨스트민스터 신앙 고백과 소요리 문답 및 대요리 문답이며 칼빈주의적 복음주의를 지향해 나가고 있다. 현재 교단은 일부 교회들이 신학교와 더불어 교단을 떠나고 말았다. 그로 인해 교단은 신학교를 잃게 되어 두 교파가 분쟁 중에 있다.

본부: 125 S. Vermont Ave., Los Angeles, CA 90004, Phone (501)544-1479

미주 한인 장로교회(KOREAN PRESBYTERIAN CHURCH IN AMERICA)

설립: 1976

교인: 55,000

교회: 302

연혁: 이 교단은 1976년에 설립된 한인 장로교 교단이며 한국의 통합측 장로교회와 미국 장로교회(PC U.S.A.)와 일본 한국기독교회와 밀접한 관계를 가지고 있다. 교단은 통합장로교회의 해외 한인 장로교회로 있다가 2012년에 미국에 있는 독립 장로 교단이 되었다. 처음에는 3개의 한국장로교회의 연합으로 시작되었다. 교회의 공식 언어로는 한국어와 영어를 사용한다. 교회의 신앙과 교리로는 웨스트민스터 신앙 고백과 사도 신경을 쓰고 있다. 2010년 영어 노회를 시작하였으며 세계 개혁 교회교제의 회원이다.

장로교회 참고 자료: www.epc.org, www.canet.org, Eileen W. Lindner, Ed., Op.cit., Frank S. Mead, Samuel S. Hill, Craig D. Atwood, Op.cit., Drew Blankman & Todd Augustine, Ed., Op.cit., https://epc.org./about distintives,hppts://en.wikipedia.org./wiki/ Orthodox Presbyterian Church, https://en.wikipedia.org./ Presbyterian Church usa.wwwpcusa.org, www.opc.org, www.cumbe

10. 회중교회(CONGREGATIONAL CHURCHES)

(1) 개요 및 역사

회중교회는 16세기 존 칼빈과 츠빙글리(Ulich Zwingli)에 의해 세워진 개혁주의 전통에 속하는 개신교 기독교 교단이다. 영국에서 칼빈의 추종자들은 후에 청교도로 알려지게 되었는데 그 이유는 그들이 영국의 국교(앵글리칸)를 개혁하고 정화하기를 추구했기 때문이다. 회중교회는 회집된 회중에 대한 어떤 외부의 성직 계급 제도에도 반대하였다. 초기에 회중교인들은 국교회 안에 머물면서 개혁을 시도하는 다른 청교도들로부터 구별하여 스스로를 분리주의자나 독립 교회로 불렀다.[66]

회중교회란 이름은 각 지교회가 완전한 권위를 가지기 때문에 붙여진 이름이다. 회중교회는 각 회중은 예수 그리그도의 주권에 헌신하는 남녀로 구성되며 회중의 투표를 통하여 그들 가운데서 섬기고 다스릴 자를 선출한다. 이는 지역 교회들을 다스리는 감독의 계급제인 성공회와 대조적이다. 미국의 회중교회는 영국에서 종교적인 박해를 피해서 온 개인과 회중에 의해서 시작되었으며 이들은 영국 교회가 더 정화되는 것이 필요하다고 보았다. 이런 청교도들은 예배에서만 아니라 교회의 정치에서도 개혁이 필요하다고 생각했다.

분리주의 청교도 중의 일부는 기도와 성경 공부를 위해 스크루비(Scrooby)로 불린 마을에 있는 우체국장 윌리엄 뷰르스터의 집에서 모였다.[67] 이는 그 당시로는 매우 위험한 발상이었다. 국가의 정책이 신부나

---

66 Harold Rabinowitz and Greg Tobin, *Religion in America*, 159.
67 Carmen Renee Berry, Op. cit., 223.

감독이 없이 하는 종교적인 모임은 불법으로 규정했기 때문이다. 영국에서 종교와 정치의 관리들은 이런 분리주의자들을 싫어했다. 분리주의 그룹 중 하나는 존 로빈슨(John Robinson, 1575-1625)이 지도했는데 박해의 점증으로 100여 명의 신자들과 함께 1609년 영국에서 도피하여 네덜란드에 정착했다. 거기서 로빈슨은 영국에서 박해로 피해온 윌리엄 에임스(William Ames, 1576-1633)를 만났는데 그는 위대한 회중주의의 신학자였다. 에임스의 영향으로 로빈슨은 회중교회로 개종했다.[68]

화란에 정착한 로빈슨의 분리주의자 공동체는 그들의 젊은이들이 화란인으로 동화되는 것을 우려하게 되었고 그들의 회중주의 사상을 지키기 위해 미국으로 이민하기로 결정하였다. 그러나 항해비가 없어서 영국의 어드벤처 상선 회사에서 7,000 파운드를 빌리고 그들의 수산 사업의 설립을 돕는 것으로 그 돈을 갚기로 했다. 이들은 1620년 8월 영국에서 메이플라워 호(May flower)로 미국의 식민지를 향해 떠났으며 북버지니아 대신 뉴잉글랜드에 상륙하였다. 그리고 그들이 살고 있는 영토에서 회사로부터 새로운 헌장을 얻었다. 또 그들이 상륙하기 전에 정부에 대한 하나의 도구로써 메이플라워 계약을 작성하였다. 이는 시민정부로부터 분리주의자들의 이상을 확장하려는 것으로 그 계약은 플리머스가 1691년 살렘의 정착이 매사추세츠주에 합병할 때까지 남아 있었다.

이들이 플리머스에 상륙한 것은 하나님의 섭리였다. 만일 그들이 버지니아에 상륙했더라면 영국에서처럼 박해를 받았을 것이다. 장로 브류스터가 그들의 종교적인 지도자로 섬겼으며 윌리엄 브래드 포드는 그들의 지사로 섬겼다. 그해 겨울의 극심한 한파로 그들 중에 절반이 죽었으

---

68 Ron Rhodes, Op. cit., 128.

나 다음 해 풍성한 소출로 그들의 빚을 갚을 수 있었다. 교회는 그들의 공동체에서 영적, 사회적 생활의 중심이었다. 많은 수의 비분리적 청교도들이 1626년 후에 살렘과 보스턴에 정착하였다. 1626년 영국 로체스터의 청교도 목사 존 와이트는 살렘에 소수의 사람들을 정착시키기 위해 한 회사를 조직했다. 이 회사에서 50명 정도가 1628년 가을에 살렘에 상륙하였다. 이들은 청교도 회중 교인이었거나 영국 교회원이었는데 영국을 떠나기 전에 회중 교인으로 기울었다. 의사 사무엘 풀러 박사가 분리주의자 플리머스에 와서 1628-29년 겨울 동안 이들을 도왔다. 그리고 살렘 식민지를 계약에 근거한 교회 정치의 회중제를 세웠다. 존 윈트로프(John Winthrop)는 살렘과 보스턴 정착자들의 지사가 되었다. 1628년과 1640년 사이에 2만 명이 넘는 청교도들이 이민하였다. 증가하는 신자들의 목사들은 대부분이 케임브리지에서 공부한 대학교의 졸업생들이었다. 목사들은 성경을 해석하고 교인들의 사회생활과 시민 생활에 적용하였다. 비록 정치는 회중제였으나 이 퓨리탄들의 신학은 칼빈주의였다. 1629년 와이트의 조직은 매사추세츠 베이 회사로 합병되었다. 1631년 매사추세츠 일반 법정은 교회원에게 투표권을 제한시켰으며 회중교회는 주의 종교가 되었다. 식민자들은 성공회를 배격했으나 신앙의 동질성의 원리를 시인하였다.

또 다른 식민지의 설립은 런던에 있는 교회의 목사 존 데벤포트(John Davenport)에 의한 것으로 그의 교회 신자 중에 데오빌루스 이튼은 1636년 많은 회중교회원들과 더불어 미국으로 항해하였다. 그들은 보스턴에 거주하는 것이 적절하지 못하자 현재 코네티컷의 남부의 일부인 뉴헤이븐에 식민지를 세웠다. 이들은 인디언들과 계약으로 땅을 확보하였고 1639년 오직 교회원만이 투표할 수 있는 성경에 근거한 주를 창설하였다. 1664년

이 식민지는 다른 식민지와 함께 코네티컷 식민지를 형성하였다.

신학과 정치의 통합은 1646년 케임브리지대회 후에 획득되었다. 거기서 네 개의 청교도 식민지 대표들이 그들의 신학의 표명으로 웨스트민스터 신앙 고백을 채택하였으며 마침내 1648년 케임브리지 강령이 작성되었다. 이 강령은 각 교회는 자치적이나 다른 교회들과 교제와 회의를 위해서 연관이 있었다. 각 교회는 신자 서로와 그 교회의 머리이신 그리스도와 연계된 교회 계약에 의해 설립되었다. 목사와 집사는 가장 중요한 교회의 직원이며 교회가 어떤 사람을 안수하기를 원할 때는 이웃 목사들이 안수했다. 초기 청교도들은 이웃 이교도들에게 관심을 가졌으며 존 엘리어트(John Eliot, 1604-90)는 록스버리교회의 목사로 1646년 인디언들을 위한 사역을 시작하여 그의 개종자들로 타운을 조직하였다. 1674년 그곳에는 14개의 마을에 24,000명의 기독교인 인디언들이 있었다. 엘리어트는 역시 1661년과 1664년에 신구약 성경을 인디언 말로 번역하였다.[69]

교단은 더 많은 회중교회들이 개척되면서 빠르게 성장했다. 그 시대에 영향을 준 회중주의자 중 한 사람으로 오늘날까지 지속적인 영향을 주고 있는 인물은 설교자요 신학자인 조나단 에드워즈(Jonathan Edwards, 1703-1758)였다. 그는 회중교회에서 가장 위대한 지성인으로 1730년대와 1740년대 미국의 제1차 대각성 운동에서 지도적인 역할을 했다. 회중주의자들은 확실히 미국의 형성에서 중요한 역할을 했다.

뉴잉글랜드의 회중주의자 중에 일부는 미국 혁명(1775-1783)의 지도자들이었다. 회중주의자들은 하버드(1636), 예일(1701), 그리고 엘리아저

---

69 Earle E. Cairns, *Christianity Through the Centuries*, 360-362.

윌로크(Elezer Wheelock)의 미국 원주민을 위한 학교에서 발전한 다트머스(1769) 같은 영향력 있는 학교들을 세우기도 하였다. 회중교회는 식민지 시대에 미국 원주민에 대한 선교 역시 괄목할 만했다. 그 대표적인 인물로는 존 엘리어트(John Eliot, 1604-90), 토마스 메이휴(Thmas Mayhew, c.1620-57), 조나단 메이휴(Jonathan Mayhew, 1720-1766), 그리고 데이비드 브레이너드(David Brainerd, 1718-47)였는데 브레이너드는 식민지 시대에 미국 원주민들 중에서 헌신적으로 섬겼다. 엘리어트는 북미 원주민의 한 부족인 알곤킨(Algonquian)어를 숙달하는 데 7년을 보냈고 마침내 성경을 번역하였다(신약 1661년, 구약 1663년). 1653년에는 첫 미국 원주민의 말로 교리문답서를 출간하였다. 1674년경에 뉴 잉글랜드에는 4,000명의 기도하는 인디언들이 있었고 24명의 원주민 설교자들이 있었다. 1800년 외국 선교를 위한 미국위원회를 조직했는데 이는 첫 번째 국내외 선교에 대한 관심의 표명이었다. 그 회에는 회중교회만 아니라 장로교회의 대표들도 함께 일했다.

그러나 1800년대에 회중교회는 신학적으로 분리의 고통을 겪게 되었는데 주로 삼위일체에 대한 논쟁이었다. 이 그룹의 보수주의자들은 삼위일체를 강하게 주장한 데 비해 자유주의자들은 하나님의 철저한 연합(유니테리안주의)을 주장하였다. 만일 하나님이 단일하시다면 그리스도는 인간이시며 하나님이실 수 없다는 것이다. 윌리엄 채닝(William Ellery Channing, 1780-1842)은 1819년 볼티모어에서 "유니테리안 기독교"를 설교했는데 거기서 그는 삼위일체를 반대했으며 그 사상이 얼마나 비이성적인지를 드러냈다. 그 설교는 유니테리안 신앙을 천명하였으며 궁극적인 권위는 성경에 계시된 과거의 소리가 아니라 경험과 이성의 살아있는 음성이라고 하였다. 따라서 회중교회의 분열은 불가피하게 되었다.

미국의 유니테리안협회가 1825년 수십 명의 하버드 졸업생들에 의해 설립되었다. 매사추세츠에 있는 가장 오래된 회중교회가 신학에서 유니테리안이 되었다. 따라서 전통적인 회중교회들은 하버드를 대신할 앤도버 신학교를 세웠는데 이 학교는 미국에서 첫 신학대학원이었 다. 이렇게 전통적인 회중교회들은 유니테리안주의자들과 분리하여 생존하고 성장하였다. 서부 변방 지역의 개척과 인구의 증가는 회중교회와 장로교회의 선교 지역이 되면서 두 교단이 경쟁보다는 협력을 원하게 되었다. 따라서 이 지역의 선교사들은 통합 계획에 의해 함께 사역하였으나 새로운 회중들이 장로교회를 따라가게 되면서 연합 계획은 해체되고 말았다. 1925년 북미 복음주의 개신교회가 회중교회의 복음주의 개신교협회 안에 있는 회중교회협의회에 가입했다. 이 그룹은 1931년 기독교회와 연합했다가 복음주의 개혁교회들과 연합하여 그리스도의 연합교회를 형성하였다.[70]

19세기와 20세기에 접어들면서 회중교회는 인간의 정의와 사회 복음에 관한 워싱턴 글래든(Washington Gladden, 1836-1918)의 열정으로 사회 복음 운동의 중요한 역할을 하였다. 그 운동은 대중의 생활에 성경적 가치를 적용하였으며 자주 전쟁 반대와 노동자 권리를 주장하는 일에 앞장섰다. 이런 전통은 오늘날 회중교회의 형성에 지속적인 영향을 주고 있다. 20세기에 접어들면서 회중교회는 교회 연합 운동에 관심을 갖고 역사적으로 분열된 교회를 연합하는 데서 다른 교회들과 협력하고 있다. 이런 노력은 가시적인 결과를 가져와 그리스도의 교회와 연합하게 되

---

70 Ron Rhodes, Ibid., 128-129, 반삼위일체 운동인 유니테리안 보편주의에 관해서 자세하게 알기를 원하면 서춘웅, 『교회와 이단, 유니테리안 보편주의』, 238-252를 참고하라.

었다. 1931년 외국교회연합은 기독교회들의 총회와 연합하였다. 그 결과 새로운 교단은 회중기독교회로 불려지게 되었다. 그리고 1957년 독일계 복음주의 개혁교회와 연합하였다. 오늘날 그리스도의 연합교회는 15,000여 교회에 120만여 명의 교인이 있다.

세 개의 작은 회중교회 계열의 교회들이 있는데 이들은 회중교회의 연합의 부작용의 결과였다. 이들은 1955년 회중교회가 그리스도의 연합교회로의 연합을 반대하는 교회들이다. 이들은 회중기독교회연합으로 400여 교회에 67,000명의 교인이 있다. 보수 회중교회 대회는 기독교의 복음주의를 표방하는 이들로 보수적인 회중에 의해 1948년에 조직되었다. 그리고 1961년 미국 유니테리안협회가 미국 보편주의자교회와 연합하여 회중유니테리안 보편주의자협회를 형성하였다. 이 교회들은 미국에 1천여 교회가 있으며 15만8천여 명의 회원이 있다. 그러나 이 협회는 더 이상 그 차체를 기독교로 부르지 않는다. 근래의 조사에 의하면 이 회원의 13%가 기독교인이라고 응답한 데 비해 동일한 %의 회원들은 그들의 믿음이 이교도라고 답하였다. 그리고 54%는 인본주의자의 정체성을 지니는 것으로 나타났다.

이 교단에 속한 미국의 저명 인사로는 Abgail Adams(1744-1818), John Adams(1735-1826), John Quincy Adams(1767-1848): Samuel E. Bates: 초기 미국의 정치인, Benjamine E. Bates: 대학 설립자, Henry Ward Beecher: 목사, 사회 개혁가, Calvin Coolidge: 30대 미국 대통령, Walt Disney: 만화 제작자, 오락 사업가, John Eliot: 매사추세츠 인디언 선교사, Hubert Humprey: 미국 부통령(1963-69), Barack Obama: 44, 45대 미국 대통령이다.[71]

---

71 Harold Rabinowitz and Greg Tobin, Ibid., 162, 165-66.

회중교회가 미국의 저명 인사 명단에 많은 사람들을 올리게 된 것은 어떤 면에서 그 신앙이 자유주의로 물든 결과로 이성적인 면을 강조한 데 있다고 할 수 있다. 물론 회중교회는 미국의 초기에, 그리고 혁명기와 그 후에도 미국 사회와 교회, 그리고 신학에 크게 좋은 영향을 끼친 것은 사실이다. 특별히 지역 교회의 전 개념을 그리스도가 다스리는 교제로 본 점 등이다. 그러나 근래에 회중교회는 크게 감소세를 면치 못하고 있다. 그 큰 원인은 인본주의적인 자유주의가 전 교단에 영향을 준 결과이다.[72] 사실 미국 교회의 감소세는 비단 회중교회만이 아니다. 자유주의 신학의 영향을 받은 교단마다 분열하였고 보수적 복음주의가 소수가 되면서 자유주의 교단들이 급속하게 교세의 감소세를 보이고 있는 것은 오늘 미국 교회의 불안한 현실을 잘 반영해 주고 있다.

(2) 회중교회 교단

보수 회중 기독교 협회(CONSERVATIVE CONGREGATIONAL CHRISTIAN CONFERENCE)

설립: 1948

교인: 40,857

교회: 256

연혁: 교단의 초기 기원은 미네소타 핸코크(Hancock)의 목사 힐머 샌다인(Hilmer Sandine)의 회중의 횃불(Congregational Beacon)이라는 보수적인 월간 잡지를 시작한 1935년으로 거슬러 올라간다. 회중의 횃불은 신학적으로 보수적인 회중주의자들을 위한 기본적인 강령이었다. 샌다

---

72 W. Kirby, "Congregationalsim," In Gen. Ed., J. D. Douglas, The International Dictionary of the Crhistian Church, 253.

인은 신학적 자유주의는 회중과 기독교회의 믿음, 정책, 그리고 관행을 무너뜨리게 될 것이라는 우려를 갖게 되었다. 그 후 10년 회중기독교회 안에서 복음주의자들은 교제를 위한 필요성을 알고 비공식적으로 만나기 시작했다. 그 모임이 마침내 1945년 시카고에서 보수회중교회의 교제를 형성하였다가 1948년 보수 회중 기독교 연맹으로 재조직하였다. 이 연맹의 목적은 전국적인 수준에서 복음주의 교회들과 목사들이 교회 안에서 예배를 촉진시키며, 서로 간에 그들의 교제를 깊이있게 하고, 전도, 교육, 교화, 청지기, 선교를 증진시키기 위함이었다. 이 연맹에 가입된 교회들은 독립 커뮤니티교회들 혹은 회중교회, 기독교회, 복음주의 개혁교단의 배경을 지니면서 정치에서 회중주의이며 복음주의를 신뢰하는 교회들이었다. 교단은 회중주의를 신뢰하는 모든 복음주의 교회들을 환영한다. 교회의 연합을 강조하며 제2차적인 문제로 분열하는 것을 반대하고 예수 그리스도에게 순종하며 복음 전도, 교회 개척, 선교를 통하여 주님의 나라를 진전시키는 데서 함께 협력하기를 힘쓴다. 교단은 세계복음주의 회중교제(The World Evangelical Congregational Fellowship)와 복음주의연합회(The National Association of Evangelical)의 회원이다. 교단의 정기 간행물로는 〈Forsee〉가 있다.

교리와 신앙: 이 교단은 신학적으로는 보수주의이지만 중요하지 않은 문제에 있어서는 의견의 다양성을 허용한다. 교회의 교리는 복음주의이면서 중생한 회원, 성경의 권위, 그리스도의 지도력, 지역 교회의 자치, 그리고 모든 기독교인의 보편적인 교제를 강조한다.

쟁점에 대한 입장

낙태: 여하한 이유로도 낙태는 도덕적으로 잘못이다. 출생하지 않은 아기가 어머니의 생명을 위험스럽게 할 경우 그녀의 생명을 희생하도록

요구하지는 않는다.

이혼과 재혼: 각 교회가 이혼의 관행에 관해서는 자체로 결정한다. 그러나 안수 받은 목사의 이혼은 자격심사위원회에 의해서 재검토가 요구된다.

동성애: 하나님은 성경에서 동성애 행위를 정죄하신다. 교회는 동성애자를 회원으로 허락하지 않는다.

금하는 것: 호색 작품의 사용을 금한다. 교회는 포르노 금지를 위한 입법화를 지지한다.

방언과 성령의 은사: 은사의 방편을 통해 받은 메시지는 성경에 있는 하나님의 계시와 동등한 것이 아니다. 방언을 하는 것은 금지하지 않는다. 그러나 사도 바울의 가르침보다 더 놀라운 은사들은 불신자를 전도하고 믿음과 도덕에서 신자들을 가르치기 위함이다.

여성 안수: 각 교회의 자유이다. 안수를 위해서는 자격심사위원회에 신청해야 하며 만일 자격이 갖추어졌다고 인정되면 안수 받는다.

본부: 8941 Highway 5, Lake Elmo, MN 55042. Phone; (651) 739-1474

회중기독교회; 전국협의회(CONGREGATIONAL CHRISTIAN CHURCHES; NATIONAL ASSOCIATION)

설립: 1955; 65, 39

교회: 432

연혁: 회중기독교회(전국협의회)는 1955년 미시간의 디트로이트(Detroit)에서 창립되었다. 많은 회중 교인들은 복음주의 개혁교회와 회중기독교총회(The General Council of Congregational Christian Church)의

연합은 정치적인 이유 때문이라며 우려하였다. 저들은 연합으로 형성된 그리스도의 연합교회가 교회의 정치에서 장로교 형태를 따른다고 믿었다. 따라서 그 연합에 참여하는 대신에 참으로 회중제에 남기를 바랐던 교회들은 회중기독교회 전국협의회를 조직하였다. 이들은 일반 투표 협회를 신설하였으며 이로 인해 교회들은 전국 조직에 의한 어떤 문제도 수정할 수 있는 권리를 보유하게 되었다. 이 협회는 강력하게 지교회의 자치권을 강조하였다. 회중기독교회는 덜 교단적이고 교회들의 협력하는 교제로 교회는 그 자체의 정치에서 간섭 없이 완전한 독립을 유지하는 보다 더 자발적인 협회를 원했다. 따라서 협회는 구속하는 교회의 권위가 없으며 신자가 서명해야 하는 규례도 없다. 그 목적은 교회들이 서로 도우며 영감을 주고 공동 관심사에 조언하며 같은 마음을 가진 다른 회중들과 폭넓은 교제를 마련하는 것이다.

교단은 회중교회 목사 워싱턴 글래든(Washington Gladden)의 사회 복음에 대한 강조로 그 협회도 세계의 빈곤층과 공민권을 상실한 사람들을 돕는 일에 적극 헌신한다. 사회의 참여나 정치적인 문제 및 활동에 대한 결정권은 개교회에 있다.

교회의 정치: 교회의 정치는 회중제로 독립적이고 자치적이다. 그러나 교회들이 협회와 회의에서 함께 일하는 것은 자유이다. 교회의 모든 회원의 대표들은 연례 모임에 참여한다. 총회장은 모든 교회 신자들의 대표들이 모이는 연례 회의를 주재한다. 12명의 이사회는 4년 동안 일하기 위해 선출되며 모임 간에 협회를 위해 일한다. 한 사람의 총무와 12명의 직원이 일상의 업무를 감독하도록 전국 협회에 의해 고용된다.

선교와 교육: 회중기독교회는 미국 내에서만 아니라 필리핀, 멕시코, 홍콩, 타이완(Formosa), 그리스, 이태리, 브라질, 중앙아메리카, 그리고 서부

인도에서 선교 사역을 하고 있다. 교단의 정기 간행물 〈회중주의자〉는 1849년에 시작되었으며 1958년에 다시 복간한 이 협회의 잡지다.

교리와 신앙: 신학적으로 이 교단은 온건한 칼빈주의지만 개인의 신앙에 관해서는 양심을 따르는 자유가 있다. 따라서 이 교단에서 교리적 범위는 자유주의에서 보수주의까지 그 폭이 매우 넓다. 그럼에도 이 협회는 어떤 기본적인 교리에 헌신한다. 성경, 하나님, 예수 그리스도는 복음적이나 신자는 인간이 만든 신조에 의해서가 아니라 성령으로 인도 받기를 구해야 한다. 여성도 안수 될 수 있다. 세례는 유아와 성인 모두를 위해 있다. 그러나 교회는 신자가 세례를 원치 않을 경우 이를 허용한다. 성찬은 매월이나 2개월마다 행하는데 열린 성찬이다. 예배의 형식은 전통적이며 지속적으로 강조되는 핵심은 성경, 경험, 그리고 전통이다. 이 협회를 비롯해서 회중주의자들은 지난 2세기 동안 미국에서 사회적 양심에 대한 교육과 사회 정의, 그리고 기독교 연합에 기여하였다.

본부: P.O. Box 288 Oak Creek, WI 53154-1620

그리스도의 연합교회(UNITED CHURCH OF CHRIST)

설립: 1957

교인: 1,359,105

교회: 5888

연혁: 교단의 기원은 독일에서 루터교회와 개혁교회의 연합으로 시작되어 미국으로 이민하였다. 그리스도의 연합교회는 1957년 6월 25일 회중기독교회와 복음주의 개혁교회의 대표들에 의해서 오하이오 클리블랜드에서 조직되었다. 그리스도의 연합교회의 이름은 "그들이 하나되게

하옵시고"라는 그들의 표어를 반영한 것이다. 이 표어는 교회의 연합을 위한 그리스도의 기도에 근거하였다(요 17:21). 교회 회원들은 그 연합과 교제는 완전한 교리적 동의에 의존하는 것이 아니라 연합을 유지하려는 단순한 선택에 근거한다고 믿는다. 이 교단은 다양한 신앙적 전통을 지녔다.

1. 칼빈주의적 청교도들과 16세기 초와 17세기에 분리주의자들에 의해 형성된 회중주의의 전통

2. 그리스도가 유일한 교회의 머리이며, 신앙의 유일한 규범으로서 성경과 그들의 유일한 이름으로서 크리스천을 강조한 18세기 미국의 회복주의 기독교 전통

3. 종교 개혁과 츠빙글리, 루터, 그리고 칼빈의 통찰력으로 1563년 하이델베르크 교리 문답을 형성한 종교 개혁의 제2세대로서 독일개혁교회의 전통

4. 19세기 독일에서 있었던 계몽주의의 비평주의와 경건주의의 본질에 대해서 종교적인 그룹 사이에 오랫동안 지속된 논쟁을 감소시킨 전통이다.

교단은 19세기 초 사회 복음 운동에 크게 영향을 받으면서 사회적 활동에 매우 적극적이다. 회원들은 평화를 위해 일하며, 무기 감축을 추구하고, 인간 권리(동성애와 양성애자들을 포함해서)를 주창하며, 인종 차별과 성 차별을 반대하고, 모든 형태의 폭력에 저항한다.

교회의 정치: 교회의 정치는 회중주의와 장로주의 형태를 결합한 것이다. 지역 교회는 그들 자신의 재산에 대한 권리와 그들 자신의 목사 청빙, 그리고 어느 때든지 그 교단에서 탈퇴할 수 있는 자유를 보장한다. 대부분의 문제는 지역의 수준에서 결정한다. 전국 회의는 교회들과 개

인 회원들을 조언하나 그 조언은 구속력이 없다.

선교와 교육: 교회의 연합에 대한 자문에 매우 적극적이고 세계적으로 교수와 봉사 사업에서 협력하고 있다. 29개의 대학과 대학교가 이 교단과 연관이 있으며 그 중에 6개는 역사적으로 아프리칸-아메리칸이다. 정기 간행물로는 〈United Church News; Common Lot〉이 있다.

교리와 신앙: 성경, 삼위일체의 하나님, 예수 그리스도, 성령, 죄와 구원, 성례는 복음주의와 같다. 교회의 사명은 살아나신 그리스도의 길을 따르며 타락한 세상에 그리스도의 복음을 선포하고 모든 인류에게 하나님의 사랑을 구현하며 정의와 평화를 위해 싸우고 악이 있는 곳 어디서나 그것을 대적하고 압제 받는 자와 세상에서 권리를 빼앗긴 자들을 섬기며 만인을 위한 치유와 생명의 온전함을 위해서 일하는 것이다. 천국과 지옥에 대한 견해는 다양하다.

본부: 700 Prospect Avenue, Cleveland, OH 44115, Phone; (216)736-2001

회중교회 참고 자료: www.ccccusa.org, Ron Rhodes, Op.cit., Eileen W. Lindner, Op.cit., ccccusa.com/ about us, www. nacc.org,nacc.org/missions.html, congregationallibrary.org/Congregation Christian-tradition www.ucc.org, Frank S. Mead, Samuel S. Hill, Craig D. Atwood, Ed., Op.cit., Drew Blankmkan & Todd Augustine Op.cit.

11. 루터교회(LUTHERAN CHURCHES)

(1) 개요 및 역사

루터교회는 개신교의 아버지로 불리는 마틴 루터(Martin Luther, 1483-1546)의 강의, 가르침, 그리고 저서에서 기원하였다. 그 호칭은 그의 작품이 로마 가톨릭교회의 중요한 가르침과 의식에 반대한 데 대해 많은 사람들이 항거한 동력이 된 견해라고 이해할 수 있다.[73]

루터의 영적인 여정은 극적이었다. 그는 법률 공부로 출세를 목적한 길을 가고 있던 어느 날 낙뢰가 바로 그의 정면을 강타하자 크게 놀랐고 그 두려움으로 성 안나에게 부르짖기를 만일 그녀가 그를 안전하게 구해 준다면 수도사가 되겠다고 약속하였다. 그리고 그가 한 약속대로 1505년 어거스틴파 수도사가 되었고 2년 후에 신부로 안수 받았다. 루터는 그의 영성을 매우 신중하게 취했고 날마다 죄의 지속성을 극복하기 위해 애를 썼으며 실제로 자신의 실패에 대한 심각성을 깨달았다. 따라서 그는 한동안 금욕적인 훈련을 통해 불가능한 공로의 구원에 필사적으로 매진했다. 그러나 시간이 흐르면서 그는 그의 노력의 헛된 것을 받아들이지 않을 수 없었다. 루터는 로마 가톨릭교회에 의해 소개된 모든 종교적 관행을 통과해 나갔지만 하나님과 바른 관계가 되었다고 느낄 수 없었다. 그는 수도원적인 경건은 영적으로 만족스럽지 못한 것을 알게 되었다.

그러나 그는 수도원에서 원장 스타우피츠의 지도로 하나님의 은혜를 묵상하라는 권면을 받았고 다음 해 루터는 처음으로 복음에 눈을 뜨게

---

73 Ron Rhodes, Op. cit., 211.

되었다. 그럼에도 루터는 수도사였고 신부가 되었으며 그의 학문적인 능력을 스타우피츠에게 인정받게 되었다. 스타우피츠는 루터를 비텐베르크 대학의 강사로 추천하였다. 연구에 매진한 루터는 1512년 박사 학위를 받았다. 그는 대학에서 성경에 대한 강의를 하면서 교구의 목사와 설교자로 한 주에 세 번 설교했다.

루터는 시편(1513-15), 로마서(1515-16)를 강의하면서 어떻게 죄인이 의로우신 하나님으로부터 용서를 받을 수 있는지를 다르게 생각하게 되었다. 그의 성경 연구는 어거스틴 신학의 영감 아래서 믿음으로만의 칭의의 구별된 교리를 형성하게 되었다. 그는 로마서 1장 17절 의인은 믿음으로 산다는 말씀에서 하나님의 의는 그가 배워온 대로 신적인 속성을 가리키는 것이 아니라 믿음의 선물을 통하여 그리스도의 의를 죄인에게 옷 입히는 하나님의 활동임을 발견하였다. 그러므로 루터에게 칭의는 믿음으로만 되며 의로워진 자는 의인이면서 동시에 죄인임을 깨닫게 되었다.[74]

루터는 믿음에 의한 의를 깨닫기까지는 다양한 통로를 통해서 배운 결과이기도 하였다. 그는 어거스틴으로부터 원죄 사상과 인간은 죄인이므로 항상 악으로 기울 수밖에 없으므로 하나님의 호의의 은혜가 아니고는 칭의를 시작할 수 없음을 배웠다. 또 오캄의 윌리엄(William of Ockham)의 영향으로 신적인 진리는 인간의 이성만으로는 이해할 수 없으며 믿음으로만 기독교의 신비와 기적과 교의를 이해할 수 있음을 배웠다. 그리고 신비주의자들로부터는 성경에 계시된 자로서 성육하신 말씀에 직접 나아가는 길을 배웠다. 결국 루터는 성경의 연구와 강의 및 위와 같은 영

---

74 F. E. Mayer, *The Religious Bodies of America*, 128-130.

향의 결과로 마침내 그리스도 중심의 신학에 이르게 되었다. 루터는 그리스도의 상처를 바라보게 되자 전적으로 새로운 빛에서 성경을 좋은 소식인 복음으로 볼 수 있게 되었다. 로마 가톨릭교회의 많은 문제 중에서 가장 크게 루터를 괴롭힌 것은 속죄권의 문제였다. 속죄권은 로마의 베드로 성당을 짓기 위한 기금을 위해서 교황 율리우스 2세가 허가한 것인데 1513년 교황 레오 10세가 재가하였다. 교황은 마인츠의 대주교 알버트와 거래하여 판매 대금을 나누는 데 동의하였고 알버트는 도미니칸 수도사 요한 테젤을 판매책으로 고용하여 독일에서 판매하게 하였다. 속죄권의 배경은 로마 교회의 참회의 성례 즉 구원의 둘째 조항으로 불리는 고행의 속죄 교리이다. 로마 교회에서 구원의 첫 번째 조항은 세례이다. 이는 일반적으로 유아 세례에 해당한다. 세례는 원죄의 죄책을 닦아낸다. 그러나 세례는 죄의 일시적인 심판을 씻어내지는 못한다.

중세 후반에 로마 교회는 모든 죄는 영원한 심판과 일시적인 심판 두 종류를 받아야 한다며 심판을 구분하였다. 십자가에서 그리스도의 속죄 사역은 죄의 영원한 심판을 제거하지만 일시적인 심판은 아직도 그 대가가 요구된다. 따라서 죄인을 위해서는 죄의 일시적인 효과를 제거하기 위해 참회의 어떤 것을 예비해야 한다. 그것이 속죄권을 사는 것이었다. 속죄권은 그것을 사는 자에게 이생에서 좋을 뿐 아니라 직접 천국으로 가지 못하고 연옥에서 남은 죗값을 치르는 가족이나 지인들의 고통스런 시간을 단축시킬 수 있다는 것이다.

그러나 루터의 입장은 달랐다. 그리스도의 속죄가 죄인을 죄에서 깨끗이하고 의롭게 하는 데 충분하다면 왜 따로 속죄권을 사야하는가? 그리스도를 신뢰하는 사람은 천국에 가지 않는가? 또 속죄권이 죄 문제를 해결해 준다면 죄된 삶이나 죄의 고백이 왜 필요하겠는가? 루터는 마침내 1517년 10월 31일 비텐베르크 성 교회의 문에 그의 유명한 95개 조항을 붙였다. 그의 목표는 교회가 보다 더 하나님의 말씀을 지키기 위해서 로마 가톨릭교회의 신학과 관행의 어떤 것을 로마 가톨릭교회가 개혁하도록 동기를 부여하는 것이었다. 그의 관심사는 단순히 속죄권 판매의 남용을 비판하는 것이었다. 그러나 그것은 곧 로마 교회와 교황을 반대하는 것이기도 했다.

속죄권을 팔았던 테젤은 속죄권을 파는 것은 교황이 그에게 권리를 준 것이었다. 그러므로 속죄권 판매에 도전하는 것은 곧 교황의 권위에 도전하는 것이었다. 따라서 루터는 1517년 이후 1518년에서 1521년까지 로마 교회의 체제로부터 분리의 사상을 받아들이라는 압력을 받게 되었다.

그 후로 루터는 하이델베르크 논쟁(1518), 리이프치히 논쟁(1519)을 거치면서 1520년 로마 교회의 신앙과 관행의 잘못을 비판하는 중요한 소책자들을 출간하였다.

1. 로마의 교황청에 관하여: 참 교회와 로마 교회와 동일시하지 말아야 한다. 참 교회는 하나님의 말씀에 경청하는 사람들이다.

2. 독일 귀족에게 고함: 교회가 부패하고 그 자체로서 개혁의 능력이 없다면 독일의 귀족들이 그 일을 맡아서 개혁에 나서야 한다.

3. 교회의 바벨론 포로: 로마 교회의 핵심인 성례론을 비판한다. 교황은 교회를 포로로 붙잡는 방편으로 성례를 남용하고 있다. 루터는 로마 교회의 화체설을 부인하고 공재설을 주장했다. 미사의 희생의 가르침을 반박했다.

4. 기독교 남성의 자유: 이는 기독교인의 생활의 요약이다. 그리스도

인은 신앙 때문에 모든 사람의 주인이면서 아무에게도 복종하지 않는다. 그러나 사랑 때문에 모든 사람의 종이며 모든 사람에게 복종한다.[75]

루터의 사상이 확산되자 로마 가톨릭 교황과 종교적인 권위자들은 루터가 회개하고 그의 견해를 취소하도록 압력을 주었으나 그는 거절하였다. 로마 교회는 주교직을 제의하며 회유했으나 루터는 강경했다. 마침내 교황으로부터 파문과 출교를 당했다. 교황은 그의 사절 알레안더(Aleander)를 황제 카알 5세에게 보내 종교 개혁을 억제해 줄 것을 요청했다. 황제는 1521년 3월 보름스에 의회를 소집하고 루터를 소환하였다. 의회는 루터에게 그의 저작들의 소각과 그의 주장을 철회할 것을 명령하였으나 루터는 거부하였다. 이에 황제는 보름스 칙서를 발표하면서 루터를 정죄하고 루터의 모든 책을 불사르도록 명령했다. 루터는 황제의 안전 보장을 받았으나 의회를 떠나는 루터를 살해하려는 음모를 파악한 프리드리히는 병사들을 보내 루터를 납치하고 바르트부르크 성에 피신시켰다. 루터는 바르트브르크 성에서 보호를 받고 있는 10개월 동안 (1521년 5월에서 1522년 3월)에 에라스무스의 헬라어 성경 제2판을 기본으로 하여 라틴어 성경, 제네바의 독일어 성경, 1483년에 나온 로베르겔의 성경을 참고하여 독일어로 신약 성경을 완전히 번역하였다. 1534년에는 외경을 포함한 독일어 전 성경이 번역되었다. 이 번역은 루터가 사용하던 지방 언어를 표준으로 썼고 이를 통해서 독일어의 통일이 이루어졌다.[76] 역시 루터는 수도사의 서약에 관하여 그들의 잘못된 서약을 거부하

---

75 John D. Woodbridge, Frank A. James III, Church History, Vol.Two(Grand Rapids: Zondervan, 2013), 109-110.
76 오덕교, 『종교 개혁사』, (서울: 합동신학대학원출판부, 2005), 90-91.

고 수도원을 떠나 결혼하라고 하였다. 루터 자신도 수녀원을 떠난 수녀 캐더린 폰 보라와 1525년 6월 13일 결혼했다. 그리고 그의 가정으로부터 많은 기쁨을 얻었으며 여러 명의 학생들과 6명의 자녀들과 함께 식탁의 교제를 즐겼다.

독일에서 루터의 종교 개혁은 항상 평탄한 것만은 아니었다. 급진적인 개혁을 요구한 재세례자의 사상을 가진 즈비카우 선지자들의 하나님 나라의 즉각적인 도래와 그들의 특별한 계시의 주장으로 야기된 비텐베르크의 혼란을 잠재워야 했다. 또 그를 지지하던 인문주의자 에라스무스는 루터가 로마 교회와 갈라서자 인간의 의지로 루터와 맞섰다. 농민들 역시 루터의 지지자들이었으나 급진적인 개혁을 시도하면서 폭력화되자 루터가 반대하게 되면서 그들의 지원도 잃게 되었다. 루터는 스위스의 북부 주에서 종교 개혁을 이끌었던 츠빙글리와 협력을 위해 1529년 가을 헷세의 필립의 말부르크 성에서 만났다. 거기서 그들은 15개의 주제 중에서 14개에 동의했으나 마지막 성찬의 요소에 그리스도가 어떻게 임재하는지에 대해서는 의견을 달리하였다. 츠빙글리는 성찬은 그리스도의 죽음을 기념하는 것이었다. 그러나 루터는 비록 빵과 포도주는 변하지 않더라도 성찬에서 그리스도의 참 육체적 임재를 주장했다. 루터는 공재설을 주장하였다. 결국 루터는 츠빙글리의 협력도 잃고 말았다. 그럼에도 독일에서 루터의 개혁은 1526년 스파이에르 의회에서 루터의 추종자들은 각 주의 지배자는 그가 올바른 신앙이라고 생각하는 것을 따르는 데 동의하게 할 수 있었다. 그러나 1529년에 제2차 스파이에르 의회는 그 이전의 결정을 취소하고 반대로 로마 가톨릭 신앙이 유일한 합법적 신앙이라고 선포했다. 이에 루터의 추종자였던 14개의 자유 도시의 대표인 6명의 제후들이 항의한 데서 항의자란 말이 생기게 되었다. 1530년 아우구스부르크 의회에서 루터의 인가로 멜랑히톤은 그 의회에 제출할 아우구스부르크 신앙 고백을 작성하였다. 이 고백이 루터교회의 공식적인 교리가 되었다.

루터는 1526년 독일 미사와 예배의 순서를 썼다. 역시 그는 1529년에 십계명, 사도 신경, 그리고 주기도와 다른 신학과 예배 의식에 대한 간략한 진술로 소교리 문답을 썼다. 루터 자신은 루터교회라는 이름을 만들지 않았다. 차라리 루터의 원수들이 조롱으로 그 이름을 사용했다. 그러나 오래지 않아서 루터의 추종자들은 그 이름을 존귀의 상징으로 사용했다. 마침내 루터와 동료들 얼마는 법전으로 편찬된 형태로 그들의 교리를 소중히 보존하였다. 루터는 1529년 그의 소요리 문답과 대요리 문답을 썼다. 그리고 1537년 필립 멜랑히톤(1479-1560)은 다른 독일의 개혁자들과 협력하여 신앙에 대한 스말칼트(Smalcald) 조항들을 썼다. 멜랑히톤은 루터교 운동의 신학자였다. 루터는 역시 위대한 찬송 "강한 성은 우리 하나님"이시라는 찬송시도 썼다.[77]

독일의 믿음은 먼저 독일과 스칸디나비아에서 폭넓게 확산되었다. 루터가 죽었을 때 그의 추종자 중에 어떤 이들이 신학의 얼마간의 논쟁을 하게 되었다. 그러나 루터교의 정통은 신속하게 『화협의 책 혹은 마음의 연합』(Concord Agreement or Unity of Mind)이라는 이름의 책에서 통합되었다. 이 책은 사도 신경, 니케아 신조, 아타나시아 신조, 아우구스부르크 신앙고백서, 루터의 소요리 문답, 루터의 대요리 문답, 그리고 스말칸트 신앙의 조항들을 담았다. 그러나 화협의 책을 이용하는 많은 교회들

---

77 Eerle E. Cairns, *Christianity Through the Centuries*, 293-295.

이 이 책에서 떠났으며 신학에서 보다 자유주의로 성장하고 말았다. [78]

(2) 교리와 신앙

신앙의 조항들: 1580년 6월 25일 출판된 『화협의 책』은 루터교 안에서 교리적인 조화를 세우고 유지하기 위함이었다. 이 책은 고대 교회의 세 개의 고백적인 신조들 예컨대 사도 신경, 니케아 신조, 그리고 아타나시아 신조가 포함되었다. 역시 종교 개혁의 문서들로 아우구스부르크 신앙 고백, 필립 멜랑히톤이 쓴 교황의 권세와 수위권에 관한 아우구스부르크 변증, 루터가 쓴 소요리 문답과 대요리 문답, 마틴 루터의 스말칼트 조항들, 제이콥 안드레아 등이 쓴 화협의 신조가 포함되었다.

성경: 성경은 하나님의 말씀이며 모든 교리의 유일한 규범이며 기준이다. 모든 교리는 하나님의 말씀과 일치하는가에 따라 판단되어야 한다. 루터의 가르침은 오직 은혜, 오직 믿음, 오직 성경이란 말로 요약될 수 있다. 오직 성경이란 말은 성경이 하나님의 무오하며 오류가 없는 말씀임을 믿는 것이며 기독교 교리를 위한 유일한 규범이며 기준으로 생각해야 한다는 것이다.

성문서들: 구약의 외경서들은 영감되었다고 말하지만 정경으로 생각하지는 않는다. 그것들은 기독교인의 교화를 위해서 사용할 수 있으며 전통적으로 성경의 자국어 번역에 포함되어 있었다. 이런 책들은 칠십인역본으로 알려진 성경의 헬라어 번역에 포함되었다.

하나님: 하나님은 정의가 불가능한 초월적인 존재이시며 오직 관계를 통해서만 알려지시는 분이시다. 루터교는 하나님의 진노의 실제를 학문

---

78 Ron Rhodes, Op. cit., 214.

적인 질문으로서가 아니라 실제적인 생활 경험으로 강조한다. 삼위일체의 하나님을 믿는다.

인간: 인간은 하나님의 피조물이며 역시 죄인이다. 인간은 범죄로 원의 혹은 하나님의 형상을 상실하였다. 상실한 하나님의 형상은 중생을 통해서 회복된다.

그리스도의 인격과 사역: 그리스도는 성육하신 하나님이시며 신성과 인성의 양성을 지니셨다. 그리스도의 사역의 핵심은 그의 삼중직인 선지자, 제사장, 그리고 왕직이다. 이 모든 직분은 중보자로서의 사역이다. 그의 사역의 중심은 대속적인 죽음으로 인한 인간의 구속이다. 그리스도는 모든 구속의 중보자로서 완전하게 우리 대신 율법을 지키시고 우리를 위한 하나님의 진노를 누그러뜨리셨으며 세상의 죄를 위해 완전하고 온전한 화해를 이루신 분이시다. 그리스도는 인간의 모범자나 새로운 법을 주신 분이 아니다.

칭의: 칭의는 그리스도의 온전한 순종의 전가이다. 칭의는 결코 인간의 역사가 아니고 하나님의 일이다. 인간의 어떤 공로나 선이 아니라 그리스도 안에서 하나님의 자비를 받아들이는 믿음이 우리를 의롭게 한다.

개종: 개종은 회개 혹은 그리스도를 믿음과 생활의 갱신으로 요약된다. 칭의와 개종은 모두 공로가 없고 받을 자격이 없는 인간에게 주시는 값 없는 선물이다.

은혜의 방편: 은혜의 방편은 두 가지이다. 하나는 복음이다. 우리는 복음을 통해서 하나님과 화해되었다. 성령은 오직 말씀을 통해서 주어지며 성령은 항상 말씀 안에 있다. 복음은 우리를 그리스도에게 나오라고 명하고 성령의 능력이 그리스도에게로 나오게 하는 능력을 주신다.

성례: 성례는 분리된 은혜의 방편이다.

세례: 말씀과 물은 함께 역사한다. 세례는 물 안에 있는 말씀일 뿐이다. 이 둘은 결코 분리될 수 없다. 세례는 죄의 씻음이요 중생의 씻음이다. 유아 세례를 주는데 그 이유는 하나님의 법이며 명령이다.

성찬: 성찬은 하나님께서 그의 축복을 주시는 보이는 말씀이다. 성찬의 요소에 그리스도의 임재는 공재설이다.

율법과 복음: 복음은 은혜의 방편으로 하나님의 능력으로 우리를 그리스도에게로 데려다 주며 믿음을 갖게 하는 능력을 준다.

율법의 기능은 두 가지인데 1. 죄를 제어하게 하고 2. 원죄와 그 결과를 드러내는 것이다. 역시 율법은 하나님의 진노를 드러낸다. 따라서 하나님의 진노의 선포로서 율법을 설교하는 유일한 목적은 죄에 대한 지식으로 인간을 이끌어 주는 것이다. 그리하여 마침내 성령을 통하여 복음으로 인도함을 받게 되는 것이다.

그리스도인의 생활: 믿음으로 사는 것인데 이는 선행과 불가분의 관계이다. 참 믿음은 행함이 있는 믿음이다. 선행으로 구원받을 수 없고 믿음으로 구원받으나 그 믿음은 선행을 수반한다.

기독교와 시민정부: 루터교 신앙 고백은 모든 시민 제도는 하나님에 의해서 제정되었다. 이는 우리에게 주신 값진 하나님의 선물이다. 정부는 세상에서 질서를 유지하며 우리를 양육하고 지원하며 우리를 다스리고 우리를 보호해 준다. 이 원리를 루터교 신앙 고백은 지지한다.

종말론: 교회는 위선자들이 섞여 있으나 그리스도의 재림은 참 교회와 위선자들을 분리시킬 것이다. 그리스도의 재림 때 영원히 나를 떠나라는 율법의 평결은 그리스도의 왼편에 있는 자들에게만 적용되고 영원히 효과적인 소명의 복음은 성도들에게만 관계될 것이다. 루터교는 모든

형태의 천년설을 정죄한다. 루터교 신학에서 모든 교리는 오직 은혜에 초점이 맞추어져 있다.[79]

(3) 루터교회의 주요 인물

마틴 루터(Martin Luther, 1483-1546): 개신교 종교 개혁자이며 루터교회의 설립자

필립 멜랑히톤(Philipp Melanchthon, 1497-1560): 독일 교수이며 신학자로 루터의 친구이며 돕는 자로 『화협의 책』에 많은 글을 썼다. 루터교회의 신학자다.

존 캄파니우스(John Campanius, 1601-1683): 델아워에 스위스 정착자들의 첫 루터교 목사로 1646년 9월 4일 신세계에 첫 루터교회를 봉헌했으며 델아워 인디언들의 언어로 소요리 문답을 번역하였다.

필립 슈페너(Philip Spenner, 1635-1705): 경건주의 운동의 시발자이며 내적인 영적 현상과 신앙의 개인적 체험을 강조하였다.

크리스천 볼프(Christian Wolff, 1679-1754): 신앙은 이성에 근거하고 이성으로 증명되는 것이어야 한다. 독일에서 신학적인 성화의 시발자이다.

사무엘 슈머커(Samuel Schmucker, 1799-1873): 1820년 총회의 조직을 도왔으며 1826년 펜실베이니아의 게터스버그에 루터교 신학교를 설립하였다.

요한 샘러(John Semler, 1725-1791): 인간 발전 관계에서 성경에 역사적 비평을 적용하였다.

헨리 뮬렌버그(Henry Muhlenberg, 1711-1787): 미국에서 첫 대회를 조직하였다.

---

79 F. E. Mayer, *The Religious Bodies of America*(Concordia, 1961), 138-139.

칼 월터(Carl Walther, 1811-1887): 루터교 미주리 대회의 첫 회장이었다.

유명한 작곡가: 헨델(George Frideric Händel, 1685-1759), 바하(John Sebastian Bach, 1685-1750)

유명한 철학자: 칸트(Immanuel Kanat), 피히데(J. G. Fichte), 헤겔 (G. W. F. Hegel), 키에르케고르 (Soren Kierkegaard).

성경 학자: 스트라우스 (D. F. Strauss), 슈바이쳐 (Albert Schweitzer).

신학자: 릿츨(Albrecht Ritschl), 하르낙(Adolf Von Harnack), 오토(Rudolf Otto), 불트만(Rudolf Bultmann), 폴틸리히(Paul Tillich).[80]

루터교가 가장 큰 나라는 독일과 스칸디나비아이다. 미국에 루터 교인은 1971년에 8,872,000명이었다. 루터교는 아프리카, 남중앙아메리카, 캐나다, 일본, 인도, 한국, 소련, 그리고 중국에도 있을 것으로 추정된다. 독일에서 가장 큰 루터교의 지역은 하노버의 복음주의 루터교로 4백만 명이다. 뷔르템베르크, 쉬레스빙-홀스타인, 그리고 바바리아에는 각각 2백 5십만 명의 교인들이 있다. 메크렌버그와 튜링기아에는 각각 백만 명의 교인이 있다. 스칸디나비아 나라들은 대부분이 루터 교인들이다. 덴마크에는 430만 명의 교인이 있고 노르웨이에는 350만 명의 교인이 있다. 스웨덴 교회는 루터교 스칸디나비아에서 가장 큰 교회로 7백만 명의 교인이 있다.[81]

---

80 Harold Rabinowitz and Greg Tobin, Op. cit., 276-278.
81 Gen. Ed., J. O. Douglas, Op. cit., 613-614.

(4) 미국의 루터교

미국에서 최초의 루터교회는 뉴욕의 성 마태교회와 알바니의 교구로 1649년에 시작하였다. 델아워에 설립된 모든 루터교회는 스위스의 루터 교인들에 의해서 설립되었으나 후에 성공회가 되었다. 루터교회가 확고하게 자리를 잡기는 그보다 50년 후 뉴욕, 펜실베이니아, 델아워, 매릴랜드, 그리고 캐롤라이나로 독일 루터교 이민자들의 큰 그룹들이 들어온 덕분이었다. 흩어져 있는 루터교회들을 조직하고 목회적인 지원을 할 수 있게 된 것은 헨리 멜카이어 뮬렌베르크의 지도력에 있었다. 그는 1742년 미국에 왔으며 뛰어난 조직가이자 훌륭한 신학자로 교회들을 모아 조직하고 목회자들을 훈련하면서 젊은이들을 위한 학교를 세웠다. 1748년 미국에서 첫 루터교 대회를 조직했다. 펜실베이니아에 이어 뉴욕 목사회(1786), 북캐롤라이나 대회(1803), 오하이오(1818), 매릴랜드와 버지니아(1820), 테네시(1820)에 대회들이 설립되었다. 이런 대회들이 합해서 총대회 혹은 협의회(1820)가 설립되었다. 미국 혁명 후에 루터교는 크게 성장하였는데 그것은 독일과 스위스 때문이었다. 독일에서 이민한 루터 교인들은 페리 카운티와 세인트루이스에 정착하였다. 1870년 50만 명이었던 루터 교인들은 루터교 이민자들에 대한 국내 전도프로그램을 통해서 1910년에는 225만 명의 교세로 확장됨으로써 미국에서 네 번째로 큰 교단이 되었다. 그 후에 루터교는 다른 교단들처럼 다양한 이유로 분열하여 여러 개의 교단으로 나뉘었다.[82]

교회 정치: 지교회는 루터교 정치의 기본 단위이다. 교회들은 그들 자체의 부동산을 소유하며 그들 자신의 목사를 선택한다. 넓은 수준에는

---

82 F. E. MAYER, Ibid., 182-183.

대회들이 있는데 대회는 회중들에 의해 선출된 목사들과 평신도 대표들로 구성된다. 대회(Synod)는 문자적으로 함께 걸어간다는 뜻이다. 한 대회는 교회를 다스림에 있어서 함께 걷는 교회 대표들의 그룹이다. 대회들은 다만 그들에게 지교회들의 대표로서만 권위가 있다. 종종 이런 대회들은 협의회로 부르는 큰 총회 아래 포함된다.

(5) 루터교회 교단

루터교회 미국인 연합회(THE AMERICAN ASSOCIATION OF LUTHERAN CHURCHES)

설립: 1987

교인: 17,918

교회: 93

연혁: 교단은 개신교라고 주장하는 대신에 예수님과 사도들과 더불어 시작된 신앙의 지속이라고 믿는다. 교단의 원래의 이름은 침례교 일반대회였으나 1925년에 현재의 미국 침례교연합으로 변경하였다. 그러나 근래에 보수적인 교회들은 그들이 그 합병으로 인해 침해될 것을 우려한 성경의 완전 영감과 무오의 교리를 주장하였으며 미네소타 블루밍턴(Bloomington)에서 1987년 11월 7일 루터교 미국인 연합회를 시작하였다. 교단의 교회들은 동부 뉴욕에서 서부 로스앤젤레스에 이르는 주들 안에 있다.

교회의 정치: 교단의 중요한 결정은 각 교회가 파송하는 대표들로 구성된 총회의 책임이다. 정책을 결정하는 대회 때의 정책의 결정은 최종의 허락을 받기 위해 지교회에 돌린다. 매년 교회협의회에서 각 교회는 3명의 투표자가 3년 임기의 실행위원을 선출한다. 그 위원회는 회장, 부회장, 서기, 그리고 회계를 선출한다. 지교회는 자치적이며 그들의 일을

결정을 하며 그들의 재산을 관리하고 그들 자신의 목사를 청빙한다.

선교와 교육: 교단의 중요한 정책은 복음 전도와 선교이다. 이 교단의 설립을 위한 의제는 광범하다.

1. 하나님의 말씀을 성실히 전파하며 성례를 적절하게 시행할 북미 전역에 새로운 교회들을 설립한다.
2. 어린이, 청소년, 그리고 성인들의 사역에서 회중들을 돕는다.
3. 대중에게 복음을 전할 매체를 이용한다.
4. 교회 목사와 그들의 가족들을 위해 연금, 의학, 그리고 장애에 대한 계획을 세운다.
5. 교리적으로 일치하는 다른 교회들과 협력하여 일한다.

교단의 정기 간행물로는 〈The Evangel〉이 있다.

교리와 신앙: 교단은 『화협의 책』에서 발견되는 보편적인 신조들과 루터교 신앙고백서들이 있다. 성경관에서 종말론까지 루터교회의 것과 같으며 넓게는 복음주의이다.

쟁점에 대한 입장

낙태: 임신 중절과 선택에 의한 낙태를 반대한다.

사형: 공식적인 언급은 없으나 사형이 성경적으로 사용될 때 지지한다.

창조 대 진화: 하나님은 만물을 그들의 종류대로 창조하셨음을 믿으며 유신론적인 진화론을 포함해서 진화의 가설을 배격한다.

이혼과 재혼: 이혼은 죄이며 하나님의 계획에 반대이고 오직 간음이 수반될 때에만 정당하다.

동성애: 동성애의 욕망이나 행위는 죄이며 그의 자녀들을 위한 하나님

의 모형에 반대다.

기적: 구약과 신약에 상세히 열거된 기적의 역사적 실제를 받아들인다.

금하는 것: 목사는 행위 구원을 가르치는 어느 은밀한 그룹이나 예수 그리스도의 이름 이외에 구원을 가르치는 그룹에 회원이되는 것을 허용하지 않는다. 또 세계교회협의회(WCC)나 교회협의회(NCC)의 참여는 허용되지 않는다.

방언과 성령의 은사: 성령 하나님은 오늘날 그가 원하심으로 개인들에게 그의 은사들을 주신다. 그러나 교단은 방언하는 것이 하나님 앞에서 칭의와 같다는 견해를 배격한다. 더 나아가 개인 신자를 위해 성령 충만은 방언하는 것이 필요하다는 개념을 배격한다.

여성 사역: 하나님은 남성과 여성을 사역의 다른 영역으로 부르신다. 그러나 교회는 오직 남성만 안수한다.

교단의 본부는 2007년 인디애나의 Fort Wayne으로 옮겼다.

본부: 801 W. 106th St., Ste. 203, MN 55420-5603, Phone; (952)884-7784; Fax: (952)884-7894; E-mail: theaalc@aol.com

미국 루터교 형제교회(CHURCH OF THE LUTHERAN BRETHREN OF AMERICA)

설립: 1900

교인: 8,194

교회: 145

연혁: 미국 루터교 형제교회는 다섯 개의 독립된 루터교 회중들이 선교사의 파송을 촉진시키기 위해 1900년 위스콘신 밀워키(Milwaukee)에서 만남으로 설립되었다. 그 주된 목표는 국내외 선교와 기독교 교육의

촉진을 위해 연합하는 것이었다. 그리고 그 첫 대회에서 중국에 첫 선교사 부부를 파송하였다. 이 조직의 첫 50년은 교단 재정의 50% 이상을 세계 선교에 쓰는 것이었다. 근래에는 교단 재정의 40%를 세계 선교에 사용하고 있다. 교단의 신학은 루터교의 신학이며 개인과 예수 그리스도에 대한 살아있는 신앙을 강조한다. 교단의 기관들은 본부와 같이 미네소타 퍼거스 폴스(Fergus Falls)에 있다.

교회의 정치: 교단은 조언과 협력으로만 지교회들을 섬긴다. 교회 정치는 회중제다. 이 교회는 회중에 의해 선출된 장로 의회에 의해 감독된다. 각 교회는 자치적이다. 교단은 교회들을 조언만 한다. 그러나 교단은 개교회의 지역, 및 국내와 국제적인 세계 선교에서 교회들을 돕는다.

선교와 교육: 교단은 설립의 목적이 세계 선교와 기독교 교육의 촉진이었다. 이 모든 것은 대위임에 순종하는 의도로 한다. 현재 교단 재정의 40%를 세계 선교에 쓰고 있다. 국내 선교 회중들은 미국과 캐나다의 많은 지역에 교회를 개척하였다. 광범한 선교 계획들은 차드(CHAD), 카메룬, 일본, 그리고 대만에서 이루어지고 있다. 교단의 정기 간행물로는 〈Faith & Fellowship〉이 있다. 교단은 한 개의 신학교(United Brethren Seminary)와 한 개의 성경 학교(Hillcrest Lutheran Acadmy), 그리고 4년제 중등학원들을 지원하고 있다.

교리와 신앙: 루터교의 변경하지 않은 아우구스부르크 신앙 고백, 그리고 루터의 소요리 문답은 성경 교리의 요약이라고 믿으며 사도 신경, 니케아 신조, 아타나시아 신조를 믿는다. 성경에서 종말론까지 복음주의와 같다. 그리스도인들은 구원에서 안전하다. 종말론은 전천년론을 가르치며 목사직은 남성으로만 보충된다.

쟁점에 대한 입장

낙태: 인간의 생명은 임신 때 시작됨으로 발달하고 있는 인간의 태아를 파괴하는 것은 한 생명을 파괴시키는 것이다.

창조 대 진화: 하나님은 하늘과 땅의 창조주이시며 유지자이시다.

이혼과 재혼: 이혼은 죄가 되나 만일 그들이 결혼에서 실패를 죄로 인식하고 회개하며 복음의 치유하는 은혜를 얻었다면 재혼할 수 있다. 목사는 장로회에서 인가로만 재혼의 주례를 할 수 있다.

안락사: 교단은 죽음을 야기시킬 목적으로나 혹은 죽음을 재촉하기 위해 취해진 어떤 행위도 배격한다. 그러나 질병의 진행을 막을 수 없고 죽음이 임박할 때 죽을 수 있게 허용하는 것은 안락사가 아니다. 환자가 스스로 말을 할 수 없을 때는 가족이 하되 하나님의 뜻을 구해야 한다.

동성애: 하나님은 남자와 여자를 창조하셨고 동성애는 죄된 행위라고 가르친다.

방언과 성령의 은사: 성경은 성령께서 그의 자녀들에게 그가 선택하시는 은사들을 주신다. 그러므로 교회는 성령으로 충만하기 위해 하나의 특별한 은사가 요구된다고 생각하지 않는다.

여성 사역: 성경은 많고 다양한 방법으로 하나님을 섬기도록 여성들을 부르시고 은사를 주셨다고 가르친다. 그러나 성경은 목사와 장로의 직은 남성으로 보충하였음을 가르친다.

본부: 1020 Alcott Ave., W. Fergus Falls, MN 56537: Phone; (218)739-3336; Fax: (218)739-5514; E-mail: clba@clba.org

미국 복음주의 루터교회(EVANGELICAL LUTHERAN CHURCH IN AMERICA)

설립: 1987

교인: 4,709,956

교회: 10,448(2007)

연혁: 식민지 시대 루터 교인들은 미국으로 이민하였으며 그들의 말과 문화를 계속 유지하였다. 미국은 독일 루터교회, 화란 루터교회, 스칸디나비아 루터교회, 덴마크 루터교회들의 새로운 고향이 되었다. 마침내 이런 교회들의 신자들은 영어를 말하고 미국의 문화에 동화되었다. 따라서 루터교회들은 서로 분리되어 다른 형태로 남아 있을 이유가 없게 되었다. 시간이 지나면서 그들 중에 다수가 연합하게 되었다. 1962년 독일, 덴마크, 슬로바키아, 스위스, 그리고 아일랜드의 루터교 회중들이 미국 루터교회를 형성하기 위해 연합했다. 1963년에는 다른 독일, 덴마크, 그리고 노르웨이 루터교 회중들이 미국 루터교 형성을 위해 연합하였다. 그러나 미국의 루터교회들도 분열하고 다시 연합하였다. 1976년 루터교회, 루터교-미주리대회는 성경의 권위와 해석의 논쟁으로 분열의 아픔을 겪었으며 보수주의자들만 교단에 남게 되었다.

미주리대회의 온건파는 복음주의 루터교 연합을 형성했다. 교단은 공식적으로 1987년 4월 30일 위의 세 교단들 - 미국 루터교회, 복음주의연합회, 그리고 미국 루터교회(The Lutheran Church in America) - 은 오하이오 콜럼버스(Columbus)에서 미국 복음주의 루터교회를 형성하기 위해 연합하였다. 따라서 이 교단은 미국에 있는 루터 교단 중에서 가장 최근에 형성된 루터 교단이며 북미에 첫 루터 교단으로 1748년에 설립된 펜실베이니아 목사회에 그 조직의 근거를 두고 있다. 따라서 첫 루터 교단의 지속성으로 본다면 가장 오랜 루터교 교단 중의 하나이기도 하다. 허버트 W. 칠스트롬(Herbert W. Chilstrom) 목사가 첫 사회하는 감독이 되었고 로웰 G. 알맨(Lowell G. Alman) 목사가 그 첫 서기가 되었다. 이 연합은 500만 명의 루터 교인을 가진 가장 큰 루터교 단일체를 이뤘다. 현재 이 교단은 미국에 있는 루터교회 중에서 가장 크며 미국의 교단 중에서는 7번째로 큰 교단이다.

교회의 정치: 교단의 중요한 교직은 사회하는 감독으로 그는 복음주의 루터교회의 대표 목사이며 전체 교회의 실행 간사인데 총회에 의해서 선출된다. 회장 감독과 서기 역시 총회에 의해서 선출된다. 이런 직책의 시무 기간은 6년이며 재직자는 재선될 수 있다. 회계는 교회 카운슬에서 선출되며 6년 시무 기간을 더 연장할 수있다. 평신도 부회장 역시 총회에 의해서 선출되는데 자원사역자다.

선교와 교육: 교단은 『화협의 책』에 있는 신조들과 신앙 고백을 보유한다. 교단의 잡지로 〈The Lutheran Partners〉, 〈Lutheran Woman Today〉, 〈Seeds for the Parish〉가 있다. 교단은 사회 정의와 세계 구제 사역을 크게 장려하고 있으며 평신도와 목사는 신학과 의식의 전통을 현대 사회적이며 지적인 관심사에 적용하는 데서 자유롭다.

교리와 신앙: 복음주의 루터교회의 교리는 에큐메니컬 신조로 니케아, 아타나시아 신조와 협의회 책에 기록된 루터교의 신앙 고백이 포함된다. 성경, 삼위일체의 하나님, 예수 그리스도의 동정녀 탄생, 십자가의 죽음, 부활 승천, 성령, 죄와 구원은 복음주의이다. 성찬은 공재설을 따른다. 교단은 루터교 세계연맹, 미국 교회협의회, 세계교회협의회와 관계를 맺고 있다. 1997년 교단은 장로교회(USA)와 그리스도 연합교회, 그리고 미개혁교회와 완전한 성찬의 유대를 인가했으며, 1999년에는 미국 모라비안 교회와 미국 감독 교회와도 유사한 결정을 했다. 1999년에는 로마 가톨릭교회와 칭의의 교리에 대한 공동 진술을 지지하기도 하였다.

쟁점에 대한 입장

낙태: 낙태는 아래 세 가지 정황에서 행해질 수 있다.

1. 어머니의 생명이 위험할 때
2. 태아의 상태가 생명에 모순될 때
3. 강간이나 근친상간에 의한 임신일 때

산아 제한: 피임의 다양한 형태는 산아 제한의 합법적인 방편으로 인정한다.

사형: 정의에 기초하여 사형 형벌을 반대한다.

창조 대 진화: 하나님의 말씀이신 그리스도를 통하여 세상과 그 안에 있는 모든 것을 창조하셨고 은혜로 이 창조를 유지해 가신다. 하나님께서 이 창조의 활동을 이루신 방법은 과학적 조사에 열려 있다.

이혼과 재혼: 교회는 죄의 결과로 결혼이 더 이상 지속 불가능할 때 가끔씩 이혼의 필요를 인정하며 이혼한 사람은 교회에서 재혼할 수 있다.

안락사: 하나님의 형상으로 창조된 생명을 심각하게 파괴하는 것은 우리 기독교인의 양심에 위배된다.

동성애: 게이나 레즈비언은 교회의 활동적인 회중의 회원이 될 수 있고 그들은 법 아래서 동등한 대우를 받아야 한다.

금하는 것: 이 교단은 1988년 1월 이후에 주님이 오로지 교회에 주신 가르침과 의식을 소유했다고 주장하는 비교회적인 조직에 회원이 되기를 원하는 사람은 이 교단의 목사가 될 수 없다.

방언과 성령의 은사: 성령은 교회 안에서 활동적이시며 교회의 믿음과 생명을 인도하시고 사랑과 섬김을 위한 사역에 임할 수 있도록 교회의 회원들을 능력있게 하신다. 이 은사들에는 방언, 예언, 그리고 방언의 통역이 포함된다. 그러나 이 교회 회원 중에서는 이런 은사들을 받았다고

주장하는 회원들은 많지 않다.

여성 사역: 이 교단은 1970년 이래로 여성은 사역자로 환영받고 있다. 따라서 이 교단의 성향은 진보적인 복음주의라고 할 수 있다.

본부: 8765 W. Higgins Rd., Chicago, IL 60631-4198; Phone; (773)380-2809; Fax: (773)380-2977; E-mail: info@elca.org

루터교회-미주리 대회(THE LUTHERAN CHURCH-MISSOURI SYNOD)

설립: 1847

교인: 1,920,949

교회: 5,204

연혁: 미주리대회는 미국에 있는 전통적인 신앙고백적 개신교 루터교 교단이다. 교인의 수는 200만 명이 넘으며 미국에 있는 개신교 중에서 8번째로 크고 루터교 교단에서는 두 번째로 큰 교단이다. 또 미국에 있는 가장 큰 보수적인 복음주의 교단이기도 하다. 1838년 독일 루터 교인 일부가 미국으로 이민했는데 그들은 고국에서 루터교회들 안으로 밀려들어오는 이성주의를 피하려고 했다. 그들은 미국으로 이민하여 세인트루이스의 바로 남쪽 미주리의 페리 카운티(Perry County)에 정착했으며 월터(C. F. W. Walther) 목사가 그들의 지도자가 되었다. 이들은 미주리, 오하이오, 그리고 다른 주들에서 14개의 교회와 목사들과 함께 독일 복음주의 루터교 미주리대회를 형성했다. 1차 세계 대전 이후에 독일이란 말을 제외시키고 루터교-미주리대회로 그 이름을 변경하였다. 미주리란 말은 원래 독일의 이민자들이 1839년 미주리 페리 카운티에 온 것을 기억하기 위함이다. 미주리 이민자 그룹에는 마틴 스테판의 지도 아래 이

민한 그룹이 있었는데 이들은 독일 루터교 안에 침투하는 이성주의를 대항하고 피하기 위해 삭소니를 떠났다. 따라서 이들은 신앙에서 매우 보수적이었다. 독일 선교사들에 의해 미시간과 인디애나에 설립된 교회들은 19세기 초 독일에서 루터교 고백주의 부흥만큼이나 보수적인 경건주의에 영향을 받았다. 그러므로 이들은 고전적인 신앙고백적 진술과 성경의 권위와 무오를 강조했으며, 또 세 개의 오직에 대한 주장을 했는데 성경에만 근거한 믿음을 통한 은혜로만의 구원이었다. 이 교단은 1847년 첫 번째 대회를 개최하였으며 첫 번째로 회원들의 장기 기증을 격려한 교단이며 낙태를 금지하도록 수정 헌법을 요구하였다. 그리고 동성애는 죄이며 동성 결혼에 배서하지 않는다. 이 교단은 첫 두 대회장 칼 W. 발터(Carl F. W. Walther, 1811-1887)와 위니킨(F. C. D. WyneKen)에 의해 대회는 16세기 『화협의 책』에 진술된 루터교 신앙 고백과 그 회중적 정치에 근거한 성경적 신학에 대해 강력한 변호를 발전시켰다. 교리적인 불일치는 다양한 자유스런 회의들을 통해서 교단의 정체성에 맞는 것으로 정리되었다. 초기에 대회는 예정론에 대한 이견이 있었다(1879-1883). 이 기간에 칼빈주의의 이중 예정을 구원에로의 신자의 무조건적 선택에 대한 루터의 이해를 변호함으로써 이견을 종식시켰다. 예정에서 유기는 제외시킨 것이다.

오랫동안 서로 밀접한 관계를 맺어 오던 전국 복음주의 루터교회(1898)와 슬로바키아 복음주의 루터교회(1902)가 각각 1964년과 1971년에 루터교-미주리대회에 흡수되었다. 그러나 1974년 다수의 신학생들과 교수들이 세인트 루이스 컨콜디아 신학교에서 나가 그리스도 신학교를 세우고 복음주의 루터교연합회를 형성하였다. 이 그룹은 대회 회원의 4%를 포함하였다. 그리고 1987년 이 교단은 두 개의 큰 루터교 교단들이 형성한 미국 복음주의 루터교회를 형성해 합동하였다.

<u>교회의 정치</u>: 정치는 회중제이며 루터교 미주리대회는 교회들의 자발적인 협의체다. 교단을 대표하는 회장은 대회 때 선출하며 그 대회는 소속 교회들의 목사와 평신도 대표들로 구성된다. 대회는 3년마다 개최되며 그때 대회 안에 다양한 직원들도 보충된다. 교단은 35개 지역으로 구성되었는데 33개는 지리적이며 2개는 비지리적이다. 교단은 전 세계에 30개의 회원 교회들로 구성된 국제 루터교연맹의 회원이다.

<u>선교와 교육</u>: 교단은 1893년 인도에서 외국 선교를 시작하였으며 중국에서도 선교를 시작하였다. 대회의 대학 교수인 아른트(E. L. Arndt)가 1917년 대회의 프로그램에 협력을 하게 되면서 2차 대전 후에 세계 선교가 급속하게 확장되었다. 1987년에는 국제적인 협력 선교로 네 개의 대륙 34개 국에서 선교해 오고 있다. 외국 선교로는 브라질과 아르헨티나와 캐나다에서 행해지고 있다. 미주리에 컨콜디아 신학교(1839)와 인디아나 포트웨인에 컨콜디아 신학교(1846)가 있다. 또한 북미에 12개의 대학과 대학교를 운영한다. 이 대학과 신학교에는 1,800명의 학생들이 등록되어 있다. 실제로 이 교단은 미국에서 개신교 안에서 가장 큰 초등학교와 중등학교를 경영하고 있으며 1,500명의 학생들이 공부하고 있다. 세 번째로 큰 개신교 출판사로 컨콜디아 출판사가 있다. 교단의 정기 간행물로는 〈The Luthran Witness〉(잡지), 〈Reporter〉(신문)가 있다. 라디오 방송으로 KFUO가 있으며 1930년 이래로 지속되고 있는 선교 방송 루터란 아워는 세계적인 프로그램으로 40개의 다른 언어로 40개국에서 방송되고 있으며 한국어로도 방송되고 있다. 교단의 교회는 미국의 50개 주와 캐나다의 두 지역에 있다.

<u>교리와 신앙</u>

성경: 성경은 하나님의 말씀이며 성령에 의해 축자적으로 영감되었다. 성경은 무오하며 오류를 담고 있지 않고 모순이 없으며 그 모든 부분과 단어들에 전혀 잘못이 없다. 성경은 교회에서 기독교 교리를 위한 유일한 원천이며 모든 교사들과 교훈들이 평가 받아야 할 잣대요 규범이다. 성경은 오직 두 가지 내용으로 율법과 복음을 담고 있다. 율법은 구원을 위해 모든 요구하는 것을 순종해야 한다고 가르치나 모든 사람은 죄인이므로 완전히 율법을 순종하기는 불가능하다. 이렇게 율법은 정죄하나 복음은 구원한다. 그럼에도 율법은 사람들의 본래 죄인임을 깨닫게하여 예수 그리스도의 부활로 인한 약속의 복음으로 인도해줌으로 둘 다 필요하다. 삼위일체의 하나님, 예수 그리스도, 성령, 죄와 구원은 복음주의와 같다. 선택을 믿지만 멸망이 수반되는 선택은 부인한다.

종말: 그리스도의 재림 후에 그의 1000년 지상 왕국의 통치는 없다. 종말론은 무천년의 입장이다. 따라서 천년의 통치는 현재 그리스도의 하늘에서 다스리심을 의미한다.

적그리스도: 적그리스도는 그리스도의 가르침을 반대하여 가르치는 거짓 스승이다. 그러나 적그리스도를 어떤 개인을 지칭하는 것으로 가르치지는 않는다. 하지만 만일 가톨릭교회가 트렌트 회의의 교회법과 교리를 공식적인 교의로 주장한다면 교황청의 교황은 적그리스도로 볼 수 있다.

쟁점에 대한 입장

낙태: 낳지 않은 산 자는 하나님의 견지에서 인격이며 이들은 살인을 반대하는 하나님의 금령의 완전한 보호 아래 있다. 낙태는 도덕적인 선택이 아니며 어머니의 생명이 위험한 경우에 한해서만 예외적으로 허용된다.

생명 윤리: 하나님의 말씀에 모순되는 인간 복제의 어떤 기술이나 방법도 배격하며 그런 연구로 인한 인간 태아의 파괴를 초래하는 연구도 반대한다. 교단은 장기의 이식도 반대한다.

산아 제한: 성경에 제한이 없기 때문에 반대하지 않는다.

사형: 사형은 정부가 행사할 수 있도록 허락하신 권위이다. 그러나 신자는 잘못에 대한 정부의 처벌의 시행에 영향을 주어 처벌에서 가장 공평하게 시행되게 해야 한다.

창조 대 진화: 교단은 하나님께서 말씀의 전능한 능력으로 6일 동안 만물을 창조하셨음을 믿는다. 첫 인간 아담은 특별하게 하나님의 형상으로 창조되었다. 인간은 생명의 낮은 형태에서 진화의 과정을 거쳐서 된 존재가 아니라 하나님의 직접적인 창조적 활동을 통해서 된 존재이다.

이혼과 재혼: 하나님께서 결혼 제도를 세우셨을 때 의도하신 것은 한 남자와 한 여자의 평생 연합이었다. 이혼과 재혼은 하나님의 말씀에 위반되는 성적인 부정이나 의도적인 유기의 경우만 예외이다.

안락사: 안락사는 살인하지 말라는 하나님의 법에 위반이다. 그러나 의사의 판단으로 생명 유지 기구로도 회복의 소망이 없다고 할 경우에 신자는 선한 양심으로 자연스런 죽음을 허용한다.

기적: 하나님은 전능하시기 때문에 신약이 증거하는 기적들을 행하실 수 있으시고 더욱이 그리스도인들은 그들이 고통을 당할지라도 하나님의 사랑하시는 돌보심을 신뢰해야 한다.

방언과 성령의 은사: 하나님은 모든 신자들이 신약에 언급된 방언들의 은사를 받을 것이라고 약속하시지 않았다. 그러므로 이 은사에 대한 개인의 주장은 각자의 판단의 문제이다. 하나님은 그의 교회의 교화와 그의 영광을 위해 그가 기뻐하시는 시간과 장소에서 그의 성령의 은사들을

나누어 주신다.

금하는 것: 프리메이슨을 반대하며 목사나 평신도 모두의 참여를 금한다. 여성은 교회에서 어떤 직분들을 갖는 것이 허용된다. 그것들은 교사, 여집사, 사회사업들이며 장로와 목사직은 남성에 한한다. 교단은 보수적인 복음주의이다.

본부: 1333 A. Kirkwoo Rd., St. Louis, MO 63112-7295/ Phone (888) 843-5267; Fax (314) 822-8307

복음주의 루터교 대회(EVANGELICAL LUTHERAN SYNOD)

설립: 1918

교인(세례 교인): 19,945

교회: 142

선교 교회: 12

연혁: 이 대회의 기원은 19세기 중반에 노르웨이인 이민자들을 위한 대회의 형성으로 시작되었다. 1917년에 그들이 노르웨이 루터교회(후에 복음주의 루터교회)와 연합할 때 다른 노르웨이인 그룹과 연합으로 기운 소수의 그룹에 의해 1918년에 조직되었다. 1917년 연합에서 13명의 보수적인 목사들과 그들의 회중들 - 전체 그룹에서 소수인 그 통합에 참여한 자들의 일부 - 은 사람이 그의 개종에 협력할 수 있다는 거짓된 가르침의 주장을 걱정했다. 이런 보수주의자들은 개종은 하나님의 은혜로만 돌려야 한다고 믿었으며 그 통합은 위험스러운 교리와 타협이라고 생각했다. 1918년 이 문제에 대하여 하나님의 말씀에 성실히 머물려고 했던 보수주의자들이 아이오 레이크 밀스(Lake Mills)근처에 있는 라임 크

릭(Lime Creek) 루터교회에서 만났다. 그리고 미국 복음주의 루터교회의 노르웨이 대회를 재조직하였으며 후에 그 이름을 복음주의 루터교대회로 변경하였다.

교회의 정치: 교회 정치는 회중제다.

선교와 교육: 교단은 세계 7개국에서 선교하고 있다. 1927년 이래로 미네소타 맨카토(MANKATO)에 있는 베다니 루터교 대학과 1946년 이래로는 맨카토에 있는 베다니 루터란 신학교를 운영하고 있다. 교단의 정기 간행물로는 〈Lutheran Sentinel〉, 〈Lutheran Synod Quarterly〉, 〈Young Branches〉, 〈Oak Leaves〉, 〈Mission News〉가 있다. 대회의 기능은 조언하는 것이어서 대회의 결정은 지역 교회가 받아들일 수도 그렇지 않을 수도 있다.

교리와 신앙: 교단은 보수적이며 신앙고백적 루터교회를 대표하며 루터의 종교 개혁의 신앙에 집착한다. 회원들은 영감되고 무오한 하나님의 말씀에 충실할 것을 공언한다. 이들은 『화협의 책』 안에 있는 신조들과 신앙고백서를 견지한다. 교리와 신앙은 복음주의와 같다. 참 신앙으로 보존된 개종자는 영원부터 그의 가족으로 입양되도록 하나님의 공로 없는 사랑에 따라 선택되었다. 그러므로 그리스도인들은 그들의 구원을 확신할 수 있는데 그 이유는 구원에 대한 하나님의 선택이 확고하기 때문이다.

쟁점에 대한 입장

낙태: 낙태는 낳지 않은 인간의 죽음으로 귀결되기 때문에 어머니의 생명이 위험스러운 경우가 아닐 때는 결코 정당화 될 수 없다.

사형: 하나님께서 국가에 사형을 집행할 권리를 주셨다.

창조 대 진화: 하나님께서 그의 말씀의 능력으로 6일 동안에 만물을 지

으셨으므로 유신론적 진화론을 포함한 모든 진화론을 배격한다.

구별되는 신앙과 관행: 대회는 연합주의(거짓된 교리를 지지하는 교회 교제)를 배격하며 하나님의 말씀에 타협한다고 느끼는 교회 연합을 배격한다.

동성애: 성경은 동성애를 정죄하나 참으로 회개하는 동성애자는 용서받는다.

기적: 성경에 기록된 모든 기적을 신뢰한다. 따라서 이런 기적의 부인은 신성 모독이며 하나님의 말씀을 판단하기 위해 인간의 이성을 세우는 것으로 간주한다.

금하는 것: 프리메이슨 그룹이나 그와 같은 조직들이다.

구원의 안전: 확고한 하나님의 선택을 믿기에 안전하다.

여성 사역: 하나님의 말씀이 여자는 교회 안에서 가르치거나 남자를 다스리는 권위를 행하지 말라고 말씀에 따라 자격을 갖춘 남성만 목사의 직무에 부름받는다.

본부: 6 Browns Ct.,Mankato, MN 56001; Phone; (507)344-7354; E-mail: elsynod@blc.edu

위스콘신 복음주의 루터교 대회(WISCONSIN EVANGELICAL LUTHERAN CHURCH SYNOD)

설립: 1850

교인: 404,224

교회: 1,244

연혁: 교단은 미국에 있는 루터교 교단 중에 세 번째로 크며 미국에서 네 번째로 큰 사립 학교 제도를 가지고 있다. 미국으로 이민 온 독일의

새 이민자들에게는 목회자들이 필요했다. 이에 독일 선교 협회는 3명의 목사들을 파송하였으며 그들이 제1 독일 복음주의 루터교대회를 조직하였다. 그 조직은 밀워키 살렘 복음주의 루터교회의 존 무엘하우저(John Muelhaeuser)의 지도 아래 이루어졌다. 1892년 그 대회는 두 개의 다른 대회 - 미시간 대회와 미네소타 대회 - 와 연합하였다. 그들은 교육과 선교의 확장을 효과적으로 촉진시키기 위해 세력을 규합하였다. 25년이 지난 1917년 그들은 현재의 형태인 위스콘신 복음주의 루터교회 대회로 공식적인 연합을 이루었다. 현재 교단은 미국의 50개 주에 있으며 캐나다의 세 지방에 있다.

교회의 정치: 다른 루터교 교단과 같다. 교회들은 12개의 지방으로 나뉘어져 있다.

선교와 교육: 교단의 선교 교회들은 잠비아, 말라위, 브라질, 멕시코, 푸에르토리코, 콜럼비아, 일본, 대만, 홍콩, 인도네시아, 인도, 카메룬, 나이지리아, 러시아, 불가리아, 그리고 미국 원주민들 중에서 선교를 돕고 있다. 교단은 목사와 주일 학교의 교사들을 양성하기 위해 두 개의 대학과 세 개의 전문학교, 그리고 신학교를 운영하고 있다. 교단은 미국에서 가장 큰 교구 학교 체제를 운영하고 있다. 339개의 루터란 초등학교, 405개의 초기 어린이 사역과 24개의 고등학교가 있다. 회중의 협의회에는 노인들을 위한 7개의 요양소와 사회 봉사 기관이 있다. 교단의 정기 간행물로는 〈Forward in Christ〉, 〈Wisconsin Lutheran Quarterly〉, 〈The Lutheran Educator〉, 〈Lutheran Leader〉, 〈Mission Connection〉 등이 있다.

교리와 신앙: 이 대회는 신학에서 보수적이며 성경의 무오에 집착하는데 교리와 신앙은 복음주의와 같다. 교단은 현대 진보적인 색채가 뚜

렷한 복음주의와 다르게 철저하게 성경적인 복음주의라고 할 수 있다. 세 개의 에큐미니칼 신조와 1580년판 『화협의 책』에 기록된 루터교의 신앙 고백은 성경적으로 정확하게 교리를 언급한 역사적 기독교의 교리로 믿는다. 성경은 하나님께서 세상을 창조하시기 전에 그가 주권적으로 선택하셨거나 그가 사는 동안에 예수 그리스도의 복음을 통해서 개종하고 영생으로 신앙에서 지켜질 어떤 개인들을 택하셨다고 가르친다. 이 구원의 안전은 전적으로 하나님의 역사이지 인간의 노력이 아니지만 신자들은 믿음에서 떨어질 수 있다. 따라서 한 번 구원받은 자는 항상 구원받는다는 사상을 배격한다. 여성은 지교회의 목사로 섬길 수 없다. 그러나 여성은 남자를 지배하는 권위를 포함하지 않는 다른 직분의 참여는 환영 받는다.

성례: 성례는 은혜의 방편이다. 세례는 성인만 아니라 유아들도 위한 것인데 그 이유는 그들이 죄 있는 상태로 낳기 때문에 세례를 통한 믿음을 갖는 것이 필요하기 때문이다.

종말: 휴거는 없으며 장래의 천년 왕국도 없고 세상에 나타날 적그리스도도 없다. 교단은 성경의 해석에서 문법을 따르며 성경을 역사적이며 사회적인 문맥에 따라 해석하는 역사적 비평주의를 반대한다.

쟁점에 대한 입장

낙태: 인간의 생명은 자비로우신 하나님의 선물이다. 하나님만 그가 주신 생명을 취하실 권리가 있으시다.

생명 윤리: 교단은 생명의 신성함과 하나님의 주권을 강조한다.

창조 대 진화: 태초에 하나님은 우주와 하늘과 땅, 그리고 만물을 그의 전능한 말씀으로 6일 만에 창조하셨다.

이혼과 재혼: 하나님이 결혼 제도를 세우셨으므로 결혼은 깨뜨려서는

안 되는 거룩한 관계이다. 하나님 앞에서 간음이나 버림을 받는 경우 외에 정당한 이혼은 없다.

안락사: 하나님은 이 땅에서 인간의 은총의 세월을 정하셨으므로 사람이 죽어야 하는 때를 결정하는 것은 인간의 역할이 아니다.

동성애: 성경은 동성애 행위를 죄로 정죄한다.

기적: 성경에 기록된 기적들은 하나님의 말씀이 기록한 것처럼 발생한다. 하나님은 아직도 기적을 통해 역사하실 수 있다. 그러나 그는 그가 세속적인 일을 하실 것이라는 확신을 주시지는 않았다. 중생의 기적은 그리스도를 믿기 위해 나오는 어떤 사람들에게 매 순간 일어난다.

여성 사역: 여성은 교회의 다양한 사역에서 환영되나 하나님은 남자에게만 공적 사역의 권위를 주셨다.

본부: 2929 N. Mayfair Rd., Milwaukee, WI 53222, Phon: (414)256-3888; Fax: (414)256-3899

루터교회 참고 자료: www.taalc.com, Ron Rhodes, Op.cit., Eileen W. Lindner, 2007, Shelley Steig, SHELLY The 60-Second Guide to Denominations,en.wikipedia.org/wiki/ The American Association of Lutheran Churches, S. Mead, Samuel S. Hill, Craig D. Atwood,Ed., Op,cit., en.wikipedia.org/ wili/Church of the Lutheran Brethren of America, www.elca.org, www.lcms.org, Drew Blankman & Todd Augustine, Op.cit., en.wikipedia/wiki/ the Lurtheran Church- Missouri Synod, www.evluthsyn.org, en. wikipedia/wiki/ Evangelical Lutheran Synod, www.wels.net,els.org

12. 성결교회(HOLINESS CHURCHES)와 오순절 운동

(1) 개요 및 역사

성결교회의 발생은 제자들에게 하신 그리스도의 명령으로 인한 영감의 결과였다. "하늘에 계신 너희 아버지의 온전하심 같이 너희도 온전하라"(마 5:48). 완전함의 목표는 완전주의 교리와 감리교의 설립자 요한 웨슬리(John Wesley, 1703-1791)의 신학의 완전 성화로 이끌었고 다음으로 성결교회들의 발흥에 기여했다. 따라서 성결교회라는 명칭은 원래는 완전 성화의 감리교 교리의 부흥이나 그 교리를 강조한 그룹들에게 적용되었다. 그러나 이 그룹은 전통적인 감리교회의 교리를 받아들이면서도 거기에 더해 성령의 세례를 강조하였다. 더 나가서 그 명칭은 성결 운동의 초기에 성령 세례의 표로서 방언을 주장한 오순절교회들에게도 적용되었다.[83]

웨슬리는 전도 여정에서 사람들에게 생활 속에서 성결과 윤리적인 삶을 실천하도록 격려하였다. 그는 완전 - 죄의 부재 - 을 추구하도록 그들을 격려한 것이다. 그러나 웨슬리는 그의 운동을 하는 사람들이 생활에서 여러 가지 불완전함이 드러나자 사람들로부터 비판을 받게 되었다. 이에 웨슬리는 완전주의는 잘못이나 잘못된 판단을 하는 데서 한 사람도 예외가 없는 것은 아니며 또 시험을 경험하는 데서 예외자가 되게 하는 것이 아니라고 반응하였다. 그는 역시 완전주의 교리는 특별한 사람이 거룩으로 가는 길에서 더 이상의 진보가 불가능한 것을 의미하지 않는다고 하였다. 후에 웨슬리는 죄의 부재 대신에 사람이 다른 사람들과 하나

---

[83] Jerald C. Brauer, Ed., *The Westminster Dictionarry of Church History*, 405.

님을 사랑(완전한 사랑)하는 말로 이해해야 한다고 물러서기 시작했다.

1800년대 후반에 지상 생활에서 죄에서의 완전을 주장하는 사상을 강하게 주장한 많은 성결 그룹들은 감리교에서 이탈하였다. 이들은 그 완전주의 - 역시 완전 성화로 알려짐 - 는 신자의 생활에서 제2의 축복 혹은 은혜의 두 번째 역사로 보았다. 사람은 먼저 구원받고 그 시점에서 칭의되었으며 중생하였다. 그 뒤를 이어 중생자는 일상의 삶에서 점진적으로 더욱더 거룩하게 되는 시기를 경험하게 된다. 이로 인해 궁극적으로 성령께서 원죄에서 마음을 정결케 하시는 바 문자적으로 모든 생래의 죄를 제거하는 은혜의 두 번째 역사로 절정에 이른다. 그리되면 성령께서 내주하시며 완전한 그리스도인의 삶을 살 수 있게 능력을 주신다. 이것이 성령의 세례이다. 성령 세례는 신자가 완전한 봉헌의 자세를 가지고 하나님께 산제사로 자신을 드림으로써 즉각적으로 발생한다.[84]

19세기 초에 감리교회에서 권징의 해이를 반대하면서 발생한 그룹들이 있었는데 1840년 노예 폐지를 주장하던 오렌지 스코트(Orange Scott)는 노예 문제에 침묵하는 감리교회에서 나와 웨슬리안 감리교회를 이끌었다. 1860년 로버츠(B. T. Roberts)와 자유 감리주의자들은 유사한 문제와 성결 문제의 논쟁으로 감리교회에서 추방되었으며 기독교인의 완전을 그들의 교리의 조항에 넣게 되면서 점차 성결 그룹과 그들을 동일시하게 되었다. 이처럼 감리교에서 나와 성결을 강조한 많은 사람들은 완전 성화의 교리가 감리교회 안에서는 부족하다고 생각했다. 이런 개인들이 감리교회에서 분열하여 보다 적은 독립성결교회를 세웠다. 그리고 마침내 이런 작은 회중의 다수가 교단 형태로 연합하였다.

---

84 Ron Rhodes, Op. cit., 194.

1830년대에 두 자매 사라 랭포드(Sarah Lankford)와 피베 팔머(Phoebe Palmer, 1807-1874)는 화요 집회로 알려진 주간 기도 모임을 조직하였다. 팔머는 1837년 완전 성화를 경험한 후 그녀의 목표는 여행을 하면서 그녀가 한 것과 같은 경험을 하도록 사람들을 돕는 것이었다. 그녀는 신자의 삶은 이제 시작한 사람일지라도 완전한 성화를 경험할 수 있다고 가르쳤다. 그녀의 견해는 그리스도 안에 있는 어느 신자를 위해서도 즉시 완전 성화가 가능할 수 있다는 것이었다. 그 교리가 인기를 얻게 되면서 팔머와 성결교 설교자들의 성결교회는 온 세계로 확산되었다.

1860년 후반 전국 성결협회로 발전한 성결을 촉진시키기 위한 전국 캠프미팅협회가 설립되었다. 이 단체는 1971년 기독교 성결협의회가 되었는데 현재는 비오순절파 지체들을 대표하는 에큐메니컬 협의체이다.

다양한 성결 그룹들이 모여 1908년 텍사스의 파일럿 포인트에서 연합하게 되었으며 뉴욕과 뉴잉글랜드가 중심이었던 오순절교회협의회의 도시 북부 그룹과 남부 캘리포니아에서 피니아스 브리시(Phineas F. Bresee) 사역에서 나온 나사렛교회가 그리스도의 성결교회로 합동하였다. 이 교단은 테네시에서 텍사스로 확장되었다. 파일럿 포인트는 성결 운동의 부흥을 확장시켰으며 많은 사람들을 개종시키면서 점차 교단적인 경향을 갖게 되었다. 이들은 주류 감리교회보다 더 웨슬리의 가르침에 충성했다. 그러나 회중의 자치와 민주적인 교회의 정치에서 달랐다. 이들은 단순히 복음을 전하고 도덕의 완전주의 규범을 사회의 계층에 적용하는 데 헌신하였다. 이들은 신학에서 보수적이며 전문적으로 말하자면 근본주의이다. 그러나 교리적인 순결보다는 참된 기독교인의 경험에 더 관심이 많다.[85]

---

85 Sydney E. Ahlstrom, *A Religious History of the American People*, 818-819.

성결파 교단들은 피니(C. G. Finney)의 오벌린 신학의 성결 신학과 연계되어 발전하였다. 이들은 오순절 운동과 그 유사성과 역사적 연관이 있다. 19세기 후반에 성결파 작가들은 오순절의 모형에 근거해서 성령의 세례로서 완전 성화를 언급하기 시작했다. 이는 미국에서 오순절주의의 태동에 하나의 모형이 되었다.[86]

성결교회들은 성별을 강조하기 때문에 교인들이 세상 음악 듣기, 혹은 화장이나 화려한 옷 입는 것을 하지 않을 것으로 기대한다. 하늘 아버지처럼 완전의 목표는 그런 헌신이 완전히 요구된다는 것이다.

많은 성결교회들은 신약의 교회 생활로 되돌아가는 그들의 목적을 강조하기 위해 그들의 이름에 사도적(Apostolic)이라는 말을 사용한다. 1900년 이후에 성결 운동의 다수는 방언과 육신의 치유 같은 성령의 그 이상의 역사를 포용했다. 그러나 성결교회는 오순절이라는 이름을 사용하지 않는다.

오순절주의는 1901년 캔사스 토펭카에서 시작되었다. 젊은 여성 아그네스 오즈만(Agnes Ozman)은 벧엘 성경대학의 학생이었는데 성결교회의 목사요 전도자 찰스 팍스 팔함(Charles Fox Parham, 1873-1929)의 교회에서 방언으로 말했다. 3일 후에 팔함 자신도 방언을 했다. 그 운동은 캔사스에서 택사스 휴스톤으로 확산되었으며 거기서 팔함은 오순절 학교를 개교하였다. 흑인 성결회 목사 윌리암 제이 시모어(William J. Seymour, 1870-1922)가 그 학교에 출석했는데 사도 바울 서신을 연구한 후에 팔함의 견해가 옳다는 확신을 가졌다. 신자의 삶 속에 은혜의 세 가지 사역에 동의하였다. 그것은 1.구원 2. 성화 3. 능력 받음이었다. 이 능

---

86 J. D. Douglas, Ed., *The New Internarional Dictionary of the Christian Church*, 747-745.

력 받음은 성령으로부터이며 방언을 말하는 것과 같은 초자연적인 표명들로 증명된다. 시모어에게 방언의 은사는 성령 충만됨의 참된 시험이었다. 시모어는 캘리포니아로 가서 거기서 유명한 로스앤젤레스 아주사 거리 부흥을 일으켰으며 이는 1906년에서 1909년까지 지속되었다. 그는 이 부흥으로 기대하지 못했던 주목을 받게 되었다. 그는 회개하고 하나님께로 돌아오지 않으면 하나님께서 심판하시리라고 외쳤으며 한 주 후에 샌프란시스코에 큰 지진이 발생하였다. 미국 전역에서 수천 명의 사람들이 아주사 거리로 여행을 하였으며 그들은 오순절의 메시지를 가지고 그들의 공동체로 돌아갔다. 아주사 거리의 부흥은 다른 오순절 성결파 교회들, 그리스도 안에 있는 하나님의 교회, 하나님의 교회(클리블랜드, 테네시), 사도적 신앙(포틀랜드, 오리건) 하나님의 성회, 퍼스퀘어 복음 국제교회, 그리고 순복음 비즈니스 남성들의 교제를 낳았다. 그러나 방언은 많은 전통적인 성결파 교회들이 선호하지 않았다. 이것이 다양한 교단의 형성에 원인이기도 하였다.

1960년대와 1970년대에 오순절 운동은 주류 교단으로 확장되었으며 로마 가톨릭교회도 그 예외가 아니었다. 어떻게 영성을 회복할 수 있는지에 초점을 맞춘 코스들이 제공되었으며 데이비드 윌킨슨의 『십자가와 칼』(The Cross and the Swichblade)과 존 L. 쉬릴의 『그들은 다른 언어로 말한다』가 교재가 되었다. 오순절 운동은 1980년대에는 세계 100개국의 로마 가톨릭교회에서도 그 존재감을 드러낸 정도가 되었다.[87]

일반적으로 오순절 교단들은 개신교이며 복음주의이다. 그러나 많은 교단들이 근본주의 운동에 영향을 받았다. 그들의 신앙과 교리는 복음

---

87 Ron Rohdes, Ibid., 312-313.

주의이며 근본주의다. 그들은 원죄, 그리스도의 속죄의 피를 통한 구원, 동정녀 탄생, 그리스도의 신성, 성경의 신적 영감과 문자적 무오, 전천년론, 그리고 장래의 상급과 심판을 믿는다. 오순절교회들은 믿는 자의 세례(성인, 침수)를 행하며 성찬에 세족식을 더하는 교단들도 있다. 이들은 삼위일체를 믿으나 성령의 은사들을 수반한 성령 세례에서 표명된 성령의 직접적인 행위를 강조한다.[88] 조금 더 신학적으로 말하자면 오순절주의자의 신학은 방언을 말함으로써 능력의 부어짐이 나타난 개종 후에 더 이상의 경험 즉 성령 세례와 고전 12:8-10에 언급된 성령의 은사들을 독특하게 강조하는 알미니안 복음주의 안에 있는 한 흐름이다.[89] 오순절 운동은 제2차 세계 대전 후에 남미와 아프리카로 크게 확산되었으며 특별히 남미에서 개신교는 거의가 다 오순절파라고 할 정도로 그 세력이 강하다.

오늘날 오순절파는 세 개의 운동으로 대별할 수 있다.

1. 1900-1960년까지는 오순절 체험은 주로 오순절 교단 안에 머물러 있었다. 이런 그룹들은 복음주의 밖에나 자유주의 에큐메니컬 운동의 견해였다.

2. 1960년에 발생한 은사적 운동으로 오순절 경험이 역사적 교단들 즉 침례교, 감리교, 루터교, 장로교, 로마 가톨릭, 그리고 다른 교단으로 들어 온 시기이다. 대부분은 그들이 성령 세례를 받은 후에 방언을 말했다고 주장하면서 그들 자신의 교단에 그대로 머물렀다. 이런 은사파는 역시 성령의 표적으로 방언을 말한다는 견해였다. 루터교 은사주의자인

---

88 Frank S. Mead, Samuel S. Hill, Craig D. Atwood, *Handbook of Denominations in the United States*, 252.
89 J. W. Ward, "Pentecostalist Theology," In New Dictionary of Theology, 50.

로렌스 크리스탠슨은 많은 사람들이 명확한 경험과 실제로 성령으로 세례를 받았음을 인정하였다.

3. 제3의 물결로 1980-1990년에 존 윔버에 의해 이끌린 빈야드 운동으로 나타났다. 그 지류는 토론토와 펜사콜라 부흥 운동에서 나타났다. 빈야드 운동은 능력 복음 전도, 복음 메시지를 증언해주는 표적과 기사를 강조했다. 그러나 이 그룹에서 방언은 축소되었다. 제3의 물결은 예언과 필요 없이 지속적으로 웃거나 개처럼 짖고 사자처럼 부르짖는 기이한 육체적인 현상을 나타내거나 마루 바닥에 넘어지거나 성령 안에서 죽었었다고 주장한다. 그러나 이런 행동은 성경이 명하거나 신약에서 볼 수 없는 것들이다.[90]

(2) 성결교회 교단

성결교회 교단(HOLINESS CHURCHES DENOMONATIONS)

기독교 연합 안에 있는 그리스도의 교회(CHURCHES OF CHRIST IN CHRISTIAN UNION)

설립: 1909

연혁: 1909년 9월 20일 오하이오의 마샬(Marshall)에서 하나님의 백성 간에 교제를 잃은 자에게 하나님의 구원의 은혜를 선포하고 믿는 자의 교화를 효과적으로 감당하기 위하여 제임스 H. 매킨반(James H. McKinban)의 지도 아래 설립되었다. 이들은 기독교 연합의 지속적인 교세의 감소와 요한 웨슬리의 성결과 성화의 메시지에 대해 점증하는 부정적 자세를 우려했다. 그런 와중에 그 연합이 웨슬리안-성결 교리를 설교

---

90 Robert Gromacke, *The Holy Spirit*(Nashville: Thomas Nelson, 1999), 175-176.

한 어느 목사를 비난하는 투표를 하자 5명의 목사와 7명의 평신도들이 그 연합에서 탈퇴하였다. 이들의 목적은 요한 웨슬리의 구원과 성화의 메시지를 설교하고 가르치는 데서 완전한 자유를 위해 형성되었다. 그 첫 회의가 오하이오 제퍼슨빌(Jeffersonville)에서 개최되었으며 그 이래로 지방 회의가 개최되었다. 1945년 더 많은 회의들의 조직을 위해서 헌법이 제정되었으며 마침내 17개 주와 해외 여러 나라로 확장되었다. 개혁감리교회가 1952년 9월에 본 교단에 가입하였다.

교회의 정치: 총회는 교단 본부가 있는 오하이오의 서클빌(CircleVille)에서 2년마다 모인다. 각 교회는 자치적이나 그 정치는 교단에 의해 정한 제한 안에서 회중제이다. 지교회는 지방과 총회의 임원회와 협력한다.

선교와 교육: 교단은 일반적으로 신앙과 사업에서 복음 전도가 최우선이다. 따라서 캠프 모임, 부흥회, 그리고 영혼 구원 운동을 정기적으로 시행한다. 서클빌 성경대학이 목사와 평신도 사역자를 양성한다. 교단의 정기 간행물로는 〈The Evangelical Advocate〉가 있다.

교리와 신앙: 교단은 웨슬리안-알미니안 교리를 가르치며 그 정체성은 회복주의자 성결파의 입장이다. 일반적으로 복음주의와 같다. 독특한 점은 회개하고 믿는 자들은 4중의 구원을 경험한다고 한다.

 1. 중생: 신자가 죄를 용서받고 성령의 세례로 그리스도의 몸으로 들어옴

 2. 완전한 성화: 성령의 세례로 육적인 마음에서 정결케 됨

 3. 성화 후에 은혜 안에서 성장: 이로 인해 더욱더 그리스도를 닮아감

 4. 영혼의 불멸: 사람들은 그리스도와 그들의 구원 관계를 잃어버리는 선택을 할 수 있어서 그로 인해 구원을 잃어버릴 수 있다.

종말: 그리스도의 재림은 두 가지 국면을 포함한다.

1)교회가 환란 전에 하늘로 취해지는 휴거

2)민족들을 심판하시기 위해 오시는 재림이다.

쟁점에 대한 입장

낙태: 교회는 낙태를 반대한다.

사형 제도: 일반적으로 지지한다.

창조 대 진화: 창세기에 기록된 창조는 시작들에 대한 정확한 기록이다.

이혼과 재혼: 교회는 간음죄를 지은 자의 배우자의 이혼과 재혼의 권리를 받아들인다.

안락사: 누구도 다른 사람의 생명을 취하거나 그 죽음을 도울 권리는 없다.

기적: 기적은 가능하고 발생한다.

동성애: 모든 형태의 동성애를 배격한다.

금하는 것: 회원들은 담배나 술을 사용하지 않으며 마약의 사용이나 맹세나 동성애를 금한다.

방언과 성령의 다른 은사: 성령의 모든 은사들은 성령의 주권적인 처리 아래 있으며 성령이 원하심으로 개인들에게 주어진다. 오순절날 최소한 실례에서 방언으로 말하는 현상은 이미 존재하는 다른 언어로 말하는 구별된 기적이었다. 방언에 대한 고린도 교회의 문제는 오순절날 발생한 현상이 아니었으며 차라리 한 회중 안에서 예배를 위해 여러 가지 말을 하는 그룹들의 문제였다.

여성 사역: 여성은 모든 형태의 사역에 환영된다.

본부: 1426 Lancaster Pike, Circleville, OH 43113; Phon: (740)474-8856; Fax: (740)477-7766; E-mail: gs@cccuhq.org

미국 그리스도의 교회(성결파)(CHURCH OF CHRIST(HOLINESS)USA)

설립: 1894

교인: 11,468

교회: 148(2007)

연혁: 교단은 19세기 말 성결 운동에서 발생하였다. 앨라배마와 미시시피에 있던 침례교 설교자 찰스 존스(Charles Price Jones)가 이 교단의 발생에 중요한 역할을 하였는데 그는 열매 없는 신앙으로 만족할 수 없었다. 그의 증언에 따르면 성령은 그와 그의 동료들에게 약속하시기를 그들이 만약 3일을 금식한다면 그들을 성화시키실 것이라고 하셨다. 그들은 하나님께서 요구하시는 대로 했고 빛과 기쁨, 그리고 성령으로 충만하게 되었다고 한다. 존스와 그의 동료들은 그들의 사랑을 전파하기 시작했으나 비교단적이었다. 존스는 교단을 노예 제도라고 할 정도로 교단에 대한 생각은 부정적이었다. 그러나 그의 추종자들에게로부터 반대에 직면하게 되고 다른 기독교인들로부터 박해를 받게 되면서 1849년 그리스도(성경)의 교회를 설립하게 되었다.

교회의 정치: 교단의 정치는 감독제이며 대표제이다. 교단은 7개의 감독 관구가 있으며 각 관구는 감독의 책임 아래 있다. 감독은 교회를 대신하거나 대표해서 말할 수 있는 권위가 있다. 목사는 안수 받은 사역자로 하나님과 그의 백성의 소명 아래 있으며 지교회들의 신적 감독의 직책이다. 그 담임 감독은 교회 최고의 직분이다. 최종의 권위는 교회의 전국 대회에 있고 대회는 장로들, 목사들, 평신도 지도자들로 구성된다.

선교와 교육: 교단의 목표는 세계에 복음 전파, 죄인의 개종, 낙심한 자 돕기, 사람들로 하여금 신적 치유의 실제를 이해하도록 돕기, 그리고 주님이 다시 오신다는 가르침을 장려하는 것이다. 선교 사업은 미국과 리

베리아(Liberia), 그리고 나이지리아에서 진행하고 있다. 이 교회는 그리스도 선교사 양성소, 미시시피 잭슨에 있는 산업 대학이 있다. 교단의 정기 간행물로는 〈Truth〉가 있다.

교리와 신앙: 신학적으로 이 교단은 나사렛교회와 밀접하다. 강조하는 것은 원죄, 각 신자에게 선물로 주시는 성령, 그리스도의 속죄, 재림이다. 원죄는 예수 그리스도의 보혈을 통하여 성령에 의해서 근절될 수 있다고 한다. 사람은 은혜에서 타락하여 구원을 상실할 수도 있다.

구별된 점: 신자는 성화되어야 하는데 이는 인간이 원죄에서 자유케 되고 거룩하게 되는 신적 은혜에 의한 행위를 포함한다. 성화에서 죄를 지으려는 실제적 성향이 신자에게서 옮겨진다. 성화는 그들이 하나님을 볼 수 있게 하는 것으로 신자는 반드시 경험해야 한다.

쟁점에 대한 입장

낙태: 생명의 발전 어느 단계에서든 인간의 생명은 신성하다. 어머니의 생명을 보전하기 위해서 낙태가 필요하다면 하나의 선택으로 할 수 있지만 그것도 신중한 상담 후에 한다.

창조 대 진화: 하나님은 천지의 조물주시다.

이혼과 재혼: 하나님은 이혼을 미워하신다. 그러나 예수님은 이혼과 재혼에 하나의 특별한 근거를 주셨는데 간음이다. 그리스도의 교회의 회원은 변호사나 결혼 카운슬러로부터 상담을 받기 전에 교회 직원과 의논해야 한다. 결혼과 이혼에 관한 교회 안에서의 단계를 따르는 데 실패하는 교인과 사역자들은 징계를 받아야 한다.

동성애: 반대한다.

금하는 것: 독한 술, 담배, 불법적인 마약, 건전하지 않은 책, 비밀 단체의 맹세, 도박, 하나님의 영광이 아닌 오락, 싸움(말 다툼), 악으로 악을

갚는 것, 부정직, 사고 파는 데 이익 챙기기, 지나친 옷 입기, 공창이나 어떤 형태의 간음, 부적절한 행위, 반역, 의무를 등한히 하는 것.

여성 목회: 여성은 안수하지 않는다.

본부: PO Box 6182, Phone; (601)353-0222 혹은 (601)982-4044; (601)362-7864; E-mail: fug@cochusa

나사렛교회(CHURCH OF THE NAZARENE)

설립: 1908

교인: 633,624

교회: 4,504

연혁: 나사렛교회는 미국 오순절교회들의 협의회 전에 감리교 목사였던 피니아스 브레시(Phineas Bresee)가 세운 나사로교회로 호칭된 캘리포니아 그룹과 뉴 잉글랜드와 뉴욕에서 강세였던 한 지방 그룹이 1907년에 합동한 결과였다. 이 합동 그룹은 그 이름을 나사렛오순절교회라고 하였다. 1908년 그리스도의 성결교회라고 부르는 남부 그룹이 텍사스의 파일럿 포인트(Pilot Point)에서 나사렛오순절교회와 연합했다. 대략 10년 후인 1919년 방언으로 말하는 그룹들과 혼동을 피하기 위해 오순절이란 용어는 교단의 이름에서 삭제했다.

교회의 정치: 교회의 정치는 회중제, 장로제, 그리고 감독제의 결합이다. 목사는 개교회들에 의해 청빙되며 각 지역은 지역 총회의 회원들에 의해 4년 임기로 선출되는 지방 감독에 의해 치리된다. 총회는 나사렛교회의 최고 기관이며 다음 총회 때까지 일하는 6명의 총감독들을 선출한다. 그리고 총회는 평신도와 목사 회원들의 동수로 구성된다. 총회의는

매년 모이며 교회의 5개 운영 부서를 감독한다: 세계 선교, 교회 성장, 주일 학교 사역, 방송, 그리고 재정이다. 총회는 최고 입법 기관이며 총회의 정책은 회중들을 구속한다.

가입 단체: 복음주의협의회(NAE), 기독교성결협력회(The Christian Holiness Partnership), 세계감리교카운실(The World Methodist Council)

선교와 교육: 교단은 세계 109개국에서 600여 명의 선교사들이 사역하고 있다. 복음 전도를 강조하는 이 교회는 세계 135개 지역에서 사역하고 있으며 국제적으로 12,673 교회에 1,466,920명의 회원이 있다. 미국에 121,936과 캐나다에 12,673 회원이 있다. 세계적으로 이 교단은 10개의 교양 과목 대학, 2개의 신학대학원, 43개의 성경 대학들을 지원하고 있다. 북미 밖에서는 두 개의 병원과 38개의 병원진료소, 3개의 간호사 양성 대학, 1개의 교사 양성 대학, 1개의 초급 대학, 그리고 430개의 사립과 중등학교들에서 51,000명의 어린이들이 공부하고 있다. 캔사스 시티에 있는 나사렛 출판사에서는 책, 잡지, 그리고 교회의 커리큘럼을 출판하고 있다.

교리와 신앙: 성경, 하나님, 예수 그리스도, 성령, 죄와 구원, 성례와 종말 모두 복음주의와 같다. 세례에서 유아들은 유아 세례 대신에 헌아식을 갖는다. 물론 부모가 그 아이를 그리스도를 따라 성장하기를 원할 경우는 유아 세례도 허용한다. 이 교단은 다른 성결파처럼 완전 성화를 믿는다. 그것은 원죄에서 자유하게 되어 하나님의 형상으로 새로워지고 하나님께 온전한 헌신의 상태가 되며 마음과 영과 정신과 힘을 다하여 하나님을 사랑하도록 성령에 의해 능력이 주어지는데 이는 믿음에 의해 즉시 이루어진다고 한다.

쟁점에 대한 입장

낙태: 나사렛교회는 창조주 하나님에 의해 세워진 인간 생명의 신성함을 단언하며 그 신성함은 아직 낳지 않은 아이에게까지 미친다고 믿는다. 따라서 개인의 편의나 인구 통제를 위한 낙태를 반대한다. 어머니의 생명이 위험한 경우에만 낙태는 건전한 의사와 교회의 상담을 근거로 해야 한다.

생명 윤리: 나사렛교회는 유전자 치료나 질병의 예방을 위한 유전 공학의 사용을 지지한다. 그러나 사회적 불의, 인간의 존엄을 무시하거나 인종적, 지적 성취, 혹은 다른 이들보다 사회적 우월성을 조장하는 생명 공학 사용은 반대한다. 또 DNA의 연구의 목적이 낙태에 용기를 주거나 지원하기 위한 것이라면 반대한다. 모든 경우에 인간 생명에 대한 존엄, 하나님 앞에서 인간의 동등함을 손상시키지 않고 자비와 정의가 유전 공학과 유전 치료를 제어해야만 한다. 나사렛교회는 기독교 행동위원회(Christian Action Committee)를 거쳐서 생명 윤리 문제를 말한다. 그 회원들은 의사, 과학자, 교육자, 그리고 목사와 같은 다양한 전문가들을 대표한다.

창조 대 진화: 하나님은 우주의 창조자시다. 따라서 무신론적 진화론을 반대한다. 그러나 과학적으로 확인된 모든 발견들은 정당한 것으로 받아들인다.

이혼과 재혼: 결혼 계약은 두 배우자가 살아있는 한 영구한 것으로 하나님께서 계획하신 것이다. 그것을 깨뜨리는 것은 결혼을 위한 하나님의 계획의 위반이다. 이혼하면 재혼하는데 그 결혼 당사자들은 그들의 참된 회개와 결혼의 신성함에 대한 인식의 증거를 근거로 해서만 회원으로 용납될 수 있다.

안락사: 안락사는 말기 환자가 동의했을 때(자원 안락사), 그리고 말기

환자가 정신적으로 동의하는데 충분하지 않을 때(비자발적인 안락사) 적용하는데 나사렛교회는 안락사의 합법화를 적극적으로 반대한다. 그것은 생명의 신성함과 그 주인이 창조주 하나님이심을 믿기 때문이다.

동성애: 동성애는 인간의 성별의 전도다. 동성애는 죄이며 형벌을 받아야 할 죄이다. 기독교의 도덕과 동성애는 양립할 수 없다.

기적: 교회는 하나님의 치유의 가능성을 믿으며 병자를 위한 치유 기도를 한다. 교회는 역시 필요할 때 의학적인 도움을 거부하지 말라고 한다.

금하는 것: 이 교단은 기독교 윤리에 손상되는 오락을 피하라고 한다. 그 안에는 복권, 도박, 비밀 사회의 맹세, 영적 성장에 저해되는 모든 형태의 춤, 독주, 마약, 담배 등이다.

방언과 성령의 은사: 어떤 특별한 혹은 가정된 육체적 증거나 혹은 기도하는 말이 성령 세례의 증거라고 단언하는 것은 성경과 교회의 역사적 입장에 모순된다.

여성 사역: 1908년 이래로 사역을 위해 여성을 안수해 왔다.

본부: 6401 The Pased, Kansas Cithy MO 64131; Phone (816)333-7000l; Fax (816)361-4983

미국 사도기독교회(APOSTOLIC CHRISTIAN CHURCHES OF AMERICA)

설립: 1830

미국: 1847

교인: 23,980

교회: 84

연혁: 교회는 스위스에서 S. H. 프로엘리히(Froehlich)가 기독교인의 경험에 대한 신약의 모형에 근거하여 종교적 경험을 한 1830년에 시작되었다. 이 교회는 복음주의 침례교회로 전국으로 확산되었다. 프로엘리히는 미국으로 왔으며 그의 조사 장로 베네딕트 위네스가 1847년 뉴욕에서 미국의 첫 교회를 설립하였다. 미국에서 특별히 중서부 농장지역에서 사도적 기독교회로 알려졌는데 이는 성결의 교리를 포용하게 되면서 취해진 이름이라고 한다. 목사의 설교는 성경 본문을 사용하지만 성령의 인도를 받음으로 즉석에서 한다.

교회의 정치: 개교회 중심이며 회중제라고 할 수 있다. 기독교의 어떤 단체에도 가입하지 않는다.

선교와 교육: 교단은 목사를 위한 교육 기관이 없으며 목사는 신학교에 가지 않고 사례 없이 일한다. 교단의 정기 간행물로는 〈The Silver Living〉이 있다.

교리와 신앙: 성경을 무오한 하나님의 말씀으로 믿는다. 그리고 독일의 경건주의의 어떤 것을 반영하며 매우 보수적이다. 구원의 안전은 조건적이며 충성에 근거한다.

특별한 관행: 회원은 군복무를 할 수 있으나 무기는 소지할 수 없다. 그것은 네 원수를 사랑하라는 계명을 어기는 일이다. 이들은 선한 시민이 되기를 힘쓰지만 맹세하지 않는다. 평화의 입맞춤으로 교단 안에서 매우 밀접한 관계와 교제를 유지한다. 기도와 예배 중에 여자는 머리를 가린다.

쟁점에 대한 입장

낙태: 인간 생명의 거룩에 완전히 헌신한다.

창조 대 진화: 영원하신 하나님은 만물의 창조자이시다.

이혼과 재혼: 결혼은 한 남자와 한 여자의 평생 연합이다. 이혼은 간음 이외에는 불가능하며 개종한 사람의 이혼 후에 재혼은 지지하지 않는다.

안락사: 인간 생명의 완전한 거룩에 헌신한다.

동성애: 혐오스러운 죄이다.

금하는 것: 텔레비전, 징계는 죄와 환경에 연관하여 하나님의 말씀에 근거한다.

방언과 성령의 다른 은사: 이 교회에서는 방언하지 않는다.

여성 사역: 목회나 지도력의 사역은 남성이 하며 어린이의 교육은 남자와 여자 모두에게 열려 있다.

본부: 3420 North Sheridan Rd., Peoria, IL 61640

웨슬리안 교회(WESLEYAN CHURCH)

설립: 1968

교인: 114,211

교회: 1887

연혁: 감리교 감독교회의 신자 중에 교단의 노예에 대한 관용을 항의하는 이들이 있었으나 감독들은 이들의 항의를 침묵시키려 하였다. 이에 22명의 목사와 6,000명의 평신도가 교회를 떠나 1843년 뉴욕 유티카(Utica)에서 미국 웨슬리 감리교회를 형성했다. 그리고 한 세기 후(1947년)에 그 이름을 웨슬리안 감리교회로 변경하였다. 그리고 신학적으로 유사한 순례자성결교회와 1968년 6월 26일 인디애나 앤더슨 대학교 교정에서 두 교회가 합동하여 웨슬리안교회를 형성하였다. 웨슬리안교회는 예수 그리스도에 대한 소망과 성결을 통한 변화된 생활의 교회와 공

동체를 추구한다. 교단의 강세 지역은 인디애나, 미시간, 오하이오, 그리고 노스캐롤라이나이다.

교회의 정치: 교회의 정치와 의식 및 관행은 영국 국교회와 거의 같다. 수정 감독 정치이다. 가입 기관으로는 The Christian Holiness Association, The National Association of Evangelicals, 그리고 The World Methodist Council이다.

선교와 교육: 교단의 해외 선교는 미국과 캐나다를 제외한 34개국에 교회를 설립하였다. 선교사들은 아시아, 아프리카, 캐리비안, 라틴아메리카, 그리고 유럽의 많은 곳에서 사역하고 있다. 교단은 4개의 교양 대학과 한 개의 성경 대학을 지원하며 웨슬리안 전통의 몇몇 보수적인 신학교와 좋은 관계를 유지하고 있다. 정기 간행물로는 〈Wesleyan Life〉, 〈Wesleyan World〉가 있다.

교리와 신앙: 이 교회의 신학적 권위의 네 가지 원천은 성경, 이성, 전통, 그리고 경험이다. 이는 감리교회와 다르지 않다. 따라서 웨슬리가 가르친 성결의 교리를 믿는다. 다른 감리교 계통의 교회들처럼 완전 성화를 주장하며 그 밖의 교리들은 복음주의와 같다.

쟁점에 대한 입장

낙태: 어머니의 생명이 위험한 경우가 아닌 낙태는 개인에게나 사회 모두의 악이다. 그러나 교회는 낙태 행위를 바꾸기 위한 폭력의 사용을 배격한다.

사형 제도: 법으로나 정의 실현으로 분명하게 정의된 심각한 죄를 범한 자에 대한 사형은 보전되어야 한다.

이혼과 재혼: 이혼은 죄다. 성적 부도덕은 이혼을 위한 유일한 이유이지만 그것도 진지한 영적 상담 후에만 할 수 있다. 구속 받은 자는 재혼

에서 자유이나 한 가지 예외는 하나님의 계명에 불순종하는 자와 믿는 배우자를 떠난 자다. 그 사람은 배우자와 화해를 위한 여지를 남겨 두기 위해 재혼하지 말고 지내야 한다.

안락사: 반대하나 생명을 유지하는 기계를 제거하는 것은 다만 생명 연장의 표일 경우, 의학적으로 소망이 없는 경우, 혹은 의식의 회복에 대한 희망이 없는 경우는 그 개인들을 염려하는 양심의 문제이다.

동성애: 동성애는 부도덕하며 죄다.

기적: 하나님의 주권적 계획 안에서 아직도 발생하며 때로 증명된다.

금하는 것: 술의 제조와 판매, 구매, 그리고 사용을 반대한다. 담배, 마약 성분이 들어있는 다른 해로운 약은 기술적, 화학적 혹은 의학적 목적을 위한 것이 아닌 한 사용하지 않는다. 역시 주일 장사하는 것을 합법화하지 않는다.

구원의 안전: 사람이 개인적인 죄를 회개할 때, 그리고 주 예수 그리스도를 믿으면 의로워지며 하나님의 가족으로 입양되고 성령의 증거를 통하여 개인의 구원을 확신한다.

방언과 성령의 은사: 성령의 은사는 성령님 자신이다. 웨슬리안교회는 성경적이고 역사적인 환경 안에서 언어의 기적적인 사용과 언어의 통역을 믿는다. 그러나 알려지지 않은 말로 말하는 것과 방언의 은사가 성령 세례의 증거이거나 혹은 세례를 성취하는 전체 성화의 증거라고 가르치는 것은 하나님의 말씀에 모순이다. 웨슬리안교회는 황홀한 기도 말의 사용은 분명한 성경적 재가가 없으며 교회 안에서 확립된 역사적 사용에 대한 어떤 모형도 없다고 믿는다. 그러므로 그런 기도 말은 권장하지 않는다.

여성 사역: 과거 100년간 웨슬리안교회는 안수된 여성이 사역하고 있다.

본부: Po Box 50434, Indianapolis, IN 46250-0434; Phone; (317)570-5100; Fax: (317)570-5280

하나님의 교회(성결)(CHURH OF GOD: HOLINESS)

설립: 1886

교인: 8,000

교회: 140

연혁: 교단은 공동 신앙으로 연합된 자치적인 회중들의 협의회로 1886년 감리교인들의 일부가 미주리 센트랠리아(Centralia)에서 성결교회의 설립으로 시작되었다. 이들은 감리교회에서 전적인 성화의 교리를 가르치는 것을 등한히 한데 대한 불만으로 주류 감리 교단에서 떠난 그룹이다. 교단은 미주리와 캔사스주에 집중되어 있으며 120개의 영어 회중들이 있는데 급속하게 히스패닉 사이에서 확산되었다.

교회의 정치: 개교회 자치적이며 회중제이다.

선교와 교육: 국내 선교는 뉴욕시의 헤이티 이민자들을 위한 사역이 있고 남서부에서는 나바호(Navajo) 인디언 선교를 지원하고 있다. 세계 선교로는 볼리비아, 나이지리아, 자메이카, 멕시코, 그리고 우크라이나에서 사역하고 있다. 캔사스 오벌랜드 팍에 캔사스 시티 대학과 성경 학교가 있고 많은 데이케어 학교들이 있다. 그 밖에 모든 연령을 위한 주일 학교 교재, 경건 서적, 그리고 잡지로 〈The Church Herald and Holiness Banner〉를 출판하는 The Herald and Banner 출판사가 있다.

교리와 신앙: 복음주의와 같다. 종말에서는 그리스도의 재림 후에 문자적인 천년 왕국의 설립을 믿는다. 구별되는 점은 다른 성결 교단들처

럼 완전 성화를 믿으며 수반되는 방언은 없다.

쟁점에 대한 입장

낙태: 인간 생명의 신성함을 믿으며 그 생명은 임신 때 시작되므로 무죄한 인격을 죽이는 것은 하나님의 말씀의 원리에 대한 위반이다.

창조 대 진화: 하나님은 인간을 창조하셨으며 창조에 대한 성경적 설명은 어떻게 세계가 존재하게 되었는지에 대한 정확한 반영이다.

이혼과 재혼: 결혼 서약은 신성하게 지켜져야 한다. 이전에 결혼한 배우자가 살아 있는 한 결혼할 성경적 권리가 있는 사람은 없다. 시민법 아래서 이혼한 사람은 이혼을 위한 성경적 근거의 유무를 떠나서 교회의 어떤 직원이 될 수는 없다. 하나님의 교회의 사역자들은 그들의 이전 배우자와 화해를 추구하거나 이전 배우자가 죽지 않은 한 이혼한 사람의 결혼을 축하해서는 안 된다.

동성애: 동성애는 하나님의 말씀의 위반이다. 동성애는 바꿀 수 있는 선택된 생활 양식이다.

기적: 하나님은 아직도 그의 능력을 인간의 삶의 사건 속에 간섭하셔서 그 사건들의 자연적 경로를 바꾸시기에 충분하시다.

구원의 안전: 성경은 사람이 은혜에서 떨어지는 것이 가능함을 가르친다.

방언과 성령의 다른 은사: 거룩한 삶은 성령의 내적 생명의 증거다. 방언으로 말하는 것은 다양한 민족들에게 복음을 전달하기 위해 사도행전에서 사용되었으며 영적인 사람이나 혹은 하나님이 이해하실 수 있는 하나의 황홀한 기도의 말로서가 아니었다.

여성 사역: 하나님의 교회의 여성 사역은 오래 되었다.

본부: PO Box 4060, Overland Park, KS 66204; E-mail: hbeditor@

juno.com

성결 교단 참고 자료: http://cccuhq.org, Frank S. Mead, Samuel S. Hill, Craig D. Atwood, Op.cit., Ron Rhodes, Op.cit., Shelley Steig, The 60-Second Guide to Denominations, Eileen W. Lindner, Ed., 2007 Yearbook of American and Canadian Churches, en.wikipedia. org/wiki/ Churches of Christ in Cristian Union, www.cochusa.com, www.nazarene.org, www.apostolicchristian.org, www.wesleyan.org, Christianity.com/od/ Wesleyan/ a/Wesleyan Church- Beliefs.htm, Drew Blankman & Todd Augustine, Op.cit., www.cogh.net

(3) 오순절교회 교단

국제교회와 목사들의 순복음 교제(FULL GOSPEL FELLOWSHIP OF CHURCHES AND MINISTERS, INTERNATIONAL)

설립: 1962

교인: 432,632

교회: 1,273

연혁: 교단은 목사와 교회들 간에 서로 지원하고 용기를 주며 사도적, 오순절 사역을 도모하기 위하여 골든 린세이에 의해 텍사스의 달라스에서 소집된 한 모임에서 설립되었다. 그 조직은 교단을 위해서가 아니라 그리스도와 성령의 능동적인 사역을 믿는 자들의 교제를 위한 것이었다. 그때 많은 독립 교회들은 정부로부터 세금 감면을 받는 것이 매우 어려웠다. 따라서 이 교제는 이런 어려움을 극복하기 위한 것이기도 하였다.

교회의 정치: 개교회의 자치제요 회중제라고 할 수 있다. 매년 전국 대회와 국제 대회를 개최한다.

교리와 신앙: 핵심적인 신앙의 진리는 하나님의 영감된 말씀으로서 성경, 삼위일체의 하나님, 예수 그리스도의 속죄의 죽음과 부활, 개인적 구원과 성화의 필요성, 예수 그리스도의 재림과 통치, 그리고 천국과 지옥이다. 방언이 성령 세례의 증거라고 한다. 정기 간행물로는 〈Fellowship Tidings〉가 있다.

본부: 4325 W. Ledbetter Dr., Dallas, TX 75233

국제 독립 하나님의 성회(INDEPENDENT ASSEMBLIES OF GOD, INTERNATIONAL)

설립: 1922

교인: 알려지지 않음

교회: 알려지지 않음

연혁: 이들의 뿌리는 1890년 스칸디나비아의 침례교와 경건주의 공동체에 있다. 1907년 윌리엄 하워드 덜함의 선교는 많은 교회와 개인들에게 영향을 주었으며 시카고 선교를 통해서 오순절 운동을 배우게 하였다. 1918년 특별히 회중주의의 원리를 보존하려고 했던 스칸디나비아 오순절파 교인들은 미국과 캐나다, 그리고 외국에 스칸디나비아 하나님의 성회를 조직하였다. 이 그룹이 1935년까지 같은 마음을 가진 교회들의 교제를 이끌어 왔다. 그때 그들이 독립 하나님의 성회로 합동하였으며 국제 독립 하나님의 성회를 형성하였다. 이 그룹은 하나님의 성회에서 구별되지만 초기 오순절 운동에서 공동 유산을 지닌다. 교단은 북미 오순절 은사교회들의 회원이며 국제 사무실은 캘리포니아 라구나 힐즈

에 있다.

교회의 정치: 독립적이며 자치적이나 공동의 사역에서는 함께 협력한다. 교단의 지도력은 총감독과 부총감독, 그리고 국제 선교 감독에 있다.

선교와 교육: 교단의 교회는 아프리카, 캐나다, 과테말라, 인도의 메갈랜드, 멕시코, 필리핀, 루마니아, 그리고 미국에 있다.

교리와 신앙: 영감된 하나님의 말씀으로서 성경, 삼위일체의 하나님, 그리스도의 동정녀 탄생과 대속적인 죽음, 몸의 부활, 승천, 재림과 심판을 믿는다.

본부: P. O. Box 2130, Laguna Hills, CA 92645-2130

국제 빈야드 교회(VINEYARD CHURCHES INTERNATIONAL)

설립: 1983

교인, 교회: 2400 이상(국제)

연혁: 로스앤젤레스에 있는 갈보리 채플에서 섬겼던 켄과 조애니 걸릭 슨은 1971년부터 성령의 은사들을 강조하기 시작했다. 1982년 교회는 그 이름을 빈야드로 바꿨다. 다른 갈보리 채플의 부목사로 전에 록 음악가였던 존 윔버(John Wimber, 1934-1997)가 걸릭슨과 팀을 이루면서 젊은 세대 중에서 성령의 은사들을 장려하였다. 1983년 공식적인 설립을 하면서 그 신학과 관행에서 가장 영향력 있는 인물은 존 윔버였다. 그는 초기에 신학자 조지 엘돈 래드(George Eldon Ladd)의 하나님 나라에 관한 저서에서 특별히 영향을 받았다. 따라서 은사 운동의 새로움을 추구하지만 역사적 복음주의에 뿌리한 전통적인 복음주의에 가깝다. 존 윔버는 한때 풀러신학교에서 표적과 기사라는 코스를 가르치면서 인기를

누렸으나 논쟁이 생기면서 중단하였다. 이 교회는 복음주의와 오순절 사이에 급진적인 중도파로 자신들을 설명한다. 국제 빈야드교회는 예수 그리스도의 복음을 소통함으로써 하나님의 왕국을 진전시키는 데 함께 협력하는 교회들의 그룹이라고 한다. 하나님의 나라의 개념은 빈야드 신학의 핵심에 놓여 있다. 교회는 방언과 치유, 축사, 예언을 공적으로 장려하였으며 윔버는 그의 운동을 오순절주의의 제3의 물결로 불렀으며 기적을 사용하는 능력 전도를 채택하도록 격려하였다. 윔버를 이어 2000년 성공적인 빈야드 목사 버트 웨그너(Bert Waggoner)가 지도자가 되었다.

교회의 정치: 처음에 빈야드교회는 교회들 간의 협의체 비슷한 정도로 조직되었으나 1997년 윔버는 별세하기 전에 교단화를 시작하였다.

선교와 교육: 은사를 통한 능력 전도를 하며 세계적으로 현재는 6개 대륙에서 2500여 교회가 있다.

교리와 신앙: 교리와 신앙은 은사적인 오순절 신학이며 성경의 무오와 인류의 타락, 구원 경험의 필요성, 치유와 방언을 말하는 영적인 은사들을 강조한다. 일반적으로 교리는 복음주의와 다르지 않다.

본부: 5340 E. LaPalma Ave., Anaheim P. O. Box 17580, Anaheim, CA 92817

국제 연합 오순절교회(UNITED PENTECOSTAL CHURCH INTERNATIONAL)

설립: 1945

교인: 646,304

교회: 4,358

연혁: 교단은 1945년 예수 그리스도의 오순절성회와 오순절교회 법인과 합동하여 설립되었다. 설립 회원 모두는 1916년 하나님의 성회로부터 분열한 일체(예수님만) 오순절주의자들이었다.

교회의 정치: 수정 장로제이다.

선교와 교육: 교단의 정기 간행물로는 〈The Pentecostal Herald〉, 〈World Harvest Today〉, 〈The North Armerican Challenge: Conqueror〉, 〈Reflections: Forward〉, 〈Apostolic Men〉이 있다.

교리와 신앙: 이들은 신학적으로 비삼위일체 교회이다. 교회는 성경은 한 분 하나님이 계시다고 가르치기 때문에 한 하나님이 자신을 창조에서 아버지로, 구속에서는 아들로, 그리고 중생에서는 성령으로 나타내셨다고 한다. 예수는 그 절대적인 신성의 이름이다. 따라서 물 세례는 아버지, 아들, 성령의 이름으로가 아니라 예수님의 이름으로 베푼다(그러나 성경은 행 2:38; 8:16; 19:6에서 삼위 하나님의 이름으로 하라고 하였다). 하나님은 인격에 구별이 없으신 절대적으로 한 분이시다. 죄 많은 인간을 구원하시기 위해 하나님이 속죄의 제물로서 죄 없는 사람 예수 그리스도, 하나님의 아들을 예비하셨다. 낳으심에서 아들은 인간에 대한 관계에서 하나님은 아버지셨다. 인간의 삶을 변화시키고 능력을 주시는 사역에서 하나님은 성령이셨다. 이렇게 구원을 위해서 하나님은 자신을 아버지로(인간에 대한 부모의 관계에서), 아들로(인간의 육신에서), 성령으로(영적인 활동) 나타내셨다. 성경은 완전한 구원의 표준이다. 그 안에 회개와 죄 사함을 위한 주 예수 그리스도의 이름으로 침수로 물 세례, 성령이 주시는 언어의 방언을 말하는 것으로 시작되는 성령의 세례가 포함된다. 그 밖에 성결과 분리된 삶에 대한 관심과 교회 안에서 성령의 은사의 시행, 주의 재림, 세상에 복음을 전하는 책임에 대한 가르침이 있다.

쟁점에 대한 입장

낙태: 반대하나 낙태한 자에 대한 용서와 지원을 한다.

창조 대 진화: 하나님의 만물 창조를 믿는다.

이혼과 재혼: 교회는 한 편의 간음의 경우에 다른 편의 이혼을 허용한다. 재혼은 무죄한 편에 한한다.

동성애: 동성애는 죄이나 다른 모든 죄와 같다. 하나님은 믿음과 회개를 통해서 용서하신다.

기적: 교회는 기적을 구하고 기대한다. 여기에 치유와 기도의 응답, 그리고 필요의 공급이 포함된다.

금하는 것: 죄된 행위와 행동에서 구별되는 삶의 표준을 유지하라고 한다.

구원의 안전: 하나님께 대한 신앙과 헌신을 유지하는 한 안전하다.

방언과 성령의 은사들: 방언으로 말하는 것은 성령을 받은 내적이며 외적인 증거이다.

여성 사역: 여성은 목사로 안수되면 모든 사역에서 일할 수 있다.

본부: 8855 Dunn Rd., Hazelwood, MO 63402

국제 하나님의 성회(ASSEMBLIES OF GOD INTERNATIONAL)

설립: 1914

교인: 2,863,265

교회: 12,362

연혁: 교단은 방언 및 성령의 은사를 체험한 목사와 평신도들이 교리의 연합과 효과적인 설교 및 선교사 선교회를 확장하기 위해 1914년 알

칸사스 핫 스프링에서 연합한 결과였다. 처음 교단은 300명의 설교자와 20개 주에서 온 신자들로 시작하였으나 현재는 세계에 5천만 명의 신자를 가진 대형 교단이 되었으며 세계에서 가장 큰 오순절 교단이다. 교단은 1970년대 중반부터 수년간 미국에서 가장 빠르게 성장하는 교단 중의 하나였다. 비록 평균적으로 교회들은 115명의 교인들로 구성되어 있지만 수천 명의 교인을 가진 교회들이 적지 않다.

교회의 정치: 교회의 정치는 장로회와 회중제를 택하고 있으며 개교회들은 회중교회의 형태이다. 그러나 장로교회처럼 노회와 총회가 있다. 교단은 중앙화의 경향이 있으나 지속적으로 지역 교회의 지위를 확인한다. 총회는 2년마다 열리며 모든 목사와 지역 교회의 평신도 대표들로 구성된다. 총회는 총회 임원들을 선출하고 교리적 표준을 정하며 교회의 확장과 발전을 대비한다. 총회는 13명의 선출된 이사들로 운영된다.

선교와 교육: 세계 200개국에서 2,000명의 선교사들이 사역하고 있으며 1980년대 중반에는 연간 1억 3천 5백만 달러를 선교 프로그램에 지원했는데 이는 교단의 지출의 75%였다. 교역자와 각 국적의 선교사 교육을 위해 국외에 250개의 성경 학원을 운영하며 교단의 부흥 시간(Revival Time)이라는 라디오 프로그램은 100개국에서 시청되고 있다. 정기 간행물로는 〈Enrichment-AM Journal for Pentecostal Minstry〉, 〈High Adventure: Pentecostal Evangelical〉, 〈Heritage: On Course〉가 있다. 교단은 미주리 스프링 필드에 있는 한 개의 신학교와 전국에 있는 18개 대학을 지원한다.

교리와 신앙: 교단의 신학은 알미니안이다. 따라서 그리스도는 모든 사람을 위해 죽으셨으며 개종의 필요성을 강조한다. 역시 성경의 영감과 무오, 인간의 타락과 구속, 성령의 세례, 성결한 삶과 세상에서의 분

리, 신적 치유, 예수님의 재림과 그의 천년 통치, 악자에 대한 영원한 심판과 신자들을 위한 영원한 축복을 믿는다. 일반적인 복음주의와 다르지 않으나 방언과 성령의 세례를 강조하는 점에서 다르다. 교단의 구별된 점은 신적 치유는 복음의 하나의 필수적인 부분이며 병에서 낫는 것은 대속에서 예비되었다고 한다.

본부: 1445 Boonville Ave., Springfield, MO 65802

국제 오순절 성결교회 (INTERNATIONAL PENTECOSTAL HOLONESS CHURCH)

설립: 1911

교인: 257,758

교회: 2,010

연혁: 1907년 캘리포니아 로스앤젤레스 아주사 거리 부흥 운동에 참여했던 G. B. 캐시웰(Cashwell, 862-1916)이 북캐롤라이나에서 오순절 부흥을 이끈 결과로 두 개의 오순절교회들이 파생하였다. 그 중에 불세례침례교회(아이오와)와 오순절성결교회(북캐롤라이나 골드르보로)가 합동하여 1911년 오순절성결교회를 형성하였다. 그후 1915년 장막오순절교회가 조지아 카논에서 가입하였으며 1975년 현재의 이름을 채택하였다.

교회의 정치: 총이사회가 최고 의결 기관이며 이는 4년마다 열리는 회의에서 선출한다.

선교와 교육: 교단은 조지아에 있는 임마누엘 대학과 오크라호마에 있는 기독교 사역자들을 위한 남서 대학을 지원하는데 이 학교들은 4년제 학력인정 대학이다.

교리와 신앙: 모든 교리들은 복음주의와 같으나 오순절 교단들이 주장

하는 대로 성령 세례의 시발적 증거는 성령이 주시는 언어인 방언으로 말하는 것이다. 성화는 중생으로 시작되며 성화에서 명확하고 즉각적인 은혜의 사역은 믿음에 의해 성취되며 중생에 뒤이어 발생한다.

본부: P. O. Box 12909, Oklahoma City, OK 73157

그리스도 안에 있는 하나님의 교회(CHURCH OF GOD IN CHRIST)

설립: 1897

교인: 5,500,000

교회: 15,300

연혁: 교단은 세계에서 가장 큰 흑인교회이다. 목사 찰스 H. 매슨(Mason, 1866-1961)은 1893년 선교사 침례교회에서 강도권을 얻었으나 완전 성화의 경험을 강조하게 되면서 그 침례교회에서 축출되었다. 그와 찰스 P. 존스(Jones)가 1895년 미국(성결) 그리스도의 교회를 설립하였는데 이들은 완전 성화를 강조하였다. 1897년 매슨은 미시시피 렉싱톤에서 한 교회를 시작하였는데 적합한 성경적 이름이라는 확신에서 그리스도 안에 있는 하나님의 교회로 불렸다. 그는 로스앤젤레스 아주사 거리 부흥을 방문했으며 거기서 처음으로 방언을 했다. 그는 1907년 미국 그리스도 안에 있는 교회의 총회 기간에 새로운 오순절 교리를 소개하였다. 비오순절파는 존스의 인도로 분열하여 그리스도의 교회(성결파) 이름을 그대로 유지하였다. 다수는 매슨과 D. J. 영(Young)과 더불어 방언을 하는 아프리칸-아메리칸 설교자들을 소집하였다. 1907년 8월에 테네시 멤피스에서 모여 그리스도 안에 있는 하나님의 교회 총회를 조직하였다. 매슨이 총감독으로 선출되었으며 영은 그룹의 신문 〈Whole

Truth>의 편집자가 되었다.

교회의 정치: 다른 오순절파와 같다.

교리와 신앙: 삼위일체, 칭의, 성화, 방언으로 말함, 성령 세례의 증거로 치유의 은사, 성령의 성화케 하시는 능력은 거룩한 삶을 사는 데 필수로 간주하며 세상의 죄로부터 분리되어야 함을 강조한다. 침수의 세례와 성찬과 세족식이 있다.

본부: P. O. Box 320, Memphis, TN 38101

기독교성회 국제교제(INTERNATIONAL FELLOWSHIP OF CHRISTIAN ASSEMBLIES)

설립: 1948

교인: 7,200

교회: 96

연혁: 교단은 1963-2008년까지는 북미 기독교회로 알려졌다. 그러나 원래는 이탈리안 기독교회였으며 뉴욕 나이아가라 활스에서 1927년 이탈리안 목사들의 모임으로 시작되었다. 지도자는 루기 프랜시스칸(Lugi Francescan, 1866-1964)으로 그는 1892년에 로마 가톨릭을 떠나서 시카고에 있는 제일장로교회에 가입하였다. 1903년 그는 신자의 세례를 포용하고 시카고에 첫 이탈리안-아메리칸 오순절교회를 설립하였다. 그 교회가 1948년 법인화 때는 북미 기독교회 선교사협회라는 이름이었다. 이렇게 이 교단은 다양한 교단의 이름을 사용해 왔다.

교회의 정치: 감독제이며 현재 총감독은 마이크 플라우어(Mike Plauer)이다.

교리와 신앙: 오순절 신앙으로 12개항의 신앙의 진술이 있다. 그 안에

는 삼위일체, 성경, 전천년의 종말론, 오순절을 강조하여 성령 세례의 시발로 방언, 기도의 기대되는 결과로서 신적 치유, 두 개의 성례로서 침수의 물 세례와 성찬이 있다. 교단의 정기 간행물로는 계간 잡지 〈Vista〉가 있다.

본부: 1294 Rutledge Rd., Transfer, PA 16154-9005

미국연합성교회, 법인(UNITED HOLY CHURCH OF AMERICA, INC)

설립: 1886

교인: 100,000

교회: 알려지지 않음

연혁: 교회는 사도, 선지자, 예수 그리스도가 초석이 된 기초 위에 세워졌으며 이 교회는 오순절날 성령의 부어주심과 더불어 시작된 대부흥에서 시작되었다고 한다. 실제로 미국에서는 회개와 중생과 마음과 생활의 성결의 부흥이 남부와 서부를 휩쓸 때 시작되었다. 교회의 첫 조직은 1886년 지역의 교회로서 북캐롤라이나 메토드에서 조직되었다. 따라서 교단은 미국에서 가장 오랜 흑인교회라고 주장한다. 하나의 대회가 1900년 북캐롤라이나 덜함에서 조직되었는데 원래 알려지기는 북캐롤라이나 성교회였으나 1918년 미국연합성교회법인으로 재조직되었다. 십수년 안에 교회는 다른 나라의 다른 지역들을 포함하는 7개 지역으로 발전하였다.

교회의 정치: 교단의 중요한 직원으로는 총회장과 두 명의 부총회장이 있고 총서기와 회계가 있다. 감독들의 위원회가 교회의 일을 감독한다. 본부는 북캐롤라이나에 있으나 국제적으로 회중은 캐리비안과 아프리

카에 있다.

교리와 신앙: 침수의 세례, 주의 성찬과 세족식을 행하며 천년 전 그리스도의 재림, 신적 치유, 믿음에 의한 칭의 은혜의 제2의 역사로서 성화, 그리고 성령 세례를 받아들인다. 교단의 출판사로 The Holiness Union 이 있다.

본부: 312 Umstead Street, Durham, NC 27702

사도 세계 기독교 교제(APOSTOLIC WORLD CHRISTIAN FELLOWSHIP)

설립: 1970

교인: 알려지지 않음

교회: 135

연혁: 이 교제는 W. G. 로위(Rowe)가 설립하였으며 그 목적은 미국과 세계 오순절교회들 중에서 분열을 치유하는 길이 되기 위함이었다. 이 교제는 교단이 아니며 흑인과 백인의 오순절교회들의 교제이며 협력하여 일하기 위함이다.

교회의 정치: 연합을 위한 흑인과 백인의 연합 감독 체제이다. 1991년 로위의 지도력은 사도 세계 기독교 교제의 총회장인 사무엘 L. 스미스(Samuel Smih)에게 이관되었으며 본부는 인디애나 에반스빌로 옮겨갔다.

교리와 신앙: 이 교제는 복음주의이며 오순절 교훈을 따르는데 특별히 예수님의 대제사장적 기도(요 17장)를 강조한다. 그것은 세상이 하나되기를 간구하는 기도이며 그 연합은 아직도 그 은사가 명확한 성령을 통한 연합이다. 연합을 강조하는 이 교제는 두 명의 백인 감독과 두 명의 흑인 감독의 체제를 유지하고 있으나 이를 우려하는 이들도 적지 않다.

본부: 11,West Iowa St., Evansville, IN 47710

사중복음 국제교회(INTERNATIONAL CHURCH OF THE FOURSQUARE GOSPEL)

설립: 1927

교인: 353,995

교회: 1,875

연혁: 교단은 오순절파로 로스앤젤레스 앤젤스 성전의 오순절 전도자 아이미 샘플 맥퍼슨(Aimee Semple McPherson, 1890-1944)에게서 생장하였다. 맥퍼슨은 젊은 과부로 성공적인 오순절 전도자였는데 그의 두 자녀와 함께 1918년 캘리포니아에 도착하였다. 그녀는 하나님의 성회와 교제하고 있었으나 그녀가 1927년 포스퀘어 교회를 설립할 때까지는 주로 국제적으로 활동했다. 교회는 웨슬리안의 완전주의 대신에 성화의 점진적인 견해를 취한다. 1920년대에 급성장했으나 1970년대까지는 그 성장의 수준이 떨어졌다. 그럼에도 1985년에 이 교단의 교회는 1200개로 성장하였다. 2002년에 미국에 있는 가장 큰 사중복음교회는 캘리포니아에 있는 The Church on The Way로 6,000명이 모이며 담임 목사는 잭 헤이포드이다. 교단은 북미 오순절교회와 복음주의협의회의 회원이다. 교단의 구별된 점은 신자의 경험과 일상의 삶은 결코 환상적인 극단으로 이끌려서는 안 된다는 것이다.

교회의 정치: 교단의 조직은 특별히 감독교회 정치로 조직되었다.

선교와 교육: 캘리포니아에서 맥퍼슨의 집회에는 수천 명이 모였으며 구원과 병자를 위한 기도, 성령의 세례, 방언, 그리고 가난한 자들을 위해 필요한 것을 분배했다. 1923년 5,300석의 앤젤스 성전이 완성되었으

며 사역자와 선교사들을 교육시킬 성경 학교와 등대 국제포스퀘어 복음 전도가 1925년에 문을 열었다. 교회는 공중파 라디오 방송을 시작했으며 앤젤스 성전은 오순절 예배와 사역의 센터가 되었다.

교리와 신앙: 일반적으로 복음주의와 같다. 포스퀘어 복음은 에스겔서 1장에 나오는 네 얼굴을 가진 형상에서 연유했는데 그녀는 1921년 그 형상을 보았다고 한다. 그 얼굴(사람, 사자, 황소와 독수리)은 구원의 복음, 성령의 세례, 신적 치유, 그리고 그리스도의 재림의 사중복음이라고 해석하였다.

쟁점에 대한 입장

낙태: 낙태는 도덕적, 영적인 잘못이다.

산아 제한: 산아 제한의 방법은 개인에게 맡긴다.

사형 제도: 성경은 사형의 권위를 주지만 자비를 허용한다.

창조 대 진화: 다수의 사중복음 교회들은 창조론을 가르친다.

결혼과 재혼: 결혼의 관계를 강조하며 용기를 주는 대신에 이혼은 단념시킨다. 이혼하고 재혼한 부부는 용납한다.

동성애: 교회는 동성애가 죄이기에 반대하며 동성애자가 그 행동을 중지하도록 돕는다.

기적: 성경대로 믿는다.

구원의 안전: 조건적인 안전으로 신자가 예수를 구주로 신뢰하는 한 그들의 구원은 안전하다.

방언과 성령의 은사: 성령은 신자에게 모든 성령의 은사를 주신다. 이런 은사들은 성령의 의지대로 각자에게 나누어 주신다. 성령의 은사의 목적은 교회를 교화하고 불신자에게 복음을 전하는 것이다.

여성 사역: 남성과 여성 모두 사역할 수 있으며 여성도 포스퀘어 회의

와 이사회 안에서 모든 지도자의 일원이 될 수 있다.

본부: P. O. Box 26902, Los Angeles, CA 90026-0176

살아계신 하나님의 교회(교제를 위한 기독교 일꾼들)(CHURCH OF THE LIVING GOD, CHRISTIAN WORKERS FOR FELLOWSHIP)

설립: 1889

교인: 20,000

교회: 120

연혁: 교단은 흑인 성결 오순절 교단으로 전에 노예였던 윌리엄 크리스천(1856-1928) 목사에 의해 알칸사스 라이트빌에서 1889년 설립되었다. 그 특징은 시초부터 백인 선교사들로부터 시작되지 않고 순수하게 흑인들로 시작되었다. 이들은 성경에 나오는 중요한 인물들 예를 들면, 예수님이나 다윗도 흑인이었다고 주장한다. 이런 주장은 당시에 흑인들이 인간 이하의 대접을 받은 점을 감안한다면 이해할 만하다. 설립자 크리스천은 그 교회에서 수령이었고 마침내 그의 아내와 그의 아들이 승계하였다.

교회의 정치: 이 교회는 프리메이슨의 영향을 받았으며 그 조직에서 많이 닮았다. 수위 감독이 조직의 사회하는 직책이다. 회원들의 십일조로 교회를 유지하며 교회는 성전으로 불린다. 교회의 지도자들은 근래에 프리메이슨의 경향을 없애는 과정 중에 있다.

교리와 신앙: 삼위일체와 오순절 관행을 받아들인다. 방언으로 말하는 것은 교인들에게 요구하지 않는다. 영감으로 말하는 것은 인식할 수 있는 언어여야 한다고 주장한다. 교회는 세 가지 성례를 행한다. 물 세례와

성찬, 그리고 세족인데 성찬은 물과 무교병을 사용한다.

본부: 430 Forest Ave., Cincinati, OH 45229

오순절 자유 의지 침례교 협의회(PENTECOSTAL FREE WILL BAPTIST CONFERENE)

설립: 1959

교인: 28,000

교회: 150

연혁: 교단은 1959년 북캐롤라이나에 있는 여러 개의 자유 의지 침례교협회의 합동으로 생성되었다. 그 협회들은 1855년에 조직된 케이프피어자유 의지 침례교협회와 1908년에 조직된 윌밍턴 자유 의지협회, 그리고 1912년에 조직된 뉴리버 자유 의지 침례교협회이다.

교회의 정치: 오순절 교단과 같다. 교단의 총회는 2년마다 8월에 열리며 평신도와 목사들의 대표들이 참석한다. 교회의 직원으로는 총감독, 총무, 총회계이다. 복음주의협의회, 북미 오순절/은사적 교회들, 오순절 세계교제의 회원이다.

선교와 교육: 선교 사역은 9개국에서 행해지고 있으며 멕시코, 필리핀, 그리고 베네수엘라에서 성경 학원을 경영하고 있다. 1971년에 헤리티지 성경 대학을 설립하였다.

교리와 신앙: 성경의 무오와 그리스도의 흘리신 보혈을 믿음으로 인한 중생, 은혜의 제2의 명확한 사역으로서 성화, 방언을 그 증거로 하는 성령의 오순절 세례, 신적 치유, 천년 전 그리스도의 재림이다. 교단의 정기 간행물로는 〈The Messenger〉가 있다.

본부: P.O. Box 1568, Dunn, NC 28355

오순절 하나님의 교회(PENTECOSTAL CHURCH OF GOD)

설립: 1919

교인: 90,030

교회: 1,158

연혁: 하나님의오순절교회는 1919년 12월 30일 시카고에서 미국의 오순절 성회로 조직되었다. 그 이름은 1922년 하나님의오순절교회로 변경하였으며 1934년 미국의 하나님의오순절교회, 법인으로 다시 변경하였다가 마침내 1979년 오순절 하나님의 교회가 되었다. 국제 본부는 일리노이스 시카고에서 아이오와 오텀와로 옮겼으며 1933년에 미주리의 캔사스시에서 마침내 1951년 미주리 조프린으로 옮겼다.

교회의 정치: 교회의 총회는 2년마다 모인다. 교단의 이사회에는 총감독과 총무와 세계 선교 감독, 그리고 국내 선교와 복음 전도 감독, 인디언 선교 감독이 있다. 교단은 복음주의협의회와 북미 오순절/은사교회들의 회원이다.

선교와 교육: 이 교단은 50개국에서 선교하고 있으며 지원하는 교육기관으로는 22개의 성경 학교, 57개의 훈련 센터, 51일 학교가 있으며 메신저 대학과 메신저 출판사 및 메신저 타워들이 있다. 교단의 정기 간행물은 〈The Pentecostal Messenger〉이다.

교리와 신앙: 삼위일체, 창세기에서 요한계시록까지 성경의 절대적인 무오를 가르친다. 구원, 신적 치유, 성령 세례(그 증거로 방언을 말함), 그리고 그리스도의 재림을 강조한다. 성례에는 물 세례와 성찬과 세족식이 있다.

쟁점에 대한 입장

낙태: 반대하며 임신 중절 합법화를 반대한다.

창조 대 진화: 창세기 1장 1절에 기록된 창조를 믿는다.

이혼과 재혼: 이혼과 재혼은 첫 구원 경험 이전의 것만 허용한다.

동성애: 교회는 동성애를 반대한다.

구원의 안전: 하나님께로부터 돌아설 수 있으며 지옥의 결과에 직면할 수 있다.

여성 사역: 여성도 목사로 안수 받을 수 있다.

본부: P. O. Box 850, Joplin, MO 64802

열린성경 표준교회 법인(OPEN BIBLE STANDARD CHURCHES, LNC)

설립: 1935

교인: 45,000

교회: 302

연혁: 1906년 아주사 거리 부흥 운동에 근거한 두 개의 부흥 운동의 연합이었다. 그 하나는 1919년 프레드 혼슈(Fred Hornshuh)에 의해 오리건 유진에 설립된 성경 표준 법인이고 다른 하나는 1932년 존 R. 리키(John R. Richey)에 의해 아이오와 데스 모니스에 설립된 열린성경 복음주의협회이다. 이 두 그룹은 교리와 구조에서 유사했으며 1935년 7월 26일 열린성경 표준교회로 합동하였다. 현재의 이름은 1975년에 채택되었다. 원래 이 그룹은 210명의 목사에서 합동으로 2,500명의 목사로 늘어났으며 40개국에 1,509개의 교회가 되었다.

교회의 정치: 최고의 통치 기구는 2년마다 모이는데 모든 목사들과 각 교회에서 100명당 한 명의 대표로 구성된다. 전국 이사회는 전국 지역회의에서 선출하며 조직의 사업을 관장한다. 교단은 복음주의협의회의 등

록 회원이며 북미 오순절/은사교회들의 회원이고 오순절 세계회의 회원이다.

선교와 교육: 1926년 첫 인도에 선교사를 파송한 이래 현재 이 교단은 아시아, 아프리카, 남미, 유럽, 캐나다, 멕시코, 중미, 그리고 캐리비안 섬들에서 사역하고 있다. 교육 기관으로는 오리건에 유진 성경 대학이 있다. 교단의 정기 간행물은 〈Message of the Open Bible〉이다.

교리와 신앙: 오순절 부흥, 단순한 신앙, 환상주의에서 자유, 복음 전도와 교회 간의 교제를 강조한다.

교리와 신앙: 근본주의적인 오순절이며 복음주의이다. 구별되는 점은 그리스도의 속죄에서 치유가 예비되었다고 믿는 것이다.

쟁점에 대한 입장

낙태: 어머니의 생명이 위험한 경우가 아니면 반대한다.

창조 대 진화: 창조론을 믿는다.

이혼과 재혼: 신자는 불신자와 결혼하지 말아야 하며 간음 이외에 이혼은 불가하다.

동성애: 성경은 동성애를 정죄한다. 그러나 교회는 동성애자를 치유하는 역할을 한다.

금하는 것: 술, 담배, 학대, 노름이다.

방언과 성령의 은사: 오순절 신앙이다.

여성 사역: 여성도 안수한다.

본부: 2020 Bell Ave., Des Moines, IA 50315

예언 하나님의 교회(CHURCH OF GOD OF PROPHECY)

설립: 1923

교인: 91,106

교회: 1,858

연혁: 예언 하나님의 교회는 A. J. 톰린슨(A. J. Tomlinson, 1865-1943)의 사역에서 생장하였다. 교회는 1886년 기독교 연합을 형성한 후 성결 운동에 영향을 받으면서 공적으로 하나님의 교회라는 이름을 채택하였다. 1923년 하나님의 교회가 분열한 후 예언이란 말을 더하였다. 톰린슨은 죽을 때 그의 아들 M. A.톰린슨이 총감독이 되었으며 그는 1990년까지 그 지위에 있었으며 사회, 인종, 정치적 다름에 제한 없는 교회의 연합을 강조하였다.

교회의 정치: 교회의 정치는 독립적인 조직이며 최고의 기관은 총회이다.

선교와 교육: 교회의 목적은 기도로 능력을 받고 교회를 개척하며 지도자를 훈련시켜 세상 모든 민족을 참된 제자로 삼아 교회의 머리이신 예수님을 영화롭게 하는 것이다. 교회의 사역에는 어린이집, 성경 교육 기관, 젊은이를 위한 캠프, 사역자들을 돕는 일 등이 있다.

교리와 신앙: 복음주의와 같다.

쟁점에 대한 입장

낙태: 교회는 낙태를 정죄한다.

창조 대 진화: 창조론을 믿는다.

구별된 점: 성찬 성례의 부분으로 세족식을 행한다.

금하는 것: 비밀 사회에 가입해서는 안 된다. 담배와 금지된 약물이나 술을 금한다.

구원의 안전: 안전은 다만 은혜와 주님의 지식에서 성장함에 달렸다.

방언과 성령의 다른 은사들: 성령 세례의 증거로 방언을 믿는다.

여성 사역: 여성도 설교 사역을 위해 안수 받는다.

본부: P. O. Box 2910, Cleveland, TN 37320-2910

엘림 교제(ELIM FELLOWSHIP)

설립: 1947

교인: 20,000

교회: 100

연혁: 엘림 교제는 1933년 교회, 목사, 그리고 선교사들의 비공식적인 교제로 시작되었다. 이 교제는 1924년 이반 스펜서(Ivan Spencer) 목사 부부에 의해 설립된 학교 엘림성경학원에서 훈련받은 개인들의 노력으로 발전하였다. 1947년에 엘림선교사성회를 법인화하였으며 현재의 이름은 1972년에 채택하였다.

교회의 정치: 교회의 정치는 회중제로 개교회의 자치제이다.

가입 단체: 재정적 책임을 위한 복음주의 카운슬, 복음주의협의회, 국제오순절협회, 북미 오순절교회들, 은사관계위원회, 북미 회복섬김위원회.

교리와 신앙: 복음주의이다. 구별되는 점은 1. 하나님의 백성 중에서 성적인 순결을 강조하며 2. 신적 치유는 예수 그리스도의 속죄의 근거로 행해진다. 정기 간행물로는 〈Elim Herald〉가 있다.

쟁점에 대한 입장

낙태: 강하게 반대한다.

이혼과 재혼: 사역자의 추천장을 위해서는 개인의 환경이 고려된다.

이혼한 사람의 회원이 되는 것은 지교회의 문제이다.

동성애: 동성애는 죄이며 회개해야만 한다.

기적: 오늘날도 발생한다.

구원의 안전: 그리스도의 지켜주시는 능력을 믿으나 한 번 구원 받은 사람은 항상 구원받았다는 철학을 주장하지 않는다.

여성 사역: 여성은 자격이 인정되나 항상 예외가 없는 것은 아니다.

본부: Elim Bible Institute, 7245 College St., Lima,, NY 14485

우리 주 예수 그리스도의 성경길교회,세계 법인(BIBLE WAY CHURCH OF OUR LORD JESUS CHRIST,WORD WIDE,INC.)

설립: 1957

교인: 300,000

교회: 350

연혁: 성경길교회는 주로 아프리칸-미국인 오순절교회들로 1957년에 형성되었다. 사도 스몰우드 에드몬드 윌리엄스(Smallwood edmond Williams)는 사도적 신앙 우리 주 예수 그리스도의 교회로부터 70여 교회를 이끌고 나와 세계성경길교회를 설립하였다. 교단은 27개 교구가 있으며 그 중에 6개는 미국 밖에 있다.

교회의 정치: 교단의 운영은 개인의 지도력보다 집단적인 지도 체제가 더 효과적이라며 선호한다. 감독 회의가 교회와 다양한 회의들을 주관한다. 총회는 해마다 7월에 개최된다.

선교와 교육: 교회의 사역으로 선교와 전도의 활성화를 위해 도시 주택 문제, 교육 및 경제적 발전에 관심을 집중한다. 간접 선교를 통한 전

도를 시도하고 있다.

교리와 신앙: 교단의 신학적 성향은 오순절주의 신앙이다. 침수의 세례와 중생을 위한 성령 세례의 필요성, 세족식이 있다.

본부: 261 Rochester Ave. Brooklyn, NY 11213

주 예수 그리스도의 성회(ASSEMBLY OF THE LORD JESUS CHRIST)

설립: 1952

교인: 알려지지 않음

교회: 413

연혁: 교단은 같은 신앙을 가진 교단과의 연합으로 형성되었다. 1952년 예수 그리스도의 성회와 하나님의 예수 그리스도 사도적 교회와 합동으로 주 예수 그리스도 성회란 이름을 채택하였다. 그 이름은 교리와 가르침에서 사도적이란 뜻이며 그들의 안내서가 성경이란 뜻이다. 교단은 북미에 420교회와 1500명의 강도권을 가진 목사들이 있다.

교회의 정치: 행정으로는 총감독과 세 명의 부감독들이 있다.

선교와 교육: 국제적인 조직으로는 20여 선교사들이 17개국에서 사역하고 있으며 북미와 남미, 그리고 아프리카에서 다양한 인종들이 이 교단에 가입하고 있다. 교단은 교육 기관으로 웨스트 버지니아에 퍼커스버그 성경대학과 테네시에 목사들의 멤피스 학교를 경영하고 있으며 미국 밖에서 8개국에서 선교를 지원한다. 역시 감옥 선교, 본토 미국인에 대한 사역, 미국 전역에 교회 건물 프로그램을 지원하고 있다.

교리와 신앙: 교리에서는 근본주의이지만 삼위일체의 하나님을 부인한다. 초대 교회에 있었던 양태론자들과 유사한 입장이다. 참된 한 분 하

나님이 자신을 구약 시대에는 다양한 방식으로 표명하셨다. 그리고 사람들 가운데서 걸으셨을 때에는 아들로, 승천 후에는 성령으로 나타내셨다. 세례는 예수의 이름으로만 베푼다. 회원들은 댄스에 참가하지 못하며 공립 학교에 진학하는 것까지도 금한다. 따라서 사립 성경 학교를 선호한다. 다른 구별된 가르침은 기독교인들은 무기를 소지하는 것을 제외하고는 모든 것에서 정부에 복종해야 한다.

본부: 875 North White Station Rd., Memphis, TN38122

하나님의 교회(테네시 클리블랜드)(CHURCH OF GOD, CLEVELAND, TENNESEE)

설립: 1886

교인: 1,067,106

교회: 6,666

연혁: 교단은 미국에 있는 오순절교회 중에서 가장 오래되었으며 1886년 테네시에서 기독교 연합으로 8명이 미미하게 시작했다. 그 목적은 초대 교회의 회복이며 성결 교리를 장려하고 모든 교단들을 연합하는 것이었다. 기독교 연합은 목사로 리처드 G. 스퍼링(R. G. Spuring, 1857-1953)을 선택하였으며 1896년 북캐롤라이나에 있는 다른 그룹이 연합하였다. 교회원들은 1896년 북캐롤라이나 캠프 크릭에서 평신도 W. F. 브라얀트의 사역 아래 처음으로 방언을 시작하였다. 처음에는 조직을 반대하였으나 환상주의를 막는 수단으로 최소한의 조직을 하기로 하였고 성결교회라는 이름을 채택하였다. 따라서 모든 교단이 함께 한다는 사명은 포기하였다.

1903년 미국 성서공회의 암브로스 J. 톰린슨(Ambrose J. Tomlinson,

1865-1943)이 성결교회에 가입하였다. 1909년 그는 총감독으로 선출되었으며 다음 해 교단은 〈The Church of God Evangel〉을 출간하기 시작했다. 교단이 오순절 관행을 받아들이면서 남부와 중서부에서 급성장하게 되었다. 그러나 1923년 교단은 톰린슨과 교회의 정치, 그리고 지도자의 권위 문제로 위기가 발생했으며 하나님의 교회(클리블랜드 테네시)는 톰린슨을 반대하고 리(F. J. Lee)를 감독으로 선출하였다.

교회의 정치: 교회의 직원은 2년마다 열리는 총회에서 선출한다. 교회의 행정은 총감독, 세 명의 부감독, 총무, 그리고 교회의 활동을 책임지는 18명의 국제이사회가 포함된다. 행정 부서로는 교육, 세계 전도, 교회 사역, 돌봄의 사역, 지원봉사 사역이 있다.

선교와 교육: 선교는 세계 168개국에서 하고 있으며 교육 기관으로는 테네시 클리블랜드에 하나님의 교회 신학교와 사역 학교가 있다. 교단의 정기 간행물로는 〈Church of God Evangel〉, 〈Church of God Deitorial Evanglia〉, 〈Save Our World; Ministry Profiles〉가 있다.

교리와 신앙: 중요한 교리는 특별히 오순절주의와 같으나 교리적인 진술보다 성경을 신뢰한다. 신적인 치유를 행하며 술과 담배의 사용을 정죄하고 비밀 사회에 가입을 금하며 세례와 성찬과 세족식을 행한다.

본부: P. O. Box 2430, Cleveland, TN 37320-2430

하나님의 불세례 성결교회(FIRE BAPTIZED HOLINESS CHURCH OF GOD)
설립: 1898
교인: 알려지지 않음
교회: 170

연혁: 교단은 1895년 윌리엄 에드워드 풀러 시니어(William Edward Fuller, Sr.)가 설립하였으며 1911년 오순절 성결교회와 합동하여 국제오순절성결교회를 형성하였다. 교단의 대부분의 회원은 아프리칸-미국인이다.

교회의 정치: 감독제이다. 5개 주회의로 구성된 총회에서는 2년 임기의 총회장과 1년 임기의 주 총회장을 선출한다. 여성을 설교자와 목사로 안수한다.

교리와 신앙: 기본적으로 복음주의와 오순절주의의 혼합이다. 유니테리안, 몰몬교, 이슬람, 심령술, 강신술자, 그리고 제7일 안식교 교리를 반대한다.

쟁점에 대한 입장: 그리스도의 눈에는 남성과 여성 사이에 구별이 없으며 초기 교회는 설교자와 목사로 여성을 안수했다고 한다.

본부: 901 Bishop William Edward Fuller, Sr. Highway, Greenville, S.C.

하나님의 사도 신앙선교교회(APOSTOLIC FAITH MISSION CHURCH OF GOD)

설립: 1906

교인: 9,120

교회: 18

연혁: 교단은 개신교의 작은 오순절 교단이며 로스앤젤레스 아주사 거리 부흥의 열매이다. H. W. 윌리엄즈는 로스앤젤레스 집회에서 윌리엄 시모어로부터 성령의 부어주시는 세례를 받았다. 남부로 돌아간 그는 초대 침례교회의 회원으로 개종하자 그 교회의 신자들은 그에게 집회소의 건물을 마련해 주었다. 1915년 윌리엄즈는 비삼위일체 견해를 택했

으며 공식적으로 시모어의 교회에서 분리하여 사도신앙선교교회를 설립하였다. 1915년 감독 윌리엄즈는 현재의 이름으로 교회를 법인화 하였다.

교회의 정치: 처음에 교단은 장로제를 선호하였으나 점차 감독제로 가고 있다. 교단은 목사를 감독으로 부른다.

선교와 교육: 1908년 5명의 선교사를 남아프리카에 파송하여 선교를 시작했으며 남아프리카에서 교단은 크게 성장하였다. 국제적으로 목사는 주로 네 개의 오순절파 신학교에서 교육을 받는다.

교리와 신앙: 복음적이며 오순절파의 예배와 특별히 신앙 치유를 강조한다. 성찬식에서 세족식이 포함된다.

쟁점에 대한 입장: 교회는 술, 마약, 담배를 금한다. 회원은 오직 구원받은 자와만 결혼한다. 다른 오순절파 교회처럼 성령 세례의 증거는 방언으로 말하는 것이라고 한다. 여성은 설교자로 안수된다.

본부: 806 Muscogee Rd, Cantonment, FL 32533

하나님의 사도 정복성교회, 법인 (APOSTOLIC OVERCOMING HOLY CHURCH OF GOD, INC)

설립: 1916

교인: 10,714

교회: 129

연혁: 교단은 예수 그리스도와 사도들의 터 위에 세워졌으며 그리스도가 시작한 일 - 하나님과 모든 사람들과 화해를 이루어야 한다 - 은 반드시 지속되어야 한다고 믿는다. 이 교단은 전에 감리교회의 신자였던 감

독 필립스(W. T. Phillip, 1893-1973)에 의해 앨라배마 모빌에서 1916년 설립되었다. 그는 하나님의 에디오피안 승리 거룩한 교회를 세웠는데 이 교회는 에노스 시대 이래로 존재하였으며 기독교가 아비시니아에서 존재했다고 알려진 때였다고 주장한다. 에디오피안은 후에 사도로 변경했다. 예배는 일반적으로 감정적 표현이 강하며 참여자들은 방언을 하고 황홀한 댄스를 한다.

교회의 정치: 감독제이며 개교회들은 교구 감독들에 의해 통치된다.

선교와 교육: 미국의 22개 주와 서부 인도, 하이티, 그리고 아프리카에서 사역 중이다.

교리와 신앙: 복음주의와 다른 점은 삼위일체를 부인한다.

금하는 것: 불신자와 결혼, 어리석은 말을 하는 것, 농담이나 속어를 하는 것이다.

쟁점에 대한 입장: 여성의 목회 사역을 위해 안수한다. 인간의 하나님께 대한 도덕적인 책임과 하나님의 말씀에 반대되지 않는 한 정부에 순종한다.

본부: 2257 St. Stephens Road, Mobile, Alabama 36617

회중 성결교회(CONGREGATIONAL HOLINESS CHURCH)

설립: 1921

교인: 18,000

교회: 250

연혁: 교단은 두 개의 운동 - 웨슬리안 성결 부흥, 20세기 초 오순절 운동 - 에 그 뿌리를 두고 있다. 조지아에서 지속해 온 신적 치유의 문제에

대한 논쟁은 평행선을 달리게 되었는데 신적 치유를 믿는 어떤 교회들은 의사에게 가는 일은 반드시 피해야 한다고 느꼈다. 그러나 다른 교회들은 신적 치유를 믿지만 의학도 하나님이 예비하신 것이기 때문에 치유를 한다고 믿었다. 이런 논쟁은 극에 달하면서 의학도 하나님이 치유하시는 방식이라고 믿는 왓슨 소로와 휴 보우링은 교단을 떠나 1921년 1월 29일 회중 성결교회를 설립하였다.

교회의 정치: 회중제이며 목사는 청빙하는 교회의 회중들의 투표로 선출한다.

가입 단체: 복음주의협의회, 세계오순절교제, 북미오순절/은사적교회들, 국제오순절성결교회

교리와 신앙: 복음주의 오순절 교단이다. 구별된 점은 성화는 구원에 따라오는 명확한 은혜의 역사라고 한다. 교단의 정기 간행물로는 〈The Gospel Messenger〉가 있다.

쟁점에 대한 입장:

낙태: 생명은 임신의 시작부터 존재하므로 반대한다.

사형: 성경에 따라 찬성한다.

창조 대 진화: 창조론을 믿으며 진화론은 배격한다.

이혼과 재혼: 이중 결혼에 관계된 사람이 강도권을 얻으려면 마 19:9에 따라 자격을 갖춰야 한다.

동성애: 동성애자는 교회 회원 자격이 없다.

금하는 것: 어느 형태의 담배나 비밀 서약의 단체에 가입을 금한다.

구원의 안전: 끝까지 충성된 자는 영원한 구속이 있다.

방언과 성령의 은사들: 방언으로 말하는 것이 성령 세례의 증거이다.

여성 사역: 여성은 안수 받을 수 있다.

본부: 3888 Fayettteville Highway, Griffin, GA 30223

오순절 교단 참고 자료: www.fcfcmi.org, Craig D. Atwood, Frank S. Mead, Samuel S. Hill, Ed., Op.cit., Eileen W. Lindner, 2007 Yearbook, www.iaogi.org, https://en.wikipedia.org/wiki/ Independent Assembly of God, International, Ron Rhodes, Op.cit., www.vineyard.org, Http://wikipedia.org/wiki/ Vineyard Churches International, www.upci.org, Shelley Steig, Understanding Protestant Churches of North America, www.ag.org, Drew Blankman & Todd Augustine, Op.cit., www.cogic.org,www.ccna.org, https://en.wikipedia.org/wiki/ International Fellowship of Christian Assemblies, www.awcf.org, https://en.wikipedia.org/wiki/ Apostolic World Christian Fellowship, www.foursquar.org, www.thearda.com. intenantional data, www.upci.org, www.pcg.org, www.openbible.org, www.cogop.org, https://en.wikipedia.org/wiki / Church of God of Prophecy, Elim.edu, www. biblewauchurch.org, en.wikipedia.org/ wiki/Assembly of The Lord Jesus Christ, www. fbhchurch.org, httpd://en,Wikipedia.org/wiki/Fire Baptist Holiness Church, http://en.wikipedia.org/wiki/ Apostolic Faith Mission Church of God, Wikipedia, www. aoh church.com, www. chchurch.com.

13. 재림론자와 안식일 엄수주의자 교회(ADVENTIST AND SABATARIAN CHURCHES)

(1) 개요 및 역사

교회의 역사는 중세의 한 기간을 제외하고는 그리스도의 재림이 강조되지 않았던 때는 없었다. 특별히 초대 교회에서 강조되었던 재림의 기대는 18세기와 19세기에 다시 강조되었다. 이는 시대적인 상황과 무관하지 않을 것이다. 초대 교회는 몬타니즘(Montanism, 150-175)으로 혼란을 겪었는데 이들은 하늘의 예루살렘이 브르기아의 페푸자(Pepuza of Phrygia)에 도래함으로 새로운 시대가 시작된다고 예언하였다. 예수 그리스도가 문자적으로 지상에 즉각적으로 재림하신다는 신앙은 초대 교회의 교부들에 의해 천년 왕국과 요한계시록과 연관되어 폭넓게 주장되었다. 교부들 중에는 폴리갑, 이그나티우스, 파피아스, 허마스, 순교자 저스틴이 여기에 포함된다.[91]

초대 교회에서 문제가 되었던 몬타니즘(Donatism)과 도나티즘(Donatism)의 즉각적인 재림 사상은 거의 1000년까지 지속되었다. 즉각적인 그리스도의 재림 사상은 그 후에도 피로리스 조아킴에 의해 13세기에 재생되었으며 14세기 후스파와 재세례파에 의해서 옹호되었다. 영국에서 존 내피어(John Napier), 조셉 메디(Joseph Mede), 아이작 뉴턴(Isaac Newton), 그리고 독일에서 경건주의자들과 캠펜기우스 비트링가(Campengius Vitringa), J. A. 벵겔이 재림론자의 견해를 주장하였다. 18세기와 19세기에는 론스도르프파(Ronsdorf), 퀘이커파, 어빙파와 몰몬

---

91 George Thomas Kurian, Ed., *Nelson's Dictionary of Christianity*, 8.

과 같은 분파에서 주장되었다. 그리고 미국에서는 그리스도가 1843년과 1844에 재림하신다고 가르친 윌리엄 밀러(William Miller, 1782-1849)에 의해 시발되었다.[92]

밀러는 1812년 퇴역 군인이었는데 1816년 2차 각성 운동 때 회의적인 이신론자에서 복음주의 기독교로 개종하였다. 밀러는 대감독 우서(Usher, 1581-1656)의 유명한 연대기가 포함된 성경을 사용해서 다니엘서와 요한계시록의 예언을 집중적으로 연구하였다. 그리고 처음에 뉴욕의 드레스덴에서 그리스도의 즉각적인 재림을 선포했다. 그는 성경 예언의 상징적 날은 1년에 해당한다는 일반적인 해석을 받아들였다. 그는 다니엘서 8:14의 2,300일과 예루살렘을 중건하고 회복하라고 명령한 해가 주전 457년을 가리킨다고 주장하는데 다니엘서 9장의 일흔 이레와 더불어 시작하였다. 밀러는 2,300일은 유대인이 인정하는 계산으로 대략 1843년으로 끝날 것으로 믿었다. 밀러는 다니엘서 8:14에서 언급된 성소는 재림 때 불로 청결케 될 그 지구(혹은 교회)이며 그 청결은 1843년 3월 21일과 1844년 3월 21일에 일어날 것이라고 생각했다. 그는 그리스도의 즉각적인 재림과 지상에 낙원이 이루어진다는 확신 속에 강연의 여정을 시작했다. 그는 종말 예언을 읽는 데 도움을 주는 차트와 연대기를 사용하였으며 모든 노력은 1884년 주님의 재림에 초점을 맞췄다. 미국에서는 5만에서 10만 명의 사람들이 밀러의 계산을 받아들이고 큰 날을 내다 보면서 세상이 깨끗해지고 의인이 그리스도를 만날 것을 믿게 되었다.[93]

많은 개종자로 형성된 밀러 그룹은 전천년 회의를 개최하고 〈한밤

---

92 J. G. G. Norman, "Adventists", In Gen. Ed., The International Dictionary of The Christian Church, 15.
93 Frank S. Mead, Samuel S. Hill, Craig D. Atwood, Ed., *Handbook of Denominations in the United Stakes*, 231.

소리〉(The Midnight Cry) 신문을 시작하였다. 그러나 그가 예언한 1844년의 재림이 이루어지지 않자 밀러는 후에 다른 날짜를 제시했으나 역시 재림은 이루어지지 않았고 분열이 발생하였다. 밀러의 견해를 따랐던 재림주의 그룹에서 가장 큰 두 파는 재림기독교인들 혹은 재림기독교회와 제7일 재림주의자로 분열하였다. 전자는 1844년의 재림 날짜의 결정은 재림 날짜의 계산에 잘못이 있었다고 보고 재림 일자를 1853년으로 정했다. 그러나 그 날도 재림이 없이 지나가자 전자는 분리된 채 그대로 남아서 1861년 11월 6일 매사추세츠 윌채스터에서 재림기독교협회를 결성하였다.

제7일 재림주의자들의 분리된 교단은 1844년 10월 22일의 실망 후에 시작되었다. 이 그룹은 그 오류는 햇수에 있는 것이 아니라 예언한 사건의 본질에 있다고 하였다. 히람 에드슨(Hiram Edson)의 지도 아래 이 그룹은 다니엘의 예언은 지상을 정결케 하는 것을 가리키는 것이 아니라 1844년에 하늘의 성소를 청결케 하는 것이라고 주장하였다. 거기서 인류를 위한 하나님의 계획의 명확한 변경이 발생하였다고 보았다. 재림파에 가입하기 전에는 제7일 침례 교인이었던 프레스턴(Rachel D. Preston)여사는 모세의 십계명을 면밀하게 연구하였다. 그 그룹은 그들이 쉬고 예배하는 날로 일요일보다는 금요일 해질 때부터 토요일 해질 때까지 구약의 안식일을 지키기 시작하였다. 이 그룹은 잉글랜드 주에 크게 한정되어 있었으나 1855년 본부를 미시간의 배틀크릭으로 옮겼다. 그리고 1863년 5월에 제7일 재림론자의 이름을 채용하였으며 공식적인 교단을 형성하였다.[94]

---

94 "Adventism" in Ed., Jerald C. Brauer, The Westminster Dictionary of Church History, 9-10.

밀러의 재림 날짜의 예언이 빗나갔음에도 오늘날 재림교회들은 밀러의 신학에 빚지고 있으며 그 동의하는 내용을 정리하면 다음과 같다.

1. 현 세계는 불로 파괴될 것이고 새로운 지구가 창조될 것이다.

2. 예수 그리스도는 두 번의 재림을 하실 것인데 볼 수 있게 인간의 모습으로 오실 것이다.

3. 그리스도의 재림은 임박했다.

4. 그리스도의 천년 통치에 참여의 조건은 회개와 믿음, 그리고 경건과 깨어있는 삶이다.

5. 두 번의 부활이 있을 것이다. 그리스도의 재림 때 신자의 부활과 천년 왕국 후에 불신자의 부활이다.

6. 세상을 떠난 신자들은 그리스도의 재림 때에 나타날 영원한 왕국의 마지막 축복 때까지 혼과 영으로 낙원에 들어가지 않는다.

위의 믿음은 모든 재림론자들이 동의하지만 그럼에도 동의하지 않는 부분들이 있다.

1. 악자는 지옥에서 영원히 고통을 받는가 아니면 멸절되는가?
2. 죽은 자는 의식이 있는가 혹은 없는가?
3. 안식일은 첫째 날인가 혹은 일곱째 날인가? [95]

미국에서 재림파에 속한 교단으로는 Advent Christian Church General Conference, Branch Davidiance, Christadelphians, Church of

---

95　Ron Rhodes, *The Complete Guide to Christian Denominations*, 23-24.

God (Seventh Day), Church of God and Satint of Christ, Church of God General Conference, Grace Communion International (Originally The Worldwide Church of God), Jehovah's Witnesses, Philadelpha Church of God, Seventh-Day Adventist Church, United Churh of God 이다.

(2) 재림론자와 안식일 엄수주의자 교회 교단

국제 은혜 교제(GRACE COMMUNION INTERNATIONAL(ORININALLY THE WORLDWIDE CHURCH OF GOD)

설립: 1934

교인: 43,000

연혁: 원래 이 교회는 세계하나님의교회였다. 그 교회는 1934년 라디오 방송 사역자 허버트 암스트롱(Hervert W. Armstrong, 1892-1986)에 의해 오리건의 유진에서 시작되었다. 원래의 목적은 세계에 예수 그리스도의 복음을 선포하고 회원들을 영적으로 성장케 하는 데 도움을 주기 위함이었다. 암스트롱의 교리와 성경의 해석은 그의 라디오 방송과 텔레비전 프로그램을 통해서 전국적으로 확산되었으며 무상 잡지인 〈평범한 진리〉(The Plain Truth)를 그의 방송 청취자들을 위해 출간하였다. 그는 1968년 캘리포니아 패서디나에 앰배서더 대학을 설립했으며 그곳은 교회의 본부가 되었다. 교회는 1964년부터 1974년까지 급성장하였으나 70년대에 다양한 문제들이 돌출되면서 마침내 와해되고 말았다. 암스트롱 별세 후에 조셉 테이커 시니어(Joseph W. Taker, Sr.)가 후계자가 되었다. 그러나 회원 12,000명이 교회를 떠났다. 테이커와 지도자들은 암스트롱의 교리와 가르침을 면밀히 평가하면서 성경적이 아님을 발견하고 그의 가르침을 배격하게 되었다. 마침내 복음주의적인 교리와 신앙으로 선회

하게 되었고 복음주의연합회에 가입하였다.

따라서 암스트롱의 주님의 고난 혹은 예수 그리스도의 유월절, 안식일을 예배일로 지키며 7개의 연중 성일을 지켰다. 또 어떤 부정한 고기는 먹지 않고 핼러윈, 부활절, 크리스마스는 이교도의 것으로 배격했던 관행은 포기되었다. 그리고 2009년에 현재의 이름인 국제 은혜 교제로 변경하였다. 본부는 캘리포니아 패서디나에서 북캐롤라이나 샬럿으로 옮겼다.

교회의 정치: 교회의 조직은 국외와 미국으로 구분되며 개교회는 지방의 감독 목사의 감독을 받으며 개교회는 담임 목사가 이끈다.

선교와 교육: 교회는 예수 그리스도를 통하여 성령에 의해 우리의 목사와 교인들이 모든 수단을 동원하여 좋은 소식을 선포하려고 힘쓴다고 한다. 독립 미디어 비영리 사역에서 〈평범한 진리〉를 출간하며 온라인 사역을 제공한다. 그리고 잡지로 〈Christian Odyssey〉와 비디오 프로그램이 있다.

교리와 신앙: 이 교회는 그 정체성으로 하나님의 사랑과 예수 그리스도의 은혜, 그리고 성령의 교제를 강조한다. 교회는 신앙의 진술이 있는데 이를 요약하면 성경, 삼위일체, 예수 그리스도, 성령, 죄와 구원, 성례, 종말로 모두 복음주의와 같다.

본부: P.O. Box 5005, Glendora, CA 91740

그리스도형제교회(CHRISTADELPHIANS)

설립: 1844

교인: 약 15,000

교회: 170

연혁: 교단은 이단이며 반(Anti) 삼위일체파로 1848년 존 토마스(John Thomas)에 의해 설립되었다. 분파는 미국과 영국에 있는데 그 교회들은 에클레시아로 알려졌으며 성직자가 없는 민주적인 조직이다. 이들의 대부분의 교리는 영국 지도자 로버트 로버츠(Robert Roberts)에 의해 영향을 받았는데 성경만이 유일한 권위임을 받아들인다고 하지만 성경에서 크게 벗어났다. 그리스도의 임박한 재림을 믿으나 삼위일체, 영혼의 불멸, 예수 그리스도의 신성, 십자가를 통한 구속을 모두 부인한다.

본부: 1000 Mohawk Dr., Elgin, IL60120-3148

제7일 재림교회(안식교회)(SEVENTH-DAY ADVENTIST CHURCH)

설립: 1845

교인: 1,004,419

교회: 4,958

연혁: 윌리엄 밀러(William Miller, 1782-1849)는 농부였는데 성경의 열정적인 연구자가 되었다. 그는 특별히 다니엘서와 요한 계시록을 연구하였으며 그리스도는 에스라가 주전 457년 예루살렘으로 돌아온 후 2,300년(단 8:14)에 지상에 재림하실 것이라는 확신을 갖게 되었다. 수천 명의 사람들이 그의 생각을 받아들였고 그리스도의 재림을 준비하였다. 그러나 그의 예언인 1843년과 1844년에도 주님은 재림하시지 않았으며 밀러의 추종자들은 교회들로부터 박해를 받게 되자 1860년 재림 교단을 형성하였다.

히람 에드슨(Hiram Edson)은 1834년 혹은 1844년에 주님이 재림하시지 않은 것을 예수님은 지상의 성전이 아니라 하늘의 성전으로 재림하셨다고 해석하였다. 몇몇의 재림 교단들이 있었는데 그들 대부분의 믿음은 안식의 정확한 날이 안식일(토요일)이며, 즉각적인 재림 및 죽음과 부활 사이에 영혼은 잠을 잔다는 것이었다(Earle E. Cairns, Christianity Through the Centuries, 422-423).

엘렌 지 화이트(Ellen G. White, 1827-1915)는 1844년 초 워싱턴 근처 뉴햄프셔에 재림의 적은 그룹으로 제7일에 안식일을 지키기 시작하였으며 밀러 대신에 재림론자들의 지도자가 되었다. 그때 조셉 베이츠가 쓴 소책자는 안식일 문제를 전국에 확장시키고 관심을 일으키는 데 성공적이었다. 그는 제임스 와이트, 엘렌 하몬, 히람 에디슨, 프레델릭 윌러, 그리고 S. W. 로디스(Rhodes)와 함께 규칙적인 출판을 통해서 재림의 임박함과 더불어 제7일 안식의 지도자들이 되었다.

그들은 1850년대에 미시간의 배틀 크릭에 본부를 세웠으며 주간지로 〈Review and Herald〉를 출간하였다. 1860년 제7일 재림교회의 이름을 공식적으로 채택하였다. 그리고 1903년에 그 본부를 워싱턴 D.C.로 옮겼으며 현재는 매릴랜드의 실버 스프링에 있다. 제7일 재림교회는 전 세계적으로 1,700만여 명이며 미국에서 100만 명이 넘는다.

교회의 정치: 교회의 정치는 장로제이며 최고 회의는 총회이다. 사역자로 여성은 안수 받을 수 있다.

선교와 교육: 교단은 건강과 건강 관리를 강조하는데 이는 구원의 방편으로서가 아니라 모든 삶에서 하나님을 영화롭게 하는 일부로 한다. 교단은 60개의 출판사를 소유하고 있으며 나라마다 라디오와 텔레비전 방송을 한다. 교단은 글로벌 위성 방식으로 24시간 호프 채널로 방송하고 있다.

재림 발전부와 구조대를 통해서 우물을 파고 어린이 돌봄과 영양을 위해 어머니들을 교육하며 농부들을 자급자족하도록 도와주고 면역 결핍 증에 걸린 환자들을 위해 사역하고 있다. 미국에서 외국어 그룹들은 해외에서 교세 확장에 크게 활용되고 있다. 교단은 앤드류(J. N. Andrews)를 유럽의 첫 선교사로 파송하였다. 교단은 세계적으로 초등학교와 중등학교 체제를 갖추고 있으며 168개의 병원과 세계적으로 600개의 보건소가 있다. 교단은 캘리포니아에 로마린다 (Loma Linda) 대학교를 운영하는데 이 학교는 연구와 건강 관리로 유명하다.

교리와 신앙: 근래에 안식교회는 과거 교리의 집착에서 복음주의로 선회하고 있다. 삼위일체의 하나님, 예수 그리스도, 성령에서 복음적이나 성령의 은사 중에 예언의 은사를 강조하며 그 지도자 엘렌 지 화이트가 주장하는 증거된 환상과 하늘로부터 메시지를 받는다는 것을 믿는다. 그녀의 작품은 교회원들에게 권위가 있는데 특별히 하늘의 일들에 관해서 그렇다.

복음주의 교단과 구별된 점: 십계명의 제4계명은 변할 수 없는 율법이므로 지금도 7째 날인 토요일이 정확한 예배일이다. 신자든 불신자든 죽은 자는 주님이 재림하시는 순간까지는 무의식 상태로 있다. 조건적인 불멸, 종말론에서 1844년에 예수님은 하늘 성소에 있는 지성소로 옮기셨으며 심판의 사역을 시작하셨다고 한다. 재림의 심판 때 불의한 자는 지옥에서 영원히 고통을 당하는 것이 아니라 불못에서 멸망한다. 존재가 없이 멸절된다고 한다. 엘렌 지 화이트의 작품에서 예언의 영이 증명되었다고 한다. 이는 어떤 면에서 계시의 지속성을 주장하는 셈이다. 따라서 안식교는 아직까지는 완전한 복음주의 교단으로 인정 받기는 이른 것 같다.

본부: 12501 Old Columbia Pike, Silver Spring, MD 20904-6600

하나님의교회, 제7일(CHURCH OF GOD, SEVENTH DAY)

설립: 1863

교인: 11,000

교회: 185

연혁: 교단은 기독교인은 안식일을 지켜야만 한다고 믿으나 엘렌 하만 화이트의 환상은 배격한다. 이 그룹은 1858년 다른 안식일 성수 재림론자들로부터 분립하였다. 반(Anti) 화이트 안식일 성수의 소수로 1860년 아이오와에서 조직되었는데 1863년 미시간 분파가 합동하였다. 교단의 이름을 다양하게 사용해오다가 1884년 그 이름에 제7일을 더했다. 1933년 교단은 교회 정치와 행정의 문제로 분열하여 두 그룹이 되었다. 1949년 다시 합동하였으며 본부를 콜로라도 덴버로 옮겼다. 그러나 합동하지 않은 본부는 살렘에 있다.

선교와 교육: 덴버에 있는 전국 조직은 스프링 발레(Vale) 아카데미와 미시간의 고등학교, 그리고 덴버에 있는 서미트(Summit) 신학교를 지원하고 있다.

교회의 정치: 성경적인 조직을 주장하는데 이는 교회의 조직에서 수 7, 12, 그리고 70을 특별히 존중한다. 하나님의 교회(제7일)은 참된 교회라고 한다.

교리와 신앙: 그리스도의 통치와 악자의 멸절, 세례와 성찬, 그리고 세족식이 있다.

본부: P. O. Box33677, Denver, CO 80233

재림기독교회총회(ADVENT CHRISTIAN CHURCH GENERAL CONFERENCE)

설립: 1860

교인: 23,629

교회: 294

연혁: 교단은 기존 교단 사상에 실망하여 1845년에 재조직된 재림주의자의 주요 그룹 중에서 생장한 한 분파이다. 이들은 신학적, 성경적, 그리고 조직적 사상을 위한 근거를 형성한 그리스도의 재림에 대한 윌리엄 밀러의 설교와 가르침에 의해 설립되었다. 이들은 엘렌 하몬 화이트(Ellen Harmon White)의 예언을 배격하며 권위있는 가르침의 유일한 원천은 오직 성경임을 받아들인다. 이들은 공식적인 교리적 진술을 가지지 않으나 원리들의 선언이 있다. 두 개의 성례로 세례와 성찬이 있으며 예배는 안식일보다는 주의 첫 날 주일에 드린다.

교회의 정치: 정치는 회중제이며 미국과 캐나다에서 교회는 5개 구역으로 조직되었다. 총회는 매 3년마다 열린다.

선교와 교육: 선교 사역으로는 도시 선교, 교회 성장, 기독교 교육, 출판, 행정, 여성 사역, 공중 관계 사역이 있으며 해외 선교로는 일본, 멕시코, 인도, 나이지리아, 남아프리카, 필리핀, 그리고 말라야에서 사역하고 있다. 교단은 1860년 첫 총회를 개최하면서 뒤이어 출판사, 선교회, 그리고 교육을 위해 오로라(Aurora) 대학교를 설립하였다.

교리와 신앙: 교단은 조건적인 불멸을 가르치는데 이는 오직 구속받은 자만이 영생을 받는다는 것이다. 죽은 자는 무의식 상태로 부활을 기다린다. 그리스도가 재림하실 때 모든 사람은 부활하여 마지막 심판에 직면할 것이다. 의인에게는 불멸이 주어지나 악자는 멸절되고 지옥의 영원한 고통은 없다. 마지막 심판과 악자의 멸망 후에 그리스도가 지구를

회복하실 것이며 의인을 위한 영원한 본향을 만드실 것이다. 우리는 재림일을 정하지 말아야 한다. 적합한 예배일과 쉬는 날은 일요일이며 주님의 부활일이다.

본부: P. O. Box 23152, Charlotte, NC 28227

하나님의 교회와 그리스도의 성도교회(CHURCH OF GOD AND SAINTS OF CHRIST)

설립: 1896

교인: 40,000

교회: 200

연혁: 교단은 구약의 율법을 문자적으로 해석하고 그에 따라 살려고 한다. 따라서 종종 그들은 기독교 이스라엘파 혹은 흑인 유대인으로 불리기도 한다. 물론 이들은 역사적 유대주의와 직접적인 연관은 없다. 또 재림교회와 직접적인 연관성이 없지만 구약의 율법을 존중하고 그대로 지키려고 한 점에서 공유하는 것들이 있다.

교단은 매릴랜드에서 노예 부모를 둔 윌리엄 선더스 크라우디(Wiliam Saunders Crowdy, 1847-1908)가 시작하였다. 그는 연방군에서 복무 후 오클라호마 거트리 부근에 농장 구입 후 침례교회에서 활동하였다. 어느 날 환상을 보고 음성을 들은 후 교회의 이름을 하나님의 교회와 그리스도의 성도라 하였다. 그는 거리와 마을에서 설교하다가 1896년 캔사스의 로렌스에서 그의 교회를 공적으로 조직하였다. 현재 교단의 교회는 중서부의 여러 도시와 동부의 미국, 그리고 아프리카에 6개, 큐바와 서부 인도에 각각 1개가 있다.

교회의 정치: 행정적인 감독이 교회의 수장이며 감독들의 머리이다.

따라서 정치는 감독제이다.

선교와 교육: 교단은 교회와 사업을 중시한다. 크라우디는 교회와 더불어 몇몇의 사업체를 설립했다. 따라서 교회는 개인적인 기업과 사업을 신앙생활의 표지로 본다.

교리와 신앙: 교리와 신앙은 그가 환상에서 받은 일곱 열쇠들에서 언급되었다. 그 첫째는 교단의 이름으로 하나님의 교회와 그리스도의 성도(고전 1:1-2), 죄의 회개, 신앙의 고백 위에 물 속으로 장사되는 세례, 무교병과 그리스도의 몸과 피를 위한 물(마 26:26-28), 장로들에 의한 세족, 계명들에 순종, 거룩한 입 맞춤(요 20:22), 주님의 기도이다. 역시 이들은 둘째 열쇠로 포도주를 마시는 것은 하나님의 교회에서 영원히 금지되었다(레 10:9-10). 교단은 유대인의 숫자와 절기를 축하한다. 신자들은 그 교회가 유대인 전통의 족장과 선지자 위에 세워졌으며 십계명이 만인을 위한 행위의 표준이라고 믿는다.

독특한 점: 이들은 계절에 따라 주일에 특별한 옷을 입는다.

본부: 100 South Mulberry Street, Hagerstown, MD 21740

하나님의 교회 총회(CHURCH OF GOD GENERAL CONFERENCE)

설립: 1921

교인: 7,634

교회: 162

연혁: 교단은 1847년 영국의 이민자들이 미국에 도착하면서 다양한 독립 그룹들로 있었으나 신학에서는 일반적으로 재림론자의 것을 공유하고 있었다. 1888년 이들은 필라델피아에서 전국 조직을 하였으나 강한

회중의 권리와 권위의 주장 때문에 전국조직은 그 기능을 하지 못했다. 현재의 총회는 1921년 아이오와 워털루에서 형성되었다.

　교회의 정치: 교회의 정치는 회중제이며 총회는 상호 협력과 발전을 위한 기구로 존재한다.

　선교와 교육: 총회는 목사의 양성을 위한 애틀란타 성경대학을 지원하며, 출판부와 전도부, 그리고 그리스도의 재림을 위한 준비로 청소년 사역, 선교, 그리고 복음 전도를 장려하는 발전 부서를 지원한다. 외국 선교로는 인도, 멕시코, 필리핀, 말라위, 모잠비크, 영국, 그리고 페루에 선교소를 두고 있다.

　교리와 신앙: 성경이 최고의 문자적인 신앙의 표준이다. 그리스도가 재림하시면 지상에 문자적인 하나님 나라가 설립될 것이다. 그러나 하나님은 절대적인 한 분을 가리키며 하나님의 아들로서 그리스도는 예수님의 탄생 전에 존재하지 않았다고 한다. 성령은 그리스도의 재림 때까지 지상에서 하나님의 능력이요 영향력이다. 다른 재림론자 교회들처럼 영혼의 불멸을 부인하며 의인은 지상에서 그들의 보상을 받게 되고 악인은 둘째 죽음으로 완전히 멸절한다. 따라서 다분히 이단적인 요소들을 지닌 교단이다.

　본부: P. O. Box 100, Morrow, GA 30260-7000

하나님의 필라델피아 교회(PHILADELPHIA CHURCH OF GOD)

설립: 1989(1934)

교인: 5,000

교회: 100

연혁: 교단은 1980년 세계하나님의교회가 전통적인 복음주의로 선회한 후 허버트 암스트롱의 가르침에 헌신하여 남은 그룹 중에서 가장 큰 교회이다. 교단은 조지 플러리(George flurry)가 1989년에 조직하였으며 『시대의 신비』라는 책에 개요된 암스트롱의 가르침에 집착한다.

암스트롱은 필라델피아 교회가 요한계시록 3:7-13에 기록된 대로 참된 교회라고 믿었으며 플러리는 그의 그룹에 그 이름을 채택하였다. 이들은 암스트롱의 교리와 신앙, 그리고 관행을 그대로 답습하여 의학적인 치료까지도 금한다. 그러나 이 교회도 분열하였는데 그들 중에 몇몇의 목사들이 이탈하여 하나님의연합교회를 설립하였다. 교단은 텔레비전과 라디오 방송 사역을 지속하며 잡지와 책들을 출판하고 있다. 암스트롱의 죽음 후에 분열한 파로 하나님의 글로벌교회, 하나님의 살아있는 교회(1998), 하나님의 연합교회(1995), 하나님의 회복교회(1998)가 있는데 그 중에서 하나님의 연합교회가 가장 크다.

본부: P. O. Box 37000, Edomond, OK 73083

재림교회와 안식일 엄수교회 참고 자료: www.adventchristian.org Ron Rhodes, Op.cit., www.adventist.org, Drew Blankman & Todd Augustine, Op.cit., 112, G. Land, "Seventh-Day Adventists," In Ed., Daniel G. Reid, Robert D. Linder, Bruce L. Shelley, Harry S. Stout, Ed., Dictionary of Christianity in America,1076, George Thomas Kurian, Ed., Nelson's Dictionary of Christianity,107, 154, of God and Saints of Christ, www.graceci.org, https://en.wikipedia.org/wilki/ Grace Communion International, Frank S. Mead, Samuel S. Hill, Craig D. Atwood, Op.cit., www.pcog.org

14. 프랜드(퀘이커)교회(FRIENDS (QUAKER) CHURCH)

(1) 개요 및 역사

프랜드파는 1650년 영국에서 시작된 자유로운 신앙 운동으로, 소수였음에도 서구 사회에 지속적이고도 깊은 영향을 끼쳤다. 이들은 모든 사람은 내적 광명을 소유했으므로 하나님께 순종하고 예수 그리스도의 성품을 반영할 수 있다고 믿었다. 그리고 그 내적 광명의 소유 때문에 제도적인 교회를 부인하였으며 목사나 신부, 예배 의식이나 성례까지도 불필요한 것으로 보았다. 이들은 삶에서 평화, 단순성, 동등성, 도덕적 순결, 그리고 정직을 강조했으며 노예 제도를 반대하고 박애 사업에 힘썼다. 따라서 프랜드파는 그들의 도덕적이고 정직한 삶에도 불구하고 제도적인 교회와 직제 모두를 부인하였으므로 로마 교회나 영국 교회로부터 박해를 받을 수밖에 없었다.

퀘이커교회는 17세기 영국에서 신비적 설교가 조지 폭스(George Fox, 1625-1691)에 의해 시작되었다. 그의 증언에 따르면 진정한 기독교 신앙을 추구하는 수년 동안 영적 투쟁을 했다고 한다. 그는 영국 전역을 여행하면서 신부들과 종교 지도자와 대화하였으며 날마다 성경을 탐구했으나 그가 소망의 미광을 찾았을 때 더 이상 해답 찾기를 포기하였다. 그는 그때를 상기하기를 "사람에게서 나의 모든 소망이 사라졌을 때 그래서 외적으로 나를 돕는 자가 없었고 또 무엇을 해야 할지도 말할 수 없었다. 그런데 내 상태를 말해줄 수 있는 한 분 곧 그리스도가 계시다는 음성을 들었다. 내가 그 말을 들었을 때 내 마음은 기쁨으로 뛸 것 같았다." 폭스는 그리스도와 그의 직접적인 경험을 통해서 하나님께서 내적 광명 혹은 내적 음성의 선물을 각자에게 주신다고 믿게 되었다. 각자의 마음은 하나님의 제단이며 성전이다. 사람이 해야하는 것은 하나님을 기다리는 것이며 하나님은 신실한 추구자의 마음에 말씀하실 것이다. 어떻게 사람이 그 내적 광명(하나님은 순종을 원하심)에 의존하는가에 따라서 그들은 더 많은 빛을 받을 수 있다. 폭스의 중요한 메시지는 "그리스도는 여기 우리 가운데 계시며 만일 우리가 그것을 받아들인다면 그는 직접 우리 마음을 가르치실 것이다"라는 것이었다. 폭스의 믿음은 각 개인은 그들 주변에 있는 자들과 그의 추종자들 간에 서로 영향을 주는 내적 광명이 있다는 것이었다. 따라서 매우 섬김 지향적이 되었고 노예 제도에 강력하게 반대하였다(노예마다 내적 광명이 있기 때문에 그들은 다른 사람과 동등하다).[96]

폭스와 그의 추종자들은 국교의 예배에 참여하지 않았으며 연설과 집회와 예배의 자유를 주장하였다. 그들은 법정에서 맹세하지 않았으며 전쟁에 나가지 않았고 노예 제도를 정죄하고 죄수들이나 정신적인 질병으로 시달리는 사람들을 학대하는 것을 정죄하였다. 그들이 채용한 이름은 요한복음 15:14에 제자들에게 하신 예수님의 말씀에 근거하였다. "너희는 내가 명하는 대로 행하면 곧 나의 친구라." 따라서 이들은 스스로를 진리의 자녀들, 빛의 자녀들, 그리고 진리의 친구들로 불렀다. 그런데 국가와 교회로부터 모두 반대와 박해를 받게 되면서 폭스는 법정에 소환되었을 때 판사가 그를 퀘이커(떠는 자)라고 불렀고 그 말이 그 운동의 이름이 되었다. 프랜드파에 대한 박해로 폭스 자신이 6년간 감옥 생활을 했으며 1650년부터 1689년까지 3천 명 이상이 양심 때문에 고문을 당했고 300-400명이 감옥에서 죽었다. 박해에도 불구하고 이 그룹은 성

---

96 Ron Rhodes, *The Complete Guide to Christian Denominations*, 158.

장하였으며 1652년 프랜드의 종교 공동체가 설립되었다. 1691년 폭스가 죽었을 때 퀘이커는 5만 명 이상이었다. [97]

(2) 프랜드파의 신앙과 관행

내적 광명의 교리는 궁극적으로 계시는 성경에 더 이상 제한되지 않는 것을 의미하는 것이었다. 성경은 가치가 있지만 성경의 말씀은 하나님의 최종적이며 결정적인 것으로 취해서는 안 된다. 새 계시들은 사도 시대처럼 오늘날에도 올 수 있다. 결국 성경을 쓴 사람들은 성령의 능력 아래서 썼다. 같은 성령께서 오늘날 우리를 통해서 역사 하시기 때문에 계시는 오늘날도 지속될 수 있다. 우리가 성경을 읽을 때에도 우리는 성경에 대한 우리의 이해로 우리를 인도할 수 있도록 성경을 쓴 성령님을 의지해야 한다. 따라서 폭스는 그의 세대 사람들이 제1세기 사도들이 했던 것과 똑같은 사역을 할 수 있다고 믿었다. 다시 말해서 가르침, 예언, 그리고 치유와 같은 모든 것은 성령의 같은 능력 아래 있으며 매우 중요하다고 생각했다. 왜냐하면 그는 이 모든 것이 교회가 제도화되면서 상실되었다고 믿었기 때문이다. 모든 사람 안에 내적 광명의 임재 때문에 폭스는 모든 신자의 사역을 믿었으며 신부나 감독의 성직이 필요하지 않고 하나님과 우리 사이에 중보자도 필요하지 않았다. 각자는 직접 예수님께 나아갈 수 있고 한 분만 - 예수 그리스도 - 이 각 개인의 형편에 대해 말씀하실 수 있다. 그리고 우리 모두가 그리스도에게 가까이 갈 수 있기 때문에 우리 모두 - 남자와 여자 - 는 다른 사람을 섬길 수 있다고 하

---

[97] Frank S. Mead, Samuel S. Hill, Craig D. Atwood, Ed., *Handbook of Denominations in the United States*, 144.

였다.

폭스는 새로운 종파나 교단을 세울 의사가 없었다. 그의 목적은 단지 그의 시대의 교회들이 신약의 가르침으로 돌아가는 것이 필요하다고 설득하는 것이었다. 그러나 1667년 폭스를 따르던 사람들의 한 그룹이 모여서 달과 계절, 그리고 연례의 모임 체제로 조직했다(지역 회중은 예배를 위해 주마다 모였고, 사업을 위해서는 한 달에 한 번 모였다).

폭스는 그의 추종자들에게 지속적으로 세속에 오염되지 말 것과 매일의 삶에서 단순함이 그의 메시지의 일부가 되었다. 그는 사람들이 가발이나 보석으로 치장하지 않은 단순한 복장의 옷을 입어야 한다고 믿었다. 퀘이커들은 영국 교회의 형식과 예배 의식에 대한 반동으로 예배에는 프로그램이 없었다. 내적 광명을 믿는 것 때문에 교회 회원은 전형적으로 조용히 앉아 있었으며 성령께서 누구에게 말씀하고 기도하고 노래하라고 알려 주시기를 기다렸다. 이런 퀘이커파의 신앙과 관행들은 영국 교회나 로마 교회 모두가 관용할 수 있는 것이 아니었다. 따라서 퀘이커파는 점점 더 박해를 받을 수밖에 없었으며 자연히 신앙의 자유를 위해 영국을 떠날 수밖에 없게 되었다.

(3) 미국에서 퀘이커파 설립

퀘이커들은 1600년 중반에 미국으로 발길을 돌렸다. 1656년 앤 어스틴(1665년에 사망)과 매리 피셔(Mary Fisher, 1623-98)가 발바도스로부터 매사추세츠에 도착하였다. 그러나 그들은 마녀로 고발되기도 하고 추방되기도 하였으며 마침내 보스턴에서 네 명의 친구는 교수형을 당했다. 이런 박해는 1689년 관용의 법이 통과될 때까지 지속되었다.

식민지에서 프랜드 운동에 방편이 되었던 인물은 윌리엄 펜(William

Penn, 1644-1718)이었다. 펜은 1667년 퀘이커로 개종했다. 1681년 그는 찰스 2세(CHARLES II) 왕은 그의 아버지에게 진 빚의 대가로 펜에게 펜실베이니아를 주었다. 펜은 펜실베이니아를 그의 식민지로 만들어 모든 사람에게 종교적인 자유를 허용했으며 퀘이커의 원리들을 그의 식민지 정부의 경영에 적용했다. 이것이 미국헌법에서 완전한 종교적인 자유로 가는 길목에 이정표가 되었다. 박해가 약화되면서 프랜드 신자들은 18세기 사업과 농사로 정착하였으며 많은 사람들이 번창하였다. 집회소와 공동체 생활이 잘 조직이 되었으며 긴밀한 가족의 유대를 유지하였다. 퀘이커의 박애 사업은 증가되었으며 칭송을 받았다. 이들은 감옥의 사업을 효과적으로 수행했으며 학교들은 학생들의 수와 출석이 증가되었다. 그러나 퀘이커파는 1756년 샤우니와 델아워 사람들을 대항하는 전쟁을 치르기 위한 세금의 문제로 1756년 펜실베이니아 주의회의 통제를 잃고 말았다.

1691-1827년은 퀘이커파가 신비적인 정적주의와 복음 전도로 그들의 신앙과 사역의 방향을 돌린 시기였다. 이런 변화는 웨슬리안 운동과 에드워즈의 부흥의 역할이 컸다고 할 수 있는데 이런 운동들은 하나님의 능력으로 초래되는 종교적인 경험의 실재를 강조하였다. 퀘이커들은 18세기 말에 중세와 로마 가톨릭의 신비주의와 묵상에 대해 관심을 갖게 되었으며 그 결과 퀘이커의 정적주의가 형성되었다. 그 영향으로 외부보다는 내적으로 엄격한 징계나 훈련을 실시하게 되었으며 참으로 특별한 사람들이 되었다. 훈련이 그들의 개인과 가정과 협력체의 모든 영역에 미치게 하였다. 침묵의 집회는 특별히 동료들의 고통과 고난에 민감하게 하였고 그런 고난을 경감시키는 것이 자신들의 책임이라고 보게 되었다. 그리고 그런 박애의 정신은 많은 사회적인 개혁에 관심을 갖게 하

였다. 그리고 그런 정적주의는 복음 전도에 관심을 갖게 하였으며 그들의 신앙이나 교리에서 성경의 완전 영감과 성경의 절대 권위, 인간의 완전 부패, 그리스도의 인격과 사역, 개인의 종교적 경험의 필요와 같은 교리를 강조하게 되었다. 초기 퀘이커들은 역사적 사건에 대한 성경의 기록은 단지 상징적인 의미를 가진다고 생각했다. 그러나 복음주의자들은 개신교의 전통을 따랐고 그것들을 구원론적 사건으로 받아들였다. 따라서 1806년 필라델피아 연회에서 그리스도의 신성의 부인이나 성경의 권위를 부인하는 것은 제명으로 징계하기로 하였다. 그러나 이것은 역사적 퀘이커주의에서 급진적인 변화였으므로 심각한 논쟁을 피할 수 없었다. 그 결과 몇 개의 분파가 생기게 되었다.

1) 엘리아스 힉스(Elias Hicks, 1748-1830)는 그 회의를 지배한 장로들을 공격하였는데 소위 감리교 부흥사적 방식의 모형을 따른 복음주의 운동, 주일 학교의 조직, 성서 공회 등은 힉스가 보기에는 원래의 퀘이커의 원리들로부터 이탈이었다. 그는 자유주의 신학에 물든 인물로 삼위일체, 아담의 죄와 죄과의 전가 및 그리스도의 의의 전가도 부인했다. 그는 내적 광명이나 그 밖에 성경을 포함하는 어떤 외적인 방편을 통한 종교적 경험은 필수적이 아닌 것으로 배격하였다. 그는 정통 퀘이커 아래서 분리하여 1827년 프랜드의 종교회를 조직하였다. 다른 분열이 발생했는데 영국의 퀘이커 조셉 거니(Joseph John Gurney, 1788- 1846)는 복음주의와 교의적인 권위주의의 신봉자로 런던 집회로부터 추천서를 가지고 미국을 방문한 후에 퀘이커파는 점차적으로 목사직, 성경에 대한 새로운 접근의 시도, 새로운 교리적 진술을 채택하고 세례까지 소개하기 시작하였다. 이로 인해 미국의 퀘이커파는 세 그룹으로 나뉘게 되었다.

1. 보수적인 프랜드파(Wilburites)

2. 일반협의회(Hicksities), 극단적인 좌파를 형성함
3. 중간 입장을 취하면서 가장 큰 지체인 프랜드의 5년 모임이다.[98]

따라서 프랜드파 안에는 신학적으로 다양한 형태가 공존할 수밖에 없었다.

19세기에 접어들면서 부흥 운동의 영향으로 미국에 있는 대부분의 프랜드파는 초기의 정적주의를 포기하였으며 많은 프랜드파 교인들이 복음 전도와 세계 선교 운동에서 다른 기독교인들과 함께 하게 되었다. 독립적으로 다양한 정통 연례 모임은 멕시코, 쿠바, 자마이카, 그리고 팔레스틴에서 복음 전도, 교육, 그리고 경제적 발전에 대한 강조를 결합한 선교를 시작하였다.

오늘날 퀘이커파는 좌편으로는 그리스도의 십자가로부터 내적 광명을 분리한 것처럼 보여지는 신비주의를 반대하며 우편으로는 세례와 성찬을 축하하기 위한 외적 의식의 사용을 반대한다. 프랜드파는 전통적으로 세례와 성찬은 순수하게 내적이며 영적으로 본다.[99]

프랜드(퀘이커)파는 그 전 역사를 통하여 개혁을 위한 박애주의에 예민하게 반응해 왔으며 영국의 프랜드파 운동은 반노예 운동과 법률 제정 및 감옥의 개혁에서 주도적 역할을 하였다. 미국의 프랜드파 역시 안토니 베니젯(Anthony Benezet)과 존 울맨(John Woolman) 같은 유명한 인물들은 노예를 반대하는 개혁에 크게 기여하였다.

현재 미국에는 112,000의 퀘이커 회원들이 있는데 신학적으로 다양하며 복음주의 프랜드 연맹에는 25,500명의 회원이 있다. 이 연맹의 회

---

98 F. E. Mayer, *The Religious Bodies of America*, 413-415.
99 Frank S. Mead, Samuel S. Hill, Craig D. Atwood., Ed., Ibid., 145.

중에는 목사가 있으며 신학적으로 보수적인 복음주의이다. 이들은 예배에서 음악을 사용하며 설교가 있다. 프랜드 일반협회는 자유주의파로 17,400 회원이 있으며 예배 모임은 일반적으로 침묵하며 사례하는 지도자나 준비된 메시지가 없다.

프랜드 연합 모임은 대체로 신학적으로 말하자면 주류 개신교에 일치한다. 미국 회원은 43,400이다. 대부분의 회중은 목사들이다. 어떤 연회 모임에서는 프랜드 연합 모임과 프랜드 일반 협회의 이중 회원제를 수용한다. 이들의 연합 연회 모임은 17,400이다. 다른 6,700명의 미국 퀘이커들은 이런 주류 퀘이커파에 소속하지 않은 신자들이다. 보수적인 퀘이커파는 가장 작은 그룹으로 1,670명으로 구성되었다. 이들은 윌버리트파의 남은 자들로 구메노파나 구독일 침례 교인들의 자세와 속성을 함께 하고 있다. 이 모든 그룹을 합하면 미국에 대략 1,000명이 있다.[100]

(4) 프랜드(퀘이커)교회 교단

프랜드 총회(FRIENDS GENERAL CONFERENCE)

설립: 1900

교인: 34,000

교회: 650

연혁: 프랜드 총회는 1900년에 설립되었으며 네 개의 이전 회의들에서 성장했다. 첫째날 학교 총회(1868년 설립), 프랜드 자선 노동 조합(1881년 설립), 프랜드 종교협의회(1893년 설립), 프랜드 교육협의회(1894년 설립)이다. 총회는 프랜드 종교협의회의 한 지체라고 할 수 있는데 그 자체의 프

---

100 Daniel G. Reid, Robert D. Linder, Bruce L. Shelley, Ed., *Dictionary of Christianity in America*, 456.

로그램을 가지고 가입을 원하는 모든 프랜드 신자들에게 열려 있다.

교회의 정치: 이 총회는 14개의 자치적인 하나의 협의회이며 연회와 7개월마다 모임이 있다. 그러나 이 협회는 회원 교회를 다스리는 권위가 없다. 현재의 협의회는 170명의 프랜드들로 구성된 중앙위원회에 의해 다스려진다. 프랜드 총회는 가입한 교회들과 그들의 회원들의 영적 생활을 양육하고 증진시키는 봉사 기관이다. 가장 잘 알려진 연회는 1500-2,000명의 퀘이커 신자들이 북미 전역에서 모인다. 총회 사무실은 펜실베이니아에 있다. 20001년 총회는 연회에 가입 회원은 대략 33,000명이다.

선교와 교육: 총회는 프랜드와 다른 구도자들을 위한 잡지 〈프랜드 저널〉(Friends Journal)을 지원하며 다양한 신앙 교육을 위한 자료들을 출판하고 있다. 총회는 퀘이커 공동체의 경험과 증진을 위해 교육과 영적 자료들을 준비하여 가입 회원 교회에 공급한다.

교리와 신앙: 퀘이커파는 공식적인 신조와 믿음을 거부하며 각자는 반드시 기도하면서 인도하심을 구해야 하고 동료에 대한 하나님의 인도하심을 따라야 한다. 그러나 1995년 총회에서 우리의 경험이라는 3가지 내용을 들었는데

1. 신앙은 하나님에 대한 직접적인 경험에 근거한다.
2. 우리의 삶은 이 경험을 개인적으로나 단체적으로 증거한다.
3. 각 개인의 하나님에 대한 응답에 의해서 우리는 포괄적인 공동체를 세우고 유지한다.

이들의 모임은 프로그램이 없으며 예배자는 침묵으로 만나며 한 사람이나 혹은 더 많은 사람이 성령의 말씀하심에 따른다. 따라서 성경은 다른 교단과 다르게 덜 신뢰한다.

하나님: 강조되는 것은 하나님의 직접 경험이다.

예수 그리스도: 예수 그리스도에 대한 믿음은 광범하다.

성령: 성령은 순종, 그리스도의 빛, 하나님의 영, 혹은 내적 광명으로 말한다.

성례: 교단은 외적인 성례를 행하지 않는데 이는 은혜의 방편으로 보지 않기 때문이다. 잡지로는 〈Newsletter〉, 〈Fgconnection〉, 〈Friends Journal〉이 있다.

쟁점에 대한 입장

산아 제한: 개인에게 맡긴다.

사형 제도: 사형을 반대한다.

동성애: 동성애자는 예배에 환영되며 어떤 월례 모임에서는 동성의 결혼식을 거행한다.

금하는 것: 프랜드 교회는 군 복무를 하지 않으며 맹세를 금한다.

여성 사역: 시작부터 여성 사역을 해오고 있다.

본부: 1216 Arch St,#2B,Philadelphia, PA 29170

프랜드연합회(FRIENDS UNITED MEETING)

설립: 1902

교인: 41,297

교회: 436

연혁: 프랜드연합회의 시작은 프랜드 그룹들의 대표들이 인디애나의 리치몬드(Richmond)에서 1887년에 소집된 한 모임이었다. 그리고 1902년에 5년 모임으로 형성된 프랜드연합회의 목적은 선교, 기독교 교육,

그리고 주일 학교 교재의 출판으로 퀘이커 증인들을 도우며 그들의 지도력 발전을 위함이었다. 1963년 그 5년 모임은 3년의 모임으로 하기로 하고 그 이름을 현재의 프랜드연합회로 하였다. 교단은 북미에 43,000 회원과 동 아프리카에 120,000명의 회원이 있다.

교회의 정치: 5년마다 모이는 연합 모임과 지역 월례 모임 및 보다 넓은 지방의 연례 모임이 있다. 그러나 5년 연합모임은 지교회와 지방의 교회를 지원하지만 다스리는 권위는 없다. 개교회 자치적이라고 할 수 있다.

기관 가입: 미국 교회협의회 및 세계교회협의회 회원이다.

선교와 교육: 교단은 그 대표자의 모임에서 선교, 복음 전도, 기독교 교육, 그리고 성경 학교가 필요함을 인식하게 하였으며 이를 위해 함께 책임을 진다(2000년). 프랜드 연합 모임의 국제적인 사역은 팔레스틴, 그리고 캐리비안에서 의학, 교육, 어린이 봉사를 하고 있는데 케냐의 나이로비에 있는 프랜드 신학대학을 통해서 목회자를 훈련하는 사역과 겸하여 하고 있다. 이 교단의 정기 간행물로는 〈Quaker Life〉가 있다.

교리와 신앙

성경: 모든 성경은 하나님에 의해 영감되었으며 기독교인들을 구속하는 신적 권위가 있다. 성경은 그것을 영감하신 같은 성령님에 의존해서 읽어야 한다. 성경은 하나님의 유일한 계시가 아니다. 내적 광명을 통해 사람은 오늘날 지속적인 계시를 받는다. 다만 내적 광명을 통한 모든 계시는 성경을 반대하는지 점검해야 한다. 왜냐하면 성령님은 결코 사람을 그가 영감하신 말씀에 모순되게 어떤 것을 믿도록 인도하시지 않기 때문이다. 하나님, 예수 그리스도, 성령과 종말론은 복음주의와 같다.

죄와 구원: 인류는 죄로 타락했으며 그로 인해 창조 때 영적 생명을 상

실하였으나 그 죄는 인류에게 전가되지 않았다. 이는 사람이 개인적으로 하나님의 법을 범하고 그 도덕적 결과를 이해할 때까지는 특정한 사람에게 전가되지 않는다는 뜻이다. 예배의 1/5은 순서가 없다. 교회 회원들은 누군가가 말하고 노래하며 또는 기도할 수 있도록 하나님께서 영감 주시기를 기다린다. 남은 예배는 프로그램이 있는데 목사가 설교하고 가르치고 목회하는 데 사용한다.

성례: 교단은 외적인 의식이나 성례를 행하지 않는다. 내적인 자세가 외적 의식보다 훨씬 더 중요하다.

구별되는 점: 프랜드 연합 모임은 평화를 사랑하는 교단이다. 그러나 군 복무는 각 개인의 양심의 문제다.

쟁점에 대한 입장

낙태: 의견이 다양하다.

산아 제한: 양심의 자유이다.

창조 대 진화: 하나님은 창조하시고 지속적으로 돌보신다.

이혼과 재혼: 결혼의 신성함을 단언하나 이혼과 재혼은 허용한다. 성적인 취향에 대해서도 차별하지 않는다.

동성애: 결혼은 한 남자와 한 여자가 한다. 세속 사회는 그들의 성적 성향에 대해서 차별하지 말아야 한다.

방언과 성령의 다른 은사: 성경에 기록된 성령의 은사들을 인정한다. 침묵의 예배에서는 예언의 은사를 사용한다. 방언에 대해서는 논란이 있다. 회중 안에 개인적으로 방언을 하는 이들이 있다. 또 기도에서 방언을 하기도 하나 공적인 예배에서는 드물다. 여성은 목사가 될 수 있다.

본부: 101 Quaker Hill Dr., Richmond, IN 47374: Phone; (765)962-7573; Fax: (765)966-1293

프랜드 종교 협회(THE RELIGIOUS SOCIETY OF FRIENDS)

설립: 1904

교인: 1,500

교회: 알려지지 않음

연혁: 프랜드 종교 협회(보수)는 1904년 프랜드파 사이에서 발생한 몇 번의 분열의 결과로 시작되었다. 영국에서 프랜드파의 지도자 조셉 거니(Joseph John Gureny, 1788-1847)는 퀘이커들에게 성경의 권위를 포함하는 복음주의 신앙에 영향을 주었다. 한편 뉴욕의 프랜드파 지도자 엘리아스 힉스(Elias Hicks, 1748-1830)는 내적 광명을 강조하는 퀘이커와 모순된다며 거니의 복음주의를 반대하였다. 이 사건은 거니의 복음적 지도를 따르는 자들과의 사이에 1827년 분열을 낳게 하였다.

1837년 거니가 영국에서 미국으로 자리를 옮겨오자 거니의 추종자(성경의 권위를 강조하는)와 내적 광명에 강조점을 둔 로드 아일랜드의 프랜드파의 지도자 존 윌버(John Wilbur, 1774-1856)에게 충성했던 사람들 사이에서 분열이 발생했다. 윌버는 성경의 권위를 부인하지 않았으나 그는 거니가 성령으로부터의 즉각적인 직접 계시를 위한 신조를 바꾸려는 의도가 있다고 생각했다. 윌버의 전통적인 퀘이커주의를 추종한 사람들은 프랜드 종교 협회가 되었다. 이들은 전통적인 프랜드파의 신앙을 지속하고 유지하기를 택했기 때문에 보수라고 부른다.

교회의 정치: 다른 프랜드파와 다르지 않다. 이들은 연례 모임이 있으나 지역의 교회들을 구속하는 권위는 없다.

교리와 신앙: 이 교단에는 신학적 다양성이 존재하고 있어서 대표가 될 수 있는 신학적인 신앙에 관한 언급이 없다. 교단은 경험을 강조한다. 교회의 예배 방식은 다른 퀘이커파와 같다.

쟁점에 대한 입장: 이들은 성경과도 같은 계시의 지속성을 믿으며 내적 광명의 교리를 믿기 때문에 목회자나 설교자의 필요성을 인정하지 않는다.

본부: 1216 Arch St., 2B, Philadelphia, PA19107; Phone;(215)561-1700; E-mail: friends @fgcquaker.org

국제 복음주의 프랜드 교회(EVANGELICAL FRIENDS INTERNATIONAL)

설립: 1990

교인: 42,219

교회: 296(2002년)

연혁: 복음주의프랜드연맹(The Evangelical Alliance)은 1965년에 형성된 복음주의 프랜드교회들의 조직으로 네 개의 독립적인 퀘이커 그룹의 협회가 포함되어 있었다. 그것들은 복음프랜드교회(동부 지역), 록키산맥 프랜드연례회의, 중미프랜드연례모임, 그리고 북서프랜드모임이었다. 이 네 그룹들은 프랜드파에서 가장 보수적이었다. 연맹은 교단적인 연합과 복음을 강조하기 위해 설립되었다. 따라서 이들은 복음을 강조했던 거니(Joseph John Gurney)를 추종하는 경향이 있다. 1990년 이 연맹은 국제적인 복음주의 프랜드교회가 되기 위해 공식적으로 재조직되었다.

교회의 정치: 지교회의 정치는 회중제이다. 그러나 교단적 차원에서 정치는 연계적이다.

선교와 교육: 교단은 부흥주의 방식을 채택했으며 훈련받지 않고 사례받지 않는 퀘이커 체제 대신에 1892년 기독교 사역자 훈련 학교로 월

터와 엠멜론(Walter, Emmalone)에 의해 설립된 오하이오 캔턴에 있는 멜런대학을 지원하고 있다. 따라서 이 조직은 이제 아프리카, 아시아, 유럽, 그리고 라틴 아메리카로 확산되었다. 이들은 다른 복음주의 단체들과 협력하는데 주된 관심은 모든 민족으로 제자를 삼으라는 대위임(마 28:19)이다. 교단의 잡지로는 〈The Friends Voice〉가 있다.

교리와 신앙: 교단은 신학적으로 보수주의이다. 영감된 하나님의 말씀의 성경, 삼위일체의 하나님, 예수님의 양성, 십자가 대속과 죄와 구원 및 부활 승천을 믿는다. 타락한 자들은 그들이 구원을 잃어버릴 수 있다. 주일 예배는 순서가 없으며 성경 읽기, 찬양, 그리고 목사에 의한 설교가 있다.

성례: 교회 회원들은 세례와 성찬의 외적 예식의 준수나 비준수에 자유가 있다. 성령의 세례는 물 세례보다 더 중요한데 이 세례는 신자가 그의 삶을 복종할 때 생긴다.

종말: 전천년론을 따르나 교회 회원은 종말론으로 구별하지 않는다.

쟁점에 대한 입장

낙태: 낳지 않은 생명을 취하는 것은 생명의 가치를 값싸게 만드는 것이며 사라지게 하는 것이다.

사형 제도: 임신 중절의 합법화나 사형 제도의 합법화를 반대한다. 다만 살인자의 행위가 살해된 자에게 극악한 경우에 사형은 적법하게 행해져야 하며 그 사람의 죽음을 미화하지 말아야 한다.

창조 대 진화: 하나님은 창조자, 구속자, 유지자, 그리고 오시는 왕이시다.

이혼과 재혼: 하나님은 이혼을 미워하신다. 재혼에 대해서는 교단의 목사들 간에 견해가 다양하다.

동성애: 동성애는 죄이며 선택이지 부모로부터 물려 받는 것은 아니다.

방언과 성령의 다른 은사: 많은 프랜드 교인들은 방언을 한다. 그러나 공적인 예배에서는 일반적으로 행해지지 않는다.

여성 사역: 사역에서 성적인 차이는 없다. 1600년 시작부터 사역과 지도력에 여성이 포함되었다.

본부: 5350 Broadmoor Cir. NW, Canton, OH 44709; Phone; (330)493-1660; Fax: (330)493-0852; E-mail: efcer@aol.com

프랜드 교단 참고 자료: Website:www.fgcquaker.org, Ron Rhodes, Op.cit., Frank S. Mead, Samuel S. Hill, Craig D. Atwood, Ed., Op.cit., Shelly Steig,Op.cit., Eeeleen W. Lindner, 2007 Yearbook, www.fum.org, www. Quakerhill books. org, www.quaker.org/ friends,www.evangelical-friends.org, Daniel G. Ried, Robert D. Linder, Bruce L. Shelley, Harry S. Stout, Ed., Op.cit., 411.

15. 메노나이트교회와 재세례자교회(MENNONITE AND ANABAPTIST CHURCHES)

(1) 개요 및 역사

메노나이트교회 회원들은 그들의 생활 양식으로 쉽게 구분할 수 있다. 그들은 경건하게 사는 것이 큰 관심사이며 이는 세속 사회로부터 불러냄을 받았다는 믿음의 결과이다. 물론 메노나이트파의 모든 회원들이 세속 사회에 관여하지 않고 조용히 살기를 원하는 것은 아니다. 현대의 어떤 메노파 회원들은 주류 사회와 더 밀착되어 있다. 그리고 이런 경향은 메노파 내에서도 서로 다른 교단 형성의 원인이 되었다. 그럼에도 모든 메노파는 그들의 비폭력 전통을 유지하고 있다.[101]

메노파는 종교 개혁 기간에 스위스와 네델란드에서 시작되었다. 그들은 스위스의 개혁자 울리히 츠빙글리(Ulrich Zwingli, 1484-1531)의 교훈을 벗어난 1520년대의 급진적인 개혁 운동에서 비롯되었다. 이런 급진적인 개혁자들-취리히의 콘라드 그레벨(Konrad Grebel), 바바리아의 한스 덴크(Hans Denck), 그리고 독일의 발타자르 후브마이어(Balthasar Hubmier)-은 몇 가지 문제에서 츠빙글리와 의견을 달리했는데 그 중에서 가장 큰 것은 유아 세례였다. 츠빙글리는 유아 세례를 허용했으나 급진적인 개혁자들은 성인 신자의 세례만을 주장하였다. 그들은 만일 누군가가 로마 가톨릭에서 세례를 받았다면 적합한 세례로 재세례를 받는 것이 필요하다고 생각했다. 그들은 교회와 국가의 연합에 대한 츠빙글리의 관대한 입장에 동의하지 않았다. 제세례파는 재세례에 대한 강조 때

---

101 Ron Rhodes, *The Complete Guide to Christian Denominations*, 237.

문에 다시 세례를 받는다는 아나뱁티제인이라는 헬라어에 따라 재세례자 (Anabaptists)로 알려지게 되었다. 그들의 사상 때문에 그들은 로마 가톨릭은 물론 개신교에서까지 비판과 박해를 받게 되었다. 그들은 로마 가톨릭이 아니란 이유로 가톨릭으로부터 박해를 받았고 츠빙글리를 반대 한다는 이유로 개신교에서 반대를 받았으며 교회와 국가의 분리를 주장한다는 이유로 국가로부터 적대를 받았다. 이들은 이단과 폭동으로 고발된 후 박해와 순교를 하게 되었는데 역사적인 기록에 의하면 1500명의 재세례자들이 이런 혼란기에 순교하였다.

재세례자들의 사상은 그들의 그룹만큼이나 다양하다. 그러나 그 대표적인 인물들 - 콘라드 그레벨의 1524년 9월 서신, 그의 루터에 대한 친분, 칼 슈타트, 토마스 뮌처 등 - 의 공적인 핵심 교리는 아래와 같다.

1. 중요한 권위로서 성경
2. 기념과 신자 간에 사랑의 표지로서 성례
3. 교회의 권징을 위한 모형으로 마태복음(마 18:15-18)
4. 개인적인 신앙을 따른 세례로 이는 성례보다 그 표지를 더 좋아한다.
5. 아이들은 그리스도의 구속 사역에 의해 구원받았다.
6. 폭력의 무기는 그리스도인 중에서 있을 곳이 없다.
7. 교회는 고난 받는 교회로 불린다.

이상의 요점들은 1527년 슈라이 타임에서 형제의 연합에 대한 초안에 재세례자들이 동의한 것이다.[102]

---

102 C. J. Dyck, Anabaptist Tradition and Vision, in Dictionary of Christianity in America, 58.

재세례자들은 위와 같은 건전하고 정통적인 교리를 가지고 있었음에도 후에 선지자로 자처한 급진적인 뮌스터의 천년론자들의 과격한 폭력으로 인해 크게 신뢰를 상실하고 말았다.

따라서 네덜란드에서는 그 지도권이 메노 시몬즈(Menno Simons, 1496-1561)에게로 이양되었다. 메노는 성경을 연구함으로써 이전에 믿었던 어떤 것들이 잘못임을 믿게 되었다. 그는 성경이 신자의 세례를 말하는 곳에서마다 유아 세례에 대한 말씀은 그 어디에도 없다고 생각했다. 또 성찬에 사용되는 떡과 포도주가 로마 가톨릭의 가르침처럼 그리스도의 실제 살과 피가 아닌 것을 알게 되었다. 메노는 성경을 통해서 그리스도인들은 서로 간에 자원을 나누며, 단순하게 살고, 가난한 자와 과부를 돌아보며, 모든 환경에서 폭력을 거부하는 것임을 믿게 되었다. 그는 재세례자의 견해를 포용한 후 1536년 로마 가톨릭교회의 사제권을 포기했다. 그리고 형제파의 지도권을 맡았는데 그 이름은 네덜란드에서 재세례자의 이름에 붙어 있는 오명을 제거하기 위해 채택한 네덜란드의 재세례파의 이름이었다. 그가 죽은 후에 형제파는 메노파로 알려졌으며 마침내 1676년 자유를 얻게 되었다.

메노파의 기본적인 신학적 신앙은 1632년에 작성 도르트리히트 신앙고백(The Dordrecht Confession)에 근거하였다. 재세례자들의 신앙은 다양한 그룹 간에 약간씩 차이가 있으나 어떤 중점적인 것은 같다. 이들은 신앙은 성경에 대한 신자의 권리라고 주장했다. 이들의 공통적인 신앙은 성경은 신앙과 관행의 마지막이며 무오한 규범이다. 다수는 성경을 문자적으로 해석했다. 그들은 순수한 교회는 구원받지 못한 사람들이 있는 국가 교회보다 중생한 자들의 자유로운 협회라고 믿었다. 이들은 신자의 세례를 믿었으며 처음에는 물을 붓는 세례를 행했으나 후에는 침수로 세례를 주었다. 유아 세례는 반대하고 인정하지 않았으므로 그 세례를 받은 자에게 재세례자의 이름으로 다시 세례를 주었다. 대부분은 교회와 국가의 온전한 분리를 주장했으며, 국가 교회와는 상관이 없다고 주장하였다. 주로 마이클 새틀러가 쓴 슐라이타임 신앙 고백(1527)은 대부분의 재세례자들의 중요한 사상을 표현한 것이다. 어떤 사람들은 평화주의에 기울고 다른 사람들은 법정에서 맹세를 반대하며 공무원으로 일하는 것을 반대하였다. 어떤 사람들은 군복무를 반대했다. 특별히 노동과 농사에 종사했던 사람들은 다른 종교 개혁자들과 접촉이 없었다. 그 결과 어떤 사람들은 그들의 무지 때문에 성경을 문자적으로만 해석했고 신비주의나 지나친 천년 왕국에 빠지기도 했다. 후에 이들의 자유 교회의 개념은 분리주의 청교도와 침례교, 그리고 퀘이커파에 영향을 주었다.[103]

메노파는 여러 지역으로 확산되었으며 소련에서 슈튼디스토파, 침례교, 메노파, 그리고 파스-코프파 등 복음주의적인 개신교파들은 모두 부흥파 독일의 경건주의에 영향을 받았다. 1914년 소련에 살고 있는 메노파(스위스 아미쉬와 후트레이트파)는 10만 명에 달했다. 대카더린의 통치 때 연방에 있는 재세례자에서 기원된 독일 메노파가 프러시아와 스위스로부터 러시아로 이민하였다. 그러나 그 이민자들은 정부가 그들에게 군복무를 요구했기 때문에 러시아를 떠나야 한다는 생각을 하고 있었다. 하지만 1789년과 1803년에 러시아가 제시하는 남부 러시아 땅에 대한 이점을 취하기로 결정하였다. 러시아에는 다양한 메노 형제파(The Kleeine Gemeide, The Kirchliche, The Krimmer)들이 있다. 이 형제파들은

---

103 Earle E. Cairns, *Christianity Through the Centuries*, 307-308.

자치적인 농토 식민지를 형성했으며 자체의 학교와 회중 정치와 행정력을 가진 교회들을 유지하였다. 또 독일어를 썼으며 메노파의 전통적인 신앙과 관행, 그리고 군복무에서 면제 받는 평화주의를 유지하였다. 그러나 1870년에 러시아 정부가 이들의 특별한 면제의 혜택들을 곧 없앨 것이라는 두려움에서 상당수의 메노파들이 캐나다(마니토바)와 미국(캔사스)으로 이민하였다. 1882년 러시아의 다른 메노파는 메노파 교회의 총회를 결성하였다. 그들은 그들의 원리로 본질적인 것에서는 연합을 비본질적인 것에서는 관용을, 그리고 모든 것에서는 온건함을 채택하였다.[104]

(2) 미국의 메노파

미국의 메노파는 1640년부터 정착하기 시작했는데 첫 영구적인 정착은 1683년 펜실베이니아 근처의 독일 타운이었다. 1700년경에는 스위스의 큰 그룹의 메노파들이 펜실베이니아에 정착을 시작하였으며 거기로부터 후에 버지니아, 온타리오, 그리고 오하이오와 더 서쪽의 주들로 이주하였다. 1870과 1920년대, 그리고 제2차 세계 대전 후에 세 번의 이민 물결이 있었는데 러시아에서 이민한 세 그룹은 마니토바, 캔사스, 그리고 다른 캐나다의 주들에 정착했으며 남아메리카의 파라과이와 브라질에 정착하였다. 북미에 메노파의 세 주 대회는 1. 1860년 시민 전쟁 전에 미국 이민자들을 대표하는 메노파교회, 2. 러시아에서 이민 온 세 번째 물결로 구성된 메노파 총회, 3. 1860년 러시아의 부흥 운동가들인 메노파 형제들이다. 이들은 몇 개의 대학과 신학교를 운영하고 있다.

---

[104] John D. Woodbridge, Frank A. James III, Church History, Vol.Two, 667-668.

시작부터 메노파는 신자의 세례 및 성경적 무저항(평화주의)과 더불어 자유 교회를 강조하였다. 그리스도의 제자로서 교회의 권징을 강조하였으며 기도 생활과 성결, 그리고 엄격한 신약의 가치를 약화시키는 세속화를 허용하지 않는 데 관심이 컸다. 유아는 구원받은 것으로 간주하며 십대 때에 세례를 받는다. 세례는 침례이며 주의 성찬은 일 년에 두 번 행한다. 보다 더 보수적인 메노파는 세족식을 한다.

메노파는 다양한 선교 프로그램을 가지고 있다. 메노파 중앙위원회(1920)는 많은 나라에서 가난한 자들을 섬기는데 그 중에는 정신적인 질병을 앓는 자, 인종적인 소수자 등이 포함된다. 메노파 세계대회(1925)는 5년마다 모인다. 세계에는 대략 560,000명의 메노 회원이 있으며 북미에는 300,000명 정도의 메노파 교인들이 있다.[105]

교단이 운영하는 신학교로는 Associated Minnonite Biblical Seminary, Eastern Mennonite Seminary, Mennonite Brethren Biblical Seminary가 있다. 메노파의 정기 간행물로는 〈Ledader〉, 〈Rejoice〉, 〈Mennonite Historical Bulletin〉, 〈Mennonite Quartely Review〉, 〈On The Line〉, 〈Purpose〉, 〈Story Friends〉가 있다.[106]

(3) 메노파의 주요 인물

콘라드 그레벨(Conrad Grebel, 1484-1527): 재세례자 운동의 아버지로 불리는 인물로 그 운동의 설립자 및 지도자 중의 한 사람이다. 그는 스위스의 부유한 귀족 출신으로 바젤, 비엔나, 그리고 파리 대학에서 공부했다.

---

[105] J. C. Wenger, "Mennonite", In the New International Dictionary of The Christian Church, 649-650.
[106] Eileen W. Lindner, *Yearbook of American & Canadian 2007*, 138.

1521년 취리히의 개신교 목사 츠빙글리와 연구하는 그룹에 가입하였으나 츠빙글리와 개혁의 방식에 대한 차이로 갈라서게 되었다. 츠빙글리는 미사의 폐지와 성상의 제거는 시의회의 결의하에 시행해야 한다는 입장인데 비해 그레벨은 시의회가 신속하게 개혁을 원하지 않는다는 이유로 하나님께 순종하는 것이 더 중요하다는 입장을 취했다. 따라서 그레벨은 그의 추종자 필릭스 만츠와 더불어 따로 그들의 가정에서 뜻이 맞는 사람들과 함께 성경을 공부하였다. 그는 도시들을 순회하면서 설교를 지속하다가 1525년 10월에 당국에 체포되어 투옥되었으나 친구들의 도움으로 도주하였다. 그 후에도 그는 지속적으로 설교하면서 소책자를 출판하였다. 마침내 그는 그리슨주에 속한 마인필드 지역으로 옮겨가 도착은 하였으나 곧 병에 걸려 1527년 사망하고 말았다.

메노 시몬스(Menno Simons, 1496-1561): 메노 시몬스는 네덜란드의 비트마르숨에서 1496년에 출생했다. 그는 20세에 가톨릭의 집사가 되고 1531년 비트마르숨에 있는 그의 고향 교회에서 신부가 되었으나 가톨릭의 신앙에 의구심이 들기 시작하였다. 1536년 1월 메노는 공적으로 재세례자에 가담하게 되었고 그의 신부직을 포기했다. 그리고 곧바로 화란의 재세례자의 지도자 오베 필립스(Obbe Philips)에게서 재세례자의 목사로 안수를 받았다. 그 후 지속적으로 여행하면서 설교하고 세례를 주면서 복음을 전했다. 그리고 『영적 부활(1536)』, 『신생(1537)』과 『기독교 교리의 기초(1539-40)』 등 몇 권의 책을 저술하였다. 그는 당국의 현상금이 붙은 도망자가 되어 거의 20년간을 그의 아내와 세 자녀와 함께 도피 생활을 했다. 그런 중에도 중생, 성인 세례, 평화주의, 그리고 맹세와 공무원이 되는 것을 금하는 것과 같은 재세례자의 핵심적인 사상을 전했다. 그는 1561년 1월 31일 독일에서 65세로 세상을 떠났다.

메노파의 중요한 작가:

존 하워드 요더(John Howard Yoder, 1927-1997): 요더는 신학교와 대학교의 교수로 중요한 책들을 써서 20세기 마지막에 기독교 사상에 지대한 영향을 주었다. 1997년에 별세한 요더는 메노협회 성경 신학교와 노트르담 대학교에서 교수로 성경 신학과 역사 신학 및 기독교 윤리를 가르쳤다. 그는 1972년에 『예수의 정치』라는 책을 썼는데 이 책에서 그는 예수님이 보여주신 무저항의 사랑, 비폭력, 그리고 평화주의는 그리스도인 생활의 중심 윤리 규범이라고 하였다. 예수님의 목적은 용서와 용기, 나눔, 그리고 자기 희생적인 사랑을 구체화한 사람들의 새로운 공동체를 세우는 것이라고 하였다.

고든 디 카우프만(Gordon D. Caufman): 존경받는 메노파 신학자로 1963년 하버드 신과대학에서 가르쳤다. 그는 1993년 『신비의 면전에서』(In Face of Mystery)를 썼는데 거기서 저자는 기독교의 상징적 세계를 연구하였으며 태초의 창조에 관한 책에서 저자의 목적은 포스트모던 세계를 납득시키는 재개념화 한 하나님의 창조의 방법을 제시하는 것이었다.[107]

메노파 중에서 스위스의 메노파 감독 아만의 가르침을 따르는 아미시들은 그의 아래와 같은 지침을 따른다.

1. 남자들은 수염을 길러야 하며 수수한 복장을 해야 한다.
2. 여성은 역시 수수한 복장을 해야 하고 거기에는 턱끈이 달린 모자와 앞치마가 포함된다.
3. 죄인에 대한 권징은 교제에 대한 금지의 훈련이 포함된다.
4. 교제의 금지는 범죄한 형제자매와 관습적인 사회적 관계의 금지다.

---

107 Harold Rabinowitz and Freg Tobin, *Religion in America*, 295.

그 사람들과는 같은 식탁에서 먹을 수 없다. 또 그들과는 사고 팔지 말아야 한다. 이런 방식으로 징계 중에 있는 사람을 회개에 이르도록 유도했다.[108]

아미쉬 그룹은 분열하게 되었는데 그것은 역시 신앙과 관행의 차이로 보수와 진보의 분열이었다. 한 그룹은 구체제 아미시로 옛날 방식에 집착했다. 다른 그룹은 - 신체제의 아미시 - 보다 진보적 생활 양식으로 열려 있어서 사회적 변화와 기술적인 혁신을 받아들인다.

(4) 메노나이트교회 교단

구질서 아미시 교회(OLD ORDER AMISH CHURCH)

설립: 1720s

교인: 80,820

교회: 3592

연혁: 구아미시교회는 북미의 민족적인 종교 그룹으로 1693년 제이콥 아만(Jacob Amann)에 의해 주류 메노파에서 분리하였다. 1800년대 후반에 아미시의 많은 신자들은 그들이 지닌 서로 다른 것들을 다루기 위해서 공적인 회의로 모였다. 그러나 완전히 동의하지 못하게 되면서 아미시의 분열로 발전하였다. 한 그룹은 새질서 아미시로 사회적 변화와 과학 기술의 발명에 열려 있었다. 그러나 다른 그룹인 구질서 아미시는 옛날 방식을 고수하였다. 이들은 예배를 가정에서 드리는데 두 주에 한 번 드린다. 예배가 없는 주일은 친척 집을 방문한다. 예배는 일반적으로 세 시간 드리며 회중은 성별과 결혼의 유무로 나눈다. 이들은 아미시파에

---

108 Ron Rhodes, Ibid., 239-240.

서 가장 보수적이며 17세기의 생활 방식을 그대로 따르며 많은 현대의 편의를 배격한다. 성인 남성들은 수염을 기르며 검은 옷과 멜빵을 하고 검은 셔츠와 짙은 색깔의 셔츠를 입고 어두운 색깔의 양말과 신발을 신으며 넓은 채양의 모자를 쓴다. 여성들은 턱 끈이 있는 모자를 쓰고 긴 드레스를 입으며 숄을 쓰고 검은 신과 스타킹을 사용한다. 머리는 결코 자르지 않으며 보석은 허용되지 않는다. 이들은 전기 사용을 거부하고 개인적인 전화 사용도 거부한다. 자동차를 거부하고 마차나 자전거를 이용한다. 외부인과 결혼도 금한다.

교회의 정치: 교회(교단)는 총대회나 선교사 기관이나 어떤 종류의 협력체도 없다. 조직된 교회의 활동을 거부한다. 다만 교회의 구역은 15-30명으로 구성되며 전체 75명의 세례받은 회원으로 나누며 각 구역은 한 명의 감독, 두 명이나 4명의 설교자, 그리고 한 명의 장로가 있다. 구역이 너무 크면 지리적으로 나눈다.

선교와 교육: 1990년 아미시는 미국의 20개 주와 캐나다에 한 지방에 있었는데 인구 증가로는 세계에서 가장 빠르다고 한다. 별도의 선교 프로그램이 없다.

교리와 신앙: 교단은 1632년에 채택된 화란 메노파의 도르트리히트(Dordrecht) 신앙 고백에 서명한다. 성경, 하나님, 예수 그리스도, 성령, 죄와 구원은 역사적 정통 교리와 다르지 않다.

구별된 점: 이들은 교회당을 짓지 않으며 주일 예배는 가정 집에서 모인다. 무저항주의를 표방하며 어떤 형태의 군 복무도 거부한다. 성찬식과 연계하여 연중에 두 번의 세족식을 행한다. 구질서 아미시(Wisler)의 간행물로는 〈Home Messenger〉, 〈Exchanger Messenger〉가 있다.

연락처: Amos B. Hoover, 376 N. Muddy Creek RD., Denber, PA

17517, Phone; (717)484-4849

국제교회 공동체(CHURCH COMMUNITIES INTERNATIONAL)

설립: 1920(미국 1954)

교인: 2,000(세계)

연혁: 브루데르호프 공동체는 신학자이며 작가인 에베르하르트 아놀드(Eberhart Arnold, 1883-1935)에 의해 설립되었다. 이들은 사도행전 2장과 4장에 기록된 예루살렘의 첫 교회의 모범을 따라 재산의 공유를 실천하는 기독교 운동이다. 이 공동체는 브루데르호프 공동체(Bruderhof Communities)로 더 잘 알려졌는데 그 말의 뜻은 독일어로 '형제들의 처소'라는 의미로 처음으로 이 말을 사용한 것은 모라비아에 있는 재세례자들이었다. 이 공동체가 강하게 영향을 받은 원천으로는 초기의 기독교, 재세례자, 독일의 경건주의, 독일의 청소년 운동, 루터교의 신학자 요한 블룸하르트(Johann Blumhardt, 1805-1880)와 그의 아들 크리스토프 블룸하르트(1842-1917), 그리고 브루데르호프의 경건이다. 영국에서 이 공동체는 2차 대전 중에 독일인에 대한 의심 때문에 남미의 파라과이의 정글로 들어갔으나 1960년대에 미국으로 옮겼으며 미국에는 2017년 현재 13개의 공동체들이 있다.

교회의 정치: 공동체 자치제이다.

선교와 교육: 이 공동체는 미국, 영국, 독일, 파라과이, 오스트리아에 있으며 선교(전도)는 이 공동체의 삶과 관행의 영향력에 있다. 교육을 위해서는 각 공동체마다 18세까지 다양한 학교들 즉 너스리, 유치원과 학교들이 있으며 그 후에는 대학 교육이 있다. 이들은 사유 재산을 주장하

지 않으며 모든 것을 나눈다. 따라서 개인적으로 직장에서 급료를 받거나 사업을 해서 이익을 얻는 데도 사적으로 쓰기보다는 모두 공동체와 그 사역을 위해서 쓴다.

교리와 신앙: 개신교의 복음주의와 같다. 제세례파를 따라 성인 세례와 무저항과 화해를 실천한다. 사도 신경을 확인하나 지상에 하나님의 나라의 임함을 강조하며 예수님을 따르는 자들로서 성령의 능력으로 산상 수훈에 표현된 현재 하나님의 다스리심을 따라 살기를 힘쓴다.

쟁점에 대한 입장: 사유 재산을 주장하지 않고 모든 것을 함께 나눈다. 무저항과 화해의 신앙에 따라 모든 형태의 폭력과 살인을 반대하는데 거기에는 낙태와 사형, 전쟁, 의사의 도움으로 인한 자살 등이 포함된다. 한 남자와 한 여자의 평생 결혼을 주장하며 이혼과 재혼을 금한다. 공동체 의식이 강한 이들은 공동 부엌과 세탁장을 운영하며 한 번의 식사는 공동으로 하며 나머지는 가정에서 한다. 가정에서는 텔레비전 시청이나 인터넷을 하지 않는다.

연락처: Woodcrest, 2932 Rte 213, Rifton, NY 12471

그리스도 안에 있는 하나님의 교회, 메노파(CHURCH OF GOD IN CHRIST, MENNONITE)

설립: 1859

교인: 12,754

교회: 458

연혁: 19세기 중반 메노파 운동 중에 어떤 사람들은 그들의 교단이 건전한 교리에서 떠나 일반적인 영적 침체를 경험하고 있다고 생각했다. 교단은 그 중에 한 사람이었던 오하이오 메노교회의 회원 존 홀드만

(John Holdeman, 1832-1900)의 설교와 노력으로 1859년 시작되었다. 홀드만은 세속적인 교회를 정죄하였으며 신생의 필요성과 성령의 세례, 신앙의 근본적인 것에서 자녀들의 적절한 훈련, 배교를 피하며, 불성실한 회원들의 징계를 강조했다. 그를 따르는 그룹이 그리스도 안에 있는 하나님의 교회를 형성하게 되었다. 이들은 홀드만 메노파로 불리기도 한다.

교회의 정치: 교단의 총대회는 목사와 집사, 그리고 다른 대표들로 구성되며 결정할 사안들을 위해 5년마다 열린다. 개교회 자치와 다른 교회와의 연계를 강조하는 데서는 메노파와 같다. 재세례자들처럼 교회와 국가의 완전한 분리를 주장한다. 예배는 주일 아침에 평범한 건물에서 드리며 악기는 사용하지 않는다. 목사들은 그들 중에서 선출하며 사례하지 않는다. 목사들은 준비하여 설교하지 않으며 친히 본을 보여주는 것으로 설교한다. 성찬은 일 년에 한 번 한다. 세족식을 하는데 이는 남성 사역자가 형제들의 발을 씻기며 여성은 목사의 사모나 집사가 여성의 세족을 담당한다.

선교와 교육: 교회의 신적인 사명은 세상에 복음을 전파하고 그리스도의 명령을 순종하도록 가르치고 하나님의 영광을 위해 선행의 모형을 보여줌으로 신자들을 양육하는 것이다. 교회는 세계적으로 확산되어 브라질, 캐나다, 도미니카 공화국, 에디오피아, 가나, 헤이티, 인도, 자마이카, 케냐, 루마니아, 필리핀, 우크라이나 등지에 있으며 미국에서는 캔사스가 그 중심지이다. 주일과 수요일은 가르치고 교제하며 노래를 부른다.

교리와 신앙: 교단은 1632년의 도르트리히트 신앙 고백을 수납한다. 일반적으로 이 교단의 교리는 전통적인 개신교 교리와 일치한다. 교회의 순결을 위해서는 출교된 자를 피해야 한다. 종말론은 무천년론을 지

지한다.

구별된 점: 교회원들은 단순한 집, 단순하고 수수한 옷, 여성을 위한 경건한 머리 덮개, 그리고 남자들은 수염을 기른다. 재세례자들의 전통을 따라 다른 사람들과 싸움이나 법정에 고소하지 않는다. 신자가 된다는 것은 세상에 타협하지 않는 것이다. 이들은 유행이나 쾌락이나 오락, 전문적인 스포츠, 인기 가요, 춤, 술, 불법적인 약, 그리고 담배를 피한다.

쟁점에 대한 입장: 여성은 사역자로 안수하지 않는다.

본부: Gospel Publishers, CGIC, Mennonite, P.O. Box 230, Moundrige, KS 67107

미국 메노나이트교회(MENONITE CHURCH U.S.A.)

설립: 1725

교인: 118,070

교회: 1202

연혁: 교회는 메노나이트교회의 한 파로 화란과 독일 이민자들에 의해 1683년 펜실베이니아 독일 타운에서 시작되었다. 이들은 자유주의 마음을 가진 메노파인데 1725년 펜실베이니아 메노파 목사들의 회의에서 도르트리히트 신앙 고백(1632)이 신앙 진술이 되었다. 2001년에 이 교회는 총대회 메노교회와 합동하였으며 새로운 메노나이트 조망의 신앙 고백을 채택하였다.

교회의 정치: 최고의 법적인 단체는 총회이며 2년마다 모인다.

선교와 교육: 성령의 내재와 은사를 통한 복음 전도를 힘쓰며 특별히 그리스도를 닮는 삶을 통하여 복음을 전하려고 한다.

교리와 신앙: 교회의 신앙은 우트리히트 신앙 고백(1632)과 메노나이트 조망의 새 신앙 고백(1995)이 있다. 새 신앙고백서는 하나님, 예수 그리스도, 성령, 성경, 창조, 죄와 구원, 교회, 그리스도인의 생활, 그리고 선교, 평화, 정의와 하나님의 다스림에 대한 메노파 믿음을 설명하는 24개 조항을 담고 있는데 그 중에 절대적인 사랑과 무저항주의 및 전통적인 메노파의 복장 규례에서 자유가 포함되었다. 이 교회들의 정기 간행물로는 〈The Mennonite〉, 〈Leader, Rejoice〉, 〈Mennonite Historical Bulletin〉, 〈Mennonite Quarterly Review〉, 〈On The Line〉, 〈Purpose〉, 〈Story Friends〉가 있다.

구별된 점: 이들의 구별된 점 하나는 복장에 대한 전통적 메노파 규례에서 자유로운 것이다. 무저항을 강조하며 생활의 방식으로 화평케하는 것을 강조하는 메노파의 전통을 지속적으로 확고하게 견지하고 있다. 이들은 가톨릭도 개신교도 아니라고 하며 기독교의 두 줄기의 협력을 나눈다. 이들은 기독교인, 재세례자이며 메노파 교인이라고 한다

본부: 722 Main St., P.O. Box 347, Newton, KS 67114, Phone; (316) 283-5100

메노나이트 형제교회 총회(GENERAL CONFERENCE MENNONITE BRETHREN CHURCHES)

설립: 1890

교인: 50,915

교회: 590

연혁: 총회는 러시아에 있는 메노파 신자들로 형성되었으며 모라비안

과 독일의 경건주의에 영향을 받았다. 이들은 보다 더 자유롭게 성경을 공부하고 성경적 생활 양식을 지키며 기도하는 사람으로 살기 위해 설립된 메노교회를 떠나 메노나이트 형제교회를 조직하였다. 그 후에 이들의 200여 가정이 러시아를 떠나 미국으로 이민하여 캔사스에서 교회를 설립하였다. 1879년 이런 다양한 교회들이 총회를 조직하였다. 그리고 오랜 후인 1954년 캐나다와 미국의 형제파 교회들이 연합하여 메노나이트 형제교회 총회를 형성하였다. 그리고 1960년 클리머 메노나이트교회가 총회에 가입하였다. 그러나 2000년에 들어서 미국과 캐나다 총회가 해산하여 분리 조직되었다.

교회의 정치: 교단은 미국에 5개의 협의회와 캐나다에 6개의 지역 협의회가 있다. 총회는 2년마다 열리며 그 대표들은 미국과 캐나다를 포함한다. 교단은 베트남어, 중국어와 북인도어처럼 많은 유럽의 언어로 예배를 드린다.

선교와 교육: 캔사스에서 시작된 교회는 네브라스카, 미네소타, 다코타, 그리고 미시시피로 확장 설립되었다. 이들은 선교에서 다른 메노파와 협력한다. 점차 이 교회는 민족적인 교회에서 다민족화하는 경향을 보이고 있는데 특별히 남서부에서 라티노교회들이 생성되었다. 캘리포니아의 프레스노, 브리티시 컬럼비아에 랭레이, 그리고 캐나다 마니토바의 위니펙에 신학교들이 있다. 대학으로는 캔사스에 한 개와 프레스노에 한 개가 있다.

교리와 신앙: 역사적 정통 교회와 다르지 않다. 교단의 정기 간행물로는 〈Christian Leader〉가 있다.

본부: 4812 E. Butler Ave., Fresno, CA 93727, Phone; (209) 452-1713

보수 메노나이트협회(CONSERVATIVE MENNONITE CONFERENCEC)

설립: 1910

교인: 11,557

교회: 110

연혁: 보수메노나이트협회는 제세례파 전통 안에 있는 기독교 교단으로 이들 대부분은 아미시의 후손들이다. 교단의 신앙적 특성은 복음주의, 재세례주의 보수적 기독교라고 할 수 있다. 1910년 100여 교회들이 보수메노나이트협회를 만들었으며 현재의 이름은 1954년에 채택하였다.

교회의 정치: 최고의 의결 기관은 반 년마다 모이는 목사들의 사업 모임이며 여기서 이사회와 협회의 일상의 활동을 감독하는 총무를 선택한다. 그럼에도 교단은 지교회의 자치를 강조하며 협회는 개교회를 무시하는 권위가 없다. 따라서 교회는 회중주의이며 모든 중요한 결정들은 개교회의 인허를 받아야 한다. 교회들은 목사와 교회를 운영하는 평신도로 구성되는 장로 회의가 있다.

선교와 교육: 미국의 23개의 주에 있고 캐나다와 멕시코에는 각각 한 개의 교회가 있다.

교리와 신앙: 도리트리히트 신앙 고백(1632)이 있고, 보수메노진술과 신학에 대한 보수메노나이트 진술서(1991)에 서명한다. 이 문서들은 예수 그리스도의 완전한 인성과 신성, 성경의 완전 영감과 신자의 세례, 그리고 무저항을 포함하고 있다. 회원들에게는 노름, 술, 담배를 금하며 수수하지 않은 옷차림에 맹세를 금하고 결혼 전과 혼외의 성관계의 억제를 기대한다.

쟁점에 대한 입장: 여성들은 다양한 사역에 참여하나 지도권, 다스림, 가르침, 그리고 안수는 남성만을 위해 있다. 성찬식에 세족식이 따른다.

본부: 9910 Rosedale-Milford Center RD., Irwin, OH 43029

복음주의교회 펠로우십(FELLOWSHIP OF EVANGELICAL CHURCHES)
설립: 1865
교인: 6,621
교회: 42(2007)

연혁: 19세기 중반 아미시파가 아미시 메노파와 구질서 아미시로 분열하기 전 아미시 에그리(Egly)파의 몇 사람들이 독일의 발렌(Ballen)에서 북미로 이민하였다. 그들 중에 헨리 에그리는 인디애나의 버네 - 제네바 교회에서 집사로 선출되었으며 그 후 버네 제네바 교회의 감독이 되었다 - 는 중생의 경험의 필요성과 아미시 교회에서 탈퇴할 것을 주장하였다. 1866년 첫 아미시 교회가 인디애나의 베버메에 설립되었다. 1908년 에그리 아미시는 공적으로 보다 더 메노파로 알려지기를 원하는 회중으로 11월 16일 무방비 메노파로 그 이름을 바꿨다. 1902년 무방비 메노파는 복음주의연합회의 헌장 회원이 되었으며 1948년 그 이름을 재세례자와 복음주의를 반영하기 위해 복음주의 메노파로 그 이름을 변경하였다. 2003년 8월 2일 복음주의 메노교회는 복음주의 교회들의 교제로 그 이름을 다시 바꿨다. 교단은 아미시 전통을 지닌 복음주의 기독교 교단이며 인디애나 포트 웨인에 그 본부를 두고 있다. 대회는 미국의 중서부에 있는 34개의 교회들의 5,278명의 교인들로 구성된다. 이 교회들의 55%가 일리노이와 인디애나에 위치해 있으나 콜로라도, 아이다호, 캔사스, 미시간, 미네소타, 미주리, 오하이오에도 교회들이 있다.

교회의 정치: 다른 아미시 교단과 같다.

선교와 교육: 교단의 프로그램의 가장 큰 하나는 선교와 교회 확장의 전도이며 플라나간에 어린이집과 미시간 카라마주 근처에 캠프를 운영하고 있다.

교리와 신앙: 무방비 메노교회는 신앙, 규범, 권징의 고백서를 1917년에 발간했으며 그 신앙의 고백은 1937년, 1949, 1961년, 그리고 1986년에 개정하였다. 그 고백서는 신앙의 12개 조항을 담고 있는데 복음주의이다. 성찬은 열린 성찬이다.

구별된 점: 시작부터 엄격한 권징과 복장을 요구하였다.

본부: 1420 Kerrway Court, Fort Wayne, IN 46805

비치아미시 메노나이트교회(BEACHY AMISH MENNONITE CHURCHES)

설립: 1927

교인: 10,000

교회: 435

연혁: 비치아미시 메노나이트교회는 감독 모세 비치(Moses M. Beach, 1874-1946)의 지도 아래 펜실베이니아 서머셋 카운티에서 1927년 구파 아미시로부터 분리하여 조직되었다. 구파 아미시 교회들은 교회의 권징에서 금하고 피하는 일에서 매우 엄격한 데 비해 감독 비치는 기본적인 관행을 지키면서도 온건한 해석을 원했다. 그는 구파보다는 더 새로운 기술에 열려 있으며 1916년에서 1927년까지 구파 아미시 감독을 지냈다. 그때에도 그는 금하고 피하는 일에 더 온건한 입장을 취했다. 구아미시에 충성된 자들은 엄격한 관행을 원했기 때문에 비치는 그들과 함께 하기를 원하지 않았고 그를 지지하는 자들과 함께 새로운 협회를 조직하

였다. 그리고 그 협회의 이름에 비치의 이름을 더해 구별되었다. 교회는 파문과 교제의 금지를 덜 엄격하게 하며 자주 실행하지 않는다. 구파와 같지 않게 그들은 전기, 알람 시계, 자동차, 전화, 거울, 그리고 그와 유사한 것들을 사용하게 한다. 또 자동차와 카메라, 그리고 컴퓨터를 사용하지만 TV와 라디오는 금한다.

교회의 정치: 교회의 정치는 절반의 자치제이다. 비록 외부에 의해 통제되지는 않지만 교회들은 무언으로 서로에게 헌신한다. 그러나 진정한 충성심과 책임감이 있다. 사역 팀에는 한 명의 감독, 한 명이나 두 명의 목사들, 그리고 각 회중의 한 명의 집사를 포함한다. 여성은 교회 안에서 집사직 외에는 다른 직분이 허락되지 않는다. 비치 아미시파는 아미시파의 10%를 차지하며 두 번째로 큰 교단인데 한동안은 교회가 급성장했으나 점차 둔화되고 있다. 교단은 2009년 목사 293명에 201개 교회, 그리고 11,611명의 교인이 있었는데 이는 2008년보다 10개의 교회와 교인 451명이 줄었다.

선교와 교육: 교단은 구별된 교회 건물과 주일 학교가 있으며 청소년들을 위한 연중 12주간의 갈보리 성경학교가 있고 선교 사업을 적극 지원하고 있다. 교단은 월간지 〈갈보리 메신저〉(Calvary Messenger)를 출간하고 있다. 선교부는 노인들과 장애자들을 위한 요양소와 미국과 유럽에 있는 선교 사업을 지원하고 있다. 이는 구파 아미시 교회들과 다른데 그들은 가정집이나 헛간(빈집)에서 모이며 주일 학교나 성경 학교가 없으며 선교사들을 지원하지 않는다.

교리와 신앙: 비치 아미시교회들은 도르트리히트 신앙 고백(The Dordrecht Confession of faith, 1632)에 서명한다. 일반적으로 교리와 신앙은 복음주의 교단들과 같다.

구별되는 믿음 혹은 관행: 교인들은 세상과 타협하지 않는다. 자매들은 머리를 가리고 기도하고 예언한다.

쟁점에 대한 입장

낙태: 낙태를 절대 반대한다.

가입 단체: 교회협의회와 세계교회연합회와 같은 자유주의 그룹과는 교회 연합을 반대한다.

생명 윤리: 생명 윤리에 매우 조심스러우며 줄기 세포 연구를 반대한다.

산아 제한: 산아 제한은 제한적으로 허용한다. 다수의 교회들은 많은 자녀들을 둔 가정으로 구성되었다.

사형: 교회는 사형을 반대한다. 그러나 칼의 권세가 국가에 주어진 것을 인식한다.

창조 대 진화: 창조는 하나님의 진리다. 진화론은 사탄의 거짓이다.

동성애: 동성애는 하나님 앞에서 신성 모독이다.

기적: 예수님은 기적을 행하셨고 아직도 경우에 따라서 하시는데 특별히 복음이 새롭게 시작되는 곳이다.

금하는 것: 그리스도의 지배를 받는 왕국은 공격적으로나 방어적으로 무기를 사용하지 않는다.

구원의 안전: 구원은 잃지 않지만 하나님과 교제를 잃어버릴 수 있다.

성령의 은사: 방언을 금하지 않으나 복음이 처음일 때 자주 발생한다.

연락처: Paul L. Miller, 7809 S. Herren Rd., Partridge, KS 67566; Phone: (620)567-2286; E-mail: paullmiller@mindspring.com

선교사 교회(MISSIONARY CHURCH)

설립: 1969

교인: 43,026

교회: 423

연혁: 선교사교회는 1969년 선교사 교회협회와 연합선교사교회 두 그룹이 합동하여 형성되었다. 이들 두 그룹은 오랫동안 우호적인 관계를 유지해 오다가 마침내 합동하게 되었는데 그 뿌리는 다양한 배경을 지녔다. 메노파를 통한 재세례주의, 독일의 경건주의 성결 운동, 그리고 미국의 복음주의이다. 이들은 특별히 19세기의 부흥 운동의 아래와 같은 지도자들의 영향을 받았다. 온타리오의 솔로몬 이비(Solpmin Eby, 1834-1929), 펜실베이니아의 윌리엄 기만(William Gehman, 1827-1917), 인디애나의 다니엘 브레너마(Daniel Brennermar, 1834-1919), 오하이오의 램셍어(1869-1944)이다.

교회의 정치: 교단의 최고 의결 기관은 총회이며 총회는 4년 임기의 회장, 부회장, 총무를 선출한다. 교단은 복음주의연합회의 회원이며 역시 세계적인 재난과 가난으로 인해 도움이 필요한 자들을 돕는 구호 기관인 복음주의 세계구제회에 재정적인 지원을 아끼지 않고 있다.

선교와 교육: 선교사 교회의 국제 사역은 복음 전도, 제자직, 교회 개척, 성경 번역, 신학 교육, 지도력 발전, 공동체 발전이 포함된다. 근래에 교단은 교회 개척과 제자 삼기에 초점을 맞춘 구조 조정의 과정에 있다. 신학교로는 인디애나 미스하와카에 벧엘 대학이 있다.

교리와 신앙: 교단은 신학에서 복음주의이며 보수주의이다. 신앙생활의 주된 원천으로서 성경을 강조하며 요한 웨슬리의 뜨거운 마음에 헌신하고 예수 그리스도의 구주되심에 더해 성화자, 치유자, 그리고 오시는 왕이신 사중의 진리를 주장한다. 그 밖에 교리는 복음주의와 같다. 종말

은 세대주의적 전천년론이다.

본부: P. O. Box 9127, Fort Wayne, IN 46899

후테리안 형제교회(HUTTERIAN BRETHREN)

설립: 1530

교인: 42,800

교회: 428(미국과 캐나다, 1997년)

연혁: 후테리안 형제교회는 재산의 공유를 주장한 1529년 티롤리안(Tyrolean) 재세례자 제이콥 후터(Jacob Hutter)에 의해 처음으로 모라비아에서 설립되었다(메노파와 아미시는 그 다른 분파다). 후터파는 1599년까지는 그들의 황금시대를 누리며 25,000명의 회원까지 확보할 수 있었다. 그러나 반동 종교 개혁으로 로마 가톨릭의 박해를 받게 되었고 화이트 마운틴(White Mountain) 전투에서 완전히 패배하였다. 후터 자신은 1536년 오스트리아에서 순교하였다. 따라서 후터의 추종자들은 힘든 일이 필요한 러시아로 이주하였으며 거기서 요하네스 발드너(Johannes Waldner, 1794-1824)의 지도 아래 번창할 수 있었으나 징집령이 소개되면서 1870년 미국으로 이주하여 주로 남다코타(South Dakota)에 정착했으나 환영을 받지 못하자 일부는 1917년 캐나다로 이주하였다.

기본적으로 세 그룹(Schmied, Darius, Lehrer)이 있는데 같은 믿음을 공유한다. 그러나 전통적인 관행은 거류지마다 크게 다르다. 또 보수적인 경향에서도 서로가 달라서 레헤르파가 가장 보수적이고 그 다음이 다리우스파다. 북미에 42,000명의 회원에 428개의 거류지가 있다.

교회의 정치: 교회는 한 감독 아래 장로들과 목사들에 의해 치리된다.

철저하게 교회와 국가를 분리하며 지역 경찰에 참여도 금한다. 교회에서 목사는 가르치고 훈련하며 파문 및 그 밖의 일들에 책임을 져야 한다.

선교와 교육: 북미에서 이들의 대부분은 서부 캐나다와 미국의 상부 대평원 지역에 모여 살고 있다. 한때 이들은 대가족으로 인구가 증가되어 1954년에는 10명의 가족을 이뤘으나 2010년에 와서는 5명의 가족으로 줄었다. 교육은 성경이 최고의 권위인 그들 자신의 학교들을 운영하고 있다.

교리와 신앙: 신약에서 특별히 산상 설교(마 5:1-7:29)를 참 기독교인들을 위한 문자적인 권위로 취한다. 형제 사랑으로 성경을 중심으로 한 신약의 정신과 교제의 회복에 대한 목적을 드러내려고 힘쓰며 세상에 동조하지 말 것을 요구한다. 교리는 복음주의와 다르지 않다. 종말론은 천년기나 천년 왕국이 없다.

구별된 점: 형제파는 재세례자들처럼 무저항주의이며 기독교인의 칼을 쓰지 말아야 한다(평화주의자). 파문(금지)은 반복하여 죄를 짓는 세례 교인에게 적용해야 한다. 또 맹세하지 말아야 한다. 재산의 공동으로 소유하는 기독교 공산주의를 실행한다. 매일 30분의 예배를 드리며 주일은 1시간 내지 1시간 반의 예배를 드린다. 교회의 절기는 주류 교단과 거의 같다.

쟁점에 대한 입장

낙태: 낙태를 전적으로 반대하며 살인으로 분류한다.

산아 제한: 산모가 건강상 위험하지 않은 한 산아 제한을 하지 않는다.

사형: "살인하지 말라 원수갚는 것은 내가 할 일"이라고 주님이 말씀하셨다.

창조 대 진화: 진화론은 하나님과 그에게 순종하는 데서 떠나려는 인

간의 마음의 변덕스러운 욕망의 산물이다.

이혼과 재혼: 이혼은 허용되지 않는다. 위의 세 파에서는 400년 이상 한 번도 이혼이 없었다. 후테리트의 지역에서는 한 쌍의 이혼도 없었다.

동성애: 동성애는 도덕성을 상실한 죄로 로마서 1장에 언급된 것처럼 하나님께 형벌을 받을 것이다.

기적: 기적은 선지자, 예수님, 그리고 사도 시대처럼 현대에는 발생하지 않는다. 그러나 부패한 세상에서 경건하게 그리스도인의 삶을 살아가는 그것이 곧 기적이다.

금하는 것: 도박이나 오락은 금한다. 어떤 그룹은 운동까지 금한다.

구원의 안전: 구원은 생의 종말 때까지 모든 악덕과 죄를 이기는 자기 억제의 삶을 통하여 하나님의 은혜로 발생한다.

방언과 성령의 은사: 후테리안 형제교회는 방언과 표적의 은사를 실행하지 않으나 성령의 다른 은사들은 믿는다.

여성 사역: 예수님은 여성을 사도로 파송하시지 않았다. 바울은 교회 안에서 여성은 침묵해야 한다고 말했다.

본부: Media Contact, Philip J. Gross, 3610 N. Wood Rd, Reardon, WA 99029, Phone; (509) 299-54

아미시 메노 교단 참고 자료: en.wikipedia/wiki/Old Amish, Ron Rhodes, Op.cit., Eileen W. Lindner, 2007 Yearbook, Communities, Frank S. Mead, Samuel S. Hill, Craig D. Atwood., Ed., Op.cit., churchofgodinchristmennonite. net, www. Mennonite Church USA. org, https/en.wikipedia.org/wiki/U.S. Conference of Mennonite, www.cmcrossdale.org, www.fecministries.org, en.wikipedia/wiki/

Fellowship of Evangelical Churches, en.wikipedia.org/ wiki/ Beachy-Amish, www. clba.org, Beachy.AM.org-Honep, Shelley Steig, Op.cit., en.wikipedia.org/wiki/ Mssionary Church, www.hutterites.org, J.D. Douglas, Ed., The New international Dictionary of the Christian Church, 493-494, being.com/huteria+ brethren, en.wikipedia.org/ wiki/ hutterite

16. 형제파와 경건주의파 교회들(BRETHREN AND PIETIST CHURCHES)

(1) 개요 및 역사

국제적인 종교적 부흥이 1600년대 후반에 독일에서 시작되었는데 이는 슈페너(Philip Jacob Spener, 1636-1705)의 저작에 크게 영향을 받은 것이었다. 그는 그의 시대 교회들의 메마른 지성주의와 신학적 파당과 무기력에 크게 실망하였다. 그는 루터의 개혁으로는 충분하지 않다고 보고 개신교회는 새로운 형태의 개혁이 필요하다고 느꼈다. 루터의 개혁은 교리적이고 예배 의식적인 것이었다. 슈페너는 도덕적이고 영적인 개혁을 원했다. 그는 목사들에게 만인제사장직의 교리가 모든 신자들의 마음과 영혼 속에서 효과적이 되는 길을 찾자고 요청했다. 이를 위해 슈페너는 목사들이 공부하고 기도하고 서로 용기를 주기 위해 신자들의 소그룹을 만들자고 제의했다. 오늘날 교회들의 중요한 주일 학교, 청소년 교제, 소그룹 성경 공부 등은 모두 그 사상에서 생장한 것이다. 슈페너는 목사들에게 변증적인 설교는 미뤄두고 개인들을 죄인에서 하나님을 위한 일꾼으로 변화시킬 수 있는 교화의 설교로 변화되어야 한다고 격려하였다. 이 마음의 종교는 개신교 독일을 통해서 요한 웨슬리의 초기 감리교회에 지대한 영향을 주었다. 독일에서 경건주의가 미국으로 건너왔고 1740년대의 첫 대각성 운동에 도움을 주었다.[109]

형제교회는 그 당시 경건주의에 영향을 받은 알렉산더 맥(Alexander mack)에 의해 독일의 슈바르체나우에서 조직되었다. 경건주의는 신앙과 생활의 유일한 안내자가 성경이며 성경에 일치되는 모형으로 초대 교

---

109 Frank S. Mead, Samuel S. Hill, Craig D. Atwood, Op. cit., 149.

회를 따르게 되었다. 초대 교회의 모범은 주의 성찬의 엄수로 이는 애찬과 세족이 수반되었으며 인사로 거룩한 입 맞춤과 교제의 악수가 포함되었다. 그리고 성경적인 관례로 병자에게 기름을 바르고 예배 중에 여성은 머리를 가렸으며 평범한 옷을 입고 오락을 금하고 맹세와 무기 소지, 혹은 법정 고소를 금했다. 그리고 성인 세례로 앞으로 세 번 물에 잠기는 방식을 취했는데 여기서 유명한 던커스(Dunkers)의 이름이 유래되었다.[110]

많은 경건주의자 단체는 그들을 위해 다양한 형태의 형제라는 이름을 사용했다. 교회는 주로 그리스도 안에 있는 형제와 자매들의 교제였으며 상호 교화를 위해 성령에 의해 함께 연합되었다. 이들의 내적이며 영적인 생활과 경건은 기도와 성경 공부, 그리고 동료 신자들과 협력을 통해서 이루어졌다. 형제파는 지교회 중심이지만 전국적인 공동체와 긴밀한 관계를 유지한다. 이들은 교회를 조직이나 교리의 형성보다는 하나님 사랑과 서로 간에 사랑을 중심한 공동체로 생각한다. 엄중한 교리적 표준을 강조하기보다는 그들을 사랑으로 엮어주는 각자 안에 있는 하나님의 성령을 강조한다. 어떤 사람들은 예언을 강조하고 성령으로부터 오는 직접적인 영감을 강조한다.

(2) 미국의 형제파와 경건주의파

미국에서 이 운동으로부터 몇몇의 종교적 단체들이 생성되었다. 첫 번째는 1719년 펜실베이니아에 나타났는데 부흥의 결과로 괄목할 만한 성장을 했으며 그 해에 교회가 조직되었다. 그 교회는 1729년 맥(Mack)

---

110 Brethren(Dunker), In Ed., Jerald C, Brauer, *The Westminster Dictionary of Church History*, 131.

이 돌아와 지도력을 이어 받았다. 이 교회의 첫 균열은 1728년 조앤 콘라드 바실이 이끌었으며 독일 제7일 침례교회를 조직하였다가 후에 반수도원적 에브르타 공동체가 되었다. 두 번째 분열은 조지 패턴과 조지 아이만에 의해 1848년 인디애나에서 하나님의 교회(새로운 던커스)를 설립하였다. 다른 분열이 1881년과 1882년에 발생했는데 한 그룹은 구 독일 침례교 형제파(구질서 던커파)로 보수적 형제파는 개인의 복장, 제도와 같은 문제들에서 옛날 성경적 표준에서 떠나고 있다고 우려하였다. 다른 그룹은(형제 교회, 진보적 던커들) 그런 영역에서 자유를 주장했다. 주류 그룹은 중립적인 입장을 취했으며 20세기의 초반 회원의 배가를 경험한 원래의 교회로 남았다. 미국에서 여러 번 형제파는 분열과 연합을 반복하면서 다음의 네 개의 큰 형제파 교회가 형성되었다. 그 교회들은 형제의교회, 은혜 형제교회의 교제, 그리스도안에있는형제, 형제교회이다. 오늘날 형제파의 90%는 현대의 복장을하며 더 많은 교인들은 자동차를 운전한다. 이들이 강조하는 것은 하나님의 영광과 이웃의 선을 위한 복음에 대한 하나님의 명령의 증인으로 사는 것이다.[111] 미국에서 형제교회는 작은 교단이면서 재세례자, 경건주의자, 그리고 웨슬리안 성결파의 뿌리를 지니고 있다.[112] 형제파는 그들의 새로운 지역에서 그들의 열정과 정직 및 근면으로 많은 개종자를 얻을 수 있었으며 그 운동은 신속하게 확산되었다. 형제교회는 켄터키, 오하이오(1790), 미주리와 일리노이(1810), 그리고 캘리포니아와 오리건(1850)에 설립되었다.[113]

---

111 Harold Rabinowitz and Greg Tobin, *Religion in America*, 311.
112 E. M.Sider, Brethern in Christ Church in Ed., Maniel G. Reid, Rovert D. Linder, Bruce S. Shelley, Harry S. Stout, Dictionary of Christianity in America, 185.
113 Ron Rhodes, *The Complete Guide to Christian Denominations*, 72.

(3) 형제파와 경건주의파 교단

그리스도교회 안에 있는 형제들(BRETHREN IN CHRIST CHURCH)

설립: 1778

교인: 20,739

교회: 232

연혁: 교단은 1760년대 펜실베이니아 랭캐스터 카운티에서 발생한 영적 각성의 결과로 시작되었으며 독일 개혁교회의 목사 필립 오토바인과 메노파 목사 마틴 뵘(Martin Boehm)의 설교에 크게 영향을 받았다. 이들의 뿌리는 재침례자들과 경건주의, 그리고 복음주의에 있다. 이들은 그들 지역의 다른 형제파와 구별되기를 원했으며 시민 전쟁 기간에 자신들을 서스크 한나 강(Susquehanna River)의 형제들로 불렀다. 펜실베이니아에 근거한 이들은 거기로부터 캐나다(1788), 중서부(1840), 그리고 1900년대 초에는 캘리포니아로 확장하였다. 1940년 후반에 복음주의로 선회하였으며 재세례자의 전통을 따라 순종, 형제애, 그리고 평화를 강조한다.

교회의 정치: 교단의 정치는 지역 회중제이지만 8개의 지방 회의가 있고 최종의 권위로 총회가 있다. 1949년 복음주의협의회 회원이 되었고, 1950년에는 기독교성결협회에 가입하였다.

선교와 교육: 1936년 록스버리성결캠프를 설립하였다. 네개의 첫 캠프는 지금 교단에 의해 운영되고 있다. 1887년 교단 신문 〈The Evangelical Visitor〉를 시작했으며 1909년 메시아 성경학교(대학)를 세워 선교사 교육을 한다. 역시 온타리오의 포트에리에 나이아가라 기독교 대학을 운영하고 있다. 이들은 주일 학교 사역과 부흥회에 적극적이며 첫 아프리카와 인도 선교를 시작하였다. 현재는 오스트레일리아를

제외한 모든 대륙에 선교사를 파송하고 있다.

교리와 신앙: 교리와 신앙은 복음주의이다. 성찬은 열린 성찬이다. 정기 간행물로는 〈The Brethren Evangelsit〉가 있다.

쟁점에 대한 입장

낙태: 낙태는 비성경적이다. 다만 어머니의 생명이 위태로운 경우는 낙태를 고려해야 한다.

사형 제도: 그리스도의 가르침에 모순이므로 반대한다.

창조 대 진화: 성경의 창조론을 그대로 믿는다.

이혼과 재혼: 이혼이나 재혼은 하나님의 뜻이 아니다. 그러나 불가피한 이혼이 있을 수 있으며 이 경우에 상담을 통과한 후에 재혼이 허용될 수 있다.

동성애: 동성애는 하나님의 창조의 관계에서 벗어났기 때문에 하나님의 나라에는 있을 곳이 없다.

기적: 하나님은 그의 주권적 의지에 따라서 기적을 행하신다. 교회는 병자를 위해 기도하며 기름을 바르고 하나님께 그 결과를 맡겨야 한다.

구원의 안전: 그리스도의 주 되심에 지속적인 순종에 한해서 영원히 안전하다.

방언과 성령의 다른 은사들: 은사는 교회와 사역을 세우기 위해서 주신다. 사랑이 모든 은사보다 더 강조된다.

여성 사역: 여성 안수가 가능하나 모든 교회의 담임 목사는 남성이다.

본부: P.O. Box A, 431 Grantham Rd., Grantham, PA17027-0901

그리스도 안에 있는 연합형제교회(CHURCH OF THE UNITED BRETHREN IN

CHURST)

설립: 1767

교인: 22,740

교회: 217

연혁: 교단은 1778년 펜실베이니아에서 1700년대 늦게 발생한 영적 각성 운동의 결과로 랭캐스터 카운티에서 설립되었다. 그리스도 교회 안에 있는 형제파와 같이 이들은 개혁교회 목사 빌립 오토바인과 메노파 전도자 마틴 뵘의 설교와 개종의 집회에 영향을 받았다. 역시 재세례파와 경건주의에도 빚지고 있다. 1767년 부흥으로 인한 느슨한 조직을 갖추고 있었으나 1778년 그리스도 안에 있는 교회로 확립되었다. 당시 그들 주변의 교회들은 형식주의와 영적인 메마름으로 교회의 역할을 다하지 못하게 되자 필립 오토바인과 마틴 뵘을 비롯한 여러 목사들이 장로교, 독일 개혁교회, 메노파, 그리고 루터교회를 떠나서 그리스도 안에 있는 연합형제들의 교회를 형성하였다. 교단은 1840년대에서 1880년에 회원들이 매소닉 라지(Masonic Lodges)나 비밀 사회에 회원이 될 수 있는지의 문제로 논란을 겪었다. 그러나 다수의 회원들은 그런 단체에 가입하면서 동시에 교회 회원으로 있었다. 마침내 다수 그룹들이 1946년 복음주의협회와 합동하였으며 복음주의 연합형제교회를 형성하였다. 그리고 연합감리교회를 형성하기 위해 1968년 감리교회와 연합하였다. 소수의 남은 그룹은 다른 교단들과 연합하여 그리스도 안에 있는 연합형제들의 소수로 남아 있다. 현재 교단은 비밀 단체에 회원은 교회의 회원이 될 수 없다. 이 교회들은 펜실베이니아, 오하이오, 인디애나와 미시간에 있다.

교회의 정치: 교단의 최고 기관은 총회로 4년마다 열린다.

선교와 교육: 교단은 미국 내의 선교는 전도와 개교회들을 돕고 있으며 코스타리카, 엘살바도르, 온두라스, 홍콩, 인도, 자메이카, 마카오, 멕시코, 미얀마, 니카라과, 시에라리온, 그리고 타일랜드에서 선교하고 있다. 교단은 인디애나 헌팅턴 기독교 대학과 대학원이 있고 시에라리온에는 중등학교들이 있다.

교리와 신앙: 복음주의이다.

쟁점에 대한 입장: 남성과 여성은 사역을 위해 안수 받을 수 있는데 장로로 한 번 안수한다. 매소닉 라지 같은 비밀 단체의 회원은 교회 회원이 될 수 없다.

본부: 302 Lake St., Huntington, IN 46750

구독일침례교 형제교회(OLD GERMAN BAPTIST BRETHREN)

설립: 1881

교인: 6,149

교회: 56

연혁: 교단은 형제파 교회들 중에서도 가장 보수적이다. 이들은 형제파 교회가 충분히 보수적이지 않다며 구질서와 전통을 회복하기 위해 1880년대 초에 형제파 교회를 떠났다. 이들은 주일 학교, 보수 받는 목사, 선교사, 고등 교육, 그리고 교회 협회 등은 구질서나 전통에 맞지 않는다고 생각했다. 이 교단은 전통이나 옛 규칙에 따른 관행을 그대로 유지하려는 정책 때문에 수많은 논쟁과 분열을 겪게 되었다. 대부분의 회원은 오하이오, 인디애나, 펜실베이니아, 버지니아, 캘리포니아, 그리고 캔사스에 있다.

교회의 정치: 회중제이며 개교회 자치제이다.

선교와 교육: 주일 학교, 선교사, 고등 교육, 교회의 연합을 위한 어떤 협회도 반대한다. 어린이는 주일 학교에 등록시키지 않고 10대에 세례로 교회에 가입케 하여 정규 예배에 참석케 한다.

신앙과 특징: 예배 때 음악은 음성으로만 하며 악기를 사용하지 않는다. 기도는 무릎을 꿇고 하며 설교는 회중이 선택한 목사가 하는데 사례는 없다. 남성과 여성의 좌석은 집회소에서 서로 반대편으로 한다. 찬송가는 자신들의 것으로 거의가 작사자가 카피한 것이다. 성찬은 닫힌 성찬이다.

금하는 것: 본질적인 것에서는 연합이지만 비본질적인 것에서는 자유가 없다. 따라서 이 교단은 금하는 것이 많다. 정부가 하는 전쟁을 반대했으며 교회원 중에서 군 복무자는 징계했다. 모든 세상적인 오락도 금한다. 술과 맹세와 법정 고소 역시 금지되었으며 여성의 머리는 가려야 하며 이전에 이혼한 사람의 결혼은 이전 배우자가 살아있는 경우 예식을 축하하지 않는다. 과학 기술의 발명품들 - 라디오, TV, 스테레오, 테이프 리코더, VCR - 은 가정에 두어서는 안 된다. 남자는 수염을 기르며 검소한 옷에 가끔 검은 모자를 쓴다.

연락처: 6952 North Montgomery County Line Rd., Englewood, OH 45322-9748

모라비안 교회(MORAVIAN CHURCH(UNITAS FRANTRUM)

설립: 1458

교인: 40,341

교회: 160

연혁: 모라비안 교회의 뿌리는 15세기 존 후스(John Huss, 1369-1415)파로 돌아간다. 이런 의미에서 본다면 모라비안들은 첫 개신교인들이었다고 볼 수 있다. 역시 이들은 현대 선교 운동을 이끌었으며 2세기 전에 교회 연합을 외롭게 외친 선구자들이었다. 존 후스의 별세 후에 그의 교훈을 따르던 사람들은 형제들의 연합(Unitasfratrum)을 조직하였는데 그 이름은 현재까지 그 교회의 이름으로 내려오고 있다. 그 연합의 초기의 지도자들은 왈도파로부터 안수를 받았으며 그 그룹을 통해서 사도적 승계를 주장하였다. 신앙은 단순했으며 성경에 대한 강조와 정치에 대한 수정의 강조, 그리고 평화주의에 대한 선호가 포함된다. 중세 가톨릭교회는 그들에게서 분열한 모라비안을 극심하게 박해하였다.

30년 전쟁 후에 모라비아에서 도피한 사람들은 삭소니의 진젠돌프 백작의 영지에 도피처를 마련하였다(1722). 보헤미아에서 온 다른 사람들과 함께 목사 로드(J. A. Roth)의 지도 아래 베르트 홀드 스드로프 루터교회에서 예배를 드렸다. 1724년 그들은 구형제연합에 따른 한 교회를 세우기로 결정하였다. 진젠돌프가 이 교회에 점차 관여를 하게 되면서 마침내 감독이 되었고 큰 영적인 각성을 경험하게 되었다. 진젠돌프가 죽은(1760) 후에 이 운동은 연합장로교회의 정치 체제 아래서 재조직되었으며 여러 해 영향력 있는 회장은 스펭겐베르크(A.G. Spanggenberg)였다.

교회의 정치: 교회는 세계적으로 하나이나 20개로 분립하여 다스리는 유니트가 있는데 이는 지역들로 불린다. 북미의 지역들은 북부(캐나다 포함), 남부, 그리고 알래스카 지방이 있다. 각 최고의 행정 기구는 지방 대회이고 거기서 선교사, 교육과 출판 사역을 지시하고, 대회 모임 간에 역

할을 하는 지방 장로 의회의 회원을 선택하기 위해 4년마다 모인다. 지방 대회와 총대회에 의해 선출되는 감독은 영적이지 행정적이 아닌 교회의 지도자이다. 최고의 권위는 세계 대회이다. 교회에는 몇 사람의 여성 감독들이 있고 근래까지 연합의 머리는 남아프리카의 앤젤리나 스위트이다.

선교와 교육: 모라비안 교회는 선교 운동의 주체였다. 1732년 초 니치맨과 도버(J.L. Dober)는 버지니아 아일랜드 성 토마스로 파송되었다. 이어서 그린랜드 사역(1733), 북미(1734), 랩 랜드와 남미(1735), 남 아프리카(1736), 라바돌(1771), 오스트레일리아(1850), 티벳 변방(1856)에 이르기까지 선교사를 파송하였다. 모라비안들은 1730년대에 조지아에 정착하려고 하였다. 그러나 그 사역의 결과는 오직 마음의 종교에 대한 요한 웨슬리(1703-1791)의 개종뿐이었다. 영구한 사역은 펜실베이니아와 북캐롤라이나에서 구축되었다. 19세기에 교회는 상중서부에서 독일인과 스칸디나비아인 이민자들을 도왔다. 근래에 미국에서의 성장은 중앙 아메리카와 캐리비안에서 주로 미국에 온 이민자들을 돕는다. 모라비안 교회의 선교사는 세계에 8,000명이 있으며 그 절반 이상이 탄자니아와 남아프리카에 있다. 교단은 펜실베이니아 베들레헴에 모라비안 대학과 신학교가 있으며 북캐롤라이나 윈스턴-살렘에 살렘 대학이 있다.

교리와 신앙: 이성주의와 논쟁에서 18세기 독일 복음주의를 이끌었다. 교회의 교리적 진술은 예수님의 생과 사에서 표명된 하나님의 사랑, 에큐메니즘, 그리고 사회적 정의를 포함하는 일상사에서 기독교인의 행위를 강조한다. 유아 세례에 더해서 성찬, 모라비안들이 지키는 애찬, 공동으로 먹는 단순한 음식이 포함된다. 미국에서 모라비안 교회의 가장 유명한 것은 부활절 새벽 예배와 크리스마스 이브의 애찬, 그리고 촛불 예

배이다. 1495년 이래로 교회는 분열이 없었다. 성경, 삼위일체의 하나님, 예수 그리스도, 죄와 구원 및 교회와 종말론은 복음주의와 같다.

쟁점에 대한 입장: 여성은 교회에서 안수된다.

본부: P.O. Box 1245, Bethlehem, PA 18016-1245

미국 복음주의 자유교회(EVANGELICAL FREE CHURCH OF AMERICA)

설립: 1950

교인: 150,000

교회: 1300

연혁: 교단의 뿌리는 19세기 후반 스칸디나비아 경건주의 부흥에서 연유하였다. 1800년대 후반에 스칸디나비아에서 미국으로 이민한 사람들은 주로 루터교인들이었으나 자유로운 신앙을 원하게 되면서 몇 개의 그룹을 형성하였다. 그 중에 한 그룹은 1884년 아이오에 스위스 복음주의 자유교회를 설립하였다. 또 다른 그룹은 매사추세츠 보스턴에서 1912년 노르웨이-덴마크 복음주의 자유교회협회를 설립하였다. 1950년 마침내 이 두 그룹이 미네소타의 미네아폴리스에서 합동하여 미국 복음주의 자유교회를 형성하였다. 교단의 275개의 교회들이 공통적인 원리, 정책과 관행에 근거하여 연합한 것이다.

교회의 정치: 교단에 가입한 각 교회의 회중제이다.

선교와 교육: 교단은 세계 40개국 이상에서 600명의 선교사들이 활동하고 있다. 교단은 역시 일리노이 디어필드에 있는 트리니티 국제 대학과 트리니티 복음주의 신학교를 지원하고 있다. 그 밖에 시카고, 일리노이, 마이애미, 플로리다, 그리고 캘리포니아 산타아나에 있는 대학 캠퍼

스들을 지원한다.

교리와 신앙: 교단의 이름이 그 정체성을 잘 드러내고 있는데 복음주의란 말은 복음의 지속적인 선포와 성경의 권위에 대한 헌신을 드러낸다. 이들은 본질적인 것에서는 연합을, 그리고 비본질적인 것에서는 자비라는 좌우명을 존중하며 모든 것에서는 예수 그리스도이다. 교회의 사역의 강조점은 사랑과 화해이다. 종말론에서는 역사적 전천년론을 따른다.

본부: 902 East 78th st., Minneapolis, MN 55420-1300

복음주의 언약교회(EVANGELICAL COVENANT CHURCH)

설립: 1885

교인: 101,003

교회: 800

연혁: 교단의 뿌리는 스웨덴 루터교회 안에서 영적 대각성 운동을 통한 개신교의 개혁에서 연유되었다. 스웨덴의 루터 교인이었던 이들 중에 다수가 미국의 중서부로 이민하여 첫 언약 교회를 세웠다.

교회의 정치: 회중제이나 독립적이 아니며 전통적이나 경직되지 않는다고 한다. 이 교단에 가입한 교회들은 십계명에 대한 순종과 대위임을 성취하는 데서 연합되었다. 교단의 최고 권위는 연회인데 목사들과 선출된 평신도로 구성된다.

선교와 교육: 교단은 세계 17개국 이상에서 교회들을 돕고 있다. 일리노이 시카고에 노스팍 대학교와 노스팍 신학교를 운영하고 있다. 그 밖에 15개의 은퇴자 공동체, 7개 주에 요양소, 두 개의 병원, 발달 장애인을 포함하는 성인을 위한 요양소, 세 개의 어린이 집, 가정 폭력 희생자들을

위한 사역, 그리고 몇 개의 캠프와 회의 센터 등을 운영하고 있다.

교리와 신앙: 이들은 종교 개혁의 원리에 따라 성경이 그들의 신앙, 교리, 그리고 생활의 유일한 규범임을 근거로 하여 사도 신경과 모든 교리적 해석을 강조한다. 이 교회는 루터교회에서 부족한 영적인 생동성을 회복하기를 원하며 그 방법으로 성경 공부, 기도, 그리고 함께 노래하는 작은 그룹으로 모인다. 따라서 이 교단은 중생의 필요성과 성령의 사역, 그리고 그리스도 안에 있는 자유의 실제를 강조한다. 또 신약 성경이 강조하는 구주와 주님으로서 예수 그리스도를 믿는 개인적 신앙을 강조한다.

본부: 5101 North Francisco Ave., Chicago, IL 60625

복음주의 회중교회(EVANGELICAL CONGREGATIONAL CHURCH)

설립: 1894

교인: 19,337

교회: 150

연혁: 교단의 시작은 1796년 제이콥 올브라이트(Jacob Albright, 1759-1808)가 조직한 복음주의 연합으로 알려진 운동이다. 1891년 복음주의 연합에서 분열이 발생했는데 이는 1894년 연합복음주의교회의 조직의 결과였다. 그리고 오랜 후 1992년에 분열에 치유를 시도했으나 연합복음주의의 일부는 합동의 계획에 만족하지 않았으며 1928년 복음주의 회중교회의 이름으로 남기로 하였다. 교단의 교회들은 뉴저지에서 일리노이까지 분포되어 있다.

교회의 정치: 감리교회의 감독 정치인데 교회의 재산은 개교회의 소

유이다. 교단은 복음주의연합회의 회원이다.

선교와 교육: 교단은 두 개의 은퇴자 마을과 신학교가 펜실베이니아 미어스톤에 있으며 여름 청소년 캠프와 복음 전도를 위해서 매해 네 번의 캠프 모임을 가진다. 세계 선교로는 북동 인도, 리베리아, 멕시코, 코스타리카, 그리고 일본에서 사역하고 있다. 교단의 정기 간행물로는 〈Window on The World〉(Global Ministries Commission) 가 있다.

교리와 신앙: 웨슬리안 - 알미니안이며 정신에서 복음주의이고 성경의 영감과 완전성 및 그리스도를 따르는 모든 사람들의 교제를 강조한다. 교회의 핵심 가치는 그리스도를 열망하는 것이며 잃은 자에 대한 동정심, 종의 지도력, 건강한 사역, 그리고 그리스도의 몸의 연합이다.

본부: 100 West Park Ave., Myerstown, PA17067

은혜 형제교회의 교제(FELLOWSHIP OF GRACE BRETHREN CHURCH)

설립: 1939

교인: 30,371

교회: 260

연혁: 은혜형제 교단은 1937년에 애쉬란드 대학과 신학교에서 발생한 분열로부터 생장하였다. 이 교회들은 보수적인 형제파로 비록 다른 복음주의나 근본주의 교단과 연관이 있기는 하지만 그들과 다른 점이 있다. 이들은 특별히 성찬의 성수를 강조하며 거기에는 애찬과 세족식이 포함된다. 이 교제의 강세 지역은 캘리포니아, 오하이오, 그리고 펜실베이니아이다.

교회의 정치: 회중적인 교회 정치를 강조한다. 교회들은 지교회의 자

치를 강조하지만 교회들은 해마다 열리는 지방과 전국 회의와 밀접한 관계를 가지는데 그것은 교회원에 관한 문제들에 대해서는 그 회의들을 구성하는 평신도와 목사 대표들의 투표로 하기 때문이다. 교단의 새 헌법은 1997년에 채택되었다.

교리와 신앙: 교단 자체의 신앙 진술이 있다. 거기서 성경 제일, 삼위일체, 신자들로 구성되는 교회, 의의 길로서 그리스도인의 생활, 세례와 삼중의 성찬, 사탄의 실재, 예수님의 재림과 장래의 생명이 있다. 다른 구별된 관행으로는 병자에게 기름을 바르며(약 5:14) 세속적인 오락을 금한다. 역시 교단은 성인 세례만 하는데 앞으로 세 번 침수하는 방식을 따른다.

본부: P.O. Box 386, Winona Lake, IN 46590

형제교회(CHURCH OF THE BRETHREN)

설립: 1708

교인: 134,844

교회: 1,069

연혁: 형제교회 중에서 가장 큰 교회로 알렉산더 맥(Alexander Mack)의 사역과 더불어 독일 슈바르체나우에서 형성되었다. 초기 형제파는 경건주의만큼이나 재세례자의 영향을 받았다. 이들은 그들의 신앙을 그리스도를 개인적으로 믿고, 기도하고 성경을 공부함으로 구현한다.

1719년 박해로 인해 한 그룹이 피터 베기의 지도 아래 펜실베이니아로 이민하였다. 그들은 맥이 1720년 홀랜드로 인도한 그룹과 더불어 독일 타운에 도착한 1729년까지는 미국에서 형제파의 지도력을 맡은 인물이 없었다. 18세기 늦게 형제파는 서부로의 운동을 따라 동부 미주리에 정착했으며 1948년 이들은 전도와 평화를 강조한 섬김 때문에 자유교회로 알려지게 되었다. 1935년 이래로 역사적 평화 교회인 형제파는 1941년에 구조와 복구 프로그램에서 세계적인 활동으로 발전한 봉사위원회를 조직하여 다양한 활동을 전개하였다. 교세가 강한 지역으로는 펜실베이니아, 버지니아, 매릴랜드, 오하이오, 인디애나와 일리노이 등이다.

교회의 정치: 교회의 정치에서는 회중제와 장로제를 겸했으며 최종의 권위는 선출된 대표들로 구성된 연회이다. 회중들은 3개 주에서 23개의 지역으로 조직하였다. 각 지역에는 한 명이나 그 이상의 전임 간사들이 있다. 교단은 그리스도의 교회들의 전국 카운실(1950)과 세계교회협의회 의 회원이다.

선교와 교육: 교단은 초교파적으로 협력하여 자원봉사의 선교를 한다. 그 내용들에는 기독교 시골 해외 프로그램, 국제하이퍼계획, 그리고 국제기독교청소년 교환 프로그램이 있다. 이들은 1948년 이래로 자원봉사자로 국내와 국외에서 1년 내지 2년간 섬길 자로 남녀 5,000명이 등록하였다. 그들은 이주 노농자들, 대도시 저소득층 거주자들, 감옥 재소자, 피난민, 학대 희생자 등을 돕는 일에 헌신한다. 그 밖에 제3세계에서 생산한 수공품 판매를 비롯해서 농업의 교환으로 1950년 폴란드, 1980년대 중국, 그리고 1960년 러시아 정교회와 함께 일했다. 교단의 교육 기관으로는 버지니아에 있는 브리지워터 대학과 펜실베이니아에 있는 엘리자베스 타운에 주니아타 대학, 그리고 캘리포니아에 라베른 대학교가 있다. 교단의 정기 간행물로는 〈Zion's Advocate〉가 있다.

교리와 신앙: 이들은 교리적인 문서를 원하지 않으나 기본적인 개신교 교리들을 받아들인다. 이들은 몇 가지 의식을 실행하고 있는데 그 중에는 1. 세 번 침수하는 신자의 세례 2. 애찬과 세족식 및 떡과 잔에 참여

3. 맹서 대신에 선서 4. 손을 얹는 안수가 있다.

본부: 1451 Dundee Ave., Elgin, UK 60120

형제교회, 오하이오(BRETHREN CHURCH(ASHLAND, OHIO))

설립: 1883

교인: 10,381

교회: 120

연혁: 1882년 형제교회에서 이에 보다 더 진보적인 회원들이 주류 교단에서 탈퇴하였는데 그 목적은 교육받은 목사와 사례, 주일 학교 반, 선교 프로그램, 회중제 교회 정치, 예배에서의 자유 및 복장에서의 자유를 위해서였다. 보다 더 보수적인 신자들은 은혜형제교회를 형성하였다.

교회의 정치: 교단은 두 개의 사역 카운슬이 있는데 이는 미국과 외국에서 사역을 감독하기 위함이다. 이사회가 교회들을 대신해서 다스린다.

선교와 교육: 교단은 교회의 건강과 국내외 전도, 그리고 세계의 구조 활동을 위해 다른 교회들 및 기관들과 협력한다.

교리와 신앙: 신학적으로 형제교회는 구원에 관한 칼빈주의와 알미니안주의 조망 사이에서 균형을 이루려고 한다. 그러나 형제파에서는 생활 양식이 더 중요하다. 교회는 신자들을 산상 설교에서 계획된 길로 인도하는 것이다. 그럼에도 1920년대와 1930년대에 미국 기독교를 뒤흔든 근본주의자 대 현대주의자 논생 기간에 분열의 고통을 경험하였다. 그럼에도 이들은 교리보다 생활을 강조하며 산상 수훈이야말로 신자들이 세상에서 보여주어야 할 중요한 역할로 강조한다. 교리는 복음주의를 따른다. 교단의 정기 간행물로는 〈The Brethren Evangelist〉가 있다.

본부: 524 College Avenue, Ashland, Ohio 44805

형제파와 경건주의 교회 참고 자료: www.bic-church.org, E. M. Sisder, Brethren in Christ in DCA,185-186,Frank S. Mead, Samuel S. Hill, Craig D. Atwood, Op.cit., Eileen W. Linder, 2007 Yearbook, Shelley Steig, Op.cit., www.ub.org, Ron Rhodes, Op. cit., www.cob.net.org, en.wikipedia/wiki/ Old German Baptist Brethren, www.moravian.org, Jerald Brauer, Ed., Op.cit., 572, Gen.E d.,Op.cit., 153, www.efca.org, Drew Blankman & Todd Augustine, Ed., Op. cit., www.covchurch.org, www.eccenter. com, www.fgbc.org, www.brethren.org, www.brethrenchurch.org.

17. 기독교와 회복주의자 교회들(CHRISTIAN AND RESTORATIONAL CHURCHES)

(1) 개요 및 역사

이 운동은 19세기 초 펜실베이니아와 켄터키의 부흥의 결과이며 주로 기독교회(그리스도의 제자파)의 설립으로 귀결되었다. 많은 사람들이 미국 혁명(1775-1783) 후에 서부로 이동했고 곧 그 변방은 다양한 교파의 회원들로 넘쳐나게 되었다. 사람들은 미지의 영역에서 생존을 위해 노력했고 함께 일하는 것 이외에 이웃의 교파에 대해서는 관심이 적었다. 1800년대 초 제2차 대각성 운동의 부흥의 물결이 미국 전역을 휩쓸었다. 그 때의 설교자들은 교파는 그들을 분리시키는 경향이 있다고 믿었기 때문에 기독교인들의 연합에 관심이 많았다. 그들은 제1세기 교회가 누렸던 기쁨과도 같은 연합을 회복하려 하였다. 그러나 그들에게는 이 회복의 노력을 위한 결집된 조직이 없었다. 그 당시 회복 운동은 다른 대표자들 아래서 몇 개의 다른 지역으로 분산되어 있었다.

이 운동의 두 명의 중요한 지도자는 토마스 캠벨(Thomas Campbell, 1763-1854)과 그의 아들 알렉산더(Alexander, 1788-1866)였다. 두 사람은 전에 서부 펜실베이니아에서 장로 교인이었다. 그들의 궁극적인 목표는 기독교를 제1세기 뿌리로 되돌리는 것이었다. 이들은 이전에 교제와 성찬을 위한 기초가 되는 장로교 신조들과 신앙 고백 작성을 거부한 때문에 펜실베이니아 교회 지도자들에 의해 비판을 받았다. 따라서 토마스는 신조가 분열로 이끈다고 생각했다. 그는 성경은 누구나 이해하기에 충분하며 신조들은 필요가 없다고 생각했다. 교회 회원은 신약 기독교의 믿음과 생활에만 근거해야 한다. 따라서 그는 워싱턴 카운티의 기독교 연합으로 부르는 새로운 그룹을 세우기로 결심했으며 이 협회야말로 초대 기독교로 돌아가는 시작이 될 것으로 기대했다.[114] 그리고 이에 걸맞는 『선언과 제언』(Declaration and Address)을 출간했다. 이것이 회복운동의 헌장이 되었다. 그는 교회의 분열은 반기독교적이며 혼란을 낳는다고 주장하였다. 그는 신조를 사용하는 대신에 "성경이 말씀하는 데서 우리는 말하고 성경이 침묵하는 곳에서 우리는 침묵한다"를 교회의 표어로 하였다. 토마스는 그 연합이 다만 그리스도의 주 되심과 성경의 권위 아래 있기를 추구해야 한다고 믿었다. 수년 후인 1811년 토마스와 그 보다 덜 학적이고 보다 더 역동적인 아들 알렉산더는 펜실베이니아 브러시 런(Brush Run)에 새로운 교회를 형성했다. 거기서부터 회복 운동은 서부로 퍼져나가기 시작했다. 그는 그의 아버지의 원리를 지속적으로 적용하였다. 그는 무신론, 몰몬교, 유니테리안주의, 분파주의, 감정주의, 심지어 노예제도에 이르기까지 과감하게 논쟁하였다. 그러나 교회의 연합을 이루는 데는 실패하였다.

그의 비신조적 교회는 미국에서 첫 번째 독립 교단이 되었다. 다시 말하면 교단 아닌 교단이 되고만 것이다. 비록 이들의 추종자들은 종종 켐벨파로 불렸으나 그들은 그 회원들을 단순히 그리스도의 제자로 부르는 것을 선호했다.

19세기 회복 운동의 다른 중요한 인물로는 감리교 목사 제임스 오켈리(James O'kelly, 1757-1826), 침례교의 애브너 존스(Abner Jones, 1772-1841), 그리고 장로교인 바톤 스톤(Barton W. Stone, 1772-1844)이었다. 이들은 1800년 초 제2차 각성 운동이 테네시와 켄터키를 휩쓸 때 교파적인

---

114 Ron Rhodes, *The Complete Guide to Christian Denominations*, 113-114.

혹은 교리적인 구별 대신에 개종의 필요에 맞춰 설교하였다. 바톤 스톤은 1801년 8월 7일에 시작된 켄터키 케인리지 부흥의 도구였다. 부흥 집회는 한 주간씩 지속되었는데 10,000명에서 25,000명까지 참석하였다. 스톤의 생각은 구원은 교회의 가입과 상관이 없다는 것이었다. 그는 모든 교파적인 속박을 깨뜨리려고 했으며 더 크게는 그리스도의 몸과 연합이 양육되고 누릴 수 있게 되어야 한다고 생각했다. 캠벨과도 같이 그는 인간의 신조들로 구속되는 것을 원하지 않았다. 스톤은 성경만이 신앙과 생활의 규범이 되어야 한다고 믿었다. 오켈리, 존스, 그리고 스톤이 이끄는 그룹들은 오랜 연속되는 회의를 통해 6개의 기본적인 기독교 원리들에 동의하게 되었다.

1. 그리스도만 교회의 머리시다.
2. 신앙과 관행의 충분한 규범의 성
3. 회원의 평가의 잣대로서 기독교인의 인격
4. 삶의 방식으로서 성경의 개인적 해석의 권리
5. 그리스도의 추종자의 가치로 취해진 이름 기독교인
6. 세상을 구원하는 데서 함께 일하는 기독교인의 연합[115]

1832년 스톤의 10,000명의 추종자 기독교인들과 알렉산더 캠벨의 추종자 12,000명의 제자들이 역사적인 연합을 이루었다. 그들은 기초적인 믿음과 목표들에 동의하고 켄터키의 렉싱턴(Lexington)에서 악수함으로

---

[115] Frank S. Mead, Samuel S. Hill, Craig D. Atwood, *Handbook of Denominations in The United States*, 224.

연합했다. 그러나 그들은 하나의 이름으로 동의하기는 힘들었고 마침내 두 개의 이름, 기독교인과 제자를 그대로 갖기로 결정했다. 이 광범한 연합이 교회들의 형제애로 작용하였다. 시민 전쟁(1861-1865)을 이어 이 운동은 급속하게 성장하여 설립되던 1832년에 22,000명에서 시작해서 1900년에는 100만 명 이상이 되었다. 성장은 오하이오, 일리노이, 미주리, 인디애나, 그리고 테네시에서 두드러졌다. 그러나 기독교회의 시발자들의 목적은 모든 교회가 단순한 복음적인 기독교로 회복되고 모든 참된 기독교회들과 교단들이 예수 그리스도의 주 되심과 성경의 권위 아래 연합하는 것이었다. 이처럼 기독교는 하나가 되어야 한다는 생각에서 시작되었고 하나로의 연합을 추구했으나 이를 위해서는 단체의 조직이 필요했으며 마침내는 또 하나의 단체로서 교단이 되고 말았다. 그리고 그들 안에서도 의견의 차이로 분열을 피할 수 없게 되었다. 기독교회를 하나로 연합하려는 시도는 어쩌면 순진한 이상론이었는지 모른다. 근래에 세계교회협의회의 운동은 이를 극명하게 보여주는 실례가 아닐까 생각한다.

  1906년 종교적인 인구 조사에서는 보다 전통적인 그리스도의 교회들과 보다 자유주의적이며 포괄적인 그리스도의 제자 사이를 구별하였다. 그런 구별은 1927년 보수적인 독립 그룹들에 의한 북미 기독교대회의 형성으로 확증되었다. 기독교회(그리스도의 제자)는 가장 많이 회복주의 교회들의 관행을 따랐다. 개교회의 지역 자치, 복수의 장로, 매주 성찬, 교회 회원의 조건으로서 죄를 사하는 물에 잠기는 세례이다. 근래에는 교회원에 침수 세례를 받지 않은 교인도 받아들인다. "교리 아닌 그리스도, 책이 아닌 성경"이 이들의 표어라고 할 수 있다. 그리스도의 동정녀 탄생, 그의 선재, 그의 죄 없으심, 그의 신성의 교리는 교회 회원이 되는 조건이 아니다. 이들은 교회 연합에 적극적이며 교회협의회 회원이고 세계교회협의회 회원이다. 1986년 북미에 전체 교회는 4,227개였고 교인 수는 1,111,357명이었다.[116]

(2) 기독교회의 주요 인물

바톤 스톤(Barton W. Stone, 1772-1844)은 장로교 목사로 1772년 12월 매릴랜드의 포트 타바코에서 출생했다. 스톤은 학교 교사로 교육을 받았으며 장로교 목회자가 되었다. 그는 켄터키 케인리지에서 교회를 섬겼으며 1801년 케인리지 부흥의 주역이 되었다. 그는 교리를 부인하고 오직 성경만을 신앙과 생활의 규범으로 삼았다. 그는 스프링필드 노회와 관계를 끊고 『The Last will and Testament of the Springield Presbytery』를 출간했다. 이는 기독교회 문서 중의 하나로 그 교회의 발전 요인으로 간주된다. 그를 따르는 그룹은 그들 스스로를 단지 기독교인으로 불렀다.

토마스 캠벨(Thomas Cambell, 1763-1854): 캠벨은 아일랜드의 카운티에서 1761년 2월 1일 출생했다. 그는 1807년 스코틀랜드에서 미국으로 왔다. 성찬의 용어로서 장로교의 교리 사용을 거부함으로써 펜실베이니아 교회로부터 징계를 받았다. 1808년 그와 다른 사람들이 펜실베이니아 위싱턴 기독교협회를 설립했다. 이들은 제자파에 의해 잘 알려진 표어를 채택했다. "우리는 성경이 말하는 데서 말하며, 성경이 침묵하는 데서 침묵한다." 이들은 제1세기 교회로 돌아가는 회복 운동을 펼쳤으며 초대 교회로의 회복을 원했기 때문에 개혁자들로 불렸다. 펜실베이니아 위싱

---

[116] T. L. Mielthe, Christian Church(Disciples of Christ), in Ed., Daniel G. Reid, Robert D. Linder, Bruce L. Shelley, Harry S. Stout, Dictionary of Christianity in America, 23-254.

턴 근처에서 캠벨과 그의 아들 알렉산더는 1815년 인근 침례교협회의 일부가 된 기독교협회를 설립했다.

개혁자들과 침례교인들은 중요한 문제에서 서로 달랐다. 따라서 개혁자들은 침례교와의 관계를 끊었다. 협회는 제자들로 알려지게 되었다. 캠벨의 열정은 지상에 있는 그리스도의 교회는 본질적으로나 의도적으로, 그리고 구조상으로 하나라고 하였다. 이는 토마스 캠벨의 선언과 제언의 핵심이며 기독교회(그리스도의 제자)의 헌장이 되었다.

알렉산더 캠벨(Alexander Campbell, 1788-1866): 알렉산더는 아일랜드의 안트림 카운티에서 1788년 9월 12일 출생했다. 그는 장로교회에서 성장했으며 스코틀랜드 글라스고우 대학교에서 공부했다. 1809년 스코틀랜드에서 미국으로 왔으며 그의 아버지와 협력했다. 그는 아버지와 목적과 정신, 그리고 사역에서 하나였다. 그는 1823년 계간지 〈The Christian Baptist〉를 창간하였다. 그러나 침례교회와 관계를 끊으면서 캠벨은 새로운 잡지 〈Millennial Barbinger〉를 창간했다. 그는 가톨릭을 비롯해서 사회적 이슈가 다른 사람들과 과감하게 논쟁하였다.[117]

(3) 기독교회 교단

기독교회와 회복주의 교회들(스톤-캠벨 전통) **국제 그리스도의 교회**(INTERNATIONAL CHURCHES OF CHRIST)

설립: 1979

교인: 79,161

교회: 99

---

117 Harold Rabinowitz and Gerg Tobin, *Religion in America*, 176-177.

연혁: 국제그리스도의교회는 회복 운동의 기독교 그룹 중에서 가장 논란이 많은 그룹이다. 1979년 30명으로 시작된 이 교회는 10년 안에 19,172명으로 성장하였다. 가장 빠르게 성장하는 그룹으로 자신들은 교단이 아니며 지나치게 중앙화된 권위와 분리된 자치 모두를 경계한다고 주장한다. 설립자 킵 매키안(Kip Mckean, 1955-)은 1960년대 플로리다의 게이니스빌에서 찰스 루카스에 의해 시작된 크로스로드 운동에서 전도사였다. 따라서 국제그리스도의교회는 크로스로드의 복음 전도에서 많은 것을 차용하였다. 맥키안의 로스앤젤레스 교회는 6,000명의 큰 교회이다. 교단은 1979년 30명으로 시작해서 10년 안에 19,172명으로 성장했으며 현재는 105,000명의 회원이 되었다. 세계 155개국에 650 가족이 있다.

교회의 정치: 교단이 아니라 오순절에 시작된 첫 교회를 회복한다고 주장한다. 따라서 권위의 중앙화를 피하려고 한다고 하나 성경의 해석까지도 권위와 순종의 피라미드 구조에서 수위로 섬기는 설립자 맥키안에 의해 준비된 해석에 따라야만 한다. 이 교회들은 다른 회복 운동의 교회들처럼 회중제의 정치가 아니며 제일 상위에 있는 맥키안의 로스앤젤레스교회의 피라미드 구조 안에 연계되어 있다.

선교와 교육: 교단은 특별히 대학의 캠퍼스에서 대학생들에게 적극적인 전도를 펼치고 있으며 그 전도 방법은 제자를 삼는 것이다. 교회 회원이 된다는 것은 제자가 된다는 것이며 제자로서 다른 사람을 제자로 만들어야 한다. 그리고 제자는 그를 제자로 전도하여 제자가 되게 한 자로부터 모든 개인적인 결정, 예를 들면, 데이트나 결혼도 허락을 받아야 한다. 회원들은 장래 참고를 위해 기록되는 그들의 모든 죄의 고백이 요구된다.

교리와 신앙: 교리는 다른 회복 운동 교회들처럼 중요하지 않다. 다만 성경에 근거하는 신앙을 중시하며 구원은 하나님의 역사에 온전히 의지함으로 받는다고 한다. 그러나 제자된 신앙에 회개와 순종으로 세례를 받아야 구원 받는다고 한다. 페퍼다인 대학교가 2012년에 발표한 핵심 신앙의 진술을 요약하면 아래와 같다.

1. 기독교인의 영원한 목적은 하나님을 알고 그에게 영광을 돌리며 우리의 삶이 빛을 발함으로써 다른 사람들이 하나님을 볼 수 있게 하는 것이다.
2. 우리의 신앙의 초석은 예수 그리스도시다.
3. 성경은 영감되고 무오한 하나님의 말씀이다.
4. 우리의 구원은 전적으로 하나님의 역사에 의존한다. 구원은 하나님의 자비와 은혜이지 우리의 선행이 아니다.
5. 우리의 지상의 사역은 예수 그리스도의 복음을 세상의 모든 곳에 전함으로 잃은 자를 찾아 구원하는 대위임에 각 회원이 참여하는 것이다.
6. 우리의 하나님 사랑, 서로 간에 사랑, 그리고 잃은 자에 대한 사랑의 동기는 하나님께서 우리를 사랑하시고 우리를 위해 십자가에서 예수 그리스도의 희생적인 죽음에 의해서 가장 위대한 형태로 증명된 사랑에 고무되는 것이다.

본부: 530 Wilshire Blvd., Ste. 1750, Los Angeles, CA 90010

그리스도의 교회 (CHURCHES OF CHRIST)
설립: 1906(뿌리는 1804)

교인: 1,500,000

교회: 15,000

연혁: 교단은 공통의 신앙과 관행을 통해서 서로가 연합한 자치적인 기독교 회중으로 매우 보수적인 성향의 교회이다. 그리스도의 교회는 그리스도의 제자들의 일부로 19세기 후반 기독교회가 선교사 협회를 따라가는 것은 교단의 중앙화로 이끌게 되고 지교회의 자치권을 축소시킬 것이라고 보았다. 또 악기의 사용의 허용도 불편했다. 더 나아가 여성의 역할 증대와 성경에 대한 고등 비평의 견해를 따르기도 하고 유신론적 진화론을 포용하는 이들도 있었다. 또 제자파의 경향으로 에큐메니컬 운동에 적극적이었는데 이는 교회의 표어인 "성경이 말하는 데서 우리는 말하고 성경이 침묵하는 데서 우리는 침묵한다"와 맞지 않았다. 1906년 문제들이 발생했다. 의견을 달리하는 보수주의자들은 교제에서 탈퇴하여 그리스도의 교회로 불리는 새 교단을 형성했다. 이들은 회복 운동에서 나온 교회들 중 신학과 관행에서 가장 보수적이다. 악기 사용과 선교사 협회를 선호하는 교인들은 그대로 그리스도의 제자교회에 남았다. 오늘날 기독교회(그리스도의 교회)는 미국의 50개 주 모두에 있으며 남부와 남서부에서 그 세력이 강하다. 세계에는 4,3000개의 교회와 2,634,338명의 교인이 있다.

교회의 정치: 교회는 전반적으로 공식적 조직이 없는 교회들의 형제로 생각한다(이들은 교단적 이름을 붙이는 것을 배격한다). 그러나 점차 복음주의 교단들의 방식을 받아들이고 있다. 각 지역 교회들은 완전하다. 그러나 각 지역 교회들은 교제의 폭넓은 협의회로 부름 받았다고 한다.

선교와 교육: 이들은 건축과 고아원 운영, 노인 아파트, 대학과 대학교, 그리고 학교에 협력한다. 그리스도의 교회는 24개의 성경 대학, 인문 대

학과 대학교, 그리고 27개의 고등학교 혹은 초등학교를 지원하고 있다. 또 100여 개의 정기 간행물, 신문, 그리고 잡지들을 출판한다. 가장 오래된 출판물은 〈복음의 변호자〉(The Gospel Advocate)로 1850년 이래로 꾸준히 발행하고 있으며 단 한번의 예외는 배달이 힘들었던 시민 전쟁 기간뿐이었다.

교리와 신앙: 교회에는 특별히 작성된 교리가 따로 없다. 다만 성경관에서 복음적일 뿐이다. 성경은 영감되었으며 무오하고 신앙과 생활의 유일한 권위이다. 신조들은 그리스도의 몸 안에서 분열을 낳는다고 생각하기 때문에 배격한다. 성찬은 매 주일마다 시행한다. 교단은 성경에 근거하여 하나님이 구원하시는데 여기에 더해서 복음을 듣고(롬 10:17; 요 8:32), 그리스도를 믿으며(히 11:6; 요 20:31), 죄를 회개하고(눅 13:3; 행 17:30), 입으로 하나님의 아들로 예수 그리스도를 고백하며, 신약의 교훈에 삶을 헌신하고 죽을 때까지 하나님께 충성할(계 2:10) 것을 가르친다.

종말론: 원래 종말론은 알렉산더 캠벨의 후천년론을 지지했으나 세계 1차 대전 이후에 무천년론으로 변했다. 다음은 교회가 주장하는 원리들이다. 그리스도는 교회의 머리이시다. 모든 교회원들은 영적으로 동등하며 섬김의 사역으로 부름 받았다. 신자들은 자원하는 계약으로 서로 묶여 있다. 각 신자는 복음의 해석에서 양심의 완전한 자유가 있다. 성경은 믿음과 관행의 문제에서 우리의 안내자로 완전히 충분하며 개인들을 영감하고 각 회중을 위해 신선한 빛과 진리로 교회를 지도한다.

구별되는 점: 찬송은 악기 없이 부른다.

본부: P.O. Box 726, Kosciusko, MS 53090

기독교회; 그리스도의 제자(CHRISTIAN CHURH; DISCIPLES OF CHRIST)

설립: 1932

교인: 788,965

교회: 3,717

연혁: 기독교회는 회복 운동에서 발생한 교단으로 1832년 바톤 스톤의 1만 명의 교인과 토마스와 알렉산더 캠벨의 12,000명의 교인들의 연합으로 시작되었다. 그리고 이 두 그룹의 연합은 두 개의 이름 즉 기독교인과 제자들로 불려지게 되었다. 19세기에 이 교회는 가장 빠르게 성장하는 미국의 토착 기독교가 되었다. 이들의 목표는 단순한 복음적 기독교의 회복이요 예수 그리스도의 주 되심과 성경의 권위 아래 모든 참된 기독교회와 교단들의 연합이었다. 그러나 얼마 지나지 않아 보수와 진보 사이에 갈등이 생겼다. 보수주의자들이 선교사 협회의 발전을 반대하므로 탈퇴하였다.

그들은 그 발전을 중앙화로 해석하였으며 이는 지역 교회의 독립성을 약화시킨다고 본 것이다. 보수주의자들은 역시 예배에서 악기(오르간) 사용을 반대하였다. 그들은 그런 것들이 신약 성경에서 발견되지 않기 때문에 교회의 일부가 되어서 안 된다는 것이다. 의견을 달리한 보수파는 1927년 북미기독교협회(기독교회)를 형성하였다. 반면 악기와 선교협회를 허용한 진보파는 그리스도의 제자들로 알려지게 되었다. 1968년 그리스도의 제자들은 그들의 국내 전도와 구조를 강화했으며 선교와 전도를 협력하기 위해 총회를 형성했다. 그때 그들은 기독교회(그리스도의 제자들)를 재조직했다. 전체 교회 중에는 397개의 흑인 교회, 80개의 히스패닉 교회와 58개의 아시안 교회들이 있다. 연락 사무실은 인디애나폴리스에 있고 교회의 출판국은 세인트 루이스에 있다.

교회의 정치: 기독교회는 매 2년마다 총회를 개최하며 전체 교회에서 8천 내지 1만 명의 평신도와 교역자들이 모인다. 160명의 투표 위원의 조직인 일반위원회에서 교회를 위한 장기 계획과 일반적인 정책을 설정하기 위해 매년 모인다. 44명의 투표 위원으로 구성된 집행위원회는 2년마다 모인다. 각 교회는 자체의 재산과 자체의 예산 및 사역을 통제한다. 목사는 각 교회에 의해 목회하도록 청빙된다. 각 지교회는 정치에서 자치적이다.

가입단체: 미국 교회협의회와 세계교회협의회 형성에 기여하였으며 그리스도연합교회와 완전한 성찬을 교류하며 로마 가톨릭교회, 러시아 정교회, 그리고 개혁교회 세계 연맹과 신학적인 토론에 참여한다.

선교와 교육: 교단의 교인 수의 증가는 피츠버그에서 샌안토니오에 이르기까지 광범위한 지역에서 이루어지고 있다. 21개의 대학교, 신학교가 이 교단과 연계되어 있으며, 제일 큰 것은 텍사스 기독교 대학교(Trxas Christian University)이다. 교단의 정기 간행물로는 〈Disciple World; World; Call to Unity〉가 있다.

교리와 신앙: 신학적인 경향은 초대 교회로의 회복 운동이나 자유주의와 유사한 점도 있다. 성경은 유일한 교회의 권위이며 예배, 권징, 그리고 교회의 정치를 위한 지침을 준다. 표어는 "성경 밖에는 다른 책이 없다"는 것이다. 성경은 신앙과 행위를 위한 유일한 근거이다. 성경의 해석에서 교회 회원들은 성령의 인도하심으로 그들의 양심을 따르는 데서 자유롭다. 각자는 신학에 관해서는 자신의 개인적 확신을 따를 수 있는 자유가 허용된다. 삼위일체의 하나님, 예수는 그리스도, 성령은 복음주의와 같다. 그러나 그리스도의 절대적 신성, 선재, 동정녀 탄생, 그리고 무죄는 회원을 위한 요구 사안이 아니다. 원죄를 믿지 않지만 사람은 죄인

이며 구원은 하나님의 은혜와 사랑의 값 없는 선물이다. 성례는 세례와 성찬이며 세례는 침수로 성인만 하고 유아는 세례 대신에 헌아식을 한다. 회원들은 재림, 천국, 그리고 지옥 같은 문제에서 자신들의 견해를 따르는 것은 자유다. 대부분 믿는 기독교인들은 천국에서 하나님과 영원히 함께할 것으로 믿는다.

쟁점에 대한 입장

낙태: 각 개인의 신앙 양심의 자유이며 여성의 권리이다. 낙태에 관한 특별한 종교적 견해를 입법화 하는 것을 반대한다.

산아 제한: 책임 있는 가족계획을 지지하며 그 결정은 신자 각 개인과 부부에게 맡긴다.

사형: 사형 제도를 반대한다.

동성애: 성적인 취향에 관계 없이 인권을 지원한다. 동성애에 대한 견해는 지역마다 다르다.

방언과 성령의 은사: 방언을 하는 것은 제자파에서 일반적이 아니다. 그러나 성령을 통한 사역의 은사들을 확언한다. 예배의 방식은 전통적이다.

여성목회: 19세기 이래로 제자파는 사역을 위해 여성의 안수를 해왔다. 2002년 제자파의 목회자 중에는 23%가 여성이다.

연락처: Communications Ministries, 130E, Washington St., P.O. Box1986, Indianapolis, IN 41266-1986, Phone; (317)635-3100; Fax: (317)635-3700

기독교회와 그리스도교회(CHRISTIAN CHURCHES AND CHURCHES OF CHRIST)

설립: 1927

교인: 1,071,616

교회: 5,579

연혁: 그리스도의 제자파 기독교회 안에서 몇 가지 사건들 때문에 보수주의자들로 하여금 그 교회와의 관계를 끊고 새로운 대회를 세우게 하였다. 그 첫째 이유는 제자파 교회의 교단적 권위의 집중화였다. 이는 지역 교회의 자치권의 약화로 보였다. 둘째, 제자파 교회는 신학과 관행에서 자유주의가 점차 증대하였다. 거기에는 성경의 고등 비평을 받아들이는 것과 예수님에 대한 보다 낮은 견해가 포함되었다. 셋째, 침수로 세례 받지 않은 신자들을 다른 교회로부터 이적 회원으로 받아들였다. 이는 기독교의 신약 형태로의 환원을 추구했던 목표를 반대하는 것이라고 믿었다. 그리고 마지막 이유는 제자파 교회는 점차 교회 연합이 증대되고 있었다. 이에 의견을 달리하는 보수주의자들은 1927년 그리스도의 제자파에서 분리하여 기독교회와 그리스도의 교회의 분리된 교제를 이룬 북미 기독교 대회를 형성하였다. 이는 1920년대 미국에서 근본주의 대 현대주의의 논쟁의 경향이기도 했다.

교회의 정치: 북미 기독교 대회는 연례 설교와 교수 모임으로 매년 6월에 2만 명이 모이며 전국 선교사 대회는 매년 가을 3-5천 명이 모인다. 각 교회는 자치적이다. 교회는 그 자체의 지도자를 선택하고 청빙하며 자체의 목사들을 지원한다. 정치는 회중제이며 대회는 지교회를 간섭할 권위가 없다.

선교와 교육: 대회는 선교하고 가르치는 좋은 교제를 위해서 모인다. 이들은 전도를 위해 19세기에 널리 쓰였던 캠프 집회를 아직도 활용하고 있다. 다양한 회중들은 대부분 설교자를 훈련시키고 있는 20개 이상의

대학들을 지원하고 있으며 회복 운동과 연계된 대학은 39개이다. 교단의 출판사는 오하이오 신시내티에 있는 표준 출판사이다. 교회는 중서부에서 강세이며 20세기 말에는 서부 해안에서 성장세가 뚜렷하다.

교리와 신앙: 대회는 신조나 신앙의 공적인 고백도 갖지 않았다. 다만 신약은 신앙의 유일한 권위로 간주된다. 이들은 특별히 바톤 스톤 전통을 따른다. 따라서 이 교회의 표어는 "본질적인 것에서는 연합을, 비본질적인 것에서는 자유를"이다. 교리가 아니고 그리스도이며 책이 아니고 성경이며 법이 아니며 사랑이다. 그러나 새 대회는 모든 형태의 자유주의를 강하게 반대하였으며 근본주의자의 믿음을 변호하였다. 보수적인 교회들은 사도적 교회가 피아노, 파이프 오르간이나 전자 기타가 없었으므로 이를 본받아 악기 사용을 금하며 반주 없이 찬양한다. 성경, 예수 그리스도, 성령, 구원과 종말에서 개략적으로 복음주의이다. 침례는 교회 회원의 조건이며 성찬은 매주 행한다. 신약 성경은 기독교회와 그리스도의 교회의 주된 권위이며 이는 구약이 구약 시대에 유대인들을 위한 권위였던 것과도 같다고 한다.

쟁점에 대한 입장: 낙태, 생명 윤리, 안락사, 그리고 동성애 모두 반대한다. 금하는 것은 없다.

연락처: Standard Publishing, 1821 Hamilton Ave., Cincinnati, OH 45231; Phone; (513)931-4050

기독교 회중, 법인(CHRISTIAN CONGREGATION, INC)
설립: 1887
교인: 119,391

교회: 1,439

연혁: 기독교 회중은 법적인 조직이 아닌 종교적 협의체로 1798년에 시작되었다. 1800년 초 이 그룹은 비록 공식적으로 바톤 스톤의 그룹으로 시작되지 않고 하나의 유기적인 연합이었지만 바톤 스톤(Barton Stone)이 이끈 회복 운동과 자유롭게 연합되어 있었다. 1887년 기독교 회중은 이런 교회들이 서로 간에 더 친밀한 공적인 협의체를 원했기 때문에 구별된 실체로 연합하였다. 이들은 존 채프만(John Chapman)과 존 퍼킷(John I. Puckett)의 설교에 영감을 받았다. 현재 기독교 회중은 캐롤라이나, 펜실베이니아, 켄터키, 버지니아, 오하이오, 테네시, 그리고 텍사스에서 강세를 보이고 있다. 그리스도의 교회는 교리나 의식이 아니라 하나님께 대한 개인적인 관계 위에 세워졌다고 주장한다.

교회의 정치: 교회의 정치는 기본적으로 회중제이다. 지역 연합은 절반의 자치제이다. 이들의 헌장은 1898년에 개정되었으나 1970년에 다시 개정하였다. 이 교회는 교회의 연합의 기초가 되는 수단은 교리적인 동의가 아니라 사랑이라는 사실이라고 주장한다.

선교와 교육: 기독교인 회중은 주로 교외와 산악 지역에서 전도 사역을 활발하게 하고 있다.

교리와 신앙: 기독교인 회중에서 강조되는 철학은 요한복음 13:34-35절에 근거하고 있다. "새 계명을 너희에게 주노니 서로 사랑하라 내가 너희를 사랑한 것 같이 너희도 서로 사랑하라 너희가 서로 사랑하면 이로써 모든 사람이 너희가 내 제자인 줄 알리라." 모든 생명에 대한 존중이야말로 그리스도의 명령에 본질적인 것이라고 보아 서로 사랑하라는 이 철학은 역시 그리스도의 교회가 모든 인종적이며 민족적인 경계를 초월하는 것이 필요하다는 것이다. 기독교 회중의 회원 간 교리적 믿음의 폭

이 넓어서 한 편에 근본주의자에서부터 오순절파가 그 끝이며 다른 편 끝에는 자유주의자와 인본주의자가 있다. 기독교 회중은 믿음의 다양성 때문에 하나님, 예수, 죄, 구원, 그리고 종말에 대한 대표적인 언급이 없다.

쟁점에 대한 입장: 사랑을 강조하기 때문에 기독교 회중은 낙태, 사형, 인종 차별, 그리고 전쟁의 모든 형태를 강하게 반대하는 입장을 취한다. 교리적 입장은 강하게 성경적이면서도 윤리적인 입장은 어떤 점에서 보편구원론자의 원리를 따른다.

그리스도의 교회는 교리나 의식 위에 세워지지 않았고 오로지 하나님께 대한 개인적인 관계라고 한다. 성경의 윤리적인 요구는 모든 민족과 인종의 장벽을 초월하며 평화를 위한 행동주의에서 모든 사람들이 연합해야 한다고 믿는다.

본부: 812 W. Hemlock St., LaFollstte, TN 37766

회복주의자 교회 참고 자료: www.icoc.org, https://en.wikipedia.org/wiki/Internatioal Church of Christ, Frank S. Mead, Samuel S. Hill, Craig D. Atwood, Op.cit., en.wikipedia.org/wiki/ International Church of Christ beliefs, www.churchesofchrist.com, Ron Rhodes, Op.cit., en.wikipedia.org/wiki/ Churches of the Christ www.discilpes.org, Eileen W.Linder, 2007 Yearbook, Shelley Steig, Op.cit., www.standardpub.com, en.wikipedia.org/ wiki/ Christian Churches and Churches of Christ,www.netministries.org